HISTOIRE PARLEMENTAIRE

DE LA

RÉVOLUTION FRANÇAISE,

OU

JOURNAL DES ASSEMBLÉES NATIONALES,
DEPUIS 1789 JUSQU'EN 1815.

PARIS. — TYPOGRAPHIE D'ÉVERAT,
Rue du Cadran, n 16

HISTOIRE PARLEMENTAIRE

DE LA

RÉVOLUTION

FRANÇAISE,

OU

JOURNAL DES ASSEMBLÉES NATIONALES,

DEPUIS 1789 JUSQU'EN 1815,

CONTENANT

La Narration des événemens; les Débats des Assemblées; les Discussions des principales Sociétés populaires, et particulièrement de la Société des Jacobins; les Procès-Verbaux de la commune de Paris; les Séances du Tribunal révolutionnaire; le Compte-Rendu des principaux procès politiques; le Détail des budgets annuels; le Tableau du mouvement moral, extrait des journaux de chaque époque, etc.; précédée d'une Introduction sur l'histoire de France jusqu'à la convocation des États-Généraux,

PAR P.-J.-B. BUCHEZ ET P.-C. ROUX.

TOME SEIZIÈME.

PARIS,

PAULIN, LIBRAIRE,

RUE DE SEINE, N° 6, HÔTEL MIRABEAU.

M. DCCC XXXV.

PRÉFACE.

Avant tous les codes, toutes les chartes, toutes les constitutions, toutes les lois que nous faisons et défaisons au jour le jour; avant les rois, les papes et les nations, il y a une autorité qui n'est ni variable ni passagère comme eux, et qui sera encore lorsqu'ils ne seront plus; cette autorité, c'est la morale.

Tout est permis au législateur, au gouvernant, qu'il soit prince ou peuple; tout, excepté ce que la loi morale défend.

Et, à cause de cela, il a été établi que la loi morale serait la science la plus intelligible, de telle sorte que les plus petits enfans ne pussent en ignorer; et en même temps la seule que l'on ne pût oublier dès qu'on l'aurait apprise. La morale, en effet, n'est autre chose que ce que l'on appelle conscience chez l'individu. A ce titre, elle est préexistante à tous nos actes, soit jugemens, soit souvenirs; et ce n'est que du jour où elle a pris domicile chez nous que nous possédons une mémoire d'homme, une mémoire sociale.

Ainsi Moïse nous dit qu'Adam et Ève furent des êtres humains seulement à partir du moment où ils eurent appris qu'ils ne pouvaient conquérir le bien-être terrestre que par le travail, le mérite que par le sacrifice, la maternité que par la douleur, et l'éternelle vie que par la mort; lors, en un mot, qu'ils possédèrent la science du bien et du mal.

Cette science fut autrefois enveloppée de mystères et cachée dans la profondeur des sanctuaires; mais alors aussi les hommes étaient partagés en initiés et en maudits, en maîtres et en esclaves. Aux premiers seuls, en effet, appartenait la vie spirituelle et le secret du pouvoir; les autres, dépourvus de conscience, dépourvus de mémoire, ne formaient qu'un vil troupeau, trop heureux d'avoir un pasteur qui prévît pour lui et veillât à le conserver et à le multiplier.

Aujourd'hui la morale est sans mystères et sans voile; depuis dix-huit cents ans, Dieu a voulu qu'elle éclatât à tous les yeux comme la lumière du soleil, qu'elle nourrît tous les hommes et leur servît de pain chaque jour. Comme le lait de notre mère est la première nourriture de notre corps, elle est la première nourriture de notre esprit; et de même que nous avons des yeux et des regards avant d'avoir vu, nous avons une conscience avant d'avoir pensé.

C'est parce qu'il en est ainsi pour tout le peuple, que nous pouvons tous juger de ce qui est bien et de ce qui est mal; prononcer qu'il y a des pouvoirs légitimes et des pouvoirs usurpés, des lois justes et des lois iniques, des nations et des individus.

Et, sans la morale, que deviendrions-nous bientôt, nous et le genre humain!

Il n'y aurait plus de place pour la liberté parmi les hommes; car celui qui ne sait pas distinguer le bien du mal, celui-là ne peut choisir. Le libre arbitre serait chez lui comme s'il n'existait pas. Gouverné comme une bête par ses seuls instincts, il n'aurait ni motif pour leur résister, ni moyen même pour s'apercevoir qu'il leur obéit.

Il n'y aurait plus ni devoirs, ni droits; car c'est de la définition du bien et du mal qu'émanent et le devoir et le droit. Or, sans connaissance du bien, sans définition du mal, en un mot, sans devoirs et sans droits, il n'y a pas de société possible; il n'y a pas même de société imaginable.

Tout ce que nous venons de dire est vrai; il semble que tout homme franc, chez lequel l'égoïsme n'a pas étouffé le sens social, doive s'incliner avec nous devant cette autorité suprême, la seule qui soit impersonnelle sur terre, conservatrice du genre humain, unique garantie de notre propre existence, source de toute justice, recours des opprimés, souveraine raison du peuple.

Il n'en est point ainsi cependant; il est aujourd'hui des hommes qui se disent convaincus et dévoués, qui le sont quelquefois peut-être, et qui hautement refusent à la morale cette souveraineté suprême et absolue que les siècles lui ont reconnue et que le peuple lui conserve. Au-dessus d'elle ils placent une *science;* celle-ci à leurs yeux est principe; la morale est conséquence.

Voici donc des gens qui, de leur autorité privée, repoussent ce que dix-huit cents ans ont eu peine à établir, savoir : le moyen et le droit pour tous de distinguer le bien du mal; qui s'approprient, en un mot, cette connaissance que Dieu a voulu rendre commune.

Ainsi ces gens veulent une seconde fois diviser l'espèce humaine en deux classes, les voyants et les aveugles, les possesseurs et les possédés, les savans et les esclaves; car la science ne peut être jamais qu'une chose individuelle; et lorsqu'on affirme qu'elle est maîtresse de la morale, on déclare que le savant est le suprême régulateur de celle-ci.

Or, nous le demandons, n'est-ce pas sur ce principe que fut établi le système des castes qui gouverna si long temps l'espèce humaine, et règne encore aux Indes et en Chine?

Certes, cette doctrine est sans danger; cette tentative sera repoussée; elle ne perdra que ses auteurs. La conscience populaire, le sens du genre humain nous en sont garans.

Quelle prétention monstrueuse en effet! ils invoquent leur science, et ils ne sont point savans, ils ne savent que la science qu'ils se sont faite à eux-mêmes. Ils ignorent la vraie science, celle qui commandera toujours et le respect et la confiance, parce que, fidèle à la loi chrétienne qui la nourrit, dévouée au bien-être des hommes, elle fut et sera encore féconde en bienfaits réels et profitables.

Aussi la preuve la plus grande, la plus positive de leur ignorance est leur assertion même; car il est faux, il est impossible, en raison et en histoire, que la science soit ou ait été jamais antérieure à la morale.

On entend par science l'art de prévoir, c'est-à-dire, l'art de la méthode, c'est-à-dire, l'art d'atteindre un but par des moyens matériels; c'est la série des propositions par lesquelles on passe de la considération du but aux moyens, du but à sa réalisation. Toujours donc la connaissance du but préexiste au raisonnement même par lequel on cherche à l'accomplir; sans but point de raisonnement, point de science. Or, qu'est-ce que le but parmi les hommes? Est-ce autre chose que la morale dont on tente incessamment d'établir le règne? Est-ce par exemple autre chose aujourd'hui que la doctrine chrétienne?

Et, en effet, si nous consultons l'histoire, nous demanderons où est le peuple chez lequel la science ait préexisté à la morale; partout, et dans tous les temps, nous voyons que les nationalités sont constituées par la volonté du but, et que ce but est une morale. La science ne vient que quelques siècles plus tard. Arrière donc toutes ces prétentions individuelles qui viennent s'inscrire en faux contre les croyances du genre humain et l'éternelle vérité.

La morale règle les sciences physiques aussi souverainement que la science sociale; il suffit d'un raisonnement bien simple pour comprendre comment. Raisonnons donc.

Le genre humain est fonction de l'univers, autrement il n'existerait pas. Dans l'état phénoménal actuel, il en est certainement une partie essentielle. Or, les choses étant ainsi, il est impossible d'admettre que la loi de l'une des fonctions du monde, la loi suprême du genre humain, sa morale, soit contraire à la loi générale des fonctions de l'univers. Il faut, au contraire, affirmer, sous peine de tomber dans l'absurde, que notre loi particulière est conforme à celle qui règle toute la nature. Il y a inévitablement à conclure de là que nous possédons dans la connaissance de la morale un guide immanquable et sûr pour conduire nos recherches sur toutes les fonctions spéciales, dont l'ensemble constitue l'univers. La loi, qui est vraie vis-à-vis d'une fonction, est également vraie vis-à-vis de toutes les autres. Ainsi, le raisonnement le plus élevé et le plus abstrait que l'on puisse faire sur les choses nous donne pour conclusion cet axiome, que la morale est le criterium de toute science, et de plus qu'elle en est la source.

Mais, nous dira-t-on, la morale n'a pas toujours été la même, et le monde, pour cela, n'a pas ébranlé ses pôles. Objection facile à repousser! La morale, en effet, n'a point varié dans ses bases fondamentales; elle a été seulement rendue applicable, par des révélations successives, à de plus grandes masses d'individus. Jésus-Christ, par exemple, est venu apporter la doctrine du pouvoir pour une société de frères. Nous parlons ici humainement; car, si nous nous placions au point de vue théologique, nous dirions que la morale révélée a toujours été la même, mais que les hommes ne l'ont comprise que successivement.

Où est en effet la morale révélée qui ne commande pas le sacrifice de soi-même, le mépris de la chair, le travail et la lutte; qui ne sépare pas le bien du mal et l'esprit de la matière, qui n'établisse pas la famille et la société? La barbarie des temps où quelques-unes régnèrent, vient de l'intelligence des hommes et de leur fausse science; mais non de cette loi fondamentale elle-même. Et encore tout cela était dans l'ordre prévu; car la doctrine du progrès nous explique toutes ces choses. Laissons donc cette objection sans portée, et allons voir dans une histoire plus vulgaire, dans celle des temps modernes, si nos axiomes trouvent quelques contradictions.

Notre siècle s'enorgueillit de son savoir civil et politique; des sciences naturelles qu'il possède. Il attribue ces richesses au travail des hommes, à l'audace de quelques génies, à la persévérance de quelques autres; il n'a pas une seule fois pensé qu'elles pussent émaner de la foi morale elle-même; il a mieux aimé y voir une preuve de la puissance individuelle de l'homme que la démonstration de ce que peut une croyance dans l'intelligence de celui qui lui est fidèle avec volonté, et en poursuit toutes les conséquences avec une énergie dévouée. En vain on dirait que parmi ces grands hommes auxquels on rend aujourd'hui un culte presque égal à celui dont on honorait les saints; les plus grands furent de fervens catholiques, et tous furent profondément chrétiens; non, on se reconnaît leur disciple quand il s'agit de science, mais quant à l'origine de la science elle-même, quant au principe même de l'invention, on prétend en savoir plus que les inventeurs; on attribue leurs sentimens religieux à je ne sais quelle faiblesse d'esprit; car, dit-on, les plus belles intelligences ont leur travers. Malheureux eunuques qui n'avez rien créé, rien trouvé, et qui voulez connaître comment on crée et comment on trouve! Il nous faut donc entrer dans quelques détails: heureusement les époques sont si nettes, les espaces si positifs que le doute né peut y trouver place.

Il y a en Europe, depuis plus de quatre siècles, un mouvement politique et civil dont le sens ou la tendance indubitable est la réalisation de cet enseignement de Jésus-Christ : *Que celui qui voudra être le premier parmi vous se fasse votre serviteur.* Toutes les insurrections religieuses et civiles, toutes les batailles de ces temps modernes, envisagées de haut, se présentent comme les termes d'une discussion tantôt paisible, tantôt guerrière, dans laquelle l'égoïsme des pouvoirs constitués se débat avec l'exigence des populations qui leur demandent du dévouement. On recherche l'organisation d'un système social qui soit selon la parole de Jésus : les uns le veulent, les autres le refusent. C'est de sentiment d'abord et au nom de la morale que l'on demande une réforme de l'état social; car tel fut le mot dont on se servit au quatorzième et au quinzième siècle. Il était employé alors par tous les catholiques, les papes, les moines, la Sorbonne de Paris elle-même. Depuis, il a bien changé de signification; ce que l'on appela après Luther la religion réformée ne ressemble point à ce que l'on entendait sous le terme général de réforme; et il est bon de le remarquer en passant, la différence gît tout entière dans les dogmes moraux que l'une et l'autre représentent.

Les premiers qui vinrent parler de réforme, invoquer l'Évangile contre l'usage, demander que l'Église fît un emploi plus catholique et plus social de ses biens, et par suite attaquer la doctrine admise au civil sur la propriété, furent les frères mineurs. On leur répondit avec des textes de la loi juive et avec la méthode inventée par Aristote. Ils furent condamnés.

Vint ensuite Wiclef. Nous traduisons en langage moderne l'expression de son sentiment. Il dit que là où le peuple ne reconnaissait pas le signe du pouvoir révélé par Jésus, le dévouement, il ne devait pas obéissance. Il attaquait ainsi et la hiérarchie temporelle et la hiérarchie spirituelle. Les partisans de Wiclef furent détruits par les armes. Lui-même eut à se défendre devant un synode. Attaqué avec la science judaïque et grecque, il se laissa entraîner à raisonner avec ses adversaires; il se fit comme eux et rationnellement, pendant un instant, juif et grec. Conduit ainsi à professer des erreurs réelles, il fut condamné. C'était comme Jean Hus, qui lui succéda, un homme de sentiment et non de science. S'il n'avait quitté sa position morale, il eût été invincible.

Peu de temps après, Jean Hus, bachelier en théologie de l'Université de Paris, renouvela à Prague les réclamations de Wiclef. On ne trouve dans ses discours rien qui ressemble à cette souveraineté de la raison individuelle que proclama Luther. Il en appelait, au contraire, à l'unité du peuple par la loi de Jésus-Christ : *Unus populus in lege Christi*, disait-il; mais il détruisit, par la science, la raison, la vérité qu'il avait acquises par sentiment moral. Aussi le concile de Constance s'autorisa contre lui des erreurs dogmatiques où l'entraîna la scolastique aristotélicienne dont il eut le malheur de se servir. Ce concile, il est vrai, ne se servait pas lui-même d'une autre méthode, mais il invoquait en même temps les textes de l'Ancien-Testament, que Jean Hus ne pouvait admettre, et qu'un sentiment purement chrétien devait en effet repousser. L'assemblée ecclésiastique put donc penser qu'elle avait raison contre lui et le condamner en pleine innocence, croyant agir au nom du vrai dogme, tandis qu'elle obéissait aux convictions scientifiques de la civilisation même que l'Évangile avait mission de changer.

Ainsi toutes les réclamations que nous venons d'énumérer étaient justes vis-à-vis de la morale, mais contradictoires à la science, à tel point que leurs auteurs, dès qu'ils voulurent aborder le raisonnement et employer, pour les appuyer, la méthode en usage dans les écoles, parurent se tromper, infirmèrent leur principe général par des erreurs, et commandèrent enfin une réfutation. C'est que la science est de l'ordre des choses temporelles; elle se modifie, se développe et change : la morale seule est éternelle.

Il faut expliquer cependant cette contradiction de la science et du dogme moral chez les chrétiens de cette époque.

Il s'était rencontré dans cet ordre de choses les mêmes circonstances que nous avons remarquées dans les faits politiques et civils dans notre introduction sur l'histoire de France. La morale chrétienne fut implantée dans l'ordre social créé par les Romains, et elle le transforma successivement. De même, lorsque les travaux scientifiques recommencèrent au onzième ou plutôt au douzième siècle, ils s'établirent dans le terrain intellectuel créé par la Grèce. Comme la politique avait été romaine, le rationalisme nouveau fut grec à son début. Les premières encyclopédies, les premiers traités de philosophie catholique furent donc rédigés avec les méthodes aristotéliciennes; et nous citerons pour preuve la Somme de saint Thomas. Il n'en fut pas de même de tous ceux qui suivirent.

Nous avons ici une remarque importante à faire. Il serait difficile, en effet, pour ceux qui connaissent la portée de la logique péripatéticienne, de s'expliquer comment les encyclopédistes chrétiens auraient pu trouver les vérités catholiques nombreuses sur lesquelles ils argumentent dans leurs livres. Mais ces vérités venaient d'une autre époque ; c'était, dès ce temps, des articles de foi qu'il n'était pas permis de discuter. En effet, dans les premiers siècles, l'Église, sollicitée de se prononcer sur des questions de dogme par les diverses hérésies qui venaient jeter le trouble dans son sein, ne se servit pour les résoudre que de son sentiment moral; sous la seule inspiration de la foi, elle prononça sur tous les points fondamentaux et forma ainsi cette doctrine que l'on appelle catholique; elle répondit à toutes les interpellations, à tous les doutes que la philosophie du temps lui suscitait, par de simples définitions de sa croyance. Ce fut ainsi qu'elle écarta toutes les objections relatives à la divinité et à la double nature de Jésus-Christ, à la procession du Saint-Esprit, etc. Or, à cette époque, ce n'était point à elle qu'appartenait la science, mais à ses adversaires ; c'était la philosophie grecque qui lui suscitait toutes ces hostilités ; aussi l'avait-elle en horreur.

Il ne faut pas s'étonner, d'après ces antécédens, des résistances qui se manifestèrent, lorsqu'à la renaissance des études, on voulut introduire dans l'enseignement les livres d'Aristote. Mais lorsque les répugnances eurent été vaincues, la logique de ce savant devint celle du moyen âge; on n'avait aucun corps de méthode à lui opposer, en sorte qu'on peut dire qu'on l'adopta comme moyen scientifique provisoire. Cependant, nous pouvons penser qu'il eût mieux valu cent fois s'en abstenir. Le sentiment chrétien n'eût pas tardé à trouver sa méthode; et les siècles eussent été avancés. En effet, cette logique créa dans le christianisme une science qui, plus tard, devint un obstacle au sentiment; c'est elle qui perdit Wicléf, Jean Hus et Luther. Expliquons-nous. Ainsi que Bacon et Descartes l'ont remarqué, la logique d'Aristote n'est propre à rien trouver, mais seulement à prouver ce qui existe déjà. Partant, elle immobilise toute chose à quoi on l'applique; c'est ce qu'elle fit quant aux doctrines catholiques; elle ne changea rien à ce qui était reconnu, mais elle combla toutes les lacunes qui pouvaient exister par des solutions tirées du passé, et surtout de l'Ancien-Testament. Elle justifia tout ce qui existait en politique comme en science. En un mot, elle fit en sorte d'arrêter l'avenir dans les liens du passé. Nous en avons déjà donné quelques preuves dans nos préfaces précédentes. Ainsi cette science fut complétement étrangère aux bienfaits du christianisme dans les douzième, treizième et quatorzième siècles. Ce fut le sentiment moral seul qui poussa les communes à s'affranchir, et fit naître en France la suppression du servage en 1315.

Cependant, la logique d'Aristote ne cessa d'être contestée dans les écoles : on lui résistait de sentiment. Comme au civil on supportait difficilement certaines oppressions, on souffrait aussi avec peine le joug pesant de celle-ci. Elle subit d'abord diverses transformations qui eurent pour résultat de la rendre moins absolue, puis enfin, dans le quinzième et surtout dans le seizième siècle, on vint successivement proposer et essayer des méthodes nouvelles. Telles furent celles présentées par Ramus, Raymond Lulle, etc. Une longue suite d'efforts de ce genre précédèrent et préparèrent l'apparition de Bacon et de Descartes.

C'est à partir de ces deux hommes que commence l'ère chrétienne dans les sciences naturelles. Il ne faut pas s'en laisser imposer à cet égard par l'usage qu'ont fait de leur nom quelques douteurs, et par les prétentions de quelques savans spéciaux leurs tout derniers élèves. Il faut voir le fond même de leurs doctrines. Bacon rompt d'une manière positive avec Aristote ; il ne propose pas, ainsi qu'on l'a dit, une méthode nouvelle, mais il appelle de toutes ses forces, dans les sciences, l'introduction d'un sentiment que nous verrons être chrétien. Il en démontre la nécessité, en signalant de nombreuses lacunes qui ne peuvent être comblées que par des recherches nouvelles. « Il faut, dit-il, rendre les sciences actives; il faut les rendre fécondes, et faire en sorte qu'elles servent enfin à améliorer la condition humaine. »

Il est presque inutile de signaler l'immense différence qui sépare le but indiqué aux savans par Bacon, de celui que poursuivaient les philosophes grecs. Ceux-ci s'occupaient principalement de rechercher la nature intime des choses, de connaître les essences, en un mot, selon le langage ancien, d'étudier les principes. Ici, on ne propose que l'utilité. En effet, les travaux prirent une direction toute nouvelle ; pour en pénétrer le sens, il suffit d'en examiner le résultat comparativement avec ce que l'Évangile avait enseigné sur le monde matériel. Il est dit que le monde est le domaine de l'homme, qu'il est mu par des forces brutes, sans intelligence et sans volonté, que l'homme peut user librement de toutes ces choses, etc. Il s'ensuit que l'investigation dans l'ordre des choses naturelles ne doit avoir d'autre fin que de mettre tout ce domaine brut sous la main de l'homme. Or, pour cela, il n'est point nécessaire de connaître ni l'essence de la matière, ni la nature des forces qui la meuvent. Il faut seulement savoir comment les phénomènes se succèdent, sous quelles influences ils s'engendrent, afin de pouvoir, soit prévoir leur marche, soit l'intervertir. L'impulsion moderne, donnée aux sciences, a eu précisément ce résultat; on rechercha uniquement quelle était la loi de génération des phénomènes, et l'on négligea complètement l'étude de leur nature intime, aussi bien que celle des causes de génération; par cette voie, on est arrivé à posséder de nombreuses et fécondes formules.

Descartes, contemporain de Bacon, fut en quelque sorte le metteur en œuvre de la pensée dont nous venons de parler. Son fameux *cogito, ergo sum*, ne fut point, ainsi qu'on l'a dit, un argument de méthode; mais un argument de certitude. C'est ce que l'on sera obligé de reconnaître dès qu'on voudra bien examiner la nature des idées qui le guidèrent dans ses travaux de découverte. Il en est de même de tout ce qu'il a dit d'ailleurs sur la méthode. La véritable signification de ses axiomes ne peut être reconnue que par l'étude de la pratique qu'il en fit. Mais ce n'est pas ici la place de remarquer ces choses. Il suffit de montrer que ce fut le sentiment chrétien qui anima ces hommes et leur ouvrit la direction, où les sciences entrèrent après eux. Cela n'étonne point, d'ailleurs, lorsque l'on sait que tous deux étaient catholiques et croyans.

Sans doute ces deux grands philosophes sont loin cependant d'avoir décrit toute la méthode scientifique. Leur pratique même a été de beaucoup supérieure à leur logique écrite. Ils se trompent, selon nous, complétement, ces psychologistes modernes qui vont y chercher la méthode des sciences naturelles; sous ce rapport, la pratique est bien plus avancée que la théorie; et elle est encore à décrire. Mais cela ne fait aussi que prouver davantage la puissance et la souveraineté du sentiment directeur dans les sciences.

Il est impossible ici de citer en détail les circonstances scientifiques où l'intervention de la croyance fut féconde en résultats, et mère de magnifiques découvertes. Les raisons des inventeurs paraîtraient même souvent puériles; et cependant elles nous ont donné toutes ces richesses dont nous sommes fiers. Par exemple, en astronomie, la vanité des Grecs d'Alexandrie avait cru que l'homme, et la terre qui lui servait d'habitation, étaient le centre du monde. L'humilité chrétienne trouva que nous ne devions pas être si haut placés dans la hiérarchie des mondes; et elle vit que le soleil était central, et la terre un de ses satellites.

Nous conclurons donc ainsi que nous l'avons établi au début de cette préface. Toute autorité, toute souveraineté en ce monde, quelle qu'elle soit, relève de la morale. Et aussi, soit qu'un pouvoir, soit qu'une science se présentent, nous leur demanderons où est leur droit en morale; nous leur demanderons le signe qui doit les faire reconnaître parmi les hommes.

Elle est donc fausse en principe, cette science qui proclame la souveraineté de la raison individuelle ; car elle nie qu'il y ait une souveraineté plus haute à laquelle nous devons obéissance.

Elle est fausse également en principe, cette science aristotélicienne et matérialiste qui dit que l'homme crée ses connaissances par ses propres forces, car il n'est homme que par la connaissance morale qu'il a reçue étant enfant, et qu'il n'a point créée.

Ce n'est point non plus une science que ce système panthéistique des temps modernes qui dit le christianisme fini ; car il nie la morale de nos pères et la nôtre, il est le seul cependant qui ait osé être logicien jusqu'au bout. Ayant banni la loi de l'Évangile, il a proclamé la liberté des instincts et des appétits. Il a effacé toute distinction entre le bien et le mal. Il a supprimé le sacrifice, déclaré l'égoïsme divin. Il nous a proposé enfin de retourner à l'état de bêtes.

Mais ce n'est point dans le but d'une guerre philosophique que nous avons écrit ce long préambule ; c'est afin d'aborder, avec quelque autorité, la question de la responsabilité du pouvoir. Nous allons donc nous hâter de la poser, afin de pouvoir l'aborder directement dans une prochaine préface, car le moment est venu où l'histoire que nous racontons, nous appelle à traiter cet épineux problème.

Dans le pouvoir, il faut distinguer le principe de la forme. Ce sont deux choses très-différentes, très-séparables, et cependant que l'on confond presque toujours ensemble.

Nous comprenons par ce mot principe, tout ce que l'on entend par ceux de but, de fonction, de droit et d'essence, appliqués au pouvoir. Nous désignons au contraire par celui de forme, tout ce qui constitue son existence matérielle, tout ce qui se rapporte à son organisation ou à ses modes de manifestation dans le temps.

La morale chrétienne a institué un principe de pouvoir, entièrement opposé à celui qui régnait antérieurement. Autrefois, le pouvoir n'avait pour but que lui-même. Ainsi, chez les sectateurs de Brahma, de Wischnou et de Schiven, la loi religieuse n'impose, en quelque sorte, que le dévouement à soi-même, ou en d'autres termes, qu'un devoir semblable à ce que certains philosophes du dixhuitième siècle ont enseigné sous le nom d'égoïsme bien entendu. Souvenons-nous, en effet, que, selon cette loi, la fin de chacun sur terre est d'expier le péché d'orgueil qu'il a commis, dans le ciel ; que, jusqu'au moment où cette faute est lavée, l'âme passe de transformations en transformations, s'élevant dans l'ordre des formes selon ses mérites, ou descendant selon ses crimes ; pour être purifié, il suffit de prouver qu'on aime Dieu plus que toutes choses. Le pardon individuel est le but de toutes les migrations, de tous les sacrifices. Une telle doctrine ne peut donc imposer au pouvoir, autre chose que le soin de lui-même; et l'histoire indoustane, en tant que nous la connaissons, ne nous montre pas qu'il en ait été autrement en fait. Chez les Romains et chez les Grecs, il en est de même; que le pouvoir soit empereur, roi, sénat ou cité, il n'a d'autre principe que la personnalité. Il émane, en effet, toujours soit du droit de race, soit du droit de la force. Rien pour les autres, tout pour lui, voilà le but, voilà aussi le fait.

Au contraire, penser toujours aux autres avant de penser à soi, s'oublier toujours pour eux, se faire l'esclave dévoué de leurs intérêts spirituels et physiques, telle est l'essence du pouvoir selon le christianisme. C'est cette doctrine qui depuis dix-huit cents ans lutte pour effacer les traces profondes que la civilisation antérieure nous a léguées; c'est elle qui forme le fondement de toutes les réclamations des peuples. La légitimité ancienne est en effet encore invoquée presque partout par les princes; et la légitimité nouvelle n'est proclamée presque en aucun lieu de la terre. Il n'y a que le chef de l'église qui ait consenti à s'appeler le serviteur des serviteurs de Dieu. Ce n'est cependant pas tout ce que Jésus-Christ a commandé : afin que le pouvoir connût toute l'étendue de son devoir, qu'il ne sacrifiât pas l'individu à l'être collectif dont il a le soin, après avoir ordonné que l'homme aimât Dieu par-dessus tout, c'est-à-dire sa loi, cette loi de dévouement que nous avons citée, il veut qu'il aime l'individu comme lui-même, ou en d'autres termes qu'il ne le sacrifie que dans les cas où il se sacrifierait lui-même; qu'il lui soit miséricordieux, indulgent, prévoyant et bon. Ainsi, Jésus a imposé la double loi d'être dévoué à la société, et conservateur de chacun. Il a voulu que le pouvoir fût aux hommes ce que Dieu est à la création entière, généreux envers les petits, généreux envers tous.

Nous n'insisterons pas sur l'opposition de cette doctrine avec celles qui ont régné chez les anciens; elle est évidente. Nous ne pourrions jamais en dire sur ce sujet, soit assez, soit autant que la réflexion en suggérera à nos lecteurs. Mais, il est une différence, une conséquence sur laquelle nous devons insister.

Il résulte de cette formule que le pouvoir ne peut être connu que par ses actes, ou, en d'autres termes, qu'il ne peut être antérieur à l'acte, antérieur au dévouement. C'est ainsi qu'en jugea l'Église, qui, dans son organisation modèle, établit que le pouvoir succéderait à l'œuvre, et que les bénéfices seraient donnés au mérite. Il résulte en effet encore de cette formule que le pouvoir a un signe, signe évident, clair, manifeste à tous les yeux; et ce signe c'est l'acte lui-même, c'est le dévouement.

De là, sous la loi de Jésus-Christ, le droit pour tous et pour chacun, de demander à celui qui est revêtu du pouvoir, la preuve, le signe de sa mission.

Ainsi, le principe vient poser la question de forme. Nous nous hâterons de dire quelques mots sur ce sujet; car la place déjà nous manque, et nous renverrons à un autre volume, les développemens, tant sur ce qui va suivre, que sur ce que nous avons déjà exposé.

Pour pénétrer dans le problème, il faut distinguer dans la forme ce qui est relatif à l'élection de ce qui est relatif au mode d'action ou à l'organisation des moyens du pouvoir.

Si nous nous reportons chez les anciens pour reconnaître tout ce qui est contenu sous l'idée d'élection, nous trouverons que tantôt le pouvoir vient de la naissance, au quel cas la souveraineté alors appartient à la race; et tantôt il est donné au plus capable par le choix de quelques-uns; alors la souveraineté appartient à quelques-uns.

En comparant ces choses avec les conclusions que donne, sur le même sujet, la doctrine de Jésus-Christ, il est évident que rien de semblable ne doit plus exister; il est évident qu'on se tromperait grossièrement si l'on voulait transporter dans une société chrétienne ces idées qui appartiennent à un autre monde moral, et appliquer chez nous, à l'élection du pouvoir, l'une des deux formes dont nous lisons l'histoire dans les classiques grecs ou romains : malheureusement, c'est ce que l'on ne cesse de faire. Monarchistes et républicains ont, à cet égard, les mêmes habitudes rationnelles. Les uns mettent la souveraineté dans une race, les autres dans le choix des hommes. Or, ce n'est pas cela, nous le répétons, que commande la logique de la morale nouvelle.

Puisque le pouvoir ne peut être que postérieur à l'acte, puisqu'il a un signe qui ne peut être méconnu, il faut que l'élection soit le résultat des actions mêmes de l'individu qui la mérite. Il faut une organisation sociale telle que tout homme soit libre de manifester sa puissance de servir les autres, et s'élève par elle jusqu'au degré où cette puissance l'appelle. Ainsi, vis-à-vis du christianisme, la forme de l'élection et celle de l'action du pouvoir doivent être semblables.

HISTOIRE PARLEMENTAIRE

DE LA

RÉVOLUTION

FRANÇAISE.

JUILLET 1792.

SÉANCE DU DIMANCHE 15 JUILLET.

On lit une lettre du directoire de Sarrelouis, dont voici la teneur :
« L'ennemi est aux portes de la ville ; les Prussiens arrivent en force dans l'électorat de Trèves. Ce prince a enfin levé le masque ; il exerce des hostilités contre les Français : quatre négocians du district de Sarrelouis, appelés à Trèves par leurs affaires, y ont été arrêtés et emprisonnés, au mépris du droit des gens. Tels sont les faits sur lesquels nous appelons la sollicitude de l'assemblée. »

M. Rouhier. Je demande que le maire de Paris nous rende compte tous les jours des fédérés qui arriveront. Je demande en outre que le ministre de la guerre soit tenu de rendre compte, tous les jours, des troupes qui sont en marche pour renforcer les frontières, et des mesures qu'il prend journellement, afin que les différentes municipalités, districts et départemens, fournissent leur contingent de gardes nationaux. Il ne faut pas passer une journée sans vous faire rendre compte de ces mesures urgentes et nécessaires, parce que autrement vous seriez dans le cas d'être trompés; et dans le moment où vous croiriez vos frontières le plus en sûreté, elles n'y seraient pas. (On applaudit.)

M. Fauchet. Il y a long-temps que l'assemblée a décrété que le pouvoir exécutif pourrait disposer des troupes de ligne qui sont à Paris. Il est très-important qu'il le fasse. Je demande que l'assemblée décrète que ces troupes s'éloignent de Paris demain ou après-demain.

M. Rouhier. Je demande aussi que le ministre rende compte pourquoi les troupes de ligne qui sont à Paris ne sont pas encore sur les frontières, et pourquoi les Suisses gardent le roi, tandis qu'il ne peut avoir de Suisses pour sa garde.

M. Choudieu. Nous désirons que la force entière soit portée aux frontières; mais par des moyens adroits, par des moyens perfides, on a fait décréter à l'assemblée que le pouvoir exécutif serait libre de faire partir les troupes qui sont à Paris. Ce n'est pas assez qu'il soit libre, il faut qu'il y soit forcé. Aux termes de la Constitution, il ne doit rester dans Paris d'autres troupes que celles qu'il vous plaira d'y laisser. Je demande donc que l'assemblée nationale décrète à l'instant que le pouvoir exécutif sera tenu de faire partir dans vingt-quatre heures les troupes de ligne qui sont à Paris.

M. Rouhier. Je combats la motion de M. Fauchet. Le ministre de la guerre vous a dit qu'il enverrait tant d'hommes par régiment, en choisissant tout ce qu'il y a d'anciens soldats et de gens en état d'aller sous la tente; on en a usé de même pour tous les régimens; il fut même observé à l'assemblée que si on envoyait tous les régimens, on pourrait y joindre six à huit mille hommes de plus, en y mettant les recrues; mais que les recrues ne seraient que des sujets d'hôpital, car l'on sait que lorsqu'un soldat n'est pas formé, il ne reste pas quinze jours sous la tente. L'assemblée confirma les dispositions prises à cet égard : je ne vois pas pour quelle raison on les changerait aujourd'hui.

M. Delmas. Il y a quinze jours que vous avez mis à la disposition du pouvoir exécutif les régimens de troupe de ligne. Le ministre n'en a fait marcher aucun détachement. Cependant les ennemis se portent sur Montmédi. Le ministre de la guerre vous a dit que tous ces régimens n'étaient pas en état de faire la guerre ; que les premiers bataillons ont été formés aux dépens des seconds, et que ces seconds formeraient un dépôt. Cela a été imaginé pour éluder le départ des troupes pour les frontières. Il est impossible d'établir les dépôts d'un régiment à quatre-vingts lieues de lui. Je demande d'ailleurs, à tous les militaires, si Paris peut être un bon dépôt. C'est ici le cas de rappeler les délices de Capoue. Je demande donc que d'ici à trois jours, les régimens soient éloignés de trente mille toises de Paris.

M. Girardin. Je ne viens point combattre l'éloignement des cinq régimens, mais me réjouir de ce qu'il n'existe plus d'inquiétude sur les complots dont on menaçait Paris. Cependant je remarque avec étonnement que ceux qui voulaient un camp de vingt mille hommes pour triompher des conspirateurs, soient aussi les mêmes qui veulent faire partir les régimens destinés à maintenir, à assurer la liberté publique. La Constitution donne au pouvoir exécutif le droit de veiller à la sûreté intérieure et extérieure de l'État. Si vous prenez vous-mêmes des mesures d'exécution, vous vous chargez de la responsabilité. Malgré les réflexions très-peu militaires de M. Delmas, qui veut qu'on fasse partir des troupes de ligne, quoiqu'elles ne doivent pas inspirer d'inquiétudes... (Il s'élève des violens murmures.) J'ignore jusqu'à quel point il est permis d'interrompre un opinant. J'use d'un droit que plusieurs membres ont comme moi, de dire librement des absurdités. (On applaudit.) J'en entends souvent, et je n'interromps personne.... Je disais que les dépôts de ces régimens ne pouvaient inspirer aucune inquiétude. Ils sont composés des braves gardes-françaises ; or les patriotes de 1789 valent bien ceux qui se traînent sur les pas de la révolution, qui en 1790 étaient à peine connus. Il me semble d'ailleurs que Paris est assez grand pour qu'avant de décider une pareille question, il faille consulter la municipalité, et savoir si elle n'a pas besoin de troupes auxiliaires. Je demande que le pouvoir exécutif ne soit autorisé à employer que les troupes de ligne disponibles.

M. Calvet. La ville de Paris renferme dans son sein cinq établissemens principaux qui appartiennent au royaume entier, tels que le corps législatif, le pouvoir exécutif, le tribunal de cassation, la caisse de l'extraordinaire et la trésorerie nationale. La garde nationale n'est appelée que pour faire le service subsidiaire. Il faut donc nécessairement une garde salariée dans Paris. Tout le monde sait que nous avons reçu une quantité de lettres du ministre de l'intérieur, du département, de la municipalité, qui annonçaient que la force publique était insuffisante dans Paris. Si vous voulez en éloigner aujourd'hui les troupes de ligne, il faut que vous augmentiez la gendarmerie.

Plusieurs voix. Cela est fait par l'incorporation des ci-devant gardes-françaises.

M. Lacroix. Je réponds à M. Calvet que de tous les établissemens dont il vient de parler, si l'on en excepte le château des Tuileries, il n'y en a pas un seul qui soit confié aux troupes de ligne à Paris. Je dis à M. Girardin que ce n'est point par l'inquiétude causée par la présence de ces braves troupes de ligne, que l'assemblée se propose de leur donner l'occasion de servir plus utilement la patrie. (On applaudit.) C'est parce que ces troupes elles-mêmes, dans une pétition qu'elles ont faite au corps législatif, en présence de leur général, ont demandé à voler sur nos frontières menacées ou près d'être attaquées, que l'assemblée s'est décidée à mettre à la disposition du pouvoir exécutif ces troupes qui ne pouvaient être tirées de Paris qu'en vertu d'un décret. Aucun de mes collègues n'a partagé la défiance que M. Girardin a voulu jeter sur ces régimens. Tous leur rendent la justice qui leur est due : il savent qu'ils sont composés de l'élite des patriotes. (On applaudit.) Mes collègues ne peuvent oublier que ceux qui ont terrassé la Bastille et le despotisme, ne peuvent pas cesser d'aimer la liberté. Si le corps législatif avait de la défiance ou des soupçons sur le civisme de ces régimens, il ne les aurait pas gardés si long-temps à Paris ; ou, pour mieux dire, il les y retiendrait pour les surveiller ; car, s'ils étaient inciviques, ces soldats qu'on calomnie, ils seraient moins dangereux ici qu'aux frontières.

Je ne vois donc aucun inconvénient à envoyer ces troupes pour renforcer nos armées ; il faut au contraire se hâter de rendre le décret qui les autorise à marcher à la défense de la patrie. Je réponds maintenant à ce qui a été dit à l'occasion des dépôts. Ce n'est point une raison de laisser ces dépôts à Paris parce que leurs bagages y resteraient, comme l'a dit M. Girardin. Les dépôts des régimens sont très-utiles dans les garnisons aux environs de l'armée ; ils y font un service très-actif. Pour augmenter, on laisse à ceux qui sont convalescens le soin de la garde des équipages.

On instruit les recrues pour leur faire monter la garde sur les remparts de la ville. Il est donc inutile de conserver ici ces cinq régimens. Je demande que la discussion soit fermée, et que l'on mette aux voix la proposition de M. Choudieu.

L'assemblée ferme la discussion.

Après quelques débats, la rédaction suivante proposée par M. Choudieu est adoptée :

« L'assemblée nationale, après avoir décrété l'urgence, décrète que le pouvoir exécutif sera tenu de faire sortir, sous trois jours, les troupes de ligne qui sont actuellement en garnison à Paris, et de les employer à trente mille toises au-delà de la résidence du corps législatif, aux termes de la Constitution ; décrète en outre que le pouvoir exécutif rendra compte aussi, sous trois jours, des autres mesures qu'il a prises pour renforcer les armées qui sont aux frontières.

N..... J'observe que les gardes suisses ont trois drapeaux ; un de ces trois est blanc. Je demande que tous soient tricolores, afin qu'on ne voie nulle part des drapeaux blancs dans l'armée.

M. Brunch. L'assemblée ne peut rien statuer à cet égard. Les régimens suisses peuvent mettre à leurs drapeaux les cravates tricolores mais les drapeaux sont une affaire de capitulation ; il faut que l'assemblée ait connaissance de la capitulation des Suisses avec nous.

M. Gensonné. Puisqu'on a parlé des capitulations de la France avec les Suisses, je dirai qu'il y a plus d'un mois et demi que j'ai pressé, au comité diplomatique, M. Ramond chargé de faire ce rapport, de le présenter à l'assemblée, et je crois qu'il est très-intéressant de finir cette affaire. Je me proposais aussi de demander à l'assemblée, lorsqu'il en serait question, d'examiner la suppression de la place de colonel-général des Suisses et Grisons. Il est très-intéressant de s'occuper de cet objet. Les Suisses sont encore sous la direction de M. d'Artois, quoique M. d'Artois soit à Coblentz, et soit poursuivi comme criminel de lèse-nation. Il est encore de fait que M. Degosse, aide-de-camp de M. d'Artois, capitaine-commandant la compagnie, colonel, est encore payé de ses appointemens. Je demande que l'assemblée nationale veuille bien enjoindre au comité diplomatique de faire sous trois jours son rapport, soit sur les capitulations, soit sur la suppression du colonel-général.

La proposition de M. Gensonné est adoptée.]

— La séance fut terminée par des lectures et une discussion, qui ne doivent être citées par l'histoire que comme preuves de la situation pressante où se trouvait la législative et la France ; comme preuves du concert d'un certain nombre de membres de l'assemblée avec La Fayette.

On donna, au nom du ministre de la guerre, communication d'une lettre de M. Lamorlière, général de l'armée du Rhin, qui demandait l'extension de son pouvoir, soit pour les réquisitions nécessaires au service militaire, soit pour la direction des gardes nationaux ; il demandait enfin qu'on légalisât les droits que le zèle des Alsaciens lui avait donnés jusqu'à ce jour. A cette occasion, M. Laporte dénonça que soixante-quinze communes du Haut-Rhin, dans une alerte, avaient fourni sept mille hommes ; mais que, dans ce nombre, il n'y avait guère que mille hommes armés de fusils. — L'assemblée ordonna que des armes leur fussent délivrées, et renvoya la demande du général Lamorlière à son comité diplomatique.

M. Lemontey monta ensuite à la tribune, et il lut un long rapport sur le droit de pétition de la part des généraux commandans d'armée. Il concluait que ce droit devait leur être retiré, et présentait un projet de loi rédigé selon cette opinion.

[*M. Guérin*. Je demande que la discussion s'ouvre sur-le-champ, et j'observe qu'il y a ici un général d'armée qui se dispose à faire une pétition.

M. Girardin. Je savais, comme M. Guérin vous l'a dit, que M. Luckner est ici. Malgré sa présence, je ne pense pas que l'assemblée doive prendre une mesure précipitée. Je demande l'ajournement.

M. Bazire. Je ne crois pas qu'il soit nécessaire de faire de nouvelles lois ; la conduite de M. La Fayette peut se juger par les anciennes ; car elles disent que la force publique est essentiellement obéissante, et je regarde la proposition qui vous est faite de faire une nouvelle loi, comme un moyen employé pour sauver M. La Fayette, et j'ajoute que ce moyen est sûr ; car vous nous direz, quand vous aurez fait votre loi : vous avez donc senti qu'il n'en existait pas. Personne de vous ne niera ce principe, que la force publique est essentiellement obéissante ; personne ne me niera qu'un général ne fasse essentiellement partie de la force publique ; il est le directeur et le centre de tous ses mouvemens. Or, n'est-il pas évident que M. La Fayette a fait autre chose que d'obéir, quand il est venu nous faire une pétition, que, pour aggraver encore ses torts, il nous donnait comme les sentimens de son armée ; expression qui se trouve encore dans l'ordre du 2 au 5 juillet, qu'il a fait publier. Par cet acte, il a violé cette partie de la Constitution, qui porte : que la force publique est essentiellement obéissante. Vous devez le punir, et je demande contre lui le décret d'accusation. (Il s'élève dans les tribunes de vifs applaudissemens.)

M. Dumolard. Je conviens avec M. Bazire que le projet de

votre commission extraordinaire ferait préjuger la question relative à M. La Fayette. Je désire, comme lui, que la commission extraordinaire vous soumette successivement son rapport sur la conduite de M. La Fayette : il est temps que ce rapport soit fait, et au lieu de provoquer le décret d'accusation, j'espère y puiser et la justification de M. La Fayette et la honte éternelle de ses calomniateurs. (Une partie de l'assemblée applaudit.)

M. Quinette. Je demande que la discussion ne s'ouvre que lorsque le rapport sur la conduite de M. La Fayette aura été discuté. Si, en étudiant les lois faites, vous reconnaissez que M. La Fayette les a violées, vous n'aurez aucune loi à faire. Si vous décidez, au contraire, que les lois anciennes ne sont pas assez précises, alors vous en prononcerez une nouvelle.

L'ajournement est décrété.]

La séance du 16 fut occupée par divers détails administratifs ou circonstanciels. Choudieu dénonça Guillaume, l'ex-constituant, comme ayant adressé sa pétition sur les événemens du 20 juin à ses ex-collègues, et notamment à Lareveillère-Lépaux, pour la faire signer dans leurs départemens. — Le ministre des affaires étrangères transmit une notice officielle du ministre danois, contenant des assurances pacifiques, mais confirmant la disposition des cabinets de Berlin et de Vienne à tenir un congrès armé pour imposer un gouvernement à la France. — Sur le rapport de Delmas, l'assemblée régularisa l'organisation en divisions de gendarmerie, des gardes françaises, des cent-suisses, des suisses licenciés et de tous les militaires qui avaient fait partie de la force militaire de Paris, et coopéré à la révolution. — Dans cette séance, Manuel vint, dans un discours ampoulé, justifier sa conduite, comme procureur-général de la commune au 20 juin. Il fut très-applaudi par les tribunes, et reçut les honneurs de la séance. La suspension prononcée contre lui par le département fut levée par un décret porté dans la séance du 25, demandé par Merlin, appuyé par Robbecourt, Lasource, Guadet et Lecointe-Puyraveau, et combattue par Tronchon et Delfau.

De toute cette séance nous ne croyons devoir citer qu'un rapport diplomatique de M. Charles-André Pozzo-di-Borgo, aussi curieux à cause du nom, que pour les principes qui y sont professés.

[*M. Pozzo-di-Borgo.* Les Autrichiens et les Prussiens se sont établis sur le territoire de l'empire; déjà leurs magasins y sont formés, et ils font des préparatifs pour envahir vos provinces frontières. Par une fatalité inexplicable, nos armées sont retenues en deçà de nos frontières; elles voient avec inquiétude tous ces préparatifs se former sous leurs yeux; mais jusqu'ici ni le roi ni les généraux n'ont pensé à attaquer ces noyaux d'armée, ni à détruire ces magasins, sous le vain prétexte de la neutralité de l'empire. Votre commission a senti qu'il était nécessaire d'une explication de la part du corps législatif, pour donner aux opérations de l'armée toute la latitude possible; qu'il n'était plus permis, sans compromettre le succès de vos armes, de laisser occuper les postes, établir les garnisons et les campemens sur un territoire dont la neutralité est ouvertement violée par nos ennemis. La mesure qu'ils m'ont chargé de vous proposer n'est qu'un moyen de défense qui donnera toute la latitude nécessaire aux opérations militaires; et quelques observations suffiront pour la justifier aux yeux du monde impartial.

La nation française avait cru assurer la paix à l'Europe, en renonçant par un article de sa Constitution, à la guerre offensive et aux conquêtes; elle se promettait sans doute de mettre un terme aux malheurs des peuples, et de détruire les jalousies et les haines que les gouvernemens surent si bien exciter entre les nations pour les rendre l'instrument de leur ambition ou de leur avarice; mais cette doctrine fondée sur la justice, réclamée par l'humanité et l'intérêt de tous, ne pouvait s'accorder avec la fureur sanguinaire des despotes. A peine on a parlé des droits du peuple, que ceux qui le tiennent dans les fers, depuis les bords glacés de la Baltique jusqu'à la Méditerranée, ont conspiré contre les Français, par cela même qu'ils avaient déclaré de ne point usurper le territoire de leur voisin, et de n'armer leurs bras que dans le cas d'une défense légitime. L'Autriche ambitieuse avait déjà préparé ses bataillons; elle menaçait de vous dicter des lois, et de vous prescrire le genre de despotisme sous lequel vous devez gémir. Tous les Français ont demandé vengeance d'un outrage dirigé contre l'indépendance nationale, et vous avez commencé la guerre que vos ennemis avaient déjà déclarée de fait par leurs dispositions évidemment hostiles.

Cet acte a accéléré le dénoûment de toutes les conspirations secrètes que le temps aurait encore rendues plus funestes à la liberté publique. Par un étrange renversement de la politique européenne, le successeur du grand Frédéric a arboré, en faveur de nos ennemis, les drapeaux triomphans à Lignitz et à Barkan; et le maître de la Silésie est compté aujourd'hui au nombre des alliés de la maison d'Autriche.

La confédération germanique, dont l'indépendance est naturellement garantie par la France, qui seule peut la préserver de l'immortelle ambition de l'Autriche, a vu avec joie cette ligue formidable se former pour détruire votre Constitution; plusieurs princes même sont réputés y avoir accédé; déjà les armées ennemies ont inondé leur territoire; et à la faveur de la neutralité, les campemens, les quartiers, les magasins et les autres dispositions militaires s'exécutent sans inquiétude : le temps viendra où ces puissances, comme tant d'autres, aveuglées dans leurs propres intérêts, sortiront enfin de l'erreur dans laquelle elles paraissent se plaire aujourd'hui; la ligue du Nord prescrit à l'Europe entière une servitude générale, et montre de toute part un front menaçant; selon son système, la Pologne ne doit voir finir les horreurs de la guerre qu'avec le sacrifice de son indépendance; les libertés de l'Allemagne sont détruites par le changement de la politique prussienne; la France doit être livrée aux angoisses d'une guerre intestine, et aux coups fatals des bataillons étrangers; jusqu'à ce que, cédant aux torrens des maux qu'on lui prépare, elle soit livrée, dans un état de faiblesse, à la discrétion de ses nouveaux protecteurs; c'est alors que la balance politique étant renversée, le sort des autres puissances leur sera soumis, et que, forts de leurs soldats mercenaires, couverts de fers et avides d'or, toutes les usurpations leur deviendront faciles.

C'est aux Français à préserver le monde de ce terrible fléau, et à réparer la honteuse insouciance, ou la malignité perfide de ceux qui voient avec indifférence la destruction de tout genre de liberté sur la terre; les peuples courageux et sagement gouvernés sont la providence du monde; et les Français seuls, en combattant les ennemis communs du genre humain, auront la gloire de rétablir l'harmonie politique qui préservera l'Europe d'une servitude générale.

Quels que soient le nombre et les forces de nos ennemis, nous ne pouvons pas succomber dans la lutte sanglante, mais glorieuse qu'on nous prépare; un peuple immense qui sent ses forces et sa dignité, réuni d'intérêts et par les lois, protégé par une grande armée et des places fortes, sur un territoire qui, par sa contiguité et l'heureuse correspondance de ses parties, fournit une masse solide de puissance, ne peut jamais devenir la proie des rois combinés contre lui. Soumis comme nous à l'inconstance des événemens, aux dépenses incalculables de la guerre, et ayant un ennemi de plus à combattre dans la force et la vérité de nos maximes, le moindre choc doit renverser nos agresseurs et altérer leur accord; car jamais il n'exista de traité solide entre des ambitieux qui soutiennent la cause de l'injustice; mais les vrais Français, dont l'intérêt public a fait une confédération fraternelle, n'ont pas de défection à craindre; les dangers de la patrie exciteront le courage de ses enfans; c'est dans les dangers, dans les malheurs même, que les âmes s'exaltent et réunissent toute leur énergie, nous avons tous contracté une dette immense envers le monde entier : c'est l'établissement et la pratique des droits de l'homme sur la terre.

La liberté, féconde en vertus et en talens, nous prodigue les moyens de l'acquitter tout entière; ils espèrent sans doute, nos ennemis, dans les dissensions passagères qui nous agitent; ils en augurent la désorganisation de notre gouvernement; non, nous n'accomplirons pas leurs coupables espérances; nous sentons bien que dans l'état des choses un changement dans nos institutions politiques amènerait nécessairement l'interrègne des lois, la suspension de l'autorité, la licence, le déchirement dans toutes les parties du royaume, et la perte inévitable de la liberté; notre vigilance conservera sans détruire, mettra les traîtres dans l'impuissance de faire le mal, et avec la stabilité du gouvernement, nous ôterons aux ambitieux toutes les chances qu'ils se préparent dans les changemens et les révolutions perpétuelles des empires; ainsi, réunissant l'énergie à la sagacité, nous pourrons parvenir à des succès glorieux.

Le roi nous dénonce de nouveaux ennemis, et nous déclarons au roi que l'intention des Français et son devoir est de les combattre et de les repousser, quelque part qu'ils soient, tant qu'ils persisteront à se montrer nos agresseurs.

Le pays qui contient dans son sein les forces destinées à nous détruire n'est pas en droit de réclamer la neutralité; c'est lui qui l'a violée le premier, s'il a accepté de bon gré les bataillons ennemis, permis les magasins, l'établissement des quartiers et les autres préparatifs de guerre. Si, au contraire, il y a été forcé, ces troupes alors sont ses ennemis et les nôtres, et nous sommes en droit de les combattre; et ce serait une prétention bien étrange que celle de vouloir fixer les limites de notre défense à une neutralité violée par nos agresseurs, et qui sert d'appui à toutes leurs entreprises. Loin de nous de vouloir faire partager les horreurs de la guerre à ceux qui n'exercent pas d'hostilités envers la nation française; mais puisque leur territoire est le point d'appui de nos ennemis déclarés, il ne doit plus être sacré pour nous, et la justice nous autorise à faire les dispositions nécessaires à notre conservation, et à regarder comme soumis aux lois de la guerre tous les établissemens militaires que nos ennemis y ont déjà formés.

Telles sont les explications que vos comités ont cru nécessaires pour assurer la marche des opérations militaires contre toute crainte mal fondée qui pourrait s'élever dans l'ame de ceux qui commandent nos armées; ils m'ont, en conséquence, chargé de vous présenter le projet de décret suivant :

« L'assemblée nationale, après avoir entendu le rapport de sa commission des douze et de ses comités diplomatique et militaire réunis, déclare que le roi est chargé de repousser par la force des armes tout ennemi déclaré en état d'hostilités imminentes ou commencées contre la nation française, et de le faire attaquer et poursuivre partout où il conviendra, d'après les dispositions militaires. »

Ce projet de décret est unanimement adopté.]

SÉANCE DU MATIN, 17 JUILLET.

La séance commença par des dénonciations. Ce fut d'abord une adresse des citoyens de Metz, qui dénonçaient le directoire du département, comme complice de La Fayette. Ensuite, ce fut le directoire de la Haute-Marne, qui dénonçait la société des Amis de la Constitution, de Langres, comme coupable d'avoir fait une souscription destinée aux volontaires qui voudraient se rendre à Paris à la Fédération, et annonçait qu'il la faisait poursuivre par les tribunaux. On applaudit au passage qui exprimait les pensées patriotiques de Langres; on murmura à ceux qui représentaient les sentimens du directoire; et le tout fut renvoyé au comité des recherches. — On vota l'établissement d'une nouvelle manufacture d'armes à Moulins; puis, sur le rapport de Carnot jeune, on décréta que le complet de guerre de l'armée de terre, serait porté de quatre cent quarante à quatre cent cinquante mille hommes. Les départemens devaient fournir d'abord, pour compléter les régimens de ligne, un contingent proportionné à leur population, et dont le total était fixé à cinquante mille hommes. De plus, pour atteindre le chiffre demandé, on faisait appel aux volontaires nationaux, qui devaient être organisés en bataillons particuliers. A cet effet, des commissaires nommés par les directoires des départemens, devaient convoquer tous les hommes en état de porter les armes, dans le chef-lieu de leur canton, et après avoir proclamé le danger de la patrie, ouvrir trois registres, l'un pour l'inscription des vétérans, l'autre pour l'engagement dans les troupes de ligne, le troisième pour la formation des bataillons de volontaires. L'assemblée décida, de plus, sur la proposition de Lasource, que toute commune qui fournirait un corps armé, complétement équipé, au-delà de son contingent, aurait bien mérité de la patrie.

En ce moment, une députation de fédérés, fut admise à la barre, et vint jeter dans l'assemblée une pensée de terreur de plus, au milieu des embarras auxquels elle opposait tant de décrets.

L'orateur. La nation est trahie. Cette vérité est maintenant aussi connue de tous les Français, qu'elle était facile à prévoir dès le moment où l'on confia à nos oppresseurs le soin de nous défendre contre nos ennemis, qu'eux-mêmes avaient appelés à leur secours ; que les tyrans ligués contre nous osent nous menacer, au nom du roi des Français, d'une servitude prochaine ; que des officiers plus que suspects, sont à la tête de nos armées, et commandent dans nos places fortes ; que le sang des braves soldats de la patrie a été versé inutilement pour la cause de la liberté ; que nos conquêtes sont abandonnées ; que nos alliés sont indignement trahis et outragés par nos propres généraux ; que ceux-ci essaient de corrompre nos armées, au lieu de les conduire à la victoire ; qu'ils désertent leurs camps en présence de l'ennemi, pour venir conspirer à la cour et dans la capitale, pour venir, jusque dans le sanctuaire de la législation, menacer, avilir nos propres représentans ; que nos ennemis du dehors ne dissimulent plus leur ligue impie ; qu'au moment où ceux-ci sont près d'être introduits dans nos places, les autres déclarent ouvertement la guerre au peuple français, qu'ils osent insulter par les dénominations de brigands et de factieux : il faut le dire, législateurs, tous ces attentats qui supposent les crimes des plus exécrables tyrans dont les hommes aient conservé la mémoire, nous ne devons les imputer qu'à nous-mêmes, à nous qui avons stupidement laissé nos destinées entre les mains de nos anciens tyrans, à nous qui avons lâchement souffert tous les crimes de leurs agens et de leurs complices. (Les tribunes applaudissent.)

C'est à vous, représentans, que la nation a imposé le soin de les punir et de pourvoir au salut de l'État. Vous nous avez déclaré que la patrie est en danger ; c'est nous avertir de tous les faits que nous venons de vous rappeler. Quelle est, en effet, la cause de tous les dangers, si ce n'est la perfidie de la cour et de ses agens, et de tous les fonctionnaires publics qu'elle a corrompus? Vous n'avez pas voulu nous dire qu'il n'existait point de ligue entre les despotes et les agens de la cour, car vous n'avez pas voulu nous tromper ; vous ne l'auriez pas même pu : nous savons, nous sentons que sans la trahison de nos ennemis intérieurs, les autres ne seraient point à craindre, ou plutôt nous savons qu'ils n'existeraient pas.

Représentans, nous dire que la nation est en danger, c'est nous dire qu'il faut qu'elle soit sauvée, c'est nous appeler à son secours ; si elle ne peut l'être par ses représentans, il faut bien qu'elle le soit par elle-même. (Vifs applaudissemens des tribunes.) La contenance qu'elle vient de montrer dans la fédération générale de ce puissant empire, l'objet de ses réclamations, celui du serment qu'elle a prêté, tout a prouvé qu'elle en avait à la fois la puissance et la volonté.

C'est en vain que des généraux perfides et des despotes insolens se réunissent pour la désigner comme une faction. Sous quelque forme qu'elle se rassemble, en quelque temps, en quelque lieu qu'elle s'explique, elle prouvera toujours à l'univers qu'elle est factieuse en effet dans le sens des tyrans, c'est-à-dire, qu'elle est bien déterminée à les écraser et à ne se laisser désormais enchaîner ni trahir par personne. (Mêmes applaudissemens.)

Représentans, nous avons laissé dans nos départemens des millions de citoyens qui nous ressemblent ; mais quelque événement qu'il arrive, ne serions-nous que dix contre cent, comme nous sommes cent contre dix, la victoire de la liberté n'en est pas moins certaine. Un homme libre vaut cent esclaves, et la destinée du vice est de trembler devant la vertu. Législateurs, pères de la patrie, nous ne voulons point porter atteinte à notre Constitution, mais nous voulons qu'elle soit et qu'elle puisse être exécutée. Nous ne refusons pas d'obéir à un roi, mais nous mettons une grande différence entre un roi et une cour conspiratrice, dont la Constitution même, dont toutes les lois divines et humaines réclament la punition et l'expulsion. (Une vingtaine de membres et toutes les tribunes applaudissent.) Nous savons que les peuples créent les rois pour en être bien servis, non pour en être opprimés et livrés aux fers des conspirateurs. Nous abhorrons toute espèce de machiavélisme, qui ne se masque d'un respect hypocrite pour la Constitution, que pour fournir à ses ennemis les moyens de la détruire sans obstacles. Nous ne sommes plus, depuis long-temps, les dupes des intrigans et des traîtres, et nous ne voulons point être esclaves. Nous voulons triompher ou mourir pour la liberté, mais nous ne voulons pas combattre sous les ordres des courtisans et des complices de nos tyrans. (Applaudissemens.)

On nous parle de faire la guerre à l'Autriche, et l'Autriche est dans nos camps et dans le conseil du roi, et l'Autriche est à la tête de nos armées. (Acclamations réitérées dans toutes les tribunes.) Ce n'est point assez que la nation française soit abaissée au point de faire la guerre à des traîtres, elle est encore conduite et trahie par eux. Ce sont leurs frères, leurs alliés qui composent l'état-major de nos armées. Eh! quel autre avantage a sur la ci-devant noblesse, à Coblentz, la ci-devant noblesse, soi-disant patriote, qui est restée au milieu de nos guerriers? Quel avantage a-t-elle, si ce n'est d'être plus lâche et plus perfide?

Tous les gens de cette caste funeste, qui joignaient à la maladie de l'orgueil, des préjugés, quelque franchise, quelque fierté, se sont rangés en bataille contre nous; tout ce qu'il y avait parmi eux de plus bas, de plus pervers en tout genre, a continué de nous caresser pour nous trahir, pour attiser au milieu de nous le feu de la guerre, pour séduire l'armée, pour opprimer le patriotisme, pour livrer aux flammes les propriétés, les maisons d'un peuple malheureux qui allait briser ses fers de concert avec nous. La patrie elle-même ose armer contre elle des despotes.

Quel scandale, quel délire ! On a permis que les ci-devant nobles, intrigans qui avaient déshonoré le caractère de législateurs dans l'assemblée nationale constituante, se soient convertis tout à coup, de législateurs perfides en chefs d'armée plus perfides encore. A leur tête est La Fayette, le plus méprisable, le plus criminel, comme le plus perfide des ennemis, le plus infâme des assassins du peuple. (Un murmure d'indignation presque général s'élève dans l'assemblée.) La Fayette a foulé aux pieds toutes les lois, il a déclaré la guerre à l'assemblée nationale.

M. Hua. Il n'est pas possible à l'assemblée d'entendre traiter de criminel un citoyen qu'elle n'a pas jugé. Qui est-ce qui jugera La Fayette ? Est-ce l'assemblée ou ces Messieurs ? (Des rumeurs s'élèvent dans les tribunes, et couvrent la voix de M. Hua.)

M. le président. J'observe aux tribunes qu'il y a une loi qui défend d'applaudir, et qu'il n'y a point de patriotisme sans obéissance à la loi.

L'orateur de la députation. Représentans, La Fayette a foulé aux pieds toutes les lois, il a déclaré la guerre au peuple français et à l'assemblée nationale ; et il existe encore. Les lois, la patrie, la liberté, ne sont donc plus ! Représentans, vous avez déclaré que la patrie est en danger ; mais ne la mettez-vous pas vous-mêmes en danger à chaque instant, en prolongeant l'impunité des traîtres qui conspirent contre elle-même. On dit que les Français ont mis en question si la loi les condamne. Hélas ! avec quelle promptitude elle aurait déjà frappé un malheureux qui eût commis le plus léger de ses innombrables délits.

Représentans, la patrie indignée demande que vous prononciez contre cet homme méprisable (1). Les défenseurs de la patrie demandent des chefs sous lesquels ils puissent exterminer ses

---

(1) Cette adresse est insérée tout entière dans *le Défenseur de la Constitution*, n. 10. Nous pouvons donc indiquer quelques inexactitudes du *Moniteur*. Il est probable, au reste, que le texte véritable est celui du *Défenseur de la Constitution ;* car il y a très-lieu de croire que Robespierre fut le rédacteur de cette énergique écrit.

A cette place, au lieu de la phrase qu'on vient de lire, on trouve : *Que vous prononciez entre elle et cet homme méprisable*, ce qui vaut mieux. (*N. des aut.*)

ennemis. Mais pour avoir des chefs, il faut commencer par destituer les traîtres et les conspirateurs. Nous ne pouvons marcher sous leur conduite, ni consentir à notre ruine et à notre servitude. Nous marcherons seuls s'il le faut, et nous sauverons le peuple et vous-mêmes. (Les applaudissemens recommencent.) Et tous les amis de la patrie, et le peuple entier, se précipiteront avec nous, et nous prouverons à l'univers que sans les chefs payés par la cour et par la noblesse, les tyrans de la nation seraient déjà vaincus; nous prouverons que l'indignation amoncelée par les crimes dans le cœur des hommes vertueux, peut renverser en un moment le criminel ouvrage de l'intrigue; nous prouverons que les factieux qui aiment la patrie et la Constitution, que les brigands qui ont de l'humanité et des vertus, savent faire rentrer dans le néant tous les honnêtes gens couverts de crimes et de parjures (Les tribunes applaudissent.), tous les amis de l'ordre public, traîtres envers le peuple, enrichis de ses dépouilles, et souillés de son sang.

Pères de la patrie, suspendez provisoirement le pouvoir exécutif dans la personne du roi. (Applaudissemens réitérés des tribunes, murmures dans l'assemblée.) Le salut de l'État l'exige et vous commande cette mesure. Mettez en état d'accusation La Fayette; la Constitution et le salut public vous l'ordonnent. Décrétez le licenciement des états-majors, des fonctionnaires militaires, nommés par le roi. Destituez et punissez, suivant le vœu de la Constitution, les directoires de département et de districts, coalisés avec La Fayette et la cour contre la liberté publique. Enfin renouvelez les corps judiciaires (1)... (L'indignation

(1) Ce paragraphe est tout différent dans *le Défenseur*; le voici :

« Et vous, représentans, entendez la voix de la nation entière, qui vous crie de pourvoir au salut public. Montrez-vous dignes du peuple français et de vous-mêmes servez-vous de son énergie, et secondez-la : lui seul peut et veut vous sauver. Il vous demande en retour que vous vouliez épargner son sang en adoptant quelques dispositions simples que tous vos devoirs vous prescrivent impérieusement.

» 1° Mettez en état d'accusation La Fayette et tous ses complices, comme la Constitution et le salut public vous l'ordonnent;

» 2° Décrétez le licenciement de l'état-major de l'armée;

d'une partie des membres de l'assemblée, l'improbation ou l'ennui des autres, se manifestent par de violentes rumeurs. — De toutes parts on demande que les pétitionnaires soient rappelés à l'ordre.)

M. Goujon. Ils sont égarés par les factieux qui parlent en leur nom.

M. le président aux députés. Messieurs, l'assemblée nationale, fidèle à ses sermens, trouvera dans la Constitution les moyens de sauver la patrie; elle unira toujours la prudence au courage, la sagesse à la fermeté. Elle ne désespérera jamais du salut public, tant qu'il y aura en France du patriotisme et des vertus; c'est-à-dire, qu'elle n'en désespérera jamais. L'assemblée vous invite à assister à la séance.

MM. Dumolard et Girardin demandent la parole. On observe qu'il y a un décret qui interdit toute discussion à la suite des pétitions.

Après quelques débats, l'assemblée passe à l'ordre du jour.]

La séance fut terminée par la lecture d'une lettre du maréchal Luckner et de diverses notes qui y étaient jointes. Nous allons donner une courte analyse de ces volumineux écrits; on verra qu'elles semblaient avoir été faites pour justifier l'énergique dénonciation des fédérés.

Luckner annonçait d'abord qu'il avait reçu, par le ministre, communication d'un décret qui l'invitait à faire part à l'assemblée des ordres qu'il avait reçus et de ceux qu'il avait donnés. Il répondait à cette injonction, qu'il ne croyait pas devoir communiquer ces choses à d'autres qu'au pouvoir exécutif, et que l'assemblée pourrait les apprendre de ce dernier. Il justifiait cette

» 5° Destituez et punissez, selon le vœu de la Constitution, les directoires coalisés avec La Fayette et la cour contre la liberté publique;

» Enfin faites du pouvoir exécutif ce que le salut de l'état et la Constitution même exigent, dans les cas où la nation est trahie par le pouvoir exécutif.

» Ce ne sont pas là sans doute toutes les mesures que l'intérêt public prescrit; mais celles-ci au moins sont tellement indispensables, que les négliger c'est évidemment abandonner le soin de la chose publique. (*Défenseur de la Constitution*, n. 10.)

opinion par la raison du silence nécessaire aux succès de la guerre. Il protestait d'ailleurs de son attachement à la Constitution.

Cependant, il se donnait de suite un démenti en adressant deux notes sur l'état de l'armée. — Dans la première, il disait que les quatre armées qui étaient sur la frontière, étaient à peine composées de soixante-dix mille hommes disponibles attendu la nécessité de garnir les places fortes. Il annonçait ensuite que le roi venait de l'appeler au commandement de deux de ces armées, celle dite du centre, et celle du Rhin; il devait avoir sous lui, pour commandant particulier de la seconde, le général Biron. Ces deux armées devaient soutenir les efforts de *deux cent mille hommes de troupes autrichiennes, prussiennes, hessoises et russes, outre vingt-un à vingt-deux mille émigrés;* ces armées menaient avec elles un essaim de troupes légères très-aguerries, très-redoutables. Quant aux deux armées françaises elles ne formaient pas ensemble quarante mille hommes. Le maréchal Luckner déclarait enfin qu'avec si peu de forces il lui était impossible de répondre même de la défense des frontières.

Dans la seconde note, il annonçait que les cadres des troupes de ligne, au lieu de se remplir par le recrutement, se vidaient tous les jours. Les corps, malgré tous leurs efforts, n'avaient pas acquis vingt recrues depuis deux mois. Les bataillons de gardes nationaux n'étaient pas non plus au complet. La discipline était sans force, etc. Tout dans ces notes, assertions et style, était de nature à jeter un découragement profond dans l'assemblée; et, comme par un concours médité, la lecture de ces pièces fut plusieurs fois interrompue par de tristes nouvelles. — Le ministre des affaires étrangères écrivait qu'il venait d'apprendre du résident français, que de toutes parts on pressait la marche des armées étrangères, et que l'invasion était prochaine. — Le président annonça la nouvelle de la prise et de l'incendie d'Orchies par les Autrichiens. Un mot de Carnot affaiblit cependant l'effet de ce sombre tableau. « Ce n'est pas ainsi, s'écria-t-il, que le maréchal a parlé au comité! Il a dit qu'il ne craignait pas l'ennemi. » Ce mot d'encouragement fut le dernier qui fut prononcé dans cette séance.

En sortant, quelques députés se disaient que ces notes n'étaient pas exactes ; qu'il n'y avait de vrai que la signature du maréchal Luckner qui était au bas ; que leur rédaction avait été calculée pour terrifier le parti patriote. — Carnot répétait que depuis Huningue jusqu'à Dunkerque nous étions couverts par des places fortes, que deux cent cinquante mille hommes étaient en état de tenir la défensive, que Luckner en était convenu, que nous serions invincibles si les officiers avaient la confiance des soldats.

Voilà ce que les journaux ajoutaient le lendemain à leur compte-rendu de la séance. Voici ce que disait le *Patriote Français* :

« Dans le moment même où on lisait à l'assemblée la lettre alarmante de Luckner, il était lui même à la commission et y parlait sur un ton bien différent, bien plus consolant ; il demandait, il est vrai, comme dans sa lettre, une augmentation de troupes ; mais il donnait la plus haute idée de ses soldats, des gardes nationaux, des troupes de ligne ; tout ce qui est sous-officier ou soldat est soumis à la plus exacte discipline et plein d'ardeur. La plus grande punition qu'on puisse infliger, est la menace de renvoyer dans leurs départemens ceux qui se conduisent mal.

» Il annonce que tous les approvisionnemens sont dans le meilleur état, et en abondance, malgré bien des pillages ressemblant à ceux de l'ancien régime, malgré les commissaires des guerres qu'il croit ne mériter aucune confiance. Il a tenu plusieurs propos qui marquent peu d'estime pour M. La Fayette ; il a dit entre autres que, dans d'autres mains, dix mille hommes suffiraient pour se maintenir parfaitement dans la position où il est, mais qu'il en faut quinze mille à La Fayette ; enfin il témoigne à l'assemblée nationale la plus grande confiance. Ce général, qui se livre dans la conversation avec la franchise d'un brave militaire, ayant été requis d'expliquer la contradiction qui se trouvait entre sa conversation et sa correspondance, a répondu qu'il ne savait pas faire les phrases et que c'était Mathieu Montmorency qui avait fait la lettre. Dans tout le cours de cette conversation, où se trouvaient MM. Gorguerau, Dumas, etc., M. Dumas a souvent cherché à interrompre le maréchal et à l'empêcher de se livrer à une franchise qui démasquait trop ouvertement l'intrigue. » (*Patriote Français*, n. MLXXIII.)

On lisait le même jour dans le journal d'Audoin : « L'intrigue est plus vive que jamais, et aux Tuileries, et à l'armée. C'est par un effet de cet esprit d'intrigue que Luckner trompé est à Paris; c'est par un autre effet du même esprit que La Fayette est resté après avoir dépêché ses espions principaux. Tant que cet homme, aujourd'hui contre-révolutionnaire, restera à la tête de nos armées, il n'y a plus de sûreté ni pour la liberté, ni pour la Constitution. C'est à lui qu'on doit le mouvement actuel des deux armées, qui n'a qu'un objet ridicule, et qui peut avoir la fatale conséquence d'ouvrir les frontières aux ennemis qui s'avancent.

» En effet, ce La Fayette est destiné à commander en Flandre l'armée d'observation, tandis que le maréchal Luckner défendra les frontières de la Meuse et du Rhin : mais le premier a voulu garder les corps, dont les adresses forment une si belle collection. Il a donc fallu, pour satisfaire cette fantaisie, sacrifier quelques millions et quelques centaines d'hommes, qui périront dans cette marche longue et pénible. Il a fallu, en faisant jouer inutilement aux barres les deux armées, exposer la sûreté des frontières. Et c'est ainsi qu'on ose traiter une nation libre!

» Le ministre, soit crainte, soit pudeur, n'a pas voulu donner cet ordre absurde : il a seulement autorisé les généraux à composer les armées comme ils le voudraient. Mais les hommes raisonnables de l'armée ne pouvaient manquer d'exprimer l'étonnement où les jetait une pareille mesure; aussi La Fayette n'a-t-il pas manqué de le blâmer et de se rejeter sur la nécessité d'obéir au ministre. Nous avons donc, grace à M. Lajard, au lieu d'une armée française, *une armée La Fayette*, inséparable de son général, et d'autant plus précieuse à lui conserver, que plusieurs des adresses qu'on lui a fait signer et dont il n'a point puni les auteurs, lui demandent ouvertement l'ordre de commencer la guerre civile.

» A Rome, ce ne fut qu'au temps de César et de Pompée,

que les légions commencèrent à suivre leur général, lorsqu'il changeait de province; et cet usage, que M. Lajard veut introduire en France, porta le dernier coup à la liberté romaine. » (*Journal Universel*, n. DMLXIX.)

C'est ainsi que les journaux parlaient de l'intrigue à laquelle obéissait le vieux maréchal, mais sans s'expliquer sur la nature même de cette intrigue. Nous trouvons dans le *Patriote français* une lettre qui nous révèle en partie ce secret.

« Les patriotes ne savent trop s'expliquer pourquoi Luckner a abandonné son camp de Famars, s'est rapproché de Guise; pourquoi M. La Fayette a tenu la même conduite et s'est avancé à Avesne. — Y avait-il donc là quelques ennemis à combattre ? Non, mais voici la cause secrète. — M. La Fayette, qui s'occupe bien plus des Jacobins de Paris que des Autrichiens, avait espéré que M. Pétion ne serait pas réintégré le 14; que le peuple serait mécontent; qu'il y aurait une émeute. Il s'était arrangé pour paraître alors avec le général Luckner à la tête des gardes nationales, ensanglanter de nouveau le Champ-de-Mars, et donner la loi à l'assemblée nationale. Il avait fait approcher son armée de Guise qui n'est qu'à quarante-cinq lieues de Paris, afin de pouvoir la faire venir très-promptement en cas de résistance : on devait distribuer les trente-six décrets de prise de corps contre les députés patriotes, afin d'étouffer toute opposition à l'assemblée nationale. M. La Fayette a été déjoué dans toutes ses combinaisons. Le maire de Paris était réintégré le 14; il n'y a point eu d'émeute; il n'y a eu que des bénédictions pour le maire et des malédictions pour La Fayette, qui, averti à temps par ses espions, n'a pas osé se montrer. Voilà l'explication de la caravane à Guise, et du voyage de M. Luckner que M. La Fayette a trompé. » *Un abonné.* » (*Patriote français*, MLXXIII.)

Il est en effet facile de comprendre que dans ce mouvement de deux armées, il était aisé, si l'occasion était favorable, de faire approcher des corps de Paris, La Fayette, resté seul, était maître de la direction des troupes. Luckner à Paris était une opposition de moins; il était d'ailleurs par là compromis dans le semblant d'une démarche pareille à celle de La Fayette; de plus, le cas d'une émeute échéant, il se trouverait nécessairement entraîné à prendre un parti favorable au but que l'on poursuivait. Il ne peut au reste, pour nous, rester le moindre doute sur les projets de M. La Fayette, en mettant même de côté et la signification de ses démarches, et l'énorme suspicion des hommes du temps. Il faut au moins en croire Toulongeon, son ami, et le témoignage non moins amical de M. Rœderer, consigné dans un ouvrage déjà cité. Selon eux, lorsque M. La Fayette était venu à Paris, il avait espéré faire un mouvement dans la garde nationale, et la porter à fermer les portes des Jacobins. Il avait espéré de plus qu'à la faveur des bonnes dispositions de cette garde, le roi pourrait quitter Paris et s'établir à Compiègne; que le roi se prêterait à cette translation, qui le placerait ainsi entre les agitateurs de la capitale, et une armée toujours prête à voler à sa défense, etc. (1). En agissant ainsi, le but de M. La Fayette était-il de mettre fin à un état qu'il croyait anarchique, ou bien était-il, comme on l'en accusait, partisan des deux chambres, Feuillant en un mot? Il n'y a encore guère lieu d'en douter si l'on veut bien consulter ses amitiés, ses démarches et ses actes. D'après tout cela, il serait absurde de supposer que l'échec éprouvé au mois de juin lui eût fait abandonner ses projets, et qu'il n'eût pas toujours attendu et cherché les moyens et le moment de les mettre à exécution? Soyons-en certains, les hommes de l'époque ne se trompaient pas sur ses intentions. Nous faisons cette remarque en dehors de nos habitudes, puisqu'elle peut être considérée comme une interprétation qui nous est personnelle; nous la faisons pour donner la raison de toute la polémique que nous avons recueillie contre M. La Fayette. On nous a presque accusés d'avoir été guidés dans cette partie de notre travail par un esprit d'hostilité; et cependant nous n'avons recueilli que ce qu'il y avait de réellement historique dans les accusations de la presse : nous avons laissé de côté tout ce qui était seulement personnel et scandaleux. En général, nos lecteurs doivent s'attendre à trou-

(1) *Chronique de cinquante jours*, par P. L. Rœderer, p. 106.

ver de singulières révélations dans notre histoire ; car en prenant la plume, nous nous sommes imposé le devoir de ne respecter que la vérité, et de ne manquer à rien de ce que la probité historique exigerait de nous. Nous avons nous-même connu M. La Fayette et dans des circonstances fort graves ; or, si nous ne nous trompons pas, M. La Fayette était plein de bienveillance, de générosité et de bravoure ; mais trop amoureux de la popularité, faisant trop de cas des choses de la vie intime, et à cause de cela, s'abandonnant trop facilement aux conseils de ses habitués. M. La Fayette n'était pas un homme *à priori* ; et le jugement de Tallien, que nous avons consigné dans un volume précédent, ne nous paraît pas manquer d'exactitude. Revenons à notre histoire.

Les nouvelles du 17, au matin, excitèrent dans la séance du soir un zèle d'organisation militaire remarquable. On acheva le décret sur le recrutement de l'armée ; on adopta un projet de Dumas pour la formation de compagnies de chasseurs volontaires. On applaudit en apprenant le départ des régimens de ligne qui étaient à Paris (1). On rejeta les observations adressées par le colonel d'Affry qui représentait que les capitulations avec la Suisse ne permettaient pas d'éloigner le régiment entier des gardes suisses de la personne du roi ; et sur la motion de Carnot, on décréta le départ de deux bataillons de ce corps.

La séance du lendemain 18 fut ouverte par la lecture d'une lettre de Dumourier, qui commençait ainsi :

« Monsieur le président, comme j'ignore s'il existe un ministre de la guerre ; comme de deux généraux d'armée, l'un est ou en route pour la Moselle, ou à Paris, l'autre est presque sur la même route ; comme me trouvant commandant, par *interim*, je crois devoir vous rendre compte, ainsi qu'au pouvoir exécutif, des faits qu'on peut ou grossir ou diminuer ; comme on a l'air de regarder les frontières des Pays-Bas comme indifférentes, parce que du système offensif on est tombé dans un système défensif absolu, sous prétexte que toutes les forces de nos ennemis sont

---

(1) Ces régimens sont appelés les *régimens blancs* dans les lettres manuscrites du père Lenfant, confesseur du roi, que nous avons sous les yeux.

passées sur les frontières du Rhin, de la Meuse et de la Moselle ; comme enfin, il se trouve qu'avec deux armées redoublées, et se croisant à une vingtaine de lieues d'ici, il ne se trouve pas même sur les frontières de quoi exercer une défensive honorable, je crois devoir rendre à l'assemblée nationale le même compte que j'envoie à M. La Fayette, qu'on m'a annoncé comme général en chef depuis la mer jusqu'à la Meuse. Le 12, M. le maréchal Luckner m'a laissé commandant une division de son armée, composée de six bataillons de gardes nationales ; de deux escadrons de cavalerie et d'un régiment de chasseurs à cheval, avec laquelle je dois partir le 20 pour me rendre à Metz. Il m'a laissé en même temps le commandement de toutes les troupes de l'armée du Nord, jusqu'à l'arrivée de M. Arthur Dillon, lieutenant-général, qui doit commander l'armée du Nord sous les ordres de M. La Fayette. Sous ce double rapport, je me trouve dans deux positions très-différentes. Comme lieutenant-général de l'armée du maréchal Luckner, je ne dois m'occuper que de mes six bataillons et de mon prochain départ. Comme commandant de l'armée du Nord, quoique pour un *interim* très-court, je dois veiller sur la tranquillité du pays. »

Dumourier annonçait ensuite l'occupation instantanée d'Orchies, par une forte reconnaissance d'Autrichiens. Il avait, disait-il, devant lui un corps ennemi de douze à quinze mille hommes ; et pouvait à peine lui opposer six à sept mille hommes de troupes. Il manquait d'instructions, de vivres et d'argent. Que devait-il faire ?

La lecture terminée, Gossuin prit la parole pour y ajouter que, pendant la courte occupation d'Orchies, les Autrichiens avaient mis à mort quelques citoyens, et largement pillé.

On lut ensuite une dépêche des grands procurateurs de la nation, qui dénonçaient des manœuvres pratiquées dans le département du Loiret pour former une garde particulière pour le roi. Ils adressaient plusieurs pièces, dont une lettre signée Pelico et Garran, qui commençait ainsi :

« Messieurs, j'ai l'honneur de vous adresser un engagement

pour aller faire le service auprès de la personne sacrée du roi ; je désire que vous l'accueilliez, et en ce cas, je suis sûr qu'un grand nombre de citoyens se joindront à moi pour remplir..... »

Cette lecture fut interrompue avec bruit, et renvoyée au pouvoir exécutif.

Ces nouvelles rappelèrent à l'assemblée plus vivement que l'adresse des fédérés, l'urgence de l'accusation pendante contre M. La Fayette. Elle décida donc que le comité des douze ferait son rapport le lendemain.

Lecointre demanda que la commission instruisît l'assemblée des renseignemens que Luckner avait dû lui communiquer. Cette proposition fut encore adoptée.

Enfin, M. Tardiveau, au nom des douze, proposa l'envoi de huit commissaires, pour vérifier l'état des frontières. Mais cette mesure fut rejetée.

A la séance du soir, on apprit la défaite des rebelles de Jalès et de Bannes ; et on décréta d'accusation les prisonniers. On remarqua que quelques expressions, qui peignaient la colère des gardes nationaux, et l'annonce que plus de deux cents insurgés avaient péri à l'assaut de Bannes, excitèrent les murmures d'une partie de l'assemblée.

Le lendemain devait commencer la discussion sur l'affaire La Fayette : mais mille incidens, dont quelques-uns semblaient préparés, manquèrent de faire ajourner même le rapport. Ce fut d'abord la présentation d'un projet de décret pour la vente des palais épiscopaux. Il fut adopté. Ensuite, ce fut un projet sur l'administration de la marine ; il fut encore adopté. Puis, ce furent dix-neuf articles proposés par le comité militaire pour achever la loi sur l'augmentation de l'armée. Cambon dénonça le directoire de Paris, comme s'opposant au recrutement, il fut appuyé par Chabot, Mazuyer et Carnot. Enfin, arriva une nouvelle lettre de Dumourier demandant des instructions. Il communiquait des lettres écrites à M. La Fayette et restées sans réponse. Sa position était pressante ; il annonçait que les Autrichiens occupaient déjà les villages français de la frontière, et que leurs forces s'accroissaient, et s'élevaient à environ trente mille hommes.

Alors, M. Muraire, rapporteur de l'affaire La Fayette, monta à la tribune. Voici son discours :

M. Muraire, au nom de la commission extraordinaire des douze. La lettre que M. La Fayette a écrite à l'assemblée nationale, le 16 juin dernier, la pétition qu'il a présentée lui-même, le 28, et sa seconde lettre du 29 du même mois, ont fait naître deux questions importantes : 1° les chefs de la force armée peuvent-ils adresser des pétitions sur des intérêts privés? 2° La conduite de M. La Fayette est-elle coupable ou seulement répréhensible? Déjà la commission a fait un rapport, et proposé un projet de décret sur la première des deux questions; je viens aujourd'hui, en son nom, faire connaître sa détermination sur la seconde, et les motifs sur lesquels elle s'est fondée. Il est sans doute dangereux de voir des généraux d'armée adresser des pétitions qu'ils peuvent rendre imposantes par l'aspect de leurs forces, et qui, par la suite et par un abus de leur autorité, peuvent devenir des ordres pour celles des autorités à qui elles seraient adressées ; mais la Constitution et les lois faites sur le droit de pétition, n'avaient fixé aucune borne à l'exercice de ce droit. D'après la déclaration des droits de l'homme, nul citoyen ne peut être jugé et condamné qu'en vertu d'une loi antérieure au délit; d'après cela, la commission examinant mûrement la conduite de M. La Fayette, n'y a rien vu de contraire à aucune loi positive. Fondée sur ces considérations, et sur celle surtout qu'il ne lui appartient pas de scruter les intentions qui ont pu déterminer la conduite du général, elle a pensé que l'assemblée devait s'occuper uniquement de discuter le projet de loi qui lui a été présenté par M. Lemontey, dans une des précédentes séances.

M. Rouyer. Je demande l'ajournement de la discussion à trois jours, afin d'avoir le temps de réfléchir sur ce rapport; et qu'avant la discussion, la commission nous rende compte de la conversation qu'elle a eue avec le maréchal Luckner.

Plusieurs membres appuient l'ajournement.

M. Dumolard. Il est étonnant que la veille des batailles on veuille reculer le jugement d'un général qui a besoin d'être investi de confiance.

La question préalable est demandée sur l'ajournement.

Après deux épreuves, M. le président prononce que l'ajournement est rejeté.

Il s'élève des réclamations.

M. Kersaint. On ne peut juger sans avoir préalablement examiné les pièces.

M. Dumolard. Les pièces ont été imprimées, et tout le monde les connaît.

On demande l'ajournement à demain.

M. le président consulte l'assemblée, et prononce que l'ajournement est rejeté. — Plusieurs membres demandent à grands cris l'appel nominal.

Après quelquelques débats assez vifs, l'ajournement à demain est décrété.]

SÉANCE DU 19 AU SOIR.

[On introduit à la barre une députation de citoyens d'Orléans.

L'orateur de la députation. Législateurs, les citoyens d'Orléans viennent déposer dans votre sein leurs justes alarmes. A chaque instant notre brave garde nationale peut être égorgée. A chaque instant les prisonniers peuvent briser leurs fers, et aller grossir l'armée des ennemis. Nous sommes indignés surtout de voir la faculté d'approcher d'eux devenue presque illimitée; des festins somptueux, des jeux continuels, des concerts sans fin, des femmes introduites à tout moment dans les prisons, un jeu de paume qui s'y prépare, voilà ce qui nous fait craindre une évasion. Le geôlier seul a le droit de visiter tout ce qui entre dans les prisons. Qui nous rassurera sur la crainte d'une corruption que le crédit d'un ministre ne rend que trop inquiétante? Est-il juste que des conspirateurs présumés soient traités avec plus d'égards que de simples prévenus qui ont à peine troublé momentanément la société? Les citoyens d'Orléans sont déterminés à mourir au poste d'honneur que vous leur avez confié; mais ils vous demandent les moyens de ne pas exposer leur vie sans fruit, et de vous occuper de déterminer le régime des prisons de la haute Cour nationale. Suivent deux cents signatures. (On applaudit.)

Les pétitionnaires sont admis aux honneurs de la séance.

M. *Rouyer*. Je demande le renvoi de cette pétition au comité de législation, pour en faire son rapport sous trois jours.

M. *Tarbé*. C'est aux grands procurateurs de la nation à s'occuper de la rassurer sur la crainte de voir s'échapper les prisonniers d'Orléans. Je crois que les citoyens d'Orléans, avant de s'adresser à l'assemblée, auraient dû présenter leurs sollicitudes à leurs officiers municipaux. (On murmure.)

M. *Brival*. Je demande qu'on entende le défenseur officieux des contre-révolutionnaires. (Quelques applaudissemens des tribunes.)

M. *Tarbé*. Je dis que le silence des corps administratifs et des grands procurateurs est une forte présomption contre les faits qui vous sont dénoncés. Je demande au surplus que la pétition soit renvoyée au comité de législation, pour qu'il dissipe les inquiétudes que ces messieurs conçoivent si facilement.

Le renvoi est décrété.

On fait lecture d'une lettre du colonel Blacksten, ami du commodore Paul-Jones, lequel annonce que son ami étant décédé à Paris, en conséquence d'une formalité encore existante à l'égard des protestans, on s'est adressé à M. Simonneau, commissaire de la section, pour le faire enterrer sans frais. M. Simonneau, indigné, a répondu que si on ne faisait pas les frais, il les ferait plutôt lui-même. (On applaudit.)

N...... Je demande que pour consacrer la liberté des cultes, l'assemblée envoie une députation aux funérailles de Paul-Jones. (On applaudit.)

Cette proposition est décrétée.

On introduit à la barre une députation des citoyens de la section dite des Lombards.

L'orateur de la députation. A peine avons-nous appris que vous aviez déclaré que la patrie était en danger, que nous avons renouvelé le serment de vivre libres ou de mourir. Nous volons sur les bords du Rhin pour combattre les despotes et faire triompher l'étendard de la liberté ; mais c'est peu que des citoyens se dévouent, s'ils ont des généraux qui n'aient pas leur confiance. (On applaudit.) La Fayette, qui divise son pays en feignant de le servir, a perdu la confiance des amis de la liberté. (Les tribunes et une partie de l'assemblée applaudissent.) Il a violé la Constitution en osant apporter une pétition coupable ; il l'a violée en osant dire que c'était le vœu de son armée, comme si le vœu des courtisans était celui des hommes libres ; il l'a violée en voulant faire rentrer dans l'intérieur des troupes consacrées à la défense des frontières. Chez les Romains, un consul, un général, qui eût commis ces délits, eût été puni de mort. (On applaudit.) Débarrassez l'armée d'un homme qui viole les lois avec tant d'audace. Dans le moment où nous nous trouvons, où nous marchons sur un volcan, la clémence serait un crime. Tout Paris vous a déclaré que le département a perdu la confiance des bons citoyens. (On applaudit.) Pourquoi le décret qui nous a rendu le vertueux, l'incorruptible Pétion (Nouveaux applaudissemens.), n'a-t-il pas prononcé l'arrêt de mort de ce département contre-révolutionnaire ? Nous demandons sa destitution ; nous demandons que vous examiniez la conduite criminelle de ces juges de paix qui décernent aux Tuileries des mandats d'amener, qui sont de véritables lettres de cachet. Dans ces momens de crise, donnez-nous des magistrats, des généraux, des juges qui aient notre confiance. (On applaudit.) En déclarant les dangers de la patrie, vous n'en aviez pas déclaré les causes. (*Une voix* : C'est votre pétition et celles qui lui ressemblent.) Ordonnez que toutes les assemblées primaires soient permanentes, afin que le souverain en personne veille sur la liberté !

Nous apportons 8,692 liv. 10 sous pour la guerre. (Les applaudissemens recommencent.)

Les pétitionnaires obtiennent les honneurs de la séance.

M. Merlin. Je demande l'impression d'une pétition si patriotique et si bien accompagnée. (Les tribunes applaudissent.)

M. *Mayerne.* Vous ne pouvez donner votre approbation à des maximes contraires à la Constitution que vous avez jurée de maintenir. (On murmure.)

M. *Tarbé.* Je me charge de démontrer que la pétition est inconstitutionnelle.

M. *Duhem.* Vous le prouverez mieux quand elle sera imprimée. (On applaudit.)

La discussion est fermée, et l'impression décrétée.]

AFFAIRE LA FAYETTE.

La discussion commença sous les auspices les plus sinistres. Les ministres démissionnaires n'étaient pas remplacés; ils signaient cependant encore par *interim.* Le 20, le directoire du département se démit en masse. (*Gazette des* 21 *et* 23 *juillet.*) Luckner était à Paris, La Fayette était douteux. Ainsi, l'état était sans ministres, Paris sans administrateurs, l'armée sans généraux.

Depuis long-temps les Jacobins avaient prononcé sur la culpabilité de l'ex-général de l'armée du centre. Plusieurs séances avaient été consacrées à l'examen de sa conduite. Billaud-Varennes, Merlin, Collot-d'Herbois, s'étaient fait remarquer par l'énergie de leurs attaques. Personne ne le défendit. Robespierre, à cette occasion, ne fit qu'insister sur la possibilité de changer nos revers en succès, en faisant un retour offensif et en envahissant la Belgique : mais pour cela, ajouta-t-il seulement, il nous faut d'autres généraux. Cependant, il croyait comme les autres à la culpabilité de La Fayette; il l'attaqua dans son *Défenseur,* et donna ainsi une publicité plus grande à son accusation. Nous allons en donner un extrait; nous avons préféré cette citation à toute autre, parce qu'elle nous paraît un modèle de polémique politique.

Sur la tactique du général La Fayette.

« Ajax, roi des Locriens, avait laissé une si haute opinion de sa valeur, que ses concitoyens conservaient toujours sa tente au milieu de leur camp ; l'ombre de ce héros gagnait encore des batailles.

» Nous avons un général qui semble avoir choisi pour modèle l'ombre d'Ajax. La tente de M. La Fayette est au milieu du camp où il commande ; mais elle est souvent déserte, comme celle du roi grec ; ce général a la propriété de disparaître de son camp par intervalles, pour huit ou quinze jours, sans que ni les ennemis, ni son armée, s'en aperçoivent. La seule différence qui existe entre l'ombre d'Ajax et celle de La Fayette, c'est que celui-ci ne gagne pas de batailles. Pyrrhus apprit aux Romains l'art des campemens ; La Fayette instruira les généraux qui le suivront dans l'art de voyager. Faire la guerre à la tête de son armée, est une science commune, qui appartient aux héros vulgaires : être éloigné d'elle de soixante-dix lieues, plus ou moins, et faire la guerre, voilà le talent merveilleux réservé aux êtres privilégiés, refusé à tout général qui n'a subjugué ou affranchi qu'un seul monde. Le général est-il au camp ? est-il au château des Tuileries ? est-il à Paris ? est-il à la campagne ? ce sont aujourd'hui autant de questions qui n'ont rien du tout d'oiseux, ni de ridicule, et dont la solution n'est pas même facile. Par exemple, au moment où j'écris, on regarderait comme un homme très-habile, celui qui pourrait dire, avec certitude, si M. La Fayette est enfin retourné à Maubeuge, ou si c'est Paris qui le recèle.

» Cette nouvelle méthode de faire la guerre a sans doute de grands avantages, ne fût-ce que celui de conserver le général, sinon à l'armée, du moins à la nation. Comment le battre, ou le faire prisonnier, s'il n'est pas même possible de le découvrir ?

» Au reste, qu'on examine bien ce système ; il est beaucoup moins extraordinaire qu'on ne pourrait le croire, au premier coup d'œil. Il est très-approprié à la nature et aux motifs de la guerre actuelle. Jamais guerre n'exigea plus d'entrevues secrètes, plus d'entretiens intimes, plus de confidences mystérieuses ; or, tout cela suppose des voyages, et oblige nécessairement le général à faire plus d'usage de chevaux de poste que de chevaux de bataille.

» Ce n'est plus un secret aujourd'hui pour personne, que le but de la guerre n'est point de détrôner la maison d'Autriche, en Brabant, mais de rétablir son empire en France. Ce n'est point Bruxelles qu'on veut affranchir, c'est Paris que l'on veut réduire. Il s'agit, non de dompter les factieux de Coblentz, mais de châtier les factieux de l'assemblée nationale et de la capitale. Le roi de Prusse et le roi de Hongrie, comme on sait, sont biens moins à craindre pour la France que les municipaux et les sociétés des amis de la Constitution : Léopold et La Fayette nous l'ont hautement déclaré. Il faut épargner Coblentz, évacuer Courtrai, et préparer le siége du couvent des Jacobins. Le véritable théâtre de la guerre n'est donc point la Belgique, c'est Paris. Le véritable quartier-général n'est pas au camp retranché de Maubeuge, il est dans le palais des Tuileries. Le conseil de guerre, c'est le comité autrichien. A quoi servent ici la valeur et les talens militaires ? Il n'est question que de stratagèmes politiques. M. La Fayette a donc moins besoin de conférer avec des officiers expérimentés qu'avec des intrigans habiles. Au camp, il peut être facilement remplacé; mais au conseil secret, comment pourrait-on se passer de sa présence ?

» Eh! d'ailleurs, pourquoi les Autrichiens lui donneraient-ils quelque inquiétude pendant son absence ? Est-il en guerre avec eux ? Que dis-je ? Ne sont-ils pas ses alliés ? Ne sont-ils pas ligués avec lui *pour rétablir en France le bon ordre, pour anéantir le règne des clubs et rétablir celui de la loi?* Regardez-vous cette réflexion comme un trait d'ironie ou comme une exagération ? Non, c'est la vérité toute nue, c'est l'évidence d us tout son éclat. Interrogez plutôt les faits ; lisez le manifeste Léopold, et lisez la lettre de M. La Fayette (1).

LÉOPOLD

« L'empereur croit devoir, au bien être de la France et de l'Europe entière, ainsi qu'il y est autorisé par les provocations

«(1) Je vais remettre ici sous les yeux du public les principaux passage de ce double manifeste. » (*Note de Robespierre.*)

et les menées du parti des Jacobins, de démasquer et de dénoncer publiquement une secte pernicieuse, comme les vrais ennemis du roi très-chrétien, et des principes fondamentaux de la Constitution actuelle, comme les perturbateurs de la paix et du repos général (1). »

LA FAYETTE.

« Pouvez-vous vous dissimuler qu'une faction, et pour éviter les dénominations vagues, que la faction jacobite a causé tous les désordres ? C'est elle que j'en accuse hautement. (Lettre de La Fayette à l'assemblée.)

LÉOPOLD.

« L'empereur est loin d'attribuer de tels procédés à *la majeure partie de la nation, qui, ou gémit des maux que lui cause un parti fanatique, ou participe involontairement aux erreurs et aux préventions dans lesquelles on cherche à l'entretenir sur la conduite de sa majesté impériale*. Découvrir les desseins véritables de sa conduite vis-à-vis de la France, voilà la seule arme à laquelle l'empereur souhaite pouvoir se borner de recourir, *pour déjouer les artifices d'une cabale qui, faisant état dans l'État,* et fondant son ascendant réprouvé par la loi sur le trouble et la confusion, n'a d'autre ressource pour se soustraire au reproche des embarras inextricables qu'elle a déjà préparés à la nation, que de la précipiter dans des embarras plus grands encore. »

LA FAYETTE.

« C'est moi qui vous dénonce cette secte, organisée comme un empire à part, qui forme une corporation distincte au milieu du peuple français, dont elle usurpe les pouvoirs en subjuguant ses représentans et ses mandataires. »

LÉOPOLD.

« Ils (les Jacobins) nourrissent avec soin les dissensions religieuses, anéantissent l'effet des vues tolérantes de la Constitu-

(1) Note officielle du prince de Kaunitz à l'ambassadeur de France.

tion, par l'alliage d'une intolérance d'exécution directement contraire. C'est à ce but qu'ils tâchent de rendre impossible *la réconciliation des partis opposés et le ramènement d'une classe qu'on s'est aliénée par les plus rudes épreuves auxquelles le cœur humain puisse être soumis, en lui enlevant tout espoir d'adoucissement et d'égards concilians...*

» Ce sont les moteurs de ce parti qui, depuis que la nouvelle Constitution a prononcé l'inviolabilité du gouvernement monarchique..., *entraînent l'assemblée législative à s'attribuer les fonctions essentielles du pouvoir exécutif, forcent le roi à céder à leurs désirs par les explosions qu'ils excitent, et par les soupçons et les reproches que leurs manœuvres font retomber sur le roi.* »

LA FAYETTE.

« Que la liberté religieuse jouisse de l'entière application des vrais principes, que le pouvoir royal soit intact, car il est garanti par la Constitution ; qu'il soit indépendant, car cette indépendance est un des ressorts de notre liberté ; que le roi soit révéré, car il est investi de la majesté nationale ; enfin, que le règne des clubs, anéanti par vous, fasse place au règne des lois. » (Lettre de La Fayette à l'assemblée nationale, du 16 juin 1792.) « Poursuivez, comme criminels de lèse-nation, les instigateurs des violences commises aux Tuileries, le 20 juin ; détruisez une secte qui envahit la souveraineté, tyrannise les citoyens ; DONNEZ A L'ARMÉE L'ASSURANCE *que la Constitution ne recevra aucune atteinte.* » (Discours de La Fayette à l'assemblée nationale, du 28 juin.)

» M. le président, j'emporte un regret vif et profond de ne pouvoir apprendre à l'armée que l'assemblée nationale a déjà statué sur ma pétition... Tant qu'il existera une secte pernicieuse.... » (Lettre de La Fayette à l'assemblée nationale, du 30 juin.)

» Quelle conformité de vues et de langage, entre les ennemis du dedans et ceux du dehors ! Est-ce notre liberté que M. La Fayette veut attaquer? Point du tout; il veut *rétablir l'ordre et la tranquillité;* il veut *anéantir la tyrannie des sociétés patriotiques,* et faire *respecter l'autorité royale*. Pourquoi les monarques autrichiens nous ont-ils menacés? Pourquoi nous font-ils la guerre? Est-ce pour renverser notre Constitution, et pour nous donner des fers? Non, c'est pour notre bien; c'est pour *protéger l'autorité constitutionnelle du roi, la nation elle-même contre ces mêmes factieux, contre ces clubs* que M. La Fayette vous dénonce, avec eux, comme *les auteurs de tous les désordres*. Détruisez les clubs, réprimez les factieux, respectez et perfectionnez la Constitution, selon les vues de M. La Fayette et des princes autrichiens, et vous aurez la paix. Et vous voulez que M. La Fayette fasse la guerre aux Autrichiens! Et pour quel motif? Avons-nous de meilleurs amis, des précepteurs plus sages que les rois de Bohême et de Hongrie? La Fayette dira-t-il qu'ils attentent à notre indépendance, et qu'ils ne doivent pas vouloir notre bien malgré nous-mêmes? Mais quand on est d'accord au fond, peut-on être si scrupuleux sur les formes? Eh! lui-même ne s'est-il pas élevé au-dessus de toutes les lois? Et ne donne-t-il pas des ordres au nom de l'armée? Ne foule-t-il pas ouvertement aux pieds, et l'indépendance de l'assemblée nationale, et la liberté du peuple, et la Constitution? Il est donc parfaitement d'accord avec la maison d'Autriche sur la forme autant que sur le fond. Léopold, dans son manifeste, paraissait seulement désirer un changement *dans les accessoires de la Constitution*; La Fayette la renverse tout entière. Léopold semblait exprimer modestement le vœu de la destruction des clubs patriotiques: La Fayette demande impérieusement, itérativement, en personne et par écrit, à l'assemblée nationale elle-même, l'anéantissement de ce droit sacré de s'assembler paisiblement, que nos lois nouvelles garantissent à tous les Français, comme le *palladium* de notre liberté; il la demande au nom de la force armée dont il prétend disposer. Léopold, prince étranger, allié de Louis XVI, n'avait blessé nos droits que dans un écrit, et d'une manière indirecte et conditionnelle; La Fayette, Français, armé pour défendre le peuple français, les a ouvertement attaqués. La nation s'est levée pour châtier Léopold; laissera-t-elle La Fayette impuni? Ou, ce qui est la même chose, le reconnaîtra-t-elle pour maître?

» Léopold n'était que le précurseur de La Fayette. François, Frédéric-Guillaume, ne sont que des auxiliaires; tous ne sont que les agens de la cour des Tuileries.

» Le manifeste même que je viens de citer, et que La Fayette ose citer dans sa lettre à l'assemblée nationale, ne fut-il pas évidemment l'ouvrage de cette même cour, dont La Fayette est depuis long-temps le conseiller intime, et dont il se déclare aujourd'hui le champion contre l'assemblée nationale? C'est un des crimes de cette lâche coalition de nobles et d'intrigans, déshonorée par le rôle hypocrite qu'elle joua dans l'assemblée constituante, liguée avec la cour pour trahir la nation, et dont La Fayette est le chef. En voulez-vous une démonstration complète? Rapprochez des faits qui sont des époques dans notre révolution. Dans la lettre écrite le 13 mars 1791, par le roi, à l'assemblée nationale, pour annoncer qu'il accepte la Constitution, il insinue très-clairement qu'il la prend en quelque sorte à l'essai, et déclare nettement qu'il doute si elle pourra marcher sans quelques modifications. Aucun homme, à portée d'observer les ressorts des opérations politiques, n'a douté, dans le temps, que cette lettre n'ût été dictée par cette coalition qui, depuis le départ du roi, dirigeait toutes ces démarches; on a vu, dans cette espèce de restriction de Louis XVI, le germe de ce système des deux chambres, et du rétablissement d'une caste privilégiée, auquel la faction dominante à la cour aspirait visiblement. Mais remarquez maintenant comment cet acte d'acceptation est combiné avec le manifeste de Léopold. Ce prince rappelle expressément l'acte d'acceptation de Louis XVI, en ces termes: « Sa majesté très-
» chrétienne, dit-il, déclara, par sa lettre à l'assemblée nationale,
» du 15 septembre, qu'elle acceptait la Constitution; qu'à la vé-
» rité elle n'apercevait point, dans les moyens d'administration,
» toute l'énergie qui serait nécessaire pour imprimer le mouve-
» ment dans toutes les parties d'un si vaste empire. » Il reproche amèrement dans le même manifeste, avec une naïveté qu'on n'aurait pas attendue d'une majesté impériale et autrichienne,

à tous les Français patriotes, qu'il nomme jacobins, de compromettre le salut de la France par leur inflexibilité à repousser tout changement, *même dans les accessoires de la Constitution.*

» Léopold préparait les esprits à tous les projets des ennemis de la révolution ; La Fayette les exécute. Le manifeste de Léopold fut l'occasion de la déclaration de guerre ; la guerre est, entre les mains de La Fayette, un moyen d'allumer la guerre civile et d'anéantir la liberté. Elle est le lien qui unit tous les ennemis cachés et publics, intérieurs et extérieurs du peuple français, pour l'exécution de cette coupable entreprise. Dans cette exécrable société, le roi de Prusse, celui de Hongrie, mettent leurs armées, l'appareil de leur puissance ; La Fayette, son hypocrisie, sa faction, sa popularité expirante, ses infâmes liaisons, ses abominables intrigues, l'art de la calomnie et de la séduction, qu'il épuise vainement sans doute pour égarer les fidèles défenseurs de la patrie.

» Le moment était enfin arrivé où cette conspiration générale devait éclater. Pour s'élancer dans sa carrière criminelle, La Fayette n'attendait plus qu'une occasion favorable à ses vues. Il fallait un prétexte pour pallier une démarche audacieuse qui le prononçât comme le chef du parti de la cour. Il s'est appliqué à le faire naître, et il prétend l'avoir trouvé dans les événemens du 20 juin. Je puis m'expliquer librement sur ce rassemblement : j'ai assez prouvé mon opposition à cette démarche par des faits aussi publics que multipliés. Je l'ai regardée comme impolitique et sujette à de graves inconvéniens. Je n'ai pas besoin de dire que l'extravagance aristocratique a pu seule concevoir l'idée de la présenter comme un crime populaire, comme un attentat contre la liberté et contre les droits du peuple. Ce qu'il importe d'observer ici, ce qui est démontré à mes yeux et à ceux de quiconque connaît ce qui s'est passé, c'est que la cour et La Fayette ont fait tout ce qui était en eux pour la provoquer, pour la favoriser en paraissant l'improuver ; c'est que ce dessein est trop clairement indiqué par l'étrange affectation avec laquelle ils cherchèrent, dans les jours qui le précédèrent, et où il était déjà annoncé, à braver l'opinion publique et à lasser la patience des citoyens par des actes aussi contraires à la sûreté de l'état qu'aux intérêts de la liberté ; c'est que les lettres de La Fayette à l'assemblée nationale et au roi ont été combinées avec l'époque de cet événement prévu. Sans doute il avait pensé, comme tous ses complices, que quelque pures, quelque légitimes que fussent les intentions du peuple, un grand rassemblement pourrait produire quelque crime individuel qui pourrait servir de prétexte pour le calomnier et pour décrier ou persécuter les amis de la liberté. La vertu populaire et la raison publique déconcertèrent ses projets et les efforts mêmes de ses émissaires. Mais il n'en poursuivit pas moins le dessein qu'il avait formé de fonder, sur cet événement, une espèce de manifeste royal et autrichien pour colorer la révolte qu'il méditait contre la souveraineté nationale. De là 'acharnement absurde avec lequel tous les écrivains soudoyés par la cour s'efforcent de diffamer aux yeux de la France entière le peuple de Paris, ses magistrats et toutes les sociétés patriotiques de l'empire ; de là les accusations intentées contre eux, au nom de Louis XVI, devant le corps législatif ; de là les proclamations qu'il adressa à tous les directoires, au sujet du rassemblement du 20 juin ; de là les adresses insolentes et aristocratiques envoyées peu de jours après par plusieurs directoires à l'assemblée nationale ; de là, la visite véritablement séditieuse de La Fayette lui-même à l'assemblée nationale ; de là ces déclamations criminelles où il dénonce avec une emphase si ridicule les citoyens de Paris, comme coupables *d'avoir outragé la nation dans la personne de son représentant héréditaire*, et demande *vengeance de la journée du 20 juin, au nom de son armée et de tous les honnêtes gens* ; de là la dernière lettre où il se plaint de ne pouvoir porter à l'armée l'assurance que son vœu est adopté, et annonce qu'il part, quoiqu'il soit douteux s'il est parti ; de là ces pétitions incendiaires colportées dans l'armée par Lameth et autres complices de La Fayette, pour la soulever contre le peuple français.

» Pour oser déclarer la guerre à sa patrie, il fallait qu'il eût l'air de ne point attaquer la nation, mais un troisième parti, qui n'était point celui de la cour et de l'aristocratie, et qui cependant serait présumé ennemi de la liberté et de la Constitution. La Fayette a donc présenté les patriotes, le peuple, tout ce qui n'est point sa faction, comme une secte particulière qu'il a appelée, qu'il a fait appeler par tous les écrivains qu'il soudoie, tantôt républicaine, tantôt jacobite, à laquelle il impute tous les maux qu'il a causés, tous les crimes de la cour et de l'aristocratie... C'est sous ce nom qu'il prétend accabler le peuple, avec le nom du roi, avec les forces de la cour, de la noblesse, des prêtres séditieux, des puissances étrangères, et de tous les citoyens pervers ou stupides qu'il pourra égarer ou attacher à sa fortune. On voit qu'en cela il s'accorde encore parfaitement avec nos ennemis extérieurs qui, pour ne point paraître combattre la volonté de la nation, pour diviser les Français et menager en même temps l'opinion de leurs propres sujets, déclarent qu'ils ne prennent les armes que contre cette même faction jacobite à qui ils supposent le pouvoir de maîtriser le peuple français... Voilà toute la politique de ce héros... Eh bien! qu'il comble enfin la mesure de ses crimes; qu'il passe le Rubicon comme César (1), ou plutôt que comme Octave, à qui il ressemble beaucoup mieux, aux talens près, il se cache à fond de cale, tandis qu'on donnera la bataille d'Actium... Citoyen ingrat et parjure, hypocrite et vil conspirateur! que tout le sang qui coulera retombe sur ta tête sacrilége! Tu as dis dans ta lettre à l'assemblée, en parlant de tes complices : « Je déclare que la nation française, si elle n'est pas la plus vile de l'univers, peut et doit résister à la coalition des rois. » Et moi je dis que, si le plus dangereux de ses ennemis et le plus coupable de tous les traîtres n'est pas bientôt exemplairement puni, nous sommes en effet la plus vile nation de l'univers, ou du moins nos représentans sont les plus lâches de tous les hommes. » (*Défenseur de la Constitution*, n. VIII.— *Ce numéro dut paraître le 5 juillet.*)

« (1) On assure que, plusieurs années avant la révolution, les plaisans de la cour lui avaient donné le nom de *Gilles-César.* » (*Note de Robespierre.*)

Des rapprochemens semblables à ceux que nous venons de lire durent inspirer au plus grand nombre le soupçon d'une trahison positive de la part du général, et d'un plan concerté avec l'ennemi.

Voici en effet ce que nous trouvons dans le *Journal général de l'Europe*. — *Extrait d'une lettre d'Allemagne du 9 juillet* — « La Fayette a agi plus tôt que le roi de Hongrie ne le voulait; mais il a promis d'être le 5 à Paris avec son armée : et dès le moment où il apprendra sa marche à Clairfayt, une partie des Autrichiens se mettra en mouvement pour le soutenir; car il est convenu que si tout peut se faire par les généraux français constitutionnels, tout se fera par eux. Non-seulement La Fayette obtiendra l'amnistie, mais il l'a toute signée dans sa poche. La Fayette sera duc, maréchal de France et ambassadeur à Vienne, pour lui donner, pendant deux ans, un asile honorable qui laisse effacer le souvenir du passé..... Un ami de L.. Tol... en a reçu une lettre de Paris du 24 juin. Il lui apprend les événemens du 20, et il lui dit : « C'est la fin. Assez et trop cruellement ont régné les Jaco-
» bins. Entre des royalistes exagérés et des républicains effrénés,
» il faut un *tertium quid* : la France en a besoin. Avant trois se-
» maines, La Fayette sera le plus grand homme de l'univers. » Le *Journal général* insiste, dans le même numéro, sur ce fait que les étrangers laisseraient la France en paix si elle acceptait le gouvernement proposé par les Feuillans, le système des deux chambres. Il ajoute divers renseignemens sur les projets de La Fayette, qui paraissent plus vraisemblables que le contenu de la lettre que nous venons de citer. « Les rapports des divers points de l'Europe, dit-il, attestent que La Fayette se croyant sûr de son armée, s'était engagé à marcher dernièrement avec elle sur Paris... A la nouvelle de la mort de Gouvion, à l'occasion de laquelle on accusait La Fayette d'arriver toujours trop tard, le b..... de B..... se permit de le justifier, et de dire qu'on ne devait pas juger si légèrement un aussi grand homme, qu'il se pouvait encore couvrir de gloire, et que tel qui le diffamait, serait tantôt à ses pieds. — Vers le même temps, le philosophe d'Aranda faisait entendre qu'incessamment il y aurait négociation plus prompte

encore que le congrès qui était sur le tapis. — A Gènes, M. de Sem......., qui fait négocier en cet instant à Paris la paix avec les monarchiens, publiait que les Jacobins étaient morts. — A Zurich, M. Bar...., montrant des lettres du grand directeur, ne craignait pas d'annoncer que le roi de France ne voulait plus absolument de l'antique Constitution, pas plus que de Jacobins, de princes, de noblesse, de royalistes et de parlement. » (n. CCCXCIV.)

De telles insinuations étaient plus que suffisantes pour faire accuser La Fayette de trahison et d'intelligence avec l'étranger; mais les hommes réfléchis ne pouvaient voir dans ces bruits que des propos sans fondement. Ils supposaient seulement que les manifestes de la cour impériale et ceux de l'officier français étaient également dictés par ce que l'on appelait le comité autrichien du château des Tuileries. Ils supposaient à La Fayette l'ambition de jouer le rôle de dictateur, et la volonté d'établir en France le système aristocratique du gouvernement anglais. En effet, aux Jacobins, tantôt on le comparait à Cromwel, et tantôt à Monck. D'autres discutaient, comme vis-a-vis de lui, la question des deux chambres. Quoi qu'il en soit, nous allons quitter la polémique extérieure, pour rentrer dans l'assemblée nationale.

SÉANCE DU 20 JUILLET.

[*M. Lacuée.* Votre commission extraordinaire, en examinant la conduite de M. La Fayette, a cru qu'elle ne pouvait faire autre chose que de vous présenter un projet de loi qui interdise à l'avenir aux généraux la faculté de faire des pétitions sur des objets purement politiques. Elle s'était fondée sur le silence des lois existantes. Depuis, un examen plus sérieux lui a fait voir, dans la conduite de M. La Fayette, un délit militaire qui l'a déterminée unanimement à vous proposer le projet de décret suivant :

« L'assemblé nationale, considérant que les lois défendent à la force armée de délibérer ; et que d'après les pièces qui lui ont été remises, il est évident que des corps de l'armée du centre ont présenté des adresses et des pétitions qui prouvent que la loi a été violée, charge le pouvoir exécutif de lui rendre compte par écrit, sous huit jours, des peines de discipline qui doivent avoir été infligées par le général de cette armée aux chefs de corps qui ont violé la loi, ou qui en ont souffert la violation, et des moyens pris par le pouvoir exécutif, pour rappeler le général à ses devoirs, s'il n'a pas réprimé cette infraction. »

M. François de Neufchâteau. Je propose le décret suivant :

« L'assemblée nationale charge son président d'écrire au général La Fayette qu'elle a vu avec surprise et avec peine un général d'armée quitter son poste, et l'un des coopérateurs de la Constitution se prêter à la violation de l'article fondamental, qui déclare la force armée essentiellement obéissante, et qui défend à tout corps armé de délibérer ; mais opposant à cette démarche suspecte et insidieuse le souvenir de ce que M. La Fayette a fait dans le principe de la révolution, et persuadée que si un faux zèle ou des intrigues ont pu l'égarer, l'oubli dont la générosité nationale couvre sa faute l'engagera à la réparer par de nouveaux services, décrète qu'il n'y a pas lieu à délibérer. »

M. Fauchet. On reconnaît qu'il y a un délit contre la Constitution ; or l'assemblée nationale n'a pas le droit de remettre un délit de ce genre. Je demande la question préalable. (Une partie de l'assemblée applaudit.)

M. Dumolard. Ce n'est pas un pardon injurieux que vous devez décréter en faveur de M. La Fayette ; je prouverai au contraire que vous devez, par un témoignage honorable, le laver de tout soupçon et confondre ses calomniateurs. (L'autre partie de l'assemblée applaudit.)

La proposition de M. François est unanimement rejetée.

M. Delaunay (d'Angers.) Les intrigues du général La Fayette et les mouvemens extraordinaires de nos armées occupent en ce moment tous les esprits. On attend dans le silence de l'inquiétude, que les représentans du peuple prononcent sur des événemens qui paraissent étroitement liés à la destinée de l'empire et au sort de la révolution. Vous avez chargé votre commission extraordinaire de vous faire un rapport sur la pétition du général La Fayette, et de vous proposer un projet de loi contre les généraux pétitionnaires. Vous avez depuis embrassé un plan plus vaste, en ordonnant à vos comités militaire et de législation de vous présenter une loi pénale contre les officiers généraux en activité de service qui abandonnent leur poste même temporairement. Votre commission vous a fait hier un rapport insignifiant sur la pétition du général La Fayette. Elle pense qu'il n'y a pas lieu à délibérer, parce qu'il n'existe pas de loi qui interdise formellement aux généraux le droit de pétition. Je demande la question préalable sur le projet de la commission. Je la fonde sur l'inutilité de faire une loi, dès qu'il y en a de préexistantes sur le même objet. La Constitution, article XII, titre IV, *De la force publique*, s'exprime ainsi : *la force publique est essentiellement obéissante, nul corps armé ne peut délibérer*. D'où il résulte qu'un officier qui émet son vœu et celui de l'armée sur des opinions politiques, commet un attentat à la Constitution; or, le Code pénal, au titre *des crimes contre la Constitution*, prononce une peine contre celui qui la viole.

Donc une loi générale à faire contre les officiers déserteurs temporairement de leurs postes, n'a rien de commun avec la loi déjà faite contre l'officier pétitionnaire, violateur de la Constitution. Donc vous pouvez, sans qu'on vous inculpe d'inconséquence, porter le décret d'accusation contre La Fayette, si vous croyez que les faits y donnent lieu. Je pense que telle est la gravité des circonstances, que nous devons porter une loi très-sévère contre les officiers généraux qui abandonnent leur poste, en présence de l'ennemi, pour se rendre dans la capitale, soit pour y intriguer, soit pour y entretenir des intelligences coupables avec les ennemis de l'intérieur.

De toutes les manœuvres que nous avons vu jusqu'ici se combiner pour le renversement de la liberté française, il n'en est pas une qui présente un caractère plus dangereux et plus criminel que le système d'intrigues que l'on emploie pour égarer l'armée, pour dérouter ses mouvemens, pour neutraliser son courage, et pour lui faire exécuter la volonté des tyrans, sans qu'elle se doute que ce n'est plus pour la cause de la liberté qu'on la tient en état de guerre.

Quel est donc le génie malfaisant qui entrave toutes nos opérations, qui influence nos guerriers ou enchaîne leur valeur? Le génie respire parmi quelques intrigans de l'état-major. C'est là qu'existe le foyer des intrigues et des machinations par lesquelles on travaille l'armée en sens contraire de la révolution ; c'est là que se sont allumées les torches qui ont incendié les faubourgs de Courtrai ; c'est là qu'aboutissent les fils de cette trame, dont quelques factieux sont les méprisables artisans.

On s'étonne, et on demande pourquoi des troupes impatientes de combattre et de vaincre pour la liberté n'ont pu encore signaler leur ardeur et leur courage; c'est qu'ici la guerre est moins une lutte de puissance à puissance, que la fermentation de la tyrannie aux prises avec le réveil de la justice qui veut l'abattre; c'est qu'ici la guerre a pour ordonnateurs quelques hommes unis d'intérêts et d'opinions avec ceux à qui elle est déclarée, et que pour ces hommes, nos succès et l'affaiblissement de nos ennemis sont un sujet de deuil, et une véritable défaite ; c'est qu'ici nous avons contre nous plusieurs de ceux à qui force obéit, et que les mouvemens extraordinaires de nos armées, et le pas rétrograde et honteux de Courtrai qui suspendent le dénouement de nos destinées, ne sont autre chose que la manifestation des vues toujours subsistantes d'un pouvoir exécutif qui ne peut plus se cacher, et qui cède enfin à sa répugnance de déployer la force nationale contre des étrangers qui ont le même dessein que lui, et qui veulent qu'avec lui les peuples soient esclaves, et que les rois soient les maîtres.

Ah! sans doute, ce ne seront pas nos soldats qui prêteront sciemment leur valeur à la conduite de cette trame ténébreuse; ce ne sera pas vous non plus, loyal Luckner, si vos entours ne vous trompent pas, et si vous les réduisez toujours à n'être que d'obscurs faiseurs de lettres que vous connaissez à peine ; ce ne sera pas vous, dis-je, car vous êtes aussi un soldat, c'est votre titre le plus cher, et vous mettrez votre gloire à ne savoir que combattre. Vous continuerez d'apprendre à tous ceux qui partagent avec vous le commandement, que rien ne se ressemble et ne se concilie moins sur la terre qu'un grand guerrier et un général intrigant.

Quand la patrie est en danger, et que des flots d'ennemis menacent d'inonder nos frontières, tout officier qui abandonne son poste, même temporairement, sans congé, et sans causes légitimes, est un lâche ou un traître; ou il craint le péril, ou il veut intriguer. Dans l'un et l'autre cas, il doit être sévèrement puni. S'il abandonne lâchement son poste, il faut le punir comme un déserteur. S'il est un traître, et que ses trahisons soient prouvées par des actes extérieurs, par exemple, par des pétitions perfides et inconstitutionnelles, il faut le poursuivre et le punir comme criminel de haute trahison.

Le général La Fayette a quitté son poste en présence de l'ennemi, sans congé, sans causes relatives au service militaire; il l'a quitté pour présenter au corps législatif son vœu et celui de son armée, quand la Constitution défend à la force publique de délibérer. Eh! qu'on ne dise pas que sa pétition est individuelle, que nulle loi n'interdit aux généraux d'en faire! Votre commission a prouvé, jusqu'à l'évidence, que la pétition d'un général, quoiqu'il énonce ne la faire qu'individuellement, est de fait une pétition collective; mais ici on ne pourrait opposer le défaut de loi, parce que la pétition est faite et au nom du général, et au nom de l'armée, dont il dit avoir reçu le vœu. Non-seulement il permet qu'elle délibère sur des opinions politiques, non-seulement il recueille ses vœux et les transmet à l'assemblée nationale, mais il provoque des adresses dont il est l'objet, de la part de plusieurs corps et des officiers de l'armée. A entendre le langage qu'on y fait tenir aux troupes, il semblerait que l'armée n'est plus celle de la nation, et qu'elle est tout entière à La Fayette. Aussi ne veut-il pas l'abandonner, aussi lui fait-il faire un mouvement extraordinaire qui fatigue et dégoûte le soldat, qui épuise le trésor national, qui dégarnit la frontière et l'expose aux plus grands dangers.

Eh! quel est donc l'objet de ces pétitions, et le sujet si pressant de tant de démarches et de tant d'intrigues ? C'est de demander la dissolution des sociétés populaires ; c'est-à-dire, de violer la Constitution, qui les établit. Ah! La Fayette ne leur porterait pas tant de haine, il ne les persécuterait pas avec tant d'acharnement, si elles avaient favorisé ses projets ambitieux, et si les fiers Jacobins avaient fléchi bassement devant l'idole. (Une grande partie de l'assemblée et tous les spectateurs applaudissent.) Veut-on la preuve de ce que j'avance ? elle est dans mes mains, écrite par La Fayette. A l'époque où la majorité de l'assemblée constituante était divisée en deux partis, celui des Jacobins et celui de 89, La Fayette s'apercevant que son parti ne pouvait dominer dans l'assemblée, s'il n'était appuyé des Jacobins, il chercha à s'en rapprocher, et voici ce qu'il proposa à quelques-uns d'eux. J'ai entre mes mains l'original de la lettre suivante écrite de la propre main de M. La Fayette.

Voici ce qu'il écrivait :

« Si je prends des ministres dont je réponde (1), le club des Jacobins s'engage-t-il à les soutenir et à leur donner considération ? on sera plus à portée de les choisir hors ce qui formait à peu près la première classe. Il conviendrait, pour que M. La Fayette aille aux Jacobins, que nous nous soyons rencontrés quelquefois dans les mêmes principes dans la tribune de l'assemblée nationale dans quelque circonstance, comme d'une motion à soutenir ; ou que quelque honnêteté des Jacobins le mette dans le cas d'y aller ; l'occasion en sera très-prochaine, si les bruits de contre-révolution, sur lesquels il y a déjà beaucoup de motions, font une commotion qui excite tous les bons citoyens à se rallier au général. Au surplus, une fois convenu de tous les faits et le ministère renouvelé, le prétexte de ce rapprochement sera facile à trouver. Je pourrais avoir une ou deux fois la semaine quelques comités des chefs de 89, à l'hôtel de la Rochefoucauld, pour leur inspirer les idées adoptées entre nous, et quand M. La Fayette fera des motions, elles passeront sans

---

(1) Au lieu de *si je prends*, il y a dans l'original *si l'on prend*.

difficulté des deux côtés, sauf aux deux clubs à se disputer sur des questions ordinaires ; mais dans les importantes, les Jacobins pourront s'expliquer, et sans paraître à 89, on les fera appuyer de manière à les faire adopter (1). »

Je sais que les défenseurs de La Fayette vous transporteront dans une autre hémisphère, sur le théâtre de sa jeunesse ; ils vous parleront de ses campagnes, de l'élève et de l'émule de Washington, du libérateur des deux mondes ; ils vous conduiront à Yorck-Town et sur les bords du Brindy-Wine, ils se prosterneront aux pieds de sa statue, et ils vous diront : osez blasphémer ses vertus dans des lieux remplis de l'éclat de sa gloire. Et moi, messieurs, moi je les conduirai au Champ-de-Mars, au pied de l'autel encore teint du sang des Français ; ils y entendront la voix de la patrie demander à La Fayette mille infortunés de tout sexe et de tout âge, égorgés de sang froid et par ses ordres, et là je leur dirai : osez défendre l'assassin de vos frères !

(1) Cette pièce, écrite de la main même du général, avait déjà été communiquée *en original* à plusieurs journaux. M. Delaunay n'en cite ici qu'une partie ; mais elle fut publiée en son complet par Prudhomme et le *Patriote Français*. Nous leur empruntons tout ce qui manque dans le *Moniteur*.

« Convenu à mi-marge, disent les deux journaux, de quelques motions instantes relatives à la discipline de l'armée, au moyen de nous préparer à être en état de défense, et cependant à prendre beaucoup de précautions qui nous manquent contre l'abus que le roi pourrait faire de l'autorité qui lui est confiée sur les troupes réglées, et qui doit être grande ; celle, par exemple, qu'il ne puisse pas rassembler une trop grande quantité de troupes sans un décret du corps législatif.

» Faire une définition du pouvoir exécutif qui marque clairement ce qu'il doit être, ainsi que ses ministres, dans la Constitution, et ce qui forme essentiellement la fonction royale, appelée, par abus, prérogative royale. C'est de cette manière que nous pourrons montrer au roi ce qu'il demande depuis long-temps, de savoir à quoi s'en tenir.

» On ne laissera rien dans ses mains, si l'on veut ; *mais il faut le lui montrer, pour le convaincre et l'assurer que c'est dans les mains de M. La Fayette.* Il saura alors à qui il aura obligation : il se défera de ses préjugés contre certains individus ; et l'on peut par-là le rendre inaccessible à toutes les insinuations, et répondre parfaitement de lui, au point de le faire combattre, si l'on veut, en cas d'invasion, à la tête de l'armée, pour la Constitution. Il fera toutes les choses de détail que l'on désirera, et il saura enfin que c'est au club des Jacobins, et non pas à celui de 89, que l'on doit la fin du travail ; ce qui le tiendra très-disposé à adopter nos mesures, et même à nous avertir si on lui en présente d'autres. » (*Révolutions de Paris*, n. CLV ; *Patriote Français*, n. MLIX.)

C'est ainsi que La Fayette flattait, caressait et jouait tour à tour les différens partis ; c'est ainsi qu'à la dernière période de l'existence politique de nos prédécesseurs, des intrigans et des hommes corrompus ont fait rétrograder la Constitution. Telle était alors la moralité de La Fayette, telle était sa conduite ; aujourd'hui celle qu'il tient et que vous examinez, est bien plus répréhensible.

J'y vois trois délits ; le premier d'avoir quitté l'armée sans congé et sans cause ; le second, d'avoir présenté une pétition collective ; le troisième d'avoir formé dans cette pétition des demandes inconstitutionnelles. Mais le plus grand de ses crimes, celui que les amis de la liberté ne lui pardonneront jamais, c'est d'avoir voulu qu'on ne vît la révolution que dans lui seul ; c'est d'avoir cherché dans tous les temps à éteindre l'enthousiasme et l'amour de la patrie, pour devenir l'idole du peuple ; c'est d'avoir ramené à cette fin machiavélique toutes ses pensées et toutes ses actions ; c'est d'avoir voulu isoler l'armée de l'intérêt général de la nation pour la lier à ses intrigues et à ses intérêts privés ; c'est, depuis l'instant où il la commande, de n'avoir pas cessé d'employer auprès d'elle tous les artifices et toutes les perfidies d'un homme profondément versé dans l'art de corrompre et de séduire. La Fayette eût-il rendu d'ailleurs des services éclatans, il serait coupable par cela seul qu'il a voulu qu'on l'idolâtrât, et que le peuple crût que le sort de l'empire était attaché à ses destinées.

Écoutez ce que Mirabeau disait aux Bataves : Si quelque citoyen extraordinaire vous rend d'importans services, si même il vous sauve de l'esclavage, respectez son caractère ; admirez, mais surtout craignez ses talens. Malheur, malheur aux peuples reconnaissans ! Ils cèdent tous leurs droits à qui leur en fait recouvrer un seul. Ils se forgent des fers, il corrompent, par une excessive confiance, jusqu'au grand homme qu'ils eussent honoré par leur ingratitude. Sans doute, La Fayette n'est pas un de ces hommes extraordinaires dont parle ici Mirabeau, mais il est un citoyen dangereux, et un intrigant coupable.

Je vous propose les décrets suivans :

Premier décret.

« L'assemblée nationale décrète qu'il y a lieu à accusation contre le général La Fayette.

Second décret.

» L'assemblé enationale, considérant que le général La Fayette a quitté son poste, en présence de l'ennemi, sans congé ni cause; considérant que si cet exemple était suivi, la patrie serait exposée aux plus grands dangers, et qu'il est important de réprimer sévèrement de semblables accommodemens, décrète qu'il y a urgence.

» L'assemblée, nationale après avoir décrété l'urgence, décrète définitivement ce qui suit :

Art. 1er. » Tout officier depuis le général jusqu'au lieutenant-colonel, qui, sans congé, sans causes reconnues légitimes, et relatives au service militaire, quittera même temporairement son poste, sera puni comme coupable de haute trahison.

II. » Toutes les fois que le pouvoir exécutif appellera auprès de lui un général, il sera tenu d'en avertir l'assemblée nationale, et de l'instruire des raisons qui ont nécessité cet appel. »

M. Limousin. Du moment où La Fayette a été placé à la tête d'une de nos armées, la malveillance l'a poursuivi. Cependant, quoiqu'on ne lui eût confié que des soldats, tous sans instruction militaire, et la plupart fortement prévenus contre lui, il est parvenu en peu de temps à en composer une véritable armée, disciplinée et courageuse. Par sa sévérité à maintenir l'ordre, il a doublé ses forces ; je n'en veux pour preuve que les succès qu'elle a déjà obtenus. La pétition qu'il vous a présentée a été l'objet d'inculpations dégoûtantes ; tout cependant y respire la pureté des principes, le respect des autorités constituées, et l'attachement à la Constitution. Une société trop célèbre est l'objet de cette pétition ; il vous a dénoncé ses écarts ; il l'a peinte à grands traits et sans ménagemens ; voilà tout son crime. Et je demande si c'en est un pour une assemblée qui ne doit pas connaître de clubs, si ce n'est pour les réprimer, et qui doit étouffer les factions partout où elles se rencontrent.

D'ailleurs, qui plus que M. La Fayette avait le droit de se plaindre contre ceux qui le diffamaient publiquement, espérant amener ainsi la désorganisation de l'armée? Que contiennent les lettres qu'il vous a écrites? elles ne sont qu'un avertissement qu'il vous donne du mouvement d'indignation qui a saisi toute son armée à la nouvelle des événemens du 20 juin. On vous a dit que M. La Fayette était venu vous dicter des lois. Comment est-il possible de prendre pour des lois une pétition purement personnelle, et dans laquelle le général vous parle sans flatterie, il est vrai, mais avec tout le respect dû au corps législatif. Il vous a apporté l'expression d'un sentiment échappé à ses soldats, et sans doute il doit être permis à des soldats de sentir, à moins qu'on ne veuille comparer nos troupes aux soldats du despotisme, auxquels on interdit jusqu'à l'usage de la pensée et du sentiment. Je demande que M. La Fayette soit honorablement acquitté de toutes les accusations dirigées contre lui, et que l'objet de sa pétition soit pris en très-grande considération par l'assemblée.

— M. Guadet fait, au nom de la commission des douze, le rapport sommaire de la conférence qui a eu lieu entre ce comité et le général Luckner.]

Ce rapport fort court était fort insignifiant. L'orateur faisait valoir la nécessité du silence, et se bornait en conséquence à dire que le total des trois armées était seulement de soixante mille hommes, c'est-à-dire très-insuffisant; que les approvisionnemens étaient complets; que l'esprit des soldats était excellent; que Luckner se louait particulièrement du courage des volontaires nationaux. Ainsi ce rapport n'apprenait rien que l'on ne sût déjà.

SÉANCE DU 24 JUILLET.

M. Lasource. Je viens briser une idole que j'ai long-temps encensée. Je me ferais d'éternels reproches d'avoir été le partisan et l'admirateur du plus perfide des hommes, si je ne me consolais en pensant que la publicité de mon opinion expiera ma trop longue erreur. Des témoins irréfragables accusent M. La Fayette : sa lettre du 16 juin à l'assemblée nationale, son ordre à l'armée, du 26, et sa pétition lue à votre barre le 28 du même mois. Je vais retracer à vos yeux les dépositions de ces témoins. Il faut les avoir entendus avant de prononcer sur le sort du coupable. Je laisserai M. La Fayette rappeler qu'il présenta à l'assemblée constituante une déclaration des droits qui ne fut pas très-accueillie; qu'il épousa en Amérique la cause de la liberté avec laquelle il a, depuis lors, fait divorce. Je le laisserai faire son éloge, et suppléer prudemment à l'inaction des panégyristes et au silence de l'opinion. S'il n'avait commis d'autre crime que de se livrer au délire d'une vanité ridicule, échappant à vos regards par sa petitesse même, il ne mériterait point d'occuper le moins précieux de vos instans.

Mais ce n'est point une folie, c'est un crime qu'il a commis. Ce crime, je ne le chercherai point dans les calomnies qu'il vomit en insultant à un de vos décrets rendus à la presque unanimité, contre des ministres intègres, auxquels il lui est très-permis de rendre le mépris qu'ils ont pour lui. Mais je le chercherai, ou plutôt je vous le montrerai peint en traits ineffaçables dans l'insolence mensongère avec laquelle il attaque les représentans du peuple, dans l'audacieuse perfidie avec laquelle il les accuse, et cherche à les déshonorer et à les perdre dans l'opinion.

Sous quel aspect présente-t-il l'assemblée des élus et des mandataires du souverain? Sous l'aspect d'une réunion confuse d'hommes également méprisables, quoique divisés en deux partis; sous l'aspect d'un monstrueux assemblage d'intrigans et de dupes, de factieux et de lâches, de tyrans et d'esclaves. Ouvrez sa lettre, vous y trouverez ces expressions dont le sens n'est pas équivoque : « Portez vos regards sur ce qui se passe *dans votre sein* et autour de vous. Pouvez-vous vous dissimuler qu'une faction, et pour éviter les dénominations vagues, que la faction jacobite a causé tous les désordres! c'est elle que que j'en accuse hautement. » Et où est cette faction que M. La Fayette accuse?

Ce n'est pas seulement autour de vous, comme il a l'adresse perfide de l'ajouter. S'il ne l'avait vue que hors de votre sein, que pourraient importer à la nation et ses visions, et ses calomnies, et ses injures et ses fureurs? Mais cette faction qu'il accuse, c'est ici qu'il la voit d'abord; c'est dans votre sein qu'il la trouve; s'il ajoute et autour de vous, cette addition machiavélique n'est qu'un voile qu'il jette sur la noirceur de son ame, un bandeau dont il couvre à demi l'empreinte du coup sacrilége qu'il a frappé, et une porte qu'il s'ouvre pour échapper à la loi insolemment provoquée.

Ce que M. La Fayette appelle faction jacobite, c'est cette masse imposante d'amis de la liberté qui n'ont jamais voté que pour elle; c'est cette fière majorité qui, en consentant que César fût grand, a toujours voulu que Rome fût libre (Une grande partie de l'assemblée applaudit.); qui s'est fortement prononcée quant il a fallu opter entre les droits sacrés du peuple et les prérogatives usurpées ou conventionnelles des rois; qui s'est constamment levée toute entière pour l'égalité contre des priviléges, pour des opprimés contre des oppresseurs, pour tous contre quelques-uns. C'est donc la majorité de l'assemblée nationale que le général La Fayette présente comme une faction. C'est elle qu'il accuse hautement d'être la cause de tous les désordres. Quelle affreuse conséquence ne laisse-t-il point à déduire! C'est qu'il faut frapper et détruire cette majorité qu'il désigne, et que ce n'est qu'à ce prix que l'ordre et la tranquillité renaîtront. Je poursuis la lecture de cet impudent libelle, et non loin des expressions que je vous ai déjà citées, je vois une nouvelle preuve de perfidie et de conspiration. C'était peu d'avoir présenté une partie de l'assemblée comme une faction que rien n'arrête; il présente l'autre partie comme une masse inerte et molle, qui ne sait s'opposer à rien; il ne craint pas d'avancer que ce qu'il appelle la *secte*, la *corporation jacobite*, subjugue les représentans et les mandataires du peuple français. Ainsi, les représentans et les mandataires du peuple sont donc courbés sous le joug de quelque chef de parti, à genoux devant quelques intrigans, prosternés bassement aux pieds de quelques séditieux; ainsi les représentans, les mandataires du peuple sont donc des hommes sans caractère, sans énergie, sans respect pour leur mission, sans amour pour leurs devoirs, sans vertus, sans mœurs, sans probité; ainsi, les représentans et les mandataires du plus grand de tous les peuples sont donc ce qu'il y a de plus vil et de plus méprisable dans l'univers. Oui, c'est ainsi qu'il les peint, cet horrible conspirateur, qu'on a encore le courage d'excuser!

En vain voudrait-on persuader que le tableau qu'il trace n'est le fruit que de l'étourderie ou du délire. J'y vois toutes les combinaisons d'une méchanceté réfléchie, d'une perversité paisible, d'une scélératesse froide. J'y vois l'intention bien marquée de dissoudre le corps législatif, et d'étouffer la liberté. Eh! qui pourrait s'aveugler jusqu'au point de ne pas l'y voir? Supposer une faction puissante dans le sein du corps législatif; exciter des insurrections, ou préparer des assassinats; montrer une grande masse d'hommes subjugués et nuls, c'est appeler le mépris public; ainsi, le traître que j'accuse a su disposer les choses de manière à perdre à la fois tout le corps législatif. Si je ne présente qu'une faction, s'est-il dit à lui-même, je ferai tomber quelques têtes, mais le peuple se réunira autour de celles qui auront échappé à mes coups; assurons un projet unique par l'emploi d'un double moyen; ici, montrons des factieux dont l'audace ne fait point connaître de frein, et je les ferai tomber sous le tranchant d'un fer homicide; là, montrons des hommes ineptes, des ames lâches, et ils seront renversés de leurs siéges par le torrent de l'opinion; obtenir le sang des uns et l'oubli des autres, c'est assurer la perte de tous, et arriver au but... (Applaudissemens d'une partie de l'assemblée.) Ce but, le conspirateur que j'accuse, n'a pas même pris la peine de le voiler. Voulez-vous voir à découvert son projet liberticide? fixez un instant vos regards sur le paragraphe que je transcris : « Assurés qu'aucune conséquence injuste ne peut découler d'un principe pur, qu'aucune mesure tyrannique ne peut servir une cause qui doit sa force et sa gloire aux bases sacrées de la liberté, de l'égalité, faites que la justice criminelle reprenne la marche constitutionnelle; que l'égalité civile, que la liberté religieuse jouissent de l'application des vrais principes. » Bouillé, Laqueuille, Mirabeau, tiendraient-ils un autre langage? et quand ils exhalent leurs fureurs contre l'assemblée nationale, empruntent-ils d'autres traits? Qu'êtes-vous d'après La Fayette, des hommes qui se sont livrés à des mesures tyranniques; des hommes qui ont arrêté la marche de la justice criminelle, des hommes qui ont violé et l'égalité civile et la liberté religieuse.

Je ne m'abaisserai point à justifier les décrets que La Fayette marque au coin de la tyrannie et de la violation de tous les principes; mais je dirai qu'un général qui accuse le corps législatif, le menace; je dirai qu'un général qui, à la tête de cinquante mille hommes, peint les décrets du corps législatif comme une violation ouverte des principes les plus sacrés, est un conspirateur qui provoque l'insurrection des troupes qu'il commande, qui cherche à anéantir la puissance législative par la force armée, qui vise manifestement à substituer les évolutions militaires aux discussions, et les baïonnettes aux lois. En effet, s'il était vrai que l'assemblée nationale fût une réunion de tyrans, pour qui il n'est rien de sacré, quel usage devraient faire de leurs armes les citoyens qui ne les ont prises que pour maintenir la liberté! Quel autre parti l'armée aurait-elle à prendre que celui de marcher et de dissoudre? Eh bien! le général qui peint sous ce point de vue l'assemblée nationale à l'armée n'est-il pas ouvertement en état de conspiration? Il ne fallait plus qu'un mot pour achever d'assimiler le langage de La Fayette à celui des conspirateurs d'outre-Rhin, et ce mot, La Fayette le prononce : « Que le pouvoir royal soit intact. » O perfidie dont on a peine à concevoir la profondeur! Est-ce soupçon ou reproche? Est-ce crainte ou accusation? Que veut-on insinuer à l'armée et à la nation? Veut-il leur persuader que nous avons voulu, que nous voulons attenter au pouvoir constitutionnel du roi, ou bien que nous l'avons déjà fait? C'est évidemment l'une ou l'autre de ces deux suppositions; car si l'on avait été convaincu, si l'on avait voulu convaincre que l'assemblée nationale n'avait jamais touché à ce pouvoir, qu'elle ne voulait point y porter atteinte, à qui aurait-il été bon de demander que ce pouvoir restât intact?

Dans la première supposition, que dit le général à l'armée, sinon : Arrêtez les projets ambitieux d'un corps usurpateur qui veut envahir un pouvoir qu'il ne peut avoir légalement, et qu'il ne cumule sur sa tête qu'au mépris de ses sermens et du vœu national? Que lui dit-il dans la seconde, sinon : Rétablissez les droits de celui que la Constitution vous donne pour chef; vengez les violations commises contre son autorité légitime, et rendez-lui, par la force des armes, ce qu'on lui a enlevé par l'injustice des lois? Que dit-il à la ligue des rois, à la faction des rebelles, à l'armée des conjurés? que leur dit-il, sinon : Votre but est le mien; notre cause est commune; comme vous, c'est le roi que je veux défendre contre les attentats de la prétendue assemblée des représentans de la nation; comme vous, je veux être le soutien de la monarchie française; ce n'est pas à vous que je ferai la guerre; mais avec vous je la ferai à la faction des républicains; et n'est-ce pas à cette faction que les conspirateurs et les tyrans prétendent faire la guerre? n'est-ce pas pour défendre le roi contre elle qu'ils ont prétendu se liguer? Que vous ont dit dans le temps Léopold et Kaunitz? Que personne ne vous attaquerait si vous mainteniez l'autorité royale dans toute sa plénitude; mais que si vous osiez y porter atteinte, alors les puissances étrangères sauraient se lever pour punir votre coupable témérité. Que font sonner de toutes parts les rebelles? qu'ils ne veulent que rétablir la monarchie et la religion. Eh bien! La Fayette demande-t-il autre chose? Comme eux, il veut seulement que le *pouvoir royal soit intact*, que la liberté religieuse reçoive l'application des vrais principes. Ce que Kaunitz vous a dit dans de longues notes officielles, ce que les conspirateurs répètent sans cesse dans leurs clameurs journalières, c'est ce que vous dit La Fayette, avec cette seule différence qu'il renferme ses expressions dans une précision ménagée, par une perfidie adroite qui, voulant éviter également, et d'être ignorée, et d'être punie, ne se montre qu'autant qu'il le faut pour être vue par l'opinion qu'elle fronde sans pouvoir être frappée par la peine qu'elle craint.

Un général qui emprunte artificieusement tous les prétextes des ennemis de la patrie ne vous paraît-il pas lui-même un ennemi de la patrie? A l'identité de langage, vous ne reconnaîtriez pas l'identité de sentimens, de motifs et de desseins! Vous n'avez pu souffrir que des rois vous tinssent cet insolent langage, et vous le souffririez lâchement de la part d'un général! Vous avez frappé tous les traîtres jusque sur les marches du trône, et vous n'oseriez les poursuivre jusqu'à la tête de vos camps! Vous avez préféré les maux et les horreurs de la guerre à la honte d'être menacés par des ennemis couronnés, et vous préféreriez la honte de voir la majesté nationale outragée à la sévérité d'une loi contre un méprisable agent d'ennemis déjà bravés! Non, l'assemblée ne se souillera point par une bassesse, quand elle peut s'honorer par un acte éclatant de grandeur. Je n'ai examiné jusqu'ici que la lettre de La Fayette; il me reste maintenant à examiner sa pétition; vous ne l'avez vu encore que dans le camp; je vais vous le montrer à votre barre. Quand je l'y vis paraître, je crus d'abord, je vous l'atteste, qu'il venait rétracter une lettre qui n'avait été écrite que dans un moment d'erreur, et j'étais prêt à lui rendre encore une estime qu'il eut long-temps; mais mon indignation égala bientôt ma surprise, quand je l'entendis ajouter l'insolence à la perfidie et l'audace à la trahison. Ici les prévarications s'entassent; d'abord, c'est sans congé qu'il a quitté son armée, comme s'il était permis à un général d'abandonner des soldats en présence de l'ennemi, comme s'il pouvait être assuré que pendant son absence l'armée ne serait point compromise, comme s'il pouvait être certain que les ennemis ne feraient aucun mouvement, à moins qu'il n'eût eu la prudence de se concerter avec eux. Que vient-il faire? Il vient vous dire qu'il a reçu un très-grand nombre d'adresses de différens corps de l'armée; c'est-à-dire, en d'autres termes, qu'il a violé son devoir et la loi. S'il est vrai que *la force* publique soit essentiellement obéissante, et que nul corps armé ne puisse délibérer, pouvait-il recevoir des adresses des divers corps de son armée? Ne devait-il pas faire punir ceux qui les lui auraient présentées, s'ils eussent persisté à violer la loi après qu'il la leur aurait rappelée.

Non-seulement il reçoit ces adresses, que des soldats induits en erreur se permettent contre le texte de la Constitution, mais même, dans son ordre du 26 juin, il déclare qu'il reconnaît dans ces démarches le patriotisme le plus pur, un témoignage de plus de dévouement à la Constitution. Ces adresses inconstitutionnelles, c'est lui-même qui les provoque, ce sont les agens qui l'entourent, qu'on voit parcourir les bataillons pour mendier des signatures. Ce fait, dirai-je, ou cette bassesse, qu'on a vainement voulu nier, ce fait est constaté par le témoignage même de divers officiers et soldats qui ont eu le louable courage d'invoquer la Constitution et de refuser de signer des actes qui la violaient ouvertement. Je vous rappelle la dénonciation qui vous fut faite, le 7 de ce mois, par M. Boutidoux, capitaine dans l'armée de La Fayette, dénonciation dont je dirai que le rapporteur de votre commission des douze a totalement oublié de faire mention, sans que je veuille néanmoins juger ses intentions patriotiques avec plus de sévérité qu'il ne veut que vous jugiez vous-mêmes celles de M. La Fayette ; dénonciation où M. Boutidoux vous déclare que, sollicité de signer une adresse d'adhésion à la pétition du général, il s'y est constamment refusé, la Constitution à la main, et que ce refus, qui eût dû ne lui mériter que des éloges, ne lui a attiré au contraire que des traitemens si tyranniques qu'ils l'ont forcé à donner sa démission ; dénonciation enfin qui doit laisser d'autant moins de doutes, que le pétitionnaire invoque le témoignage de neuf bataillons qui ont imité son refus, malgré les sollicitations et les intrigues du général.

C'est donc à dire, non-seulement qu'il tolère la violation de la loi, mais que c'est lui-même qui la provoque, et qui n'a l'air de vouloir y mettre un terme que lorsqu'il croit avoir conquis un assez grand nombre de signatures pour se constituer l'organe et le représentant de son armée, auprès du corps législatif. Ne vous dit-il pas lui-même, dans sa pétition, ou plutôt dans son manifeste, qu'il *a pris, avec ses braves compagnons d'armes, l'engagement d'exprimer seul tous leurs sentimens communs.*

Exprimer le vœu d'une armée ! une armée a-t-elle un vœu ? a-t-elle pu en émettre ? lui a-t-il été permis de délibérer ? Le général qui l'a permis, le général qui l'a voulu, le général qui l'a approuvé, le général qui l'a fait faire, n'a-t-il pas commis un crime contre la Constitution, qui le défend expressément ?

A cette prohibition constitutionnelle, se joint une loi du 29 septembre 1791, que je rappellerai encore à ceux qui, chargés de vous faire un rapport sur le compte de La Fayette, ne vous firent le premier jour qu'une indécente apologie que la force de la vérité les contraignit de rétracter le lendemain. Cette loi n'est pas équivoque, elle porte, art. IV de la section III :

« Toute délibération prise par les gardes nationales sur les affaires de l'état, du département, du district, de la commune, même de la garde nationale, à l'exception des affaires expressément renvoyées au conseil de discipline, est un délit contre la Constitution, dont la responsabilité sera encourue par ceux qui auront provoqué l'assemblée, et par ceux qui auront présidé. »

Je demande si une armée entière n'est pas plus essentiellement force publique que la garde nationale d'une commune ; si la délibération d'une armée entière n'est pas à la fois, et plus criminelle, et plus dangereuse pour la liberté, que celle de la garde nationale d'une commune.

Le général qui est venu porter à l'assemblée nationale cette violation ouverte d'un article constitutionnel ne s'est-il pas ouvertement rendu coupable du crime de lèse-Constitution ? et il vient vous parler d'anéantir le règne des clubs, lui qui a transformé en club son armée entière ! (Il s'élève de nombreux applaudissemens.) Et il ose invoquer les lois, lui qui les a toutes violées en faisant d'un grand corps armé une assemblée délibérante ! Lui qui a foulé aux pieds le seul principe sans lequel tout gouvernement dégénère soudain en despotisme militaire, parce que la force devient droit, et l'obéissance nécessité… Il ne serait point coupable d'attentat contre la sûreté publique, le violateur ouvert du seul principe qui fonde et maintient la liberté ! Ah ! si pour être accusé il faut s'être abandonné à des attentats plus horribles, jamais il n'existera de scélérat assez insigne pour être atteint par la loi.

Si le premier attentat de ce genre commis contre la liberté française reste sans punition éclatante, la génération qui naguère vit naître la liberté française ne descendra point au tombeau sans y emporter des pleurs et des fers. Des fers ! oui, l'on vous en prépare, et c'est La Fayette qui les forge. Ne vous rappelez-vous donc pas qu'il n'a semblé paraître à votre barre que pour vous menacer de vous en couvrir : *On a dit que ma lettre du 16, à l'assemblée nationale, n'était pas de moi ; on m'a reproché de l'avoir écrite au milieu d'un camp. Je devais peut-être*, ajoute-t-il ironiquement, *pour l'avouer, me présenter seul, et sortir de cet honorable rempart que l'affection des troupes formait autour de moi.*

Te présenter seul... insolent conspirateur ! Est-ce donc que tu pouvais te présenter autrement ! Est-ce que tu pouvais marcher à la tête de ton armée, vers le saint et inviolable asile des représentans du souverain ! Est-ce que tu pouvais te montrer précédé des canons et entouré de baïonnettes ! Est-ce qu'il n'a donc tenu qu'à toi de venir frapper et anéantir ces sénateurs impuissans devant qui tu veux bien, par condescendance, *te présenter seul..*

Tu devais peut-être sortir de cet honorable rempart que l'affection des troupes formait autour de toi. Est-ce donc qu'aucune puissance humaine n'eût été capable de t'y atteindre? Est-ce que la loi même n'aurait pu te tirer de derrière ce rempart? Est-ce que, s'il ne t'avait pas plu d'en sortir pour nous braver, tu aurais pu y mépriser en paix et la voix de l'indignation publique, et la justice du sénat français ? Audacieux Catilina, serait-ce bien, réponds-moi, ce que tu as voulu nous dire? As-tu méconnu la grandeur des mandataires du peuple dans ta stupide folie, ou as-tu voulu braver leur puissance dans ton arrogante témérité? Ah ! si Catilina avait tenu ce langage au sénat de Rome, croyez-vous qu'il fût sorti du sénat comblé d'applaudissemens, ou frappé du glaive de la loi? Aussi le sénat romain fut-il toujours grand et Rome long-temps libre.

Je me lasse de fixer mes regards sur des horreurs qui m'indignent. Laissez-moi passer sous silence les expressions révoltantes, soit de l'ordre du 26 juin, soit du discours lu à la barre. *Le général craindrait que les offres énergiques des troupes particulièrement destinées à la défense des frontières, ne fussent traîtreusement interprétées par nos ennemis cachés ou publics, il suffit, quant à présent, à l'assemblée nationale, au roi, et à toutes les autorités constituées, d'être convaincus des sentimens constitutionnels des troupes.*

Il suffit quant à présent; mais si après que j'aurai paru dans le sanctuaire des lois; si après que j'aurai parlé le langage altier d'un souverain aux représentans du souverain même, ils ne tremblent à ma voix, s'ils n'obéissent à mes ordres, alors vous accomplirez vos offres, j'effectuerai mes menaces; et malgré les imprécations et les anathêmes d'un sénat que je méprise, nous passerons le *Rubicon*. Déjà plusieurs se demandent si c'est vraiment la cause de la liberté et de la Constitution qu'ils défendent. Imposteur, tu les calomnies; ils ont pour leurs représentans une confiance que tu n'as pas, ils respectent les lois que tu violes, ils aiment leur patrie que tu déchires, tu leur supposes les erreurs, les soupçons et les incertitudes dont tu voudrais les voir agités; la fissent-ils en effet, la question que tu leur prêtes, n'est-ce pas toi seul qui en serais cause? Ne leur as-tu pas dit toi-même qu'ils ne combattaient que pour une faction? Toi, qui devrais les instruire, tu les égares; au lieu d'être leur général, tu n'es que leur vil corrupteur.

C'est sous ce point de vue que je vous dénonce La Fayette; je le dénonce comme employant toutes sortes de moyens pour aveugler, pour tromper, pour séduire les soldats; j'atteste sur le témoignage rendu par un officier-général au maréchal Luckner même, que La Fayette a fait distribuer à son armée pour 100,000 francs d'eau-de-vie. Qu'on juge des vues d'un général si prodigue envers les soldats des moyens d'égarer leur raison.

Enfin il est un fait..., je n'osais presque pas l'écrire ; les caractères même que je traçais me semblaient ensanglantés... Le bandeau doit tomber des yeux de tous les hommes de bonne foi, qui sont, ce que je fus moi-même, dupes du plus odieux des traîtres, idolâtres du plus vil des hommes.

Pouvez-vous vous défendre d'un frémissement d'horreur ! La Fayette a voulu faire marcher des troupes vers la capitale, et engager le brave Luckner, qui a été inébranlable, à partager cet acte de scélératesse et de haute trahison. La proposition en a été faite à Luckner par M. Bureau-Puzy. J'invoque ici le témoignage de six de mes collègues auxquels cet exécrable projet a été révélé en même temps qu'à moi : ce sont MM. Brissot, Guadet, Gensonné, Lamarque, Delmas et Hérault. Je demande qu'on interpelle le maréchal Luckner lui-même, et s'il reste le moindre doute sur l'exécration inouïe dont j'accuse ici La Fayette d'avoir voulu se rendre coupable, je consens à être moi-même aussi vil, aussi coupable, aussi sévèrement puni, aussi exécré que ce traître dont le nom seul me fait frémir ! Faut-il la moindre réflexion pour vous montrer ici le plus affreux des crimes ? N'est-il pas superflu de vous dire que, si le brave Luckner n'avait été ferme à son poste et fidèle à la loi, le sang des citoyens de Paris aurait coulé sous le fer de leurs frères trompés : que le temple de la loi aurait été violé ; que la statue de la liberté aurait été couverte d'un crêpe funèbre ; et que La Fayette aurait été, pour la seconde fois, l'assassin de son pays ?

Cet homme, dont l'imprudence seule égale la scélératesse, a osé dire *qu'on ne lui disputerait pas de bonne foi l'amour de la liberté*. Lui ! l'amour de la liberté ! Cromwel aussi parlait sans cesse de l'amour de la liberté, et répétait souvent le mot *république*, comme La Fayette le faisait en 1791. L'amour de la liberté dans le cœur de La Fayette ! et il ose défier qu'on lui dispute cette vertu ! Eh bien ! c'est moi qui accepte le défi qu'il a le front de faire à ses concitoyens, cet homme encore couvert du sang des victimes du Champ-de-Mars ; c'est moi qui l'accuse d'être le plus horrible ennemi de la liberté de sa patrie.

Qu'on ne vienne pas me parler des désordres que pourrait produire dans l'armée la proscription de son général. On insulte des soldats citoyens; il savent qu'ils avaient une patrie avant qu'on leur donnât un chef; ils savent qu'ils étaient libres avant qu'ils fussent commandés. Le législateur se déshonore quand il voit autre chose que les principes. Là où les principes cèdent, il n'y a qu'anarchie et dissolution. Qu'on ne vienne point m'étaler avec une pompe mensongère des services rendus jadis à la liberté par le héros des deux mondes. Lâches idolâtres! parce que vous avez cru quelque temps encenser une divinité, resteriez-vous plus long-temps courbés, quant vous voyez que ce n'est qu'une idole! Quand avous avez puni les soldats qui s'étaient rendus coupables à Tournai, à Mons et à Neubrissac, avez-vous calculé les fatigues qu'ils avaient jadis essuyées, les dangers qu'ils avaient bravés, les blessures qu'ils avaient reçues, les ennemis qu'ils avaient vaincus? Et quand il serait vrai que Manlius eût sauvé le Capitole, si Manlius trahissait sa patrie, en devrait-il moins être précipité du roc Tarpéien? La Fayette n'a pas eu la gloire de sauver sa patrie, et il a la bassesse de la trahir.

Je n'ai plus qu'un mot à ajouter : le gouvernement militaire vous attend; il y a déjà long-temps qu'on vous entraîne à votre insu vers ce genre de despotisme; si vous ne frappez aujourd'hui le premier général rebelle, demain vous avez des tyrans. Je déclare que si La Fayette échappe au glaive de la loi, l'assemblée n'est point digne de sa mission, et qu'elle se déshonore par une timidité, une faiblesse, et une lâcheté coupables qui compromettent le sort de la liberté.

Pour moi, en démasquant un traître, j'ai servi mon pays; si j'obtiens sa punition, j'aurai sauvé ma patrie; si mes efforts sont impuissans, je n'en aurai pas moins acquitté le tribut que je devais à ma conscience. Le premier de tous mes vœux comme de tous mes sermens est celui de vivre libre. Que m'importe de m'être exposé à la haine des courtisans, aux calomnies des libellistes, aux proscriptions des tyrans et aux poignards des assassins? je demande que M. La Fayette soit mis en état d'accusation.

Une grande partie de l'assemblée demande l'impression de ce discours; cette proposition est rejetée.

M. Vergniaud. Votre commission extraordinaire, composée de dix-huit membres, m'a chargé unanimement de vous présenter le projet de décret suivant :

« L'assemblée nationale considérant que, depuis long-temps, les ministres ont déclaré qu'ils ne croyaient pas pouvoir servir utilement la chose publique; qu'en conséquence ils ont donné leur démission;

« Considérant qu'une pareille déclaration de leur part a dû altérer, dans toutes les parties de l'administration, la confiance sans laquelle il est impossible d'assurer le succès de nos opérations, qu'elle peut même nuire à l'harmonie, qu'il est si important, et que l'assemblée nationale est jalouse de maintenir entre les deux pouvoirs;

« Considérant que, dans les circonstances graves où se trouve la nation, la mésintelligence entre les autorités constituées, le moindre embarras dans l'exécution des moyens de défense, les plus légères fautes, ou même l'inaction la plus instantanée du pouvoir exécutif, pourraient nous conduire aux revers les plus funestes;

« Déclare au roi que le salut de la patrie commande impérieusement de recomposer le ministère, et que ce renouvellement ne peut être différé sans un accroissement incalculable des dangers qui menacent la liberté et la Constitution;

« Décrète que le présent acte sera porté dans le jour au roi. »

Ce projet de décret est unanimement adopté.

On lit une lettre du roi ainsi conçue :

« Monsieur le président, je vous prie d'annoncer à l'assemblée que j'ai nommé au ministère de la marine, M. Dubouchage, et à celui de l'intérieur, M. Champion. »

La discussion se reporte sur l'affaire de M. La Fayette.

M. Dumolard. Avant d'ouvrir une opinion qui peut compromettre l'honneur ou la vie d'un accusé, la première obligation d'un juge est de se fixer invariablement sur la nature et les circonstances du délit. L'innocence serait toujours compromise, si en dénaturant les faits, en répandant des soupçons vagues, en faisant des rapprochemens perfides, il pouvait être permis d'enfler les chefs d'une accusation.

On fait deux reproches au général La Fayette : le premier, d'avoir quitté son poste sans l'autorisation préalable du ministre de la guerre ; le second, de vous avoir présenté une pétition qui, par sa nature, et surtout par la qualité de son auteur, semble destinée à maîtriser le corps législatif. Je suppose que le premier reproche soit fondé. M. Daverhoult vous a sagement observé qu'un général qui se rend auprès de son supérieur naturel pour lui exposer les besoins de ses troupes, pour conférer avec lui sur les opérations de la guerre, n'est pas plus coupable que le chef d'un détachement qui se rendrait auprès de son général pour le même objet. Il est des circonstances où le salut de l'empire ne permet pas de retarder une conférence indispensable ; et jusqu'ici personne ne s'est avisé de regarder ces déplacemens momentanés comme des désertions.

M. La Fayette a été déterminé par deux motifs principaux. Nous savons tous combien sa brave armée souffrait des événemens du 20 juin ; il est venu pour avertir l'assemblée de ce sentiment ; il est venu encore pour éclairer les ministres actuels et ranimer leur activité. (Des murmures et des ris s'élèvent dans une grande partie de l'assemblée.) D'un autre côté, ce voyage ne pouvait compromettre la sûreté des frontières, puisque les mesures étaient si bien prises et si bien combinées, qu'en l'absence du général, les Autrichiens ont été punis, par une défaite, de leur imprudence et de leur témérité. Je demande maintenant quelle est la preuve que M. La Fayette n'avait pas obtenu du ministre une autorisation pour se rendre à Paris. Au roi seul appartient le choix et la révocation des généraux ; au roi seul appartient la direction des forces pendant la guerre ; et lorsque la démarche de M. La Fayette n'est ni désapprouvée, ni désavouée par les ministres, vous devez, et vous avez même voulu regarder ce silence comme un aveu tacite de cette démarche.

Je viens au second reproche. M. La Fayette est général d'armée; M. La Fayette a fait une pétition, en avait-il le droit? On est obligé de convenir que la faculté de faire des pétitions ne lui était interdite par aucune loi précise et préexistante, et je m'étonne qu'on veuille faire, pour lui seul, une exception au droit qui est garanti pour tous les citoyens. L'armée, il est vrai, ne peut pas délibérer; mais une pétition individuelle n'est pas une délibération, et je ne crois pas qu'on puisse ôter aux défenseurs de la patrie, la liberté d'observer et de se plaindre. On regarde la pétition de M. La Fayette comme le résultat du vœu délibéré de son armée. Les pièces donnent à cet égard le démenti le plus formel; car elles établissent que c'est précisément pour arrêter ce vœu collectif qu'il est venu à Paris. (Les murmures et les éclats de rire recommencent dans une partie de l'assemblée.)

L'assemblée nationale opposera sans doute leur lecture entière au morcellement et aux analyses perfides que la malveillance s'est plu à en faire. Je vais apprécier avec plus de justice les motifs de la conduite du général, et c'est peut-être ici que nous découvrirons la cause de l'acharnement de ses détracteurs; il est cependant une observation préliminaire que je ne dois pas omettre: ce n'est pas sur le mérite de la demande que vous devez prononcer. Un pétitionnaire n'est pas tenu de garantir la justesse de sa pétition; qu'elle soit injuste ou pernicieuse, ce n'est pas à vous à l'en punir, et vous porteriez une atteinte mortelle au droit sacré de pétition, si un décret d'accusation frappait nécessairement un pétitionnaire qui se trompe.

La pétition de M. La Fayette présente un double objet; il sollicite la punition des attentats du 20 juin. Secondement, il vous demande, non pas la dissolution des sociétés populaires, mais un décret répressif contre elles. Est-il coupable d'avoir provoqué la vengeance des lois sur une suite d'attentats dont vous avez reconnu l'existence, et qui aujourd'hui sont la matière d'une instruction criminelle; je le déclare, les auteurs et les complices de ces crimes sont seuls intéressés à trouver un délit dans la première partie de cette pétition. Quant à la réclamation sur les sociétés populaires, si vous la regardez comme de nature à pouvoir provoquer un décret d'accusation ; si vous traduisez dans les prisons d'Orléans ceux des amis de la liberté qui partagent cette opinion du général, vous risquez de dépeupler une grande partie du royaume. La justice qui doit être égale pour tous voudrait au moins que vous fissiez partager son sort aux nombreux pétitionnaires qui vous ont exprimé les mêmes sentimens. Sans m'arrêter long-temps sur le ridicule de cette proposition, je vous ferai remarquer que vous avez été frappés vous-mêmes des excès des sociétés populaires, et des maux qu'elles ont causés. Votre commission extraordinaire a été chargée de vous proposer un moyen de concilier à leur égard le respect que l'on doit aux droits sacrés des hommes, et ce que l'on doit à l'ordre public.

Convaincus d'ailleurs que la loi du 9 octobre aurait dû les réprimer, vous avez enjoint au ministre de la justice de vous rendre compte des mesures prises pour l'exécution de cette loi trop long-temps négligée. En voilà trop, sans doute, pour justifier le général La Fayette sur l'objet de ses demandes. Mais je dois confondre ceux qui, voulant absolument le trouver coupable, et désespérant d'en saisir la preuve dans ses actions, se replient sur ses intentions.

J'avais pensé jusqu'à ce jour qu'à des actions honnêtes et louables on ne pouvait supposer des intentions criminelles, et que l'innocence devait toujours être présumée, mais il est des hommes dont la logique et la morale n'ont avec les miennes aucune affinité. (Des applaudissemens ironiques s'élèvent dans l'extrémité du ci-devant côté gauche.) Voulez-vous savoir quels sont les véritables motifs qu'ils supposent de la conduite de La Fayette ? Fort des intentions présumées de ses soldats, il est venu, disent-ils, dicter des ordres et non adresser des prières au corps législatif. Il faut avouer que les auteurs de ces reproches supposent le général bien dépourvu de raison, et l'assemblée nationale bien indigne du rang qu'elle occupe. La Fayette a trop de lumières et vous rend trop de justice pour prétendre vous imposer des lois et vous intimider par sa seule présence. Il sait que le cri du danger anéantirait en un instant toutes vos divisions, et qu'un ambitieux ne marcherait que sur vos cadavres à la tyrannie. Qels sont donc les moyens d'exécution que trouveraient ces coupables projets ? Ah ! que les audacieux artisans de ces calomnies jettent le masque dont ils se couvrent ; c'est l'armée même, ce sont les gardes nationales qu'ils couvrent d'odieux soupçons, pour donner quelque consistance aux complots dont ils accusent ce général. Ils vous ont parlé de gouvernement militaire, de garde prétorienne. Voilà donc la justice ; voilà la récompense qu'obtiennent les généreux citoyens qui prodiguent, pour la liberté, leur sang et leur vie. Je le déclare à la nation tout entière : si ces expressions impies sont encore proférées, j'expirerai dans cette tribune, ou j'obtiendrai vengeance de la plus abominable des calomnies.....

C'est par des rapprochemens injustes, mais adroits, que l'on entraîne la multitude, et l'on ne manque pas aujourd'hui d'hommes habiles dans l'art de tromper le peuple.

La Fayette se rend à Paris seul, et n'ayant d'autre cortége que sa gloire et ses vertus. Aussitôt la calomnie s'agite, une voix infernale se fait entendre : *tremblez, Romains, César a passé le Rubicon.* Je le demande à ces hommes de mauvaise foi. César laissa-t-il ses légions dans les Gaules ? Vint-il seul à Rome quand il commença à dicter des lois au sénat ? On a cherché à déprécier les talens militaires de M. La Fayette, en disant qu'ils ne pouvaient être mis en parallèle avec ceux du tyran de Rome. Pour moi, pour qui les talens ne sont rien sans les vertus, je rougirais aussi de mettre en parallèle La Fayette et César. César asservissait sa patrie gémissante, et le nom de La Fayette est inscrit aux fastes de mémoire parmi les libérateurs des deux mondes. Vous le peignez, il est vrai, comme un chef de parti qui quitte son armée pour venir dans la capitale ranimer les espérances de ses complices, et concerter avec eux la résurrection des priviléges et la ruine de la liberté de son pays. C'est là une tactique ordinaire ; un homme a le courage de dénoncer les factieux, on le dénonce aussitôt comme chef d'une faction. Cette récrimination adroite ressemble à celle d'un voleur surpris qui rejette son crime sur celui qui le décèle; mais devant une assemblée d'hommes justes, ce n'est pas assez de dénoncer un délit, il faut le prouver. Tel est le langage des calomniateurs de La Fayette.

Effrayés d'une action généreuse, ils en corrompent le sens; ils empoisonnent les sentimens qui l'ont dictée. On voit arriver, par exemple, des lettres controuvées ou surprises, qui, toujours démenties, ne font que provoquer l'indignation contre les misérables écrivains qui se chargent de les répandre; mais que leur importe, ces calomnies produisent leur effet, la cicatrice reste.

Quelques orateurs ont invoqué dans cette discussion ce qu'ils appellent l'opinion publique. Comment, en effet, ont-ils dit, M. La Fayette ne serait-il pas coupable, puisque (pour me servir de leur expression favorite) le peuple se lève tout entier pour demander sa tête? Et moi aussi, je respecte et j'honore le peuple..... (Il s'élève quelques murmures.)

M. Bazire. Eh bien, il ne vous estime pas.

M. Dumolard. Je vois en lui le souverain, et dans l'expression authentique de sa volonté, la loi qui commande à tous; mais ce peuple à qui je veux obéir, n'est pas la réunion des habitans d'une ville, c'est la masse imposante des citoyens de l'empire. Si la ville de Paris se présentait tout entière devant vous, je lui dirais : vous êtes une portion du peuple, mais vous n'êtes pas le peuple; et votre devoir, comme le mien, est de courber la tête sous le sceptre de la loi, mais ce n'est pas même la généralité des citoyens de Paris qu'on ne rougit pas de décorer du nom du peuple, c'est quelques membres des sections de Paris, dont la plupart ne sont pas même citoyens actifs, et l'on ose outrager la souveraineté nationale, jusqu'à voir le vœu de la nation dans les cris séditieux d'une multitude égarée. Quels sont d'ailleurs les hommes auxquels on prend un intérêt si tendre?

A Dieu ne plaise que je reproche jamais aux citoyens une honorable indigence; l'homme laborieux et pauvre est bien plus respectable à mes yeux que le riche insolent qui fatigue la terre de son ignorance et de son oisiveté; mais le tribut, quelque modique qu'il soit, que le citoyen paie à sa patrie, est la véritable mesure de son patriotisme; je ne croirai jamais au civisme de ceux qui, sans servir leur pays, ni par leur fortune, ni par leur personne, se bornent à vous obséder périodiquement de leurs extravagantes pétitions, de leurs applaudissemens importuns, de leurs murmures et de leurs menaces. L'assemblée nationale verra sans doute, dans la portion du peuple dont je parle, beaucoup de citoyens dont les intentions sont pures, dont le seul défaut est une exaltation pardonnable et une fatale crédulité ; mais dans le nombre il se trouve des intrigans subalternes qui, fidèles à la main qui les soudoie..... (De violens murmures s'élèvent dans les tribunes.) — M. le président les rappelle au respect dû à l'assemblée.

M. Bazire. J'avoue que le réglement interdit aux tribunes toutes marques d'approbation ou d'improbation, mais il ne doit pas non plus être permis à M. Dumolard de calomnier les citoyens.

M. Dumolard. Ce sont les hommes dont je parlais tout à l'heure qui sèment la défiance, prêchent la révolte, et préparent ainsi la dissolution du corps politique, dont ces vautours affamés espèrent se partager les ruines. Vous distinguerez donc du peuple de Paris ces orateurs habituels des cafés et des places publiques, dont l'existence équivoque dans la capitale fait depuis long-temps l'objet de la surveillance et de la sévérité de la police. (De nouveaux murmures, des huées accompagnées de cris *à bas l'orateur* s'élèvent dans les tribunes. — Monsieur le président donne des ordres au commandant de la garde pour y rétablir le silence, et pour faire arrêter les auteurs de ces clameurs.)

M. Guérin. Je demande que M. Dumolard nomme ceux qui reçoivent de l'argent, et ceux qui le donnent: autrement je le regarderai comme un calomniateur.

M. Dumolard. L'assemblée nationale apercevra encore, au milieu de la foule des citoyens honnêtes mais égarés, cette horde impure d'atroces folliculaires qui trempent leur plume dans le sang, et dont l'imagination barbare ne se repaît que de massacres et d'incendies. Elle en séparera tous ces individus naturellement suspects, et la plupart étrangers, qui, dans les beaux jours de la Grèce eussent été bannis de la république, et que l'apôtre le plus ardent de la liberté, que Rousseau a cru devoir flétrir dans ses immortels ouvrages, et qui sont moins une partie intégrante du corps social qu'une lèpre honteuse qui le tourmente et le consume. (Une partie de l'assemblée applaudit.)

Voilà ceux qui mettent en mouvement les sections de Paris et les nombreux pétitionnaires qui affluent à votre barre; voilà les hommes pour lesquels on a imaginé d'excuser les crimes et de légaliser les émeutes; voilà, en un mot, ceux qui composent cette prétendue opinion publique qui condamne La Fayette. Ah! si pour juger le mérite d'une accusation, il n'est jamais indifférent de rapprocher l'accusateur de l'accusé, c'est surtout dans celle dont il s'agit, et ce rapprochement est la plus belle justification de celui qui en est l'objet. Je les connais depuis long-temps, ces agitateurs qui font métier de dénoncer tous les véritables amis de la liberté; j'en ai dressé la liste odieuse, et j'ai vu rassemblés sous les mêmes étendards les sectateurs du despotisme et les sectateurs de l'anarchie, les héros de Coblentz, et ces déclamateurs qui ayant toujours le mot de liberté dans la bouche, ont dans le cœur tous les vices de l'esclavage; ce sont là les ennemis de La Fayette, et je cherche en vain leur titre à notre confiance : et quel est le gage de la vérité de leurs accusations? L'Europe et l'Amérique témoignent-elles en leur faveur, et peuvent-ils repousser la calomnie par une vie entière de travaux et de vertus?

Vous, citoyens honnêtes, cœurs sensibles et généreux; et vous surtout, dignes compagnons de La Fayette, qui dans le cours d'une révolution orageuse, avez partagé ses périls, braves gardes nationaux de Paris, votre ancien général fut-il dévoré de toute l'ambition qu'on lui suppose? rentrez en vous-mêmes, et dites s'il peut exister pour lui d'autres intérêts, d'autre ambition, d'autre gloire que l'affermissement de la liberté. (Des murmures s'élèvent dans une tribune.)

M. le président. Je déclare aux tribunes que je ferai respecter la loi, et que je rétablirai le silence par tous les moyens qui sont en mon pouvoir.

M.... C'est une femme qui pleure son fils massacré au champ de Mars.

M. Dumolard. On a peint La Fayette comme un noir conspirateur, comme cherchant à monter sur les marches sanglantes du trône, et à s'élever sur les ruines amoncelées de la Constitution ? Si La Fayette est un monstre, si la France est assez indigne de la liberté, pour devenir la victime d'un seul homme, ce politique imprévoyant attaquerait-il une faction puissante, lorsqu'il lui serait si facile, en la caressant, d'en faire l'instrument aveugle de ses perfides desseins ? il favoriserait au contraire de tout son pouvoir ce système de désorganisation, qui conduit à l'anarchie et à l'avilissement du trône ; et nouveau Cromwel, il marcherait au trône, sous les drapeaux d'une égalité mal entendue.

O toi, que l'on ne peut corrompre, mais que l'on trompe sans cesse, éternel jouet des tyrans qui t'oppriment et des intrigans qui te flattent pour te tyranniser à leur tour, peuple généreux et crédule, ouvre les yeux, connais tes ennemis et les véritables disciples du protecteur Anglais. Excepté le fanatisme religieux, ils ont absolument le même langage ; et si les Cromwel ne se sont pas encore montrés, ce n'est pas la scélératesse qui leur manque, c'est le caractère. Indécis encore sur le choix des forfaits, dociles peut-être à des mains étrangères, mais incapables de diriger habilement la multitude, ils ne savent qu'attirer le royaume vers la plus effrayante désorganisation. Ils fomentent des divisions désastreuses ; ils irritent les citoyens pauvres contre les riches ; ils placent l'aristocratie dans la propriété, la liberté dans la licence, la résistance à l'oppression dans la révolte, la surveillance légitime sur les autorités constituées à les abreuver de dégoûts.... Cependant des flots d'ennemis extérieurs nous menacent, le nombre des mécontens se multiplie tous les jours, et nos soldats étonnés s'inquiètent pour savoir si leur sang coule pour la patrie, ou pour une poignée de factieux qui la déchirent. L'Europe attentive remarque l'abîme qui s'entr'ouvre sous vos pas, et vous frapperiez d'un décret d'accusation le citoyen généreux qui a eu le courage de l'entr'ouvrir pour vous en faire voir la profondeur !

Mais ces braves soldats qui le chérissent, qui le respectent comme un père, à qui l'approbation de La Fayette fait braver tous les dangers, supporter toutes les fatigues, ces soldats seront-ils insensibles à l'infortune de leur général? Votre décret ne frapperait-il pas en même temps tous ces officiers expérimentés, précieux garans de vos succès, qu'il vous importe tant de conserver à la tête de vos armées, et qui n'ont obtenu jusqu'ici pour prix de leur courage et de leur patriotisme, que des injures et des calomnies? On vous proposera peut-être de concilier les avis par une simple improbation. Législateurs, si vous n'approuvez pas sa conduite, La Fayette vous demande des fers et non pas un pardon. Un citoyen chargé d'une improbation ne peut commander les soldats d'un peuple libre. Peuple romain, bannirez vous Camille, lorsque les Gaulois sont à vos portes? Représentans d'une grande nation, c'est plutôt sur ses destinées, que sur le sort de La Fayette que vous allez prononcer, et ce jour va décider de votre gloire plutôt que de la sienne. O mes collègues, craignons de nous charger de la responsabilité d'une détermination imprudente, et que la postérité ne puisse pas dire un jour: Triste exemple de l'ingratitude populaire, La Fayette a voulu en vain sauver la patrie et la liberté du monde!

Je demande qu'il soit honorablement acquitté.

On demande l'impression du discours de M. Dumolard.

M. Reboul. J'appuie l'impression, afin de laisser ce monument de l'adulation la plus vile et du mensonge le plus servile.

M. Merlin. Vous ne pouvez pas ordonner l'impression d'un discours où l'on dit que vous n'êtes pas certains si l'armée laissera partir son chef....

M. Dumolard. Je vais donner un démenti à M. Merlin.

L'assemblée passe à l'ordre du jour.

M. Torné. Comment le général La Fayette s'est-il montré à vos yeux? Que vous a-t-il demandé? En quel nom vous a-t-il parlé? Il faut examiner ces trois questions pour porter un jugement. D'abord, comment s'est-il montré? Lorsque son devoir l'attachait à son camp ; lorsqu'il devait entrer dans le Brabant en vainqueur, il est venu se présenter fièrement à votre barre ; il est venu sans congé, et peu s'en est fallu que ce voyage ne fût préjudiciable au sort de nos armes. Il tourne le dos au combat pour voler aux exploits de l'intrigue. Cette histoire n'est-elle donc que le pendant de celle don Quichotte, qui croyait attaquer des légions ennemies en se battant contre des moulins à vent ? Qu'est-il venu vous demander ? Il est venu vous recommander d'être fidèles à la Constitution ; il est venu se déclarer ennemi des factions, et solliciter la proscription des sociétés populaires. Tranquillisez-vous, preux chevalier ; elle est en sûreté dans nos mains, la Constitution, plus que l'armée ne l'est dans les vôtres. Mais elle est aux sectes politiques, ce qu'était autrefois la religion ; chacun l'invoque en voulant la détruire. On en parle jusqu'à Coblentz. Elle est la doctrine des dupes et l'enrayure des sots ; on s'en sert comme d'un levier pour soulever le peuple. Est-ce donc pour faire la guerre aux factions, factieux vous-même, que vous êtes à la tête de nos armées ? De qui tenez-vous ce pouvoir de général amphibie ? La guerre étrangère a-t-elle donc pour vous moins de charmes que la guerre civile ? Vous quittez votre poste pour venir à la barre combattre, au nom des honnêtes gens, une prétendue faction !

Écoutez une histoire que racontait souvent avec complaisance le célèbre Francklin : « Washington, c'est-à-dire, un bien autre général que vous, parut un jour au congrès pour l'entretenir des affaires publiques. Remontez sur votre cheval de bataille, lui dit le président du congrès, c'est à nous à régler l'intérieur. » Washington ne venait pas cependant jeter à Philadelphie des germes de guerre civile. N'aurions-nous pas dû répondre aussi au général La Fayette : « Vous ne rejoindrez plus l'armée ; allez expier des intrigues criminelles dans les prisons d'Orléans. Les événemens du 20 juin ont été le prétexte de cette conduite, et cependant qu'a-t-on fait dans cette journée ? Après un hommage rendu à la loi dans le sein du corps législatif, le peuple voulut lui en rendre un nouveau, en allant solliciter le rappel des ministres patriotes et la révocation du *veto* sur les décrets salutaires. Jamais le palais du roi ne fut plus véritablement grand ; jamais le monarque ne fut entouré de plus de vénération et de respect.... (De violens murmures couvrent quelques applaudissemens.) Jamais il n'eut une cour plus digne, ni une popularité plus touchante. (Une voix s'élève : *Le spectacle était beau.*) Les haillons de la vertu avaient pris la place de la dorure : le peuple, rongé de misère, ne jetait sur le luxe qui l'environnait, que des regards de mépris ; sur ses lèvres était la vérité sans injures, et dans ses bras, la force sans attentats. Si le roi eut un moment de défiance, bientôt elle fit place à la plus parfaite sécurité, et sans les suggestions pestiférées d'une cour méchante et corrompue, on n'aurait point commencé une procédure dont l'objet serait honteux pour de simples citoyens, et dont toute la trame est un brigandage. (Les murmures couvrent les applaudissemens.)

Voici le moment, dit le factieux général, de commencer ma carrière protectrice ; soulevons l'indignation du soldat en lui dénaturant les faits ; présentons des réclamations partielles, comme le vœu de l'armée, et exigeons qu'elle me suive au sein du royaume, contre les Jacobins. Pourquoi donc toujours nous demander la dissolution des Jacobins? Et quels sont les hommes les plus acharnés à les poursuivre ? Ce sont Louis XVI au moment de son départ, Kaunitz, feu Léopold, le roi de Hongrie ; l'impératrice du Nord, les rebelles de Coblentz, les Feuillans, et tous les monstres sortis de la ménagerie de la liste civile. (Une partie de l'assemblée et les tribunes applaudissent.) Voilà donc les tyrans et les esclaves dont La Fayette est l'écho. Pour anéantir l'esprit public, il faut bien détruire les foyers où il brûle toujours ; c'est au nom de son armée et des honnêtes gens qu'il vous parle. Ces derniers ne le démentiront pas ; mais son armée, il la calomnie : elle sait quels sont les intérêts qu'elle est chargée de défendre, quels sont les ennemis qu'elle doit combattre, et nous ne devons élever aucun doute sur sa conduite. Le général La Fayette est coupable d'attentat contre la Constitution, et a en outre encouru la peine portée contre ceux qui exposent la sûreté de l'État. Je conclus au décret d'accusation contre lui.

M. Lecointre-Puyraveaux. Il n'est pas dans l'intention de l'assemblée de porter une décision précipitée. Je demande donc qu'elle suspende la discussion jusqu'à sept heures du soir.

Plusieurs membres réclament l'ordre du jour. — D'autres demandent qu'on juge sans désemparer.

M. Thévenay. Dans l'affaire du maire de Paris, ces messieurs ont bien voulu juger sans désemparer, malgré qu'ils ne connussent pas les pièces. (Il désigne la partie de l'assemblée placée à la gauche de la tribune.) C'est une tactique de cette faction. (Les tribunes poussent des huées.)

M. le président ordonne à la sentinelle de faire sortir un particulier des tribunes. — Quelques membres paraissent par leurs cris, vouloir s'y opposer.

M. le président. L'assemblée jugera ma conduite.

Les personnes placées à côté du particulier que le président avait ordonné de faire sortir, se lèvent, et invitent du geste les tribunes voisines à se retirer. — Il se fait un mouvement semblable dans la tribune voisine.

M. le président se couvre.

Toutes les tribunes paraissent agitées. — On entend des murmures et des cris.

M. le président. J'ai entendu un particulier placé au-dessus de moi, qui s'oubliait au point de huer de la manière la plus indécente. Je lui ai fait signe de se taire ; il s'y est refusé, et j'ai donné ordre de le faire sortir. (On applaudit.)

On demande que la discussion soit fermée.

M. Brissot. Il y a une liste d'orateurs pour et contre ; je suis inscrit, et je demande à être entendu avant que la discussion soit fermée.

M. Fauchet. Il est impossible de clore la discussion avant d'avoir vérifié la plus grave de toutes les inculpations, celle d'avoir fait proposer au maréchal Luckner de marcher sur Paris.

M. Léopold. Si le maréchal avait eu connaissance de ce fait, et qu'il ne l'eût pas dénoncé, il serait lui-même coupable. Je ne m'oppose pas à ce qu'on le vérifie ; mais cela n'empêche pas non plus de statuer sur le rapport de la commission.

M. Guadet. J'étais, ainsi que plusieurs de mes collègues, chez M. l'évêque de Paris avec le maréchal; il eut occasion de s'expliquer sur ce fait, et nous fit une réponse telle, qu'y voyant une liaison intime avec les événemens, je la traçai sur le papier. Voici la note que j'ai écrite en rentrant chez moi.

« Ayant demandé au maréchal s'il était vrai qu'on lui eût proposé de marcher sur Paris après l'événement du 20 juin, il a répondu en ces termes : Je ne nie pas ; c'est M. Bureau-Puzy, qui, je crois, a été trois fois président de l'assemblée nationale. Je lui ai répondu : Je ne marcherai que contre les ennemis du dehors ; La Fayette est le maître de faire ce qu'il voudra ; mais s'il marche sur Paris, moi, je marcherai sur lui, et je le dauberai. » (On applaudit.)

M. Girardin. Je demande si M. Luckner a approuvé l'écriture.

M. Guadet. M. Bureau-Puzy a repris : « Mais la vie du roi en danger. »

M. Girardin. Je demande que M. Guadet dépose sur le bureau cette note, et la signe.

M. Guadet et ceux de ses collègues présens à la conversation signent la note et la déposent sur le bureau.

M. Vaublanc. Ce fait est extrêmement important à éclaircir, et j'en faisais la proposition dans mon opinion écrite. Je sais que M. Bureau-Puzy est allé auprès de Luckner porter une lettre par laquelle le général La Fayette lui proposait l'attaque de Mons. M. le maréchal a refusé. J'ajoute encore un autre fait. On a accusé M. La Fayette d'avoir sollicité des adresses de l'armée. Je suis autorisé par M. Gruchy, beau-frère de M. Condorcet, à déclarer que lorsqu'il a remis au général l'adresse du régiment qu'il commande sur les événemens du 20, il a reçu le blâme et le témoignage du mécontentement du général.

M. Reboul. Je demande qu'on vote une statue au général

La Fayette, et que nous retournions dans nos départemens recueillir le mépris public.

M. Vaublanc. Je n'ai pas loué M. La Fayette; c'est à lui à mériter....... (Les tribunes poussent des huées.)

M. le président. Je rappelle les tribunes au respect qu'elles doivent à notre délibération.

Plusieurs membres insistent pour que la discussion soit ajournée jusqu'après la vérification du nouveau fait dénoncé par M. Guadet.

M. le président. Le commandant de la garde me fait part qu'un grand concours de citoyens se porte vers l'assemblée nationale et le château des Tuileries.

M. Bazire. On vient de sonner le tocsin à Saint-Roch, afin de justifier les imputations calomnieuses répandues contre le défaut de liberté des représentans du peuple....

M. Bellegarde. Je dis que c'est M. Dumolard......

M. Bazire. Je demande que l'assemblée se déclare permanente.

M. Girardin. Les agitateurs du peuple trouveront toujours l'assemblée nationale calme ; rien ne pourra influencer son opinion. (Les tribunes poussent des huées.) Je demande que le maire de Paris soit mandé pour rendre compte de l'état de la capitale. (Nouvelles huées des tribunes.) Les événemens du 20 juin sont trop présens.

M. le président. On m'annonce que le maire de Paris est ici.

Le maire est admis à la barre.

M. le maire. Je viens d'apprendre qu'il y avait un mouvement dans les environs de la salle ; à l'instant je m'y suis rendu pour remplir de mes devoirs le plus sacré, celui de maintenir l'ordre. Je viens de parcourir les environs de la salle, et je n'y ai rien vu qui pût alarmer. Des citoyens voulaient entrer dans le jardin des Tuileries. Je m'y suis opposé, et ils ont déclaré eux-mêmes qu'ils allaient faire sentinelle aux portes, pour empêcher que personne n'entrât. (On applaudit.)

M. le président. L'assemblée applaudit à votre zèle. Si l'intérêt de la chose publique ne vous appelle pas ailleurs, elle vous invite à assister à la séance.

M. Pétion traverse la salle au milieu des applaudissemens réitérés d'une grande partie de l'assemblée et des tribunes; il sort pour se rendre où son devoir l'appelle.

M. Hua demande qu'on statue sur le rapport de la commission.

M. Gensonné et plusieurs autres membres demandent qu'on ajourne la question sur la totalité des dénonciations, jusqu'après la vérification du dernier fait dénoncé par MM. Lasource et Guadet.

Cette dernière proposition est adoptée à une très-grande majorité.]

— Voici comment les *Révolutions de Paris* racontent l'événement qui troubla l'assemblée dans la séance que nous venons de lire.

« Peu s'en est fallu que la scène du 20 juin au château des Tuileries n'y ait eu une seconde représentation le 24 juillet.

» L'assemblée nationale en était à La Fayette et la majorité semblait pencher pour lui, grâces à la rhétorique du jeune Dumolard soufflé par le petit Ramond. Les factieux du général ne purent se contenir: l'un d'eux pousse l'impudeur jusque là qu'il monte dans la tribune pour y voter des remercîmens au héros de la contre-révolution.

» Les tribunes éclatent à cet excès de bassesse; un fédéré se lève et reproche aux représentans de la nation de la représenter si mal. Le président, le sieur Dubayet, enjoint à la force armée d'arrêter l'homme des tribunes qui se permet de dire des vérités de cette force dans un lieu où il y a si peu d'énergie. Des gens à épaulettes, sur le refus des volontaires, mettent eux-mêmes l'ordre à exécution. Les frères d'armes du fédéré se rangent autour de lui. A la vue de ce mouvement, le président hors de lui, s'oublie jusqu'à faire entendre le cri sinistre: *Aux armes!*

Ce cri se propage aussitôt hors de la salle; des gens officieux qui se trouvent toujours là pour exciter la bile du peuple, se portent au clocher de Saint-Roch et sonnent le tocsin, comme on en était convenu probablement pour la première occasion. Déjà les rues voisines et le Carrousel sont remplis de particuliers qui disent en courant : *Nous allons chercher nos armes. On met la main sur les députés patriotes et sur les braves fédérés ; on va les égorger dans le jardin des Tuileries. Il faut en briser les portes.* Celle du côté du Manége, trois minutes plus tard, cédait aux coups réitérés d'une poutre lancée contre elle par vingt hommes; trois minutes de plus, le château et le jardin étaient inondés de peuple; et cette nouvelle irruption pouvait avoir des suites autrement graves que celle du mois précédent. Un carrosse de place arrive cour du Manége ; c'est le maire de Paris : il n'a pas eu le temps de passer son écharpe ; il veut s'en revêtir avant de haranguer le peuple qui l'entoure. *Parlez, parlez*, lui dit-on, *vous n'avez pas besoin d'écharpe : monsieur Pétion peut s'en passer.* — *Eh bien ! mes frères, mes amis*, dit le magistrat à la foule, *je viens vous dire de ne pas vous laisser aller à ces mouvemens partiels qu'on excite au milieu de vous pour vous porter à des excès et perdre vos magistrats. Citoyens, c'est vous-mêmes, c'est vous seuls que je charge de la garde de cette porte : vous m'en répondrez. Moi, je vais rassurer l'assemblée nationale sur les craintes qu'on pourrait lui avoir inspirées à votre égard.*

» Habitans du château des Tuileries, qui semblez vous mettre en garde contre le peuple, connaissez-le à ce nouveau trait. Il allait briser les barrières injurieuses d'un jardin qui devrait lui être ouvert à toute heure : le maire paraît, dit un mot ; l'orage est conjuré ; le mépris lui succède, et la foule apaisée se porte aux issues de l'assemblée nationale pour y distribuer avec équité l'éloge ou le blâme à mesure que les députés sortent.

» Tel fut le résultat de cette rumeur subite qui avait déjà porté l'effroi dans tous les magasins de la rue Saint-Honoré. Les bourgeois avaient fermé leurs boutiques, comme si le peuple ne serait pas le premier à punir ceux qui, à la faveur d'un soulèvement, oseraient donner le signal du pillage.

» On remarqua parmi les citoyens accourus au son du tocsin,

des volontaires en uniforme et munis seulement d'une pique. Ce n'est pas là le compte des agitateurs que la cour soudoie pour tâcher d'amener le peuple à violer le sanctuaire des lois en y entrant à main armée..... Peuple, mets-toi en garde contre tes propres mouvemens... » (*Révolutions de Paris*, n. CLIX.)

Les motifs que le journal de Prud'homme assigne à cette petite émeute, nous paraissent moins probables que ceux qui suivent. Le public avait depuis long-temps son attention tournée sur la fermeture du jardin des Tuileries. Il cherchait la cause de cette clôture prolongée bien au-delà de ses termes convenables. Les royalistes avaient beau affirmer que par ce moyen le roi avait voulu se mettre à couvert des injures qu'on allait chanter sous ses fenêtres, notamment le jour de la motion Lamourette, et dont voici un refrain que nous empruntons aux mémoires de Maton-de-Lavarenne déjà cités :

> Nous te traiterons, gros Louis,
> Biribi,
> A la façon de Barbari,
> Mon ami.

A ces observations on répondait, que s'il ne s'agissait que de cela, il était bien facile d'éloigner les promeneurs des fenêtres du château. *La Chronique de Paris* du 18 juillet, en demandant l'ouverture du jardin, proposait, comme moyen de garantie contre les insultes de ce genre, de faire construire devant le château une enceinte qui empêchât d'en approcher, précisément le moyen que le roi actuel vient de pratiquer. Enfin, le même jour, Lamarque avait fait sur ce sujet une motion qui fut interrompue par les murmures de l'assemblée. Le peuple donc avait les yeux ouverts sur ce lieu ; on disait que le château était rempli de conspirateurs, et, par le jardin, il paraissait le maître de la salle législative. Le moindre bruit de ce côté dut donc l'attirer, ainsi que nous l'avons vu.

Le lendemain, à l'assemblée nationale, un membre vint proposer des mesures contre les tribunes. Choudieu, Lecointre, Lagrevol s'élevèrent vivement contre cette motion, et la firent rejeter en se fondant principalement sur ce que des membres de l'assemblée avaient plusieurs fois provoqué les auditeurs assis dans les tribunes. Le même jour, sur la proposition de Lacroix, on décida que M. Bureau-Puzy serait mandé à la barre, pour rendre compte du fait dénoncé la veille, et que MM. Luckner et La Fayette répondraient par écrit. Il était instant d'en finir avec les généraux, car ce jour même on apprenait que l'armée piémontaise, montant, disait-on, à cinquante-huit mille hommes, était sur la frontière; et néanmoins le général Montesquiou venait encore de quitter son commandement vers cette limite, pour venir à Paris.

Cependant l'ajournement prononcé dans la séance du 21, mécontenta fortement les patriotes. En effet, à leurs yeux, il n'existait pas le moindre doute sur la culpabilité de La Fayette; et selon eux aussi on ne pouvait, dans des circonstances aussi pressantes, trop se hâter.

« Après deux mois de délai, s'écria Robespierre, après une discussion de plusieurs séances, après deux ou trois rapports, après beaucoup de discours lumineux et de panégyriques impertinens du héros de l'OEil-de-Bœuf, les représentans de la nation viennent d'ajourner le jugement de la cause de M. La Fayette.

» Il était bien convaincu de conspiration contre la liberté publique, de sédition et de désertion; mais il fallait savoir s'il était vrai que M. Luckner avait dit qu'un certain M. Puzy lui avait conseillé, de la part de M. La Fayette, de marcher sur Paris: dix témoins attestaient ces faits; mais il fallait consulter M. Luckner lui-même; et l'assemblée nationale décrète qu'il sera sursis au décret que la nation sollicitait, jusqu'à ce que M. Luckner se soit expliqué sur ce point.

» Luckner qui écrit à l'assemblée nationale et au roi des lettres qu'il ne sait pas lire; Luckner, que l'on représente environné d'intrigans, complices de La Fayette, qui dirigent tous ses mouvemens, Luckner, dont on attribue toutes les erreurs et toutes les contradictions à une profonde ignorance de la politique et de la langue française, est, en quelque sorte, constitué juge de ce grand procès; et sa réponse va décider du sort de

M. La Fayette et du maintien de la Constitution, en supposant toutefois que cette affaire doive encore être reportée à la délibération de l'assemblée nationale.

» En attendant, La Fayette va rester à la tête de l'armée, dont il a jusqu'ici enchaîné le courage, qu'il a affaiblie par des fatigues extraordinaires, par la perte des plus zélés patriotes qu'il a livrés aux fers de l'ennemi. Il restera à la tête de cette armée où il a semé la division, dont l'état-major est composé de ses créatures ou de ses complices qu'il s'efforce d'attacher à sa fortune et à la cause des ennemis du peuple, par les moyens de séduction les plus dangereux. Il pourra achever à loisir son criminel ouvrage, et tramer impunément la ruine de la patrie et de la liberté, et la proscription de tous les bons citoyens. L'assemblée nationale ajourne la punition des généraux traîtres et rebelles; mais les ennemis étrangers qui sont à nos portes ajournent-ils leurs attaques? les ennemis du dedans ajournent-ils leurs conspirations? La Fayette lui-même a-t-il promis une trêve à l'assemblée nationale et au peuple?

» Tous les bons citoyens se sont accordés à regarder ce décret évasif comme plus funeste et plus indigne de la loyauté du corps législatif, qu'une absolution formelle que l'opinion publique n'a point permis de prononcer. Tout annonce en effet que cette décision est beaucoup plus favorable à La Fayette que l'absolution même. Cette absolution eût été effacée par l'évidence du crime, au lieu qu'en paraissant réduire la question au fait d'une conversation de Luckner, on substituait au véritable procès un incident interminable qui donnait le change à l'opinion publique, et laissait ralentir la juste indignation que les attentats prouvés du général avaient excitée.

» Que ne puis-je dérober aux yeux de la postérité cet opprobre de mon pays et ce scandale de l'humanité!

» Mais la postérité pourra-t-elle croire que les représentans de vingt-cinq millions d'hommes aient pu immoler à un méprisable intrigant le salut de leur patrie et la liberté du monde? Croira-t-elle qu'ils aient pu renoncer aux titres de législateurs du peuple français, de bienfaiteurs du genre humain, pour devenir les complices et les valets du valet d'un roi? On dit qu'il existe des contrées où les hommes, abrutis par l'esclavage, s'enorgueillissent des insultes de leurs maîtres; mais qui pourrait penser que les dépositaires de la puissance d'un grand peuple descendent à ce degré de bassesse, d'approuver eux-mêmes l'insolence d'un citoyen qui les avilit et qui les menace, de sourire à ses attentats, et de mettre la nation qu'ils représentent aux pieds du plus vil des courtisans et du plus coupable de tous les rebelles? Sont-ce là les successeurs de ceux qui prêtèrent le serment du Jeu-de-Paume? Sont-ce là les mandataires de ce peuple qui, en 1789, fit rentrer tous ses tyrans dans la poussière? Sont-ce là les dépositaires de la Constitution française, et les gardiens de la déclaration des droits de l'homme, qui ont juré eux-mêmes de mourir pour les défendre? Que dis-je! N'est-ce pas dans cette même tribune où elle fut proclamée, qu'on a vu des représentans du souverain, d'un côté, élever au-dessus de tous les héros de l'antiquité, un général séditieux, chargé de la haine et du mépris de leurs commettans; de l'autre, outrager le peuple qu'ils représentent par les dénominations de brigands et de scélérats; et, dans leur criminel délire, l'appeler une excressence vicieuse, une lèpre honteuse du corps politique (1)? Et le sénat français ne s'est point levé tout entier pour chasser de son sein ces infâmes conspirateurs; et la foudre n'a pas frappé à l'instant ces vils blasphémateurs! Hélas! on ne se souvient de la déclaration des droits que pour la faire oublier; de la révolution, que pour en effacer les traces; du peuple, que pour l'anéantir, que pour le punir d'avoir secoué un moment le joug du despotime. Tous les suppôts de l'ancien régime, tous les fripons du nouveau, que l'intrigue a élevés aux emplois publics, tout ce qu'il y a en France d'égoïstes et d'hommes lâches ou corrompus, est ligué contre le peuple pour le replonger dans le néant, et réduire l'espèce humaine à la condition d'un vil troupeau, pour partager la puissance et la fortune publique avec la cour et les chefs de parti.

(1) Discours de Dumolard.

» Voilà l'objet de la politique actuelle. Voilà le vœu, l'esprit de tous *les honnêtes gens*. Voilà les principes de la plupart des fonctionnaires publics. Si on l'osait, on proposerait des récompenses à quiconque apporterait une tête de *patriote* ou de *sans-culotte* : on se contente, quant à présent, de les calomnier, de les emprisonner arbitrairement, de les livrer en détail au fer des Autrichiens, ou de les fusiller à loisir, légalement, lorsqu'on les trouve réunis sans armes dans une plaine, à peu près comme on tire sur un troupeau de bêtes fauves : souvent on les attire dans le piége pour les égorger. Voulez-vous être un héros ou même un demi-dieu, faites déployer contre le peuple l'étendart de la mort; voulez-vous échapper à la proscription? gardez-vous d'aimer le peuple ou d'en être aimé. Savez-vous quels sont les bons citoyens? ce sont les écrivains qui, pour de l'argent, outragent tous les jours tous les défenseurs de la liberté, et s'efforcent de prouver à la France entière que le peuple français n'est composé que de bandits et de factieux; ce sont les administrateurs qui servent la cour en trahissant la nation; ce sont les juges qui trouvent toujours un crime où ils aperçoivent la pauvreté ou le patriotisme, et l'innocence où est la richesse et l'aristocratie. Savez-vous quels sont les scélérats? ce sont les citoyens qui ont une ame et des principes, qui croient à la Constitution, à la justice, aux droits de l'humanité. Voilà pourquoi *les honnêtes gens* aujourd'hui sont si grands fripons; voilà pourquoi les défenseurs de la propriété sont si habiles à s'approprier les deniers publics, et les amis des lois si audacieux à les enfreindre; enfin les hommes sages et modérés, si absurdes et si barbares. Voilà pourquoi aussi on voit tant de brigands généreux, et tant de factieux passionnés pour le bien public.

» Montesquieu a dit que la vertu était le principe du gouvernement républicain, l'honneur celui de la monarchie, la terreur celui du despotisme. Il faudrait aussi imaginer un principe nouveau pour le nouvel ordre de choses que nous voyons parmi nous. On serait tenté de croire que ce principe est la calomnie, la perfidie, la corruption. Quelle multitude de grands hommes d'état il a déjà produits! Eh! qui pourrait contester ce titre à ceux qui, depuis trois ans, ont trouvé, dans la Constitution et dans la déclaration des droits, tous les moyens nécessaires pour ressusciter le despotisme et l'aristocratie, à ceux qui ont toujours foulé aux pieds les lois, sans jamais les violer; opprimé et trahi le peuple, sans cesser de respecter la nation; à ceux qui ont dilapidé la fortune publique, sans cesser d'être purs et désintéressés. Ah! comment refuser son hommage au génie de ces grands politiques, qui, en répandant sur toute la surface de l'empire des libelles payés du trésor du peuple, et en violant le secret de la poste pour intercepter les écrits utiles, et même la correspondance des patriotes, ont pu changer la vérité en mensonge, la sagesse en folie, la vertu en crime!

» Comment ne pas admirer l'habileté de ces hommes qui, depuis l'origine de la révolution, ont si bien fait, que nul des innombrables honnêtes gens qui ont conspiré contre la patrie, n'a encore été puni, et que le sang de quarante mille patriotes a déjà coulé, soit à l'ombre du drapeau rouge, soit sous le glaive des tribunaux aristocratiques, soit sous le fer des Autrichiens? Quels hommes d'état, que ceux qui ont presque ramené l'estime au crime et à l'opulence, et accablé l'indigence et la vertu sous le poids du mépris et de l'oppression! Quels hommes d'état, que ceux qui ont armé contre nous les despotes, et qui nous ont inspiré la résolution de leur confier le soin de notre défense; qui ont fait proscrire nos soldats fidèles et couronner nos officiers parjures; qui sont nos ennemis, nos assassins, et qui se sont fait nommer nos chefs; qui nous ont trahis, et qui nous ont fait décréter que c'était un crime de croire à la trahison; qui se sont fait donner le droit de faire des réglemens pour l'armée, et le pouvoir arbitraire de vie et de mort, afin que personne n'osât les en accuser, ni leur refuser une obéissance passive, contre le salut public et contre la liberté du peuple!

» Quels régénérateurs de la nation! Quels instituteurs du genre humain, que ceux qui posent en principe qu'un château, qu'une grande propriété territoriale est beaucoup; mais qu'un homme n'est rien; que la société humaine doit être uniquement composée de propriétaires, à l'exclusion des hommes qui, pour établir ce système, veulent livrer la patrie aux armées étrangères, et cimenter, du sang de leurs concitoyens, ce monstrueux édifice de l'orgueil et de la déraison! Voilà la sublime philosophie de nos sages; voilà l'ardent patriotisme de nos honnêtes gens.

» Dans une telle société, nous avons eu tort, sans doute, d'accuser La Fayette. C'est M. Dumolard, c'est M. Ramond, c'est M. Daverhoult, c'est M. Dumas qui ont raison; M. La Fayette est en effet un héros; il est digne d'être le chef de la république des honnêtes gens. Que veut-il autre chose, en effet, que d'égorger, que d'asservir le peuple, pour fonder l'empire des grands, des riches et de la cour? Qui pourrait être assez pervers, ou assez factieux, pour traverser un si noble dessein? Nobles, clergé, rois, sangsues et tyrans du peuple, de quelque espèce que vous soyez, prosternez-vous au nom de ce grand homme; implorez ce nouveau messie, qui doit vous délivrer du joug de la justice et de l'égalité. Ne vous contentez pas de l'absoudre; décernez-lui des couronnes civiques ou des temples. Partagez vos hommages entre lui et les Autrichiens, et ces despotes secourables qui, pleins du zèle qui l'anime pour la tranquillité et le bonheur de la France, veulent concourir avec lui au rétablissement de l'ordre et à la punition de la faction jacobite. Unissez, dans vos chants de victoire, les noms de François, de Frédéric, de La Fayette; préparez-vous à danser sur les cendres de votre patrie et sur les cadavres de vos concitoyens... Et vous, Français, préparez-vous à leur ravir ce triomphe, et à faire rentrer dans la poussière tous les tyrans et tous les traîtres. » (*Défenseur de la Constitution*, n. X.)

Ce ne fut que le 29 juillet que M. Bureau-Puzy parut à la barre de l'assemblée. Il lut un long discours dont nous ne retrancherons que quelques détails militaires sans intérêt à cette époque et encore plus aujourd'hui.

[Telle est, dit-il, la douloureuse extrémité où je me trouve réduit, que pour éviter d'être compromis par une fausse imputation, dont chacun peut aisément calculer l'importance et le danger, je suis obligé de convaincre d'imposture... qui? des législateurs, qu'on devrait distinguer des autres citoyens à leur modération, à leur justice, à leur amour pour la vérité; ou un général d'armée, un vieillard vénérable, dont la gloire a marqué la carrière; des hommes publics enfin, entre les mains desquels sont déposés les plus grands intérêts de l'état, à qui la confiance de la nation est nécessaire, et qu'il serait à désirer de voir entourés de son estime.

Quelle que soit la force de ces considérations, il ne m'est plus permis de balancer depuis que l'assemblée nationale, en accueillant la dénonciation qui lui a été adressée contre moi, a paru lui donner quelque importance; mais j'avoue que, sans le décret qui m'a mandé, j'aurais dédaigné de me justifier des imputations perfides que quelques folliculaires m'ont prodiguées. Je n'avais vu dans cette atroce démence que l'effet d'une loi imposée par la nature à tous les êtres, le besoin de vivre des alimens analogues à leur espèce; car j'ai toujours pensé que de même que la Providence avait approprié quelques poisons à la nourriture de certains reptiles, de même, dans l'ordre social, elle avait permis la calomnie pour en faire la pâture des libellistes.

Mais mon objet ici n'est pas d'établir la théorie des misères de l'humanité; je suis interpellé sur un fait, et je vais répondre:

Si M. La Fayette m'eût chargé d'engager M. le maréchal Luckner à se joindre à lui pour marcher sur Paris à la tête de leurs armées respectives; si j'eusse accepté cette commission, c'est que j'aurais cru pouvoir le faire sans crime, ou avec quelque utilité pour la chose publique; et dans cette hypothèse, je déclare qu'il n'est aucune puissance qui m'empêchât d'avouer une démarche que j'aurais pu regarder comme estimable, ou simplement comme innocente; mais dans la délation dont la suite m'amène à la barre de l'assemblée nationale, tout est faux: je dois en démontrer l'imposture; et comme je ne connais qu'une manière de dire la vérité, qui est de la dire tout entière, je remonterai à l'origine des événemens par l'effet desquels j'ai été, durant quelques momens, l'intermédiaire de la correspondance des deux généraux.

Je détaillerai les motifs des deux missions dont j'ai été chargé. Je produirai les lettres dont j'ai été porteur : on les comparera avec la dénonciation dirigée contre moi, et la conscience de chacun pourra prononcer. Je dois ajouter que, muni de l'autorisation de mon général, il m'a remis toutes les pièces qui peuvent servir à me disculper; que j'en garantis l'authenticité sur ma tête; qu'il m'a laissé le maître de divulguer des projets dont le secret m'avait été confié; et que j'userai de cette permission avec d'autant moins de répugnance, qu'aujourd'hui la publicité sur ces objets est sans nul inconvénient. Si au narré historique des événemens j'ajoute quelques réflexions, on voudra bien les pardonner à la nécessité où je suis de replacer mes juges, avec précision, aux époques et aux circonstances où j'ai été employé.

Ce fut dans une conférence tenue entre les généraux Rochambeau, Luckner et La Fayette, qu'il fut convenu que le premier se porterait avec toutes ses forces sur la partie occidentale des Pays-Bas autrichiens, et qu'il attaquerait ces provinces par la rive gauche de la Lys. M. le maréchal Luckner n'a point dissimulé, m'a-t-on dit, qu'il commençait cette expédition bien moins dans l'espérance de faire des conquêtes, que dans celle de mettre en évidence les vices du plan sur lequel on avait entamé la guerre, la futilité du projet de soulever la Belgique, et la nécessité de diriger nos moyens militaires d'après des vues plus raisonnables et plus utiles. Au reste, quelles qu'aient pu être les opinions des généraux, le concert de leurs opérations devenait d'autant plus indispensable, que les forces des ennemis, dans les provinces belgiques, étaient au moins numériquement égales à celles que nous pouvions leur opposer.

En conséquence du plan adopté, M. La Fayette, le 4 juin, quitta le camp de Rancennes, qu'il occupait sous Givet, pour aller prendre celui de Maubeuge, que M. Delanoue abandonnait pour se porter à celui de Maulde. M. le maréchal avait reconnu lui-même cette position, qui, menaçant Tournay, avait pour objet de contraindre les ennemis à rester en force sur cette place, et de faciliter par ce moyen les mouvemens que devait faire notre armée du Nord.

De fausses démonstrations d'hostilité sur Namur fixèrent l'attention et les forces de l'ennemi autour de cette place, et permirent à M. La Fayette de marcher sur Maubeuge, et d'y arriver, sans obstacle, le 7 juin, jour auquel M. Delanoue quitta cette position.

A cette époque, la majeure partie des forces ennemies se trouva rassemblée sous Mons. Les rapports des espions, ceux des déserteurs, ceux des prisonniers, se sont tous accordés pour faire monter à vingt-cinq mille hommes les troupes autrichiennes réunies dans le point dont il s'agit. Elles y restèrent dans le même nombre jusqu'au moment où le projet de M. le maréchal Luckner ne pouvant plus être douteux, les généraux ennemis crurent nécessaire de détacher un corps d'environ sept mille hommes pour renforcer celui qui, sous Tournay, devait être opposé à M. le maréchal Luckner; ils purent se permettre ce mouvement avec d'autant moins de danger, que, même après s'être privés de cette portion de leurs forces, l'armée qui leur restait sous Mons était encore au moins égale à celle de M. La Fayette, qui n'avait en tout que seize à dix-huit mille hommes disponibles.

On doit sentir, sans que j'insiste pour le démontrer, que dans cette expédition, le rôle de M. La Fayette était purement auxiliaire; que sa destination était uniquement de tenir en échec une partie des forces ennemies, pour assurer la liberté et la tranquillité des mouvemens de M. le maréchal Luckner; que pour empêcher d'agir les troupes autrichiennes campées dans les environs de Mons, il fallait que, par une activité continuelle, par des dispositions constamment offensives, il leur fît croire qu'il cherchait sans cesse à les entamer, et surtout qu'il voulait attaquer Mons, l'un de leurs points d'appui et de leurs dépôts principaux.

Il n'était pas moins essentiel à l'intérêt des deux armées, que celle de M. La Fayette, toujours menaçant, toujours affectant le projet d'attaquer, évitât avec la plus grande circonspection un engagement général, dont les avantages ne pouvaient jamais être proportionnés aux inconvéniens qui seraient résultés d'un échec; car le succès le plus complet qu'elle eût pu obtenir, se serait réduit à replier les ennemis, à les resserrer dans leur position sous Mons.]

Ici M. Bureau-Puzy justifie la tactique de temporisation adoptée par M. La Fayette, et qu'on lui avait reprochée aigrement. Son armée, dit-il, n'était que de dix-huit mille hommes; l'ennemi ne paraissait pas sans doute en avoir davantage. Mais le succès d'une bataille était chanceux : en la perdant nous compromettions les opérations du maréchal Luckner; et si nous la gagnions, le succès devenait comme nul, parce que nous n'avions pas assez de forces pour pousser l'offensive. Cependant M. La Fayette apprit bientôt que l'ennemi avait pénétré le but de ses manœuvres; il s'agissait donc de tenter quelque démarche plus décisive. Dans cet état, le général jugea devoir consulter Luckner, dont d'ailleurs il n'avait pas eu de nouvelles depuis quelques jours.

[Sur ces entrefaites, continue cet officier, on reçut au camp de Tenières les détails de la journée du 20 juin. Cette circonstance augmenta le désir qu'avait, depuis long-temps, M. La Fayette de se rendre à Paris, d'y paraître à la barre de l'assemblée nationale, et là d'expliquer et de justifier l'objet et les motifs de la pétition qu'il avait adressée précédemment au corps législatif. Une seule considération l'arrêtait : c'était, non pas la crainte de l'usage que ses ennemis pourraient faire contre lui de sa démarche; il avait bien prévu qu'elle serait empoisonnée; mais l'inquiétude que son collègue ne regardât l'absence qu'il projetait comme nuisible à l'intérêt commun de leurs deux armées : il voulut donc avoir son avis avant de décider son départ; et moi, muni des instructions de M. La Fayette, je me rendis à Menin.

Voici quels étaient les objets de ma mission. Je devais; 1° rendre à monsieur le maréchal un compte détaillé des opérations du centre. (Quelques détails militaires.)

2° Recueillir ce que monsieur le maréchal pouvait avoir appris sur l'approche des Autrichiens et des Prussiens... (Quelques détails militaires.)

3° Je devais entretenir monsieur le maréchal de notre situation politique intérieure ; et voici ce que j'étais chargé de lui dire de la part de M. La Fayette :

« Que celui-ci avait vu dans la journée du 20 juin la violation la plus effrayante de l'acte constitutionnel ; que les troubles dont nous étions agités au dedans, étaient faits pour détruire toutes dispositions actives et efficaces contre les ennemis du dehors ; que ces désordres alarmaient et décourageaient l'armée ; que dans la sienne un grand nombre d'hommes non suspects, du côté du patriotisme, ni de celui du courage, étaient déjà venus plusieurs fois lui demander s'ils allaient combattre pour la défense de la Constitution française, ou pour l'intérêt de l'un des partis dont la rivalité déchire l'État ; que cette incertitude funeste tendait à la désorganisation absolue de la force publique ; qu'il lui paraissait que le plus pressant des intérêts de la nation était d'arrêter promptement les excès de l'anarchie ; qu'il avait déjà annoncé ces vérités à l'assemblée nationale ; qu'il aurait le courage de les lui répéter encore ; qu'il était prêt à partir pour le faire ; mais qu'avant d'entreprendre cette démarche, il désirait savoir de lui s'il n'y apercevait aucun inconvénient pour le service militaire dont ils étaient chargés et responsables deux tous. » Une lettre succincte renfermait l'analyse de ces objets dont je devais donner le développement. La voici :

Lettre de M. La Fayette à M. le maréchal Luckner.

Au camp de Tenières, ce 22 juin 1793.

J'ai tant de choses à vous dire, mon cher maréchal, sur notre situation politique et militaire, que je prends le parti de vous envoyer monsieur Bureau-Puzy, pour lequel je connais votre amitié et votre confiance, et à qui j'ai voué les mêmes sentimens. Depuis que je respire, c'est pour la cause de la liberté. Je la défendrai, jusqu'à mon dernier soupir, contre toute espèce de tyrannie ; et je ne puis me soumettre en silence à celle que des factieux exercent sur l'assemblée nationale et le roi ; en faisant sortir l'une de la Constitution que nous avons tous jurée, et en mettant l'autre en danger de sa destruction politique et physique. Voilà ma profession de foi. C'est celle des dix-neuf vingtièmes du royaume; mais on a peur, et moi qui ne connais pas ce mal-là, je dirai la vérité.

« Quant à notre position militaire, je suis dans un camp qui demanderait cinquante mille hommes, mais avec de l'intelligence dans les détails de la défense, on peut en tirer parti ; et la retraite est sûre pour nous, dangereuse pour l'ennemi. Le maréchal de Clairfait a cru tout de bon que j'allais l'attaquer : je tâcherai de le lui persuader encore aujourd'hui et demain matin, et je crois ensuite que je ferai bien de reprendre ma position sur la gauche de Maubeuge, parce que j'inquiète plus M. de Clairfait en changeant mes dispositions, qu'en restant à la même place.

» Au reste, mon cher maréchal, je me conduirai d'après ce qui vous paraîtra le plus utile à vos projets ; et je suis bien sûr que, sur notre situation politique, nous serons également unis, puisque nous voulons loyalement servir notre cause et tenir nos sermens.

» Agréez mon tendre hommage. *Signé* LA FAYETTE. »

M. Bureau reprend. La mission assez étendue dont j'étais chargé se réduisit à peu de chose quand il fallut discuter.

Sur le premier article, tout projet ultérieur devint impossible à traiter, et la résolution décidée où je trouvai monsieur le maréchal, de ne pas faire un seul pas en avant, sans l'ordre du gouvernement qu'il attendait, cette résolution, dis-je, s'opposa pour le moment à tout concert d'opérations à venir entre les deux armées, et, par cette seule circonstance, ma mission fut terminée à cet égard.

Sur le second objet, monsieur le maréchal n'avait aucun renseignement plus particulier ni plus positif, que ceux qu'avait reçus M. La Fayette, lesquels étaient eux-mêmes extrêmement vagues et incertains : en sorte que ce point très-important, par lui-même, par l'ignorance où l'on était des faits, n'emporta que quelques minutes de conversation.

Quant à la troisième partie de mon instruction, monsieur le maréchal me parut profondément affecté des événemens qui récemment avaient agité Paris. Il avoua qu'il connaissait trop imparfaitement notre Constitution, pour donner son avis sur cette matière. Cependant, il combattit le projet de M. La Fayette, à raison des dangers personnels qu'il pouvait courir dans ce voyage. Je lui représentai que cette considération ne serait d'aucun poids pour le déterminer. J'insistai, conformément à mon instruction, pour qu'il voulût bien répondre sur ce point; savoir quelle était la mesure d'importance qu'il attachait à la présence de son collègue à l'armée, et s'il pensait que l'absence de quelques jours, qu'il avait projetée, pût en rien compromettre les intérêts qui leur étaient confiés à tous deux.

Voici la réponse que j'emportai, et que je remis à M. La Fayette.

Réponse de M. le maréchal Luckner à la lettre de M. La Fayette, du 22 juin, au quartier général à Menin, ce 25 juin 1792, l'an IV de la liberté.

« J'ai reçu, mon cher La Fayette, les détails militaires que vous m'avez transmis par M. Bureau-Puzy. J'ai senti, comme je le devais, le désintéressement et la loyauté avec lesquels vous avez secondé, par vos divers mouvemens, ceux que j'ai faits et que je pouvais projeter encore. Je ne puis qu'applaudir à la disposition hardie que vous venez de prendre sous Bavay, pour faciliter d'autant mieux mes opérations et celles que vous devez prendre sur la droite de l'ennemi, en vous portant dans le camp retranché de Maubeuge. Ces diverses manœuvres opéreront nécessairement, comme elles l'ont déjà fait, la stagnation des troupes autrichiennes rassemblées près de nous. Quant à la proposition que vous me faites de continuer à nous concerter ensemble sur les mouvemens combinés de nos deux armées, il m'est impossible de répondre en ce moment à cette invitation. Mes démarches ultérieures dépendent des instructions que je recevrai du ministère. Je lui ai fait connaître le tableau de ma situation, les inconvéniens de me porter en avant, le peu de fonds à faire sur la promesse des Belges, la certitude à peu près absolue qu'un grand mouvement populaire est difficile à exécuter dans ces provinces. D'après cet exposé, vous sentez que je ne me chargerai point de la responsabilité d'une tentative aussi délicate que celle de me porter sur Gand; entreprise qui compromettrait mon armée, et qui pourrait me réduire, au cas d'échec, à la dure alternative, ou de sacrifier mes troupes pour conserver mes équipages, ou de perdre mes équipages pour sauver mes troupes. J'attendrai donc les ordres du gouvernement. Quels qu'ils soient, je vous les communiquerai, et je compterai sans réserve sur votre patriotisme qui dès long-temps m'est connu, et sur tous les bons services qu'il dépendra de vous de me rendre, et sur lesquels vous m'avez appris à compter.

« A l'égard de l'avis que vous me demandez sur la question de savoir si j'improuverais que vous vous absentassiez pour quelques jours de votre armée, je ne puis, sur cet article, que vous renvoyer à vous-même et vous laisser juge des inconvéniens ou des avantages que vous trouveriez à une démarche sur laquelle je ne puis avoir aucune opinion. Ce que j'ai à vous demander, c'est le concert de vos opérations avec les miennes, et je suis bien persuadé que vous prendrez, dans toute hypothèse, des mesures telles que le service et la chose publique n'en souffriront pas. Adieu, mon cher La Fayette; comptez toujours sur les sentimens que je vous ai voués avec franchise et sincérité.

Le maréchal LUCKNER. »

M. Bureau reprend. Je partis comblé publiquement des marques de bienveillance et d'estime dont M. le maréchal m'a toujours honoré.

En arrivant dans Maubeuge, je trouvai dans le camp retranché de cette place, M. La Fayette qui y était entré la veille, après s'être porté sur la gauche de l'ennemi, et s'y être mis en bataille, conformément à l'intention que j'ai annoncée. Il garda cette position tant que dura le séjour de M. le maréchal à Menin; et lorsqu'enfin celui-ci se fut décidé à venir reprendre ses premières dispositions défensives sous Valenciennes et sous Maubeuge, M. La Fayette se mit en devoir de quitter cette dernière place, et de regagner son camp sous Givet; mais comme dans ce mouvement général des deux armées, il devait y avoir un moment où le rapprochement des différens corps qui les composaient permettrait des dispositions dont il serait difficile à l'ennemi de saisir l'intention, M. La Fayette crut qu'il pourrait mettre à profit cette circonstance pour l'exécution d'un plan qu'il forma, et qu'il me chargea de communiquer à M. le maréchal Luckner. Ici M. Puzy raconte qu'il se rendit de nouveau auprès du maréchal Luckner, que le plan de M. La Fayette ne fut pas approuvé; et lit plusieurs lettres qui ne contiennent que des détails stratégiques.

L'intérêt de la narration de cet officier cesse dès ce moment: car elle n'a plus pour but que de le justifier lui-même ainsi que son général. Il s'étonne que deux démarches aussi naturelles que les siennes aient pu être inculpées; que l'on puisse croire que le maréchal Luckner, dont la loyauté est connue, eût tardé, quatorze jours, à révéler des propositions qu'il eût considérées comme une tentative de trahison; et encore qu'il ne l'eût fait que comme par hasard, au milieu du laisser-aller d'une conversation; qu'enfin le maréchal eût continué à le traiter lui-même, avec une considération particulière.

Alors M. Bureau-Puzy cita deux lettres toutes nouvelles de M. Luckner, l'une écrite de Châlons, l'autre de Strasbourg. La première est ainsi conçue:

« Mon cher La Fayette, j'ai reçu en passant votre lettre en date du 17. Je n'ai pas bien examiné le reste de vos dépêches, devant me rendre à Strasbourg. Tout ce que je peux avoir l'honneur de vous dire, c'est que la cabale doit nous traiter également, et que je suis prévenu que vous et moi nous devons être dénoncés, et que nous l'avons été déjà aujourd'hui même l'un contre l'autre. En attendant, je puis vous assurer que mon parti est pris. Je veux vivre en repos; sans cela je me retire. Quant à ce qui regarde mon *acquisition*, je le mènerai bien. Il a dit que je le menais à la boucherie, tandis qu'il n'a pas encore vu un ennemi de mon temps. Paris est affreux à mes yeux.... etc. »

Dans la seconde lettre du 25, Luckner témoignait à M. La Fayette tout son chagrin des *calomnies* dont il était l'objet.

[Je n'ai plus rien à dire, dit en terminant M. Puzy : forcé de me justifier d'une calomnie, j'ai dû démontrer qu'il existait un calomniateur; je crois l'avoir fait. Je pourrais aller plus loin, et porter la main sur le masque qui le voile encore, le lui arracher, et le montrer dans toute sa turpitude. Mais il me répugne de donner un grand scandale à ma patrie. J'ai remis à la justice de l'assemblée nationale le fil qui pouvait la diriger dans les replis tortueux de cette intrigue. Qu'elle prononce. Quant à moi je méprise assez les méchans pour dédaigner de les accabler. Quels que soient les coupables, j'ai préparé leur honte. Puisse-t-elle déterminer leurs remords ! Je trouve que ma vengeance, quelque légitime qu'elle puisse paraître, est déjà trop cruelle ; car à quelque degré de perversité et de corruption que le cœur humain puisse être parvenu, il m'est impossible de penser qu'il existe des hommes pour lesquels un opprobre mérité ne soit plus un supplice.

Il me reste un avis à donner aux machinateurs de complots, qui pourraient être tentés de revenir à la charge et d'ourdir contre moi le tissu d'une nouvelle trame moins mal adroite, que celle dans laquelle ils ont cru m'envelopper : c'est qu'ils seront toujours les victimes d'une telle entreprise; c'est que, sans autres armes que la vérité, je les poursuivrai avec elle, je les attaquerai avec elle seule, et qu'après les avoir dépouillés du manteau hypocrite de probité et de patriotisme, sous lequel ils se déguisent, je les livrerai nus et dans toute leur difformité à l'indignation des gens de bien; c'est que, quelle que puisse être et l'astuce et la malice de leurs manœuvres, ils ne feront pas fléchir mon caractère qui est celui de l'homme libre; c'est qu'ils ne parviendront pas surtout à me faire oublier que dans cette même enceinte, à cette place, j'ai, le premier de tous les Français, contracté l'engagement solennel de maintenir de tout mon pouvoir la liberté de mon pays et la Constitution qu'il s'est donnée ; c'est qu'enfin s'ils sont en état de m'enseigner bien des choses que je ne désire pas savoir, je puis du moins leur en apprendre une que sans doute ils ne connaissent pas assez : c'est le respect qu'on doit à son serment.]

M. Bureau, continue le *Moniteur*, a été invité, par le président, aux honneurs de la séance ; il y a été reçu au milieu des applaudissemens réitérés d'environ la moitié des membres de l'assemblée, c'est-à-dire de tous ceux du ci-devant côté droit et d'une partie de ceux de la gauche.

M. *Lasource*. Ce n'est pas dans le moment que je veux discuter la prétendue justification de M. Bureau-Puzy. Comme avant d'en venir au récit des faits, il s'est permis un exorde, je me permettrai une seule réflexion. M. Bureau-Puzy vous a dit que, comme la providence, dans l'ordre de la nature, a donné des poisons pour alimenter les animaux malveillans, de même elle a accordé la calomnie pour la nourriture des libellistes. J'admets avec lui ce principe, et je ne pourrais différer que sur son application.

Mais je sais aussi que, de même que la nature a donné aux corps des infirmités et des douleurs, pour engager les êtres animés à veiller à leur conservation, de même, dans l'ordre politique, elle a donné à la société des intrigans et des traîtres qui cherchent à la détruire. (Une grande partie de l'assemblée et toutes les tribunes applaudissent.) Je demanderai maintenant à quoi servait que M. Bureau vînt nous instruire d'une manière aussi officieuse de tous les plans de campagne du général La Fayette. (Des murmures s'élèvent dans la partie droite.) M. le président, dites, s'il vous plaît, à ces messieurs, que rien ne pourra m'empêcher de dire la vérité, que je fais mon devoir en faisant entendre sa voix, comme ces messieurs font le leur en nous interrompant par leurs clameurs. Il s'agissait d'un fait très-simple : on l'a entortillé d'une foule d'épisodes étrangers ; on a cherché à le masquer par des phrases harmonieuses ; mais quand on a été obligé d'en venir au fait, après s'être énoncé d'une manière qui aurait presque fait croire à l'innocence si on ne savait que l'intrigue et la perfidie prennent souvent le voile de la franchise et de la sévérité, on a fait l'aveu le plus formel du crime dont M. La Fayette était accusé.

En effet, M. Bureau nous a fait remarquer dans une lettre de M. La Fayette, que ce général ne l'envoyait auprès de M. Luckner que pour se concerter sur les moyens d'arrêter les progrès de l'anarchie, pour se concerter, en un mot, sur la situation politique du royaume; il est convenu lui-même que le maréchal n'a pas voulu entrer dans cette discussion, parce qu'il ne connaissait pas assez la Constitution française. Il nous a donc donné, je ne dirai pas un aveu, parce que celui qui a la bassesse de faire un crime, a rarement le courage de l'avouer, mais une preuve indirecte du crime dont il est le complice. On voit dans cette lettre qu'un général d'armée s'occupe des affaires politiques, qu'il s'érige en régulateur de l'assemblée nationale, l'accuse de violer la Constitution qu'elle a jurée; enfin qu'il engage le maréchal Luckner à s'unir avec lui pour détruire l'anarchie et rétablir l'ordre intérieur, ce qui signifie dans son langage rétablir le despotisme et l'aristocratie. Lorsque la discussion de cette affaire sera à l'ordre du jour, je développerai et je mettrai dans tout leur jour les intrigues qui ont été employées pour entraîner le maréchal Luckner dans des crimes dont je le crois incapable. Je me borne, en ce moment, à demander le renvoi des pièces à la commission extraordinaire, et je prends l'engagement de démontrer, ne fût-ce que d'après les pièces qui vous ont été communiquées, l'existence de la trahison que je vous ai dénoncée. (On murmure dans la partie droite.) Tous les ennemis de la patrie me trouveront toujours ici, et malgré leurs murmures, malgré leurs clameurs, (On applaudit.) malgré tous ces moyens vils et indignes que je méprise, je défendrai constamment la liberté de mon pays.

M. Guadet. Si quelque chose était capable de m'étonner dans la démarche que vient de faire M. Bureau-Puzy, et dans le compte qu'il vous a rendu, c'est de voir, que cet ancien représentant du peuple n'a pas eu, dans une carrière de plus de trois ans, le temps d'apprendre, que ni les menaces, ni les insultes ne sont capables d'empêcher un représentant du peuple de faire son devoir ; je le remercie au nom de l'assemblée. (Des murmures s'élèvent dans la partie droite.) Je prie l'assemblée de m'écouter jusqu'au bout, et j'espère qu'il se trouvera une majorité qui se respecte assez pour ne pas désavouer ce que je vais dire.

Je le remercie au nom de l'assemblée. (Les murmures et les cris redoublent dans la partie droite. — M. le président faisant usage de l'une des exclamations des réclamans, observe à M. Guadet qu'il n'a pas le droit de parler au nom de l'assemblée.) Je le remercie au nom de la nation. (Même rumeurs dans la partie droite. — Ils sont couverts par les applaudissemens de la partie opposée et des tribunes.) Je le remercie au nom des amis de la liberté. (Les récriminations et les murmures cessent dans la partie droite. — De nombreux applaudissemens se font entendre dans la grande majorité de l'assemblée.) Je remercie, dis-je, M. Bureau, au nom de tous les amis de la liberté, de ce que, moins audacieux que son général, il n'a pas cru devoir faire partager à l'assemblée elle-même les outrages et les menaces qu'il a eu l'air d'adresser seulement à une partie de ses membres. Je le remercie de ce que, voulant se justifier d'une accusation de trahison, il a déposé sur le bureau cette lettre importante de M. La Fayette, dans laquelle s'inquiétant avec tant de sollicitude des troubles intérieurs, il annonce au maréchal Luckner qu'une faction a fait sortir l'assemblée nationale de la ligne constitutionnelle, et qu'il faut se concerter pour faire cesser enfin l'anarchie. Je le remercie enfin, pour me servir de ses expressions, d'avoir, en présence des représentans du peuple, mis à nu et le général La Fayette, et les intrigans qui l'entourent. (Une grande partie de l'assemblée applaudit.) Je demande que la commission extraordinaire nous fasse incessamment le rapport de cette affaire.

M. Vaublanc. Je suis bien éloigné de penser comme M. Lasource, que la première partie de la narration de M. Bureau-Puzy n'ait aucun rapport avec le fait pour lequel il a été interpellé. Personne n'ignore qu'à toutes les calomnies qui ont été dirigées contre le général La Fayette, on n'ait joint celle d'avoir fait manquer les opérations de M. Luckner, en ne les secondant pas ; d'avoir été cause de sa retraite ; d'avoir voulu le faire rétrograder quand il fallait avancer : or, les détails qui viennent de vous être donnés, prouvent qu'au contraire le général La Fayette avait conçu un plan hardi et purement offensif, et qu'il ne l'a abandonné, que parce que M. Luckner l'a désapprouvé ; il a sans cesse, comme le reconnaît M. Luckner lui-même, subordonné ses opérations au succès de M. le maréchal. Je suis si peu accoutumé à voir dans l'histoire un général subordonner ses opérations à celles d'un autre, que j'avoue que je trouve M. La Fayette très-louable en cette circonstance.

Placé dans l'alternative de trouver un de nos deux généraux calomniateur ou l'autre criminel, nous devrions bien faire attention à ce que l'esprit de parti ne se mêle pas à cette discussion, et songer que les ennemis de la chose publique épient nos fautes pour en profiter, et que si nous donnons un seul moyen de créer des partis dans nos armées, et y semer la division, nos ennemis seront lestes à en tirer avantage. J'avoue que je ne puis concevoir qu'on puisse mettre tant d'acharnement à trouver un homme coupable, quand la Constitution, la déclaration des droits ne prescrivent, au contraire, que de présumer et chercher l'innocence. On a prétendu que M. Bureau-Puzy n'a pas détruit les faits qui lui étaient imputés. J'avoue que je ne sais comment on peut entendre la dernière lettre du maréchal Luckner, écrite de Châlons, dans laquelle il exprime sa profonde indignation contre les auteurs de cette calomnie. J'avoue la proposition qui a été faite d'ajourner cette discussion à un jour très-prochain ; car il est nécessaire que plus long-temps nous n'apprenions pas à rire à nos ennemis.

— L'assemblée charge sa commission extraordinaire de lui faire, sous huitaine, un rapport sur cette affaire.]

— Dans la séance du 30, le ministre de la guerre communiqua à l'assemblée l'itinéraire de l'armée de La Fayette pendant les 25,

24, 25 et 26 de ce mois, temps pendant lequel on avait présenté des craintes à l'assemblée sur ses mouvemens.

« Le 23, les troupes au commandement du général, et qu'il devait conduire où l'ennemi porte ses plus grandes forces, étaient assemblées ; elles ont pris leur marche en remontant la frontière du côté du Rhin. L'avant-garde a trouvé sur son passage, le 24, de la résistance de la part de quelques corps ennemis ; elle les a poussés, et elle a continué sa route.

» Le lendemain l'attaque a recommencé ; un corps ennemi occupait le village de Besancy, il en a été débusqué. Les troupes étaient arrivées, le 26, au camp de Longwy. »

Le ministre de l'intérieur transmettait en même temps à l'assemblée une lettre du général La Fayette. — Elle était ainsi conçue :

Longwy, ce 26 juillet 1792, l'an 4e de la liberté.

« Le ministre de l'intérieur m'a signifié un acte du corps législatif, du 21 juillet, et la dénonciation que six de ses membres ont signée.

» Si j'étais interpellé sur mes principes, je dirais que, proclamateur et défenseur constant des droits de l'homme et de la souveraineté des peuples, j'ai partout et toujours résisté aux autorités que la liberté désavouait et que la volonté nationale n'avait pas déléguées, et que partout j'ai obéi à celles dont une Constitution libre a déterminé les formes et les limites.

» Mais je suis interpellé sur un fait. Ai-je proposé à M. le maréchal Luckner de marcher avec nos armées sur Paris ? A quoi je réponds en quatre mots fort courts : *cela n'est pas vrai*.

» LA FAYETTE. »

— Le même jour, à la séance du soir, on lut la réponse de Luckner, à la demande de l'assemblée :

Au quartier général, à Longueville, près Metz, le 28 juillet.

« Je sens bien vivement en ce moment combien il est affligeant pour moi de ne pas savoir parler la langue du pays où je sers, et à la liberté duquel j'ai dévoué le reste de ma vie. Cette difficulté de me faire entendre, a sans doute été cause de la différence qu'il y a entre la conversation que j'ai eue chez monsieur l'évêque de Paris et celle que je trouve dans le procès-verbal de l'assemblée nationale et le décret qui m'ont été envoyés.

» Jamais proposition de marcher sur Paris ne m'a été faite, et je vous assure, messieurs, que si elle m'avait été adressée par un agent quelconque de la force publique, je ne me serais pas contenté de la rejeter avec horreur, mais j'aurais cru de mon devoir de dévoiler aussitôt aux autorités constituées un aussi criminel projet.

» Il m'est bien douloureux, en sacrifiant entièrement mon repos et ma tranquillité, de voir donner une interprétation aussi affreuse à une conversation mal entendue.

» J'avoue qu'ayant souvent à répondre sur des objets qui me sont aussi étrangers et auxquels je suis si peu accoutumé, mes forces ne pourraient y suffire, et que je me verrais dans la nécessité de quitter un poste qu'elles ne me permettraient pas de garder.

» Permettez, messieurs, à un vieillard étranger, mais qui a le cœur français, à un soldat qui s'est associé à vos dangers, et qui place son bonheur dans la durée de la liberté publique, dans le maintien de la Constitution et dans votre gloire; permettez-lui de vous répéter sans cesse que les dangers extérieurs qui menacent la patrie sont réels; mais que si la France entière, qui reçoit l'influence des représentans du peuple, ajournant toutes contestations, se livre avec union au salut de l'État, la guerre que nous avons à soutenir, loin de nous conduire à l'inhumaine situation de recevoir de nos ennemis des lois et des fers, peut tourner au profit de la liberté universelle de tous les peuples de l'Europe. Une si imposante alternative commande à tous les bons Français des sacrifices, et il n'appartient qu'à l'assemblée nationale de les y inviter avec succès. L'union fera la force du peuple; elle multipliera celle des armes; elle seule enfin, en inspirant un mépris égal pour les intrigans comme pour les factieux, opposera une forte digue au torrent des puissances coalisées, et obtiendra l'hommage éternel de la postérité à ceux qui auront le courage d'en annoncer et d'en donner l'exemple. »

Le maréchal LUCKNER.

L'assemblée ordonna l'impression de cette lettre, et la renvoya avec les autres pièces de cette affaire, à la commission extraordinaire.

Enfin, à la séance du 31, on fit lecture d'une déclaration de M. Hérault (de Séchelles) ainsi conçue :

« M. Lasource m'ayant cité comme un des députés en présence desquels avait été tenu par M. le maréchal Luckner le propos qui a été dénoncé à l'assemblée, mon respect pour la vérité m'oblige de déclarer avec précision ce que j'ai entendu. Je ne prétends point révoquer en doute le propos rapporté par M. Lasource; la difficulté qu'a M. Luckner de se faire entendre en français, a pu me faire échapper quelques-unes de ses expressions. Mais voici ce que j'affirme avoir entendu de sa bouche : « La Fayette m'a envoyé Bureau-Puzy, qui m'a fait de sa part *des propositions horribles.* »

Telles furent les pièces sur lesquelles la législative fut appelée à juger le procès intenté par la presse au général La Fayette. Nous les avons recueillies avec le soin que méritait cette grande renommée de notre siècle, qui, deux fois, en 1790 et en 1830, a tenu le sort de la France en ses mains. Mais nos renseignemens seraient incomplets si nous n'ajoutions ici l'opinion de ses adversaires sur la justification que nous venons de lire. Nous ne trouvons, il est vrai, dans les journaux que des mots épars ; mais ils sont jetés à l'occasion de chacune des phrases de la défense, et ils montrent clairement que les négations de Bureau-Puzy, celles de Luckner, celles de La Fayette, n'avaient eu aucune influence sur l'opinion. Bureau-Puzy, disait-on, n'était pas un témoin impartial mais un complice. Tous les détails militaires qu'il donnait ne justifiaient nullement la nécessité de ses voyages d'un quartier général à l'autre. Il ne s'agissait que des questions stratégiques les plus simples, de celles que l'on traite ordinairement par lettres.

Il avait d'ailleurs avoué avoir fait part à Luckner du projet de La Fayette de se rendre à Paris. Il était difficile de croire que la conversation eût été arrêtée à cette seule communication. Quant à Luckner, entouré comme il l'était, il pouvait croire de son honneur de se taire sur une communication toute confidentielle, surtout lorsque le mot qu'on lui demandait pouvait perdre un de ses collègues; il avait pu laisser échapper, dans la vivacité de la conversation, un aveu, que de sang-froid ses préjugés militaires ne lui permettaient pas de confirmer. D'ailleurs, disait le *Patriote Français*, sa lettre était écrite en français : c'était la meilleure preuve qu'elle n'était pas de lui. Enfin, quant à la communication du ministre sur la marche de l'armée, on disait que c'était des mouvemens antérieurs au 23 qu'il eût fallu entretenir l'assemblée.

L'affaire du général La Fayette resta en suspens jusqu'au 8 août. Le comité des douze, par l'organe de Jean Debry, proposa la mise en accusation; elle fut rejetée à une majorité de quatre cent six voix contre deux cent vingt-quatre. Nous donnerons à sa date les détails de cette séance, dont le résultat certainement ne fut pas sans influence sur l'insurrection du 10 août.

Pour donner à nos lecteurs les derniers renseignemens sur ce grand procès, voici deux lettres écrites au maréchal Luckner de la propre main du roi, qui furent imprimées et répandues à profusion dans l'armée.

Du 30 juin. — « J'ai reçu avec plaisir, monsieur le maréchal, le compte que vous m'avez rendu de l'état des troupes et de leurs dispositions. Je vous charge d'exprimer aux officiers, sous-officiers et soldats, ma sensibilité pour les marques d'intérêt et d'attachement qu'ils m'ont données dans cette circonstance. Dites-leur que mon parti est pris; que je n'en changerai point; que je suis prêt à périr avec eux pour soutenir la liberté et l'indépendance de notre pays : je ne doute pas qu'ils partagent mes sentimens. Pour vous, monsieur le maréchal, vous avez donné trop de preuves de votre attachement à la Constitution pour que vous ne désiriez pas de voir rétablir dans le royaume l'ordre public et *le règne des lois.* — Signé Louis. Pour copie conforme, Alex. Berthier. »

Même date. — « J'apprends, monsieur, que plusieurs officiers et autres employés dans votre armée *veulent donner leur démission*. Dans les circonstances où nous sommes, vous vous servirez sans doute de l'autorité que votre conduite et vos principes vous donnent sur eux, pour leur représenter combien une telle démarche serait funeste à la chose publique; *leur attachement pour moi* devient une raison plus pressante qui doit les engager à rester au service et *à me seconder* dans la résolution inébranlable où je suis de défendre notre pays contre *tous* ses ennemis. — Signé Louis. Pour copie conforme, Alex. Berthier. » *Extrait littéralement du Patriote Français*, n. MLXVI.)

PROCLAMATION DU DANGER DE LA PATRIE.

Elle eut lieu, à Paris, le dimanche 22 juillet. On observa le cérémonial décrit dans une proclamation de la municipalité, affichée la veille sur les murs de la ville, et que nous insérons ici :

Municipalité de Paris. — *Le jeudi 19 juillet 1792, l'an IV de la liberté.*

Le conseil général, après avoir entendu le premier substitut-adjoint du procureur de la commune,

Arrête que l'acte du corps législatif, du 11 de ce mois, qui déclare que la patrie est en danger, sera proclamé dimanche et lundi, 22 et 23 juillet, par les officiers municipaux et notables; que les mêmes jours il sera fait un enrôlement public et solennel des citoyens qui s'offriront pour voler aux frontières.

Le conseil général adopte le projet de proclamation et d'enrôlement présenté par M. Sergent, en exécution de l'arrêté pris dans sa dernière séance :

Ordonne que ce projet sera transcrit sur ses registres, imprimé et affiché avec le présent arrêté, mis à l'ordre et renvoyé aux quarante-huit sections.

LOHIER, doyen d'âge, présid.; DARRIEUX, secrét.-gref.-adjoint,

Cérémonial qui sera observé dimanche et lundi, 22 et 23 juillet présent mois, pour la proclamation de l'acte du corps législatif qui déclare le danger de la patrie, et pour l'enrôlement civique des citoyens qui se dévouent à sa défense.

PROCLAMATION.

A sept heures du matin, le conseil général s'assemblera à la maison commune.

Les six légions de la garde nationale de Paris se réuniront par détachemens, à six heures du matin, avec leurs drapeaux, sur la place de Grève.

Le canon d'alarme du parc d'artillerie du Pont-Neuf tirera une salve de trois coups à six heures du matin, pour annoncer la proclamation, et continuera d'heure en heure la même décharge jusqu'à sept heures du soir. Pareilles salves seront faites par une pièce de canon à l'Arsenal.

Un rappel battu dans tous les quartiers de la ville, rassemblera en armes les citoyens dans leurs postes respectifs.

A huit heures précises, les deux cortéges se mettront en marche dans l'ordre suivant ;

Détachement de cavalerie avec trompettes, sapeurs, tambours, musique, détachement de la garde nationale, six pièces de canon, trompettes.

Quatre huissiers de la municipalité, à cheval, portant chacun une enseigne à laquelle sera suspendue une chaîne de couronnes civiques, chacune ayant une de ces inscriptions : *Liberté, Égalité, Constitution, Patrie*; au-dessous, ceux-ci, *Publicité, Responsabilité*; ces quatre enseignes seront habituellement portées dorénavant dans toutes les cérémonies où assistera la municipalité.

Douze officiers municipaux revêtus de leurs écharpes, des notables, membres du conseil, tous à cheval.

Un garde national à cheval, portant une grande bannière tricolore, sur laquelle seront écrits ces mots : *citoyens, la patrie est en danger.*

Six pièces de canon, deuxième détachement de garde nationale, détachement de cavalerie.

Ces deux marches seront composées dans le même ordre, sur la place de Grève, et partiront au même moment chacune pour leur division.

A chacune des places désignées pour la proclamation, le cortége fera halte; un de ceux qui le composeront donnera au peuple un signal de silence, en agitant une banderolle tricolore; il se fera un roulement de tambour; au dernier signal, les roulemens cesseront, et un officier municipal, à la tête de ses collègues, lira à *haute voix* l'acte du corps législatif, qui annonce que *la patrie est en danger*.

Les cortéges rentreront dans le même ordre à la Grève. Les deux bannières où sera inscrite la proclamation de la patrie en danger, seront placées, l'une au haut de la maison commune, l'autre au parc de l'artillerie établie au Pont-Neuf, et elles y resteront jusqu'à ce que l'assemblée nationale ait déclaré que *la patrie n'est plus en danger*.

Pendant la marche, la musique n'exécutera que des airs majestueux et sévères.

Enrôlement civique.

Il sera dressé dans plusieurs places des amphithéâtres, sur lesquels seront placées des tentes ornées de banderolles tricolores et de couronnes de chêne; sur le devant de l'amphithéâtre, une table posée sur deux caisses de tambours servira de bureau pour recevoir et inscrire les noms des citoyens qui se présenteront. Trois officiers municipaux assistés de six notables, placés sur cet amphithéâtre, délivreront aux citoyens inscrits le certificat de leur enrôlement : à côté d'eux, seront placés les drapeaux des bataillons de l'arrondissement, gardés par des gardes nationales.

Devant l'amphithéâtre, il sera formé un grand cercle par des volontaires, lequel renfermera deux pièces de canon et de la musique.

Les citoyens inscrits descendront ensuite se placer au centre de ce cercle, jusqu'à ce que la cérémonie soit finie ; alors ils seront reconduits par les officiers municipaux et la garde nationale jusqu'au quartier général, d'où chacun se rendra dans les différens postes.

Le dimanche et le lundi seront consacrés à cet enrôlement, depuis huit heures du matin jusqu'à six heures du soir.

Le dimanche suivant, le conseil général de la commune se rassemblera à dix heures précises pour faire l'appel nominal, dans la place de Grève, de tous les braves citoyens enrôlés sous les drapeaux de la liberté. A cette cérémonie assisteront, par une députation de quatre hommes par compagnie dans chaque bataillon, les citoyens gardes nationales qui se réservent pour le service de la capitale.

Dans cette liste de l'appel nomminal, seront également compris les citoyens qui se seront fait inscrire dans les comités de sections pour les bataillons qui sont déjà aux frontières, conformément au décret...

Places où se fera la proclamation.

Pont de la Tournelle, place Maubert, place Saint-Michel, Croix-Rouge, rue de Bourgogne, Pont-Royal, Pont-Neuf, pont Saint-Michel, Pont-au-Change, à la Grève, place de la Bastille, au coin de la rue de l'Oseille, rue Pastourelle, rue Saint-Martin, rue aux Ours, rue des Prouvaires, rue Saint-Honoré, place Louis XIV, place Vendôme, Carrousel, Pont-Neuf, pont Notre-Dame.

Lieux où seront placés les amphithéâtres pour l'enrôlement civique.

Place-Royale, place du Théâtre-Italien, place du carré Saint-Martin, parvis Notre-Dame, place Dauphine, Estrapade, place Maubert, Théâtre-Français.

Lohier, doyen d'âge, *président* ; Darrieux, *secrétaire-greffier-adjoint.*

— Quant à la nécessité pressante qui commandait cette mesure de salut, on est étonné de voir la commune de Paris, ordinairement si active, en retard à ce point. On ne conçoit guère que l'on ait attendu douze jours pour mettre à exécution un décret qui devait procurer à la nation les soldats dont elle avait besoin pour se défendre. Le retard ne venait point de la municipalité ni de son maire, mais du ministère. Selon l'ordre légal, elle ne pouvait agir avant d'avoir reçu l'autorisation du pouvoir exécutif; or, celle-ci se fit attendre jusqu'au 20 juillet. L'ordonnance du roi qui commande aux corps administratifs et municipaux de faire la proclamation et d'ouvrir les registres d'inscriptions aux soldats volontaires, est datée du 20 juillet; elle est contresignée *De Joly*. On voit que la municipalité de Paris ne mit, pour son compte, aucune négligence, et qu'elle montra au contraire beaucoup d'activité.

Les journaux royalistes ou feuillans ne disent pas un mot de la manière dont on accueillit cette cérémonie. Les journaux patriotes sont unanimes au contraire sur l'enthousiasme que manifesta toute la partie active de la population, toute la jeunesse : il paraît que la bourgeoisie montra beaucoup d'indifférence. Voici, au reste, l'article le plus complet sur la physionomie de la grande ville pendant cette journée :

» L'appareil de ce cérémonial, conforme à l'esprit du décret, était grave et sévère, sans être lugubre ni décourageant. Grace aux papiers-nouvelles, nous sommes parfaitement instruits de tous les maux qui menacent nos têtes. Nous savons que déjà l'ennemi a envahi notre territoire et pourtant nous ne sommes pas très-effrayés. Y aurait-il insouciance ou témérité? Non! Mais la majorité qui veut la révolution forme une masse si forte! notre cause est si belle! un peuple aussi immense que nous a tant de ressources, a sitôt réparé ses pertes, qu'une sorte de sécurité semble nous être permise!... D'après cette disposition des esprits, il ne faut pas être étonné du peu d'effet que produit sur nous l'appareil de la déclaration du danger de la patrie... (Suit la description de la cérémonie, où l'auteur se plaint de ne pas avoir vu *assez de piques*.)

» Une musique adaptée à la circonstance se faisait entendre

devant le corps municipal; mais elle était encore trop savante pour la multitude. Les spectateurs nombreux ne saisissaient pas parfaitement le motif de cette cérémonie, et la garde nationale du cortége donnait la première l'exemple de la distraction et même de l'ennui : elle est peut-être excusable ; depuis quatre ans, presque tous les jours sur pied, elle doit être rassasiée de cérémonies; on aurait dû peut-être lui épargner cette nouvelle corvée : menageons-la pour des momens plus pressans.

» Il nous reste à parler des amphithéâtres dressés dans les principales places publiques pour y recevoir l'enrôlement des citoyens jaloux de combattre ou de braver les dangers de la patrie.

» L'idée en était heureuse et véritablement dans le goût antique : cette tente du fond couverte de guirlandes de feuilles de chêne, chargée de couronnes civiques, et flanquée de deux piques avec le bonnet de la liberté, le drapeau de la section planté sur le devant et flottant au-dessus d'une table posée sur deux tambours; le magistrat du peuple avec son écharpe pouvant à peine suffire à l'enregistrement des noms qui se pressent en foule sous sa plume; les balustrades, les deux escaliers, le devant de l'amphithéâtre défendu par deux canons, et toute la place inondée d'une multitude jeune, ardente et généreuse, voulant se faire inscrire toute à la fois : ce tableau, neuf et plein de mouvement, est un des plus curieux et des plus touchans qu'ait offerts la révolution.

» Tout le monde pourtant n'éprouva point cette ivresse. Plusieurs citoyens dont nous respectons le motif, disaient tout haut : Eh ! malheureux ! où courez-vous ? pensez donc sous quels chefs il vous faudra marcher à l'ennemi ! vos principaux officiers sont presque tous nobles : un La Fayette vous mènera à la boucherie. Eh ! ne voyez-vous pas comme sous les persiennes du château des Tuileries, on sourit d'un rire féroce à votre empressement généreux, mais aveugle ? Réfléchissez donc..... »

Le rédacteur de ce journal, ou plutôt les personnages dont il cite l'opinion, se trompaient. On était triste au château. Le bruit lugubre et régulier du canon, le mouvement de la foule que l'on entendait mugir autour des murs des Tuileries, avait assombri toutes les figures. C'est ainsi que parle le père Lenfant, confesseur du roi, dont nous avons la correspondance manuscrite sous les yeux. La lettre où il rend compte de ses impressions pendant ce jour respire les plus tristes pressentimens, au lieu du langage d'espérance puérile qu'on y trouve ordinairement. Mais continuons notre extrait.

» Les enrôlemens furent nombreux, surtout parmi les *sans-culottes*; mais il s'en fit dans toutes les classes de citoyens; on vit même, à la ci-devant Place-Royale, trois jeunes lazaristes prendre parti : des hommes mariés, des fils uniques voulurent en être. Le soir du dimanche et des jours suivans, c'était un doux spectacle que de voir le magistrat du peuple quittant enfin la place publique, s'en retourner à la maison commune, son registre sous le bras et suivi d'une longue file d'enfans de la patrie de tout âge, depuis l'adolescence jusqu'à la virilité, tous gais, l'œil pétillant de courage et d'audace, se tenant par la main, chantant, dansant au milieu de la foule des citoyens qui voulaient les accompagner jusqu'à la Grève. Voilà ma moisson d'hommes d'aujourd'hui, disait l'officier municipal au conseil assemblé; toute cette jeunesse qui s'est levée au premier coup de tambour demande des armes et veut partir.

» Effectivement, dès le lendemain de leurs engagemens, on vit sur les grandes routes de nombreuses phalanges de ces jeunes gens, le sac sur le dos, et vêtus encore des habits de la profession qu'ils quittaient pour entrer au service de la patrie. Il était difficile de retenir ses larmes au passage de ces jeunes hommes, l'espoir de la nation..... mais ils criaient *vive la nation* et invitaient les voyageurs qu'ils rencontraient à faire chorus avec eux.

» Jeunes hommes!.... vous êtes les premiers nés de la révolution : vivez pour elle, ou mourez avec elle. (*Révolutions de Paris*, n. CLIX.)

— Voici ce que disait, de son côté, le journal de Brissot.

» Les places publiques destinées à l'inscription des citoyens qui se disposent à voler à la défense des frontières, ont offert le spectacle le plus sublime et le plus touchant. Une jeunesse innombrable et brûlante de patriotisme s'est empressée de remplir les honorables registres, qui présenteront à la reconnaissance de la postérité les noms des défenseurs de la patrie. On a vu des pères amener eux-mêmes leurs enfans, et gémir de ne pouvoir marcher avec eux ; on a vu de tendres mères verser des larmes, bien plus sur les dangers de la patrie, que sur ceux auxquels se dévouaient leurs fils. On a vu des jeunes gens repoussés de l'inscription à cause de leur faiblesse ou de leur petite taille, se livrer à la douleur et s'arracher les cheveux dans l'accès du désespoir. Une multitude immense de spectateurs, gémissant eux-mêmes de ne pouvoir partager tant de périls et tant de gloire, applaudissaient du moins au bonheur de leurs concitoyens ; et l'air retentissait de ces cris patriotiques : *Vive la nation ! vive la liberté ! vivent leurs défenseurs !*

» Les complots les plus sinistres se renouvellent dans cette capitale ; mais ils n'abattront pas les vrais patriotes. La cour veut absolument éloigner le roi de la capitale, dont le patriotisme l'inquiète ; elle compte sur le dévouement de deux cents membres environ de la législature, qui, dit-on, lui ont promis de la suivre. *Il ne manque donc plus qu'un prétexte pour justifier l'éloignement ou la fuite. Il faut une émeute et on cherche à l'exciter*, et voilà pourquoi on avait préparé la scène de samedi dernier. (Voyez plus haut la séance du 23 juillet.) On en était si bien instruit au château, qu'il y avait une garde très-considérable, et qu'on avait, par le moyen d'agens très-lestes, répandu, avant quatre heures, dans le faubourg Saint-Antoine, qu'on égorgeait les députés de l'assemblée nationale. Le coup est manqué : on en prépare un autre. On espère gagner quelques fédérés, et, par eux, souffler la haine et la discorde parmi leurs frères d'armes. On cherche à leur inspirer des projets extrêmes, parce qu'on espère trouver les moyens de les repousser et de faire regarder leur tentative comme une raison de s'éloigner. Les députés qui suivront la cour s'appuieront sur la même cause. Ils se croient même si forts qu'ils parlent déjà hautement de transaction. On assure que plus de cent soixante ont déjà pris des passeports. Certes, on ne doit voir en eux que des traîtres à la patrie. Ces projets acquièrent encore plus de vraisemblance, quand on se rappelle tous les efforts que fait M. Diétrick pour royaliser Strasbourg; quand on apprend qu'il fait préparer les plus beaux appartemens à l'ancien palais de l'évêque; quand on voit enfin le roi de Prusse porter de ce côté toutes ses forces. Sans doute, on imagine que la présence du roi aplanirait bien des difficultés pour faciliter l'entrée d'un prince qui déclare ne venir en France que pour maintenir la Constitution et le pouvoir du roi. — Mais Biron est là. » (*Patriote français*, n. MLXXIX.)

Quel était le but de Brissot en interprétant ainsi les mouvemens et l'agitation populaire dans un sens tout opposé à celui que leur donnaient les écrivains patriotes les plus énergiques ? Pourquoi donnait-il le signal du système d'alarmes le plus propre à arrêter toutes les pensées d'insurrection dont étaient alors préoccupés tous les hommes purement révolutionnaires, et à jeter le doute sur les intentions mêmes des fédérés ? Faisait-il autre chose par là que protéger la cour ? Avait-ils pris des engagemens avec elle ? c'est ce que l'avenir nous apprendra. Mais, pour savoir combien, en faisant ainsi, Brissot agissait contre les projets de ceux avec lesquels il semblait, à la tribune, uni d'opinion, il nous faut aller examiner ce dont s'occupaient alors les hommes qui firent le 10 août.

CLUB DES JACOBINS, DU 12 AU 22 JUILLET.

Dès le 2 juillet, au milieu des plaintes de toute espèce que laissaient échapper les orateurs sur toutes les fractions du pouvoir exécutif, sur la méthode suivie par les corps constitués, avec une persistance infernale, et dont le résultat était une désorganisation, une anarchie, contre lesquelles les efforts des meilleurs citoyens et des plus chauds *amis de la Constitution*, allaient devenir impuissans. (*Discours de Merlin. Journal des Jacobins*, n. CCXXV.) Au milieu des accusations contre La Fayette, et des justifications de la journée du 20 juin, « M. Réal vint exposer une théorie de l'insurrection ; il proposa, dans la supposition où le danger de la patrie serait déclaré par un décret, de suspendre le chef du pouvoir exécutif de ses fonctions. — M. Danjou proposa, comme mesure urgente, une convention nationale pour reviser quelques articles de la Constitution, tels que le *veto*, la liste civile, la nomination des ministres, celle des généraux. » (*locum citum.*) — Ces avis furent écoutés avec calme, et l'assemblée ne se prononça autrement qu'en ajournant la discussion.

Ces audacieuses propositions ne furent point répétées à la tribune des Jacobins. Mais mille accidens des discours et des discussions les plus ordinaires laissent apercevoir que l'on s'occupait de ces projets, soit dans des conversations intimes, soit dans des réunions moins publiques. Nos lecteurs en trouveront une indication assez claire dans les deux séances que nous avons rapportées précédemment, et particulièrement dans le discours de Danton (séance du 15). On voit que les paroles de l'orateur ont un sens secret, intelligible seulement pour les hommes avertis. D'ailleurs, tous les membres du club n'étaient certainement pas également instruits ; et ce qui arriva à Lasource, dans cette même séance, en est une preuve.

La réunion des fédérés, après le 14 juillet, donna une nouvelle activité à ces pensées d'insurrection ; et ce fut peut-être aussi la circonstance sur laquelle s'établit le premier noyau régulier de conspiration. Les Jacobins s'occupèrent beaucoup, dans leurs séances publiques, des moyens de conserver ces soldats de la patrie à Paris : ils n'épargnèrent point les exhortations, et ne négligèrent d'ailleurs aucun moyen de détail pour leur en rendre le séjour moins onéreux ou plus agréable ; ils leur trouvèrent des logemens ; ils leur offraient des dîners patriotiques, les conduisaient au théâtre. Par là, ils purent garder en quelque sorte chez eux cette petite armée, à la disposition de ses chefs. Quant à ceux-ci, ils en étaient sûrs; ils avaient avec eux une complète fraternité d'intelligence révolutionnaire et de projets. Enfin, pour soutenir la fidélité des soldats, de temps en temps un membre de l'assemblée nationale, ou de la commune de Paris, tel que Manuel, venait jeter quelques mots propres à inspirer la confiance dans l'avenir et la persévérance dans le présent.

Après le 14 juillet, il se forma un *comité central* des fédérés, qui se réunissait dans le local même des Jacobins. Nous ignorons comment il fut nommé, ou s'il se nomma lui-même. Nous ignorons qui le présidait; nous n'avons trouvé que le nom de Mazué, indiqué comme celui du président de la séance du 10 août. Nous ignorons également quels en étaient les membres. Les événemens nous en indiqueront par la suite quelques-uns. On doit, d'ailleurs, considérer comme positif, que les principaux meneurs du club communiquaient, et souvent délibéraient avec lui. A ce titre, Robespierre en faisait certainement partie.

Le comité central ne dirigeait pas seulement les fédérés; il communiquait encore avec quelques sections de Paris; entre autres celle de Mauconseil. (Voyez *Journal du club des Jacobins*, n^{os} CCXXXV, CCXXXVI, CCXLVII.)

SÉANCE DU 12 JUILLET. — *M. Robert* demande que le nom de *fédérés* donné aux hommes envoyés des départemens, soit remplacé par celui d'*insurgés*, qui seul leur convient. — Ordre du jour.

Robespierre dénonce Marta, qui a inséré dans le journal du soir, un compte rendu de son projet d'adresse; et lui a attribué d'avoir donné aux Marseillais le conseil de ne point quitter le champ de la fédération sans avoir vengé les victimes de la loi martiale.

M. Taschereau appuie Robespierre, et accuse Marta de plusieurs autres marques d'incivisme.

La société décide que l'écrivain coupable est expulsé de la société.

Divers fédérés se succèdent à la tribune, et déclarent qu'ils ne quitteront Paris qu'après que l'assemblée nationale aura mis en activité le *pouvoir exécutif national*; ainsi parlèrent les orateurs des fédérés et de la Charente. — « Nous sommes chargés de demander la destitution du roi, dit l'orateur de la députation du Calvados. — Si l'assemblée nationale n'a pas le droit de rendre la souveraineté au peuple, dit celui de la Drôme, le peuple la reprendra. — Et nous, nous demandons de l'union et des armes, ajoutèrent les fédérés du Doubs. — Et nous, nous verserons tout notre sang pour la défense de nos droits, s'écrièrent ceux de la Côte-d'Or. » — Ensuite on se donna l'accolade fraternelle.

Il fut décidé que le procès-verbal de cette séance serait imprimé et distribué.

SÉANCE DU 15. — « Le commissaire chargé par les fédérés de faire un rapport sur plusieurs de leurs propositions, commence ce rapport. Il expose que la première réflexion qu'ont faite les commissaires, a été qu'ils ne devaient former qu'une seule armée, qu'un seul corps, avec la garde nationale parisienne, malgré les insinuations perfides de l'état-major parisien ; qu'en conséquence il fallait communiquer, aux bataillons de Paris, les pétitions qu'ils s'étaient proposé de présenter à l'assemblée nationale.

» La seconde réflexion des commissaires est que cette armée pourra néanmoins être divisée en plusieurs sections, pour la défense de divers points, tels que Paris et l'assemblée nationale... Mais comment se former, tandis qu'une partie est encore dans les départemens, qu'une autre portion est en route, et que le reste est à Paris. Les volontaires fédérés veulent bien verser jusqu'à la dernière goutte de leur sang; mais ils ne veulent pas être envoyés à la boucherie; ils ne veulent marcher que, conformément aux décrets, sous des chefs qu'ils se seront choisis : il est donc physiquement impossible qu'ils partent et qu'ils se divisent, dit le rapporteur, car alors on ne manquera pas d'envoyer au milieu d'eux des épauletiers avec des fragmens de la liste civile, pour les travailler, les fatiguer. Il est donc important qu'ils ne fassent qu'un avec la garde nationale parisienne ; qu'ils ne se séparent point avant de s'être tous réunis ; mais, pour cela, il faut pourvoir aux moyens de subsistance, dont plusieurs ont besoin, et proposer à cet effet une souscription, et se concerter sur cela avec M. le maire.

» *Un député du Calvados.* La grande question du salut de la patrie a été agitée parmi les commissaires, et la première chose que nous avons pensée, c'est que c'était dans la Constitution qu'il fallait prendre les moyens de la sauver. Notre dessein, en venant à Paris, a été de rassembler, autour de l'assemblée nationale, une force suffisante pour lui donner l'assurance dont elle a besoin pour rendre les décrets nécessaires au salut public. Nous avons donc cru qu'il fallait lui demander un décret pour former un camp de soixante mille hommes dans le Champ-de-Mars, et un autre camp, plus ou moins considérable, où l'assemblée nationale jugera convenable, dans l'enceinte des trente mille toises de son arrondissement.

» Cette mesure a été unaniment admise par le comité, et nous n'avons rien voulu proposer autre chose, pour ne pas nous exposer à nous voir repousser, dans toutes nos demandes, par l'aristocratie de certains membres de l'assemblée nationale. Nous n'avons pas voulu parler de la punition de La Fayette, que nous obtiendrons, ni de la destitution des départemens, que nous aurons aussi.

» Ce que nous avons bien arrêté, et ce qu'il est important de proclamer tout haut, c'est que ce sera dans la Constitution, et dans la Constitution seule, que nous puiserons les moyens de sauver la patrie; que les Jacobins maintiendront de tout leur pouvoir la Constitution, jusqu'au moment de la révision fixée par la Constitution; et que ce ne sera qu'après avoir épuisé tous les moyens qui sont dans la Constitution, que, si le salut de la patrie l'exige, nous emploierons alors ceux qu'il pourra nous commander.

» Notre premier objet est donc de demander un camp pour le soutien de l'assemblée nationale ; et un tel décret n'étant pas sujet à la sanction, il peut avoir son effet sur-le-champ. Un député nous a fait entendre qu'il ne fallait faire cette demande qu'avec certaines précautions, pour ne pas s'exposer à la voir rejetée. Est-il possible que nous en soyons à ce point, qu'il faille prendre des ménagemens pour faire agréer une mesure, qui seule peut assurer à l'assemblée nationale la puissance qui lui est nécessaire pour sauver la patrie........

» Puisqu'on nous y réduit, attendons donc jusqu'à demain, que nos frères de Marseille et de Brest arrivent; attendons que nous soyons en force pour présenter notre pétition.

» Mais, mes frères, mes amis, il est parmi nous beaucoup de camarades qui n'ont pas les moyens nécessaires pour attendre ici; il en est, je sens que je vais arracher des soupirs à votre sensibilité, il en est qui déjà ont été obligés, pour se soutenir, de vendre une partie des effets qu'ils avaient apportés. Permettez que je vous fasse à cette occasion un reproche, mes frères de Paris; vous ne nous recevez pas au milieu de vos familles, comme nous nous faisons un plaisir de vous recevoir quand vous venez dans nos départemens. (Mouvement d'étonnement dans l'assemblée. Plusieurs citoyens de la société, et un grand nombre des tribunes, assurent avoir souscrit pour recevoir nos fédérés, et n'en pas avoir eu (1).) Je m'attendais bien, mes frères, que l'exposition que je viens de vous faire, intéresserait vos cœurs: eh bien, mes amis, que chacun de vous prenne un de nos camarades avec lui, qu'il partage avec lui un repas frugal, son logement, comme nous venons partager avec vous vos travaux, vos dangers. Parisiens, électrisez-vous! Nous vous apportons le feu sacré que vous nous avez envoyé. Songez que nous n'avons qu'un ennemi à combattre, c'est la machine royale; quant à la monarchie, elle restera; car elle est dans la Constitution.

» On arrête la proposition du député du Calvados. On ouvre à l'instant un registre pour inscrire les noms des personnes qui voudront loger un fédéré. »

M. Victor Fréron, fédéré, dit quelques mots sur ce qu'il fau-

(1) Jusqu'à ce jour, ces inscriptions s'étaient faites à l'Hôtel-de-Ville par arrêté municipal. (*Note des auteurs.*)

drait ajouter à la pétition de ses frères d'armes, et particulièrement il parle de l'expulsion de La Fayette.

« *M. Billaud Varennes.* Avons-nous entrepris une révolution pour conquérir la liberté, ou seulement pour passer du despotisme à l'anarchie, et retomber de l'anarchie dans un nouvel esclavage? Le peuple a-t-il renversé les tours de la Bastille, pour partager les avantages de sa victoire, ou pour consentir à rester éternellement dans la misère et dans l'avilissement. Une Constitution nous a-t-elle été donnée pour mettre un terme à l'oppression de l'arbitraire, à la cupidité des grands, aux dilapidations des revenus publics, ou n'est-elle faite que pour consacrer par la loi, ce qui n'était sous l'ancien régime que le fruit évident de la tyrannie?

» Cependant, messieurs, quelle est aujourd'hui la situation de la France : et pourquoi le danger de la patrie vient-il d'être proclamé par l'assemblée nationale elle-même? Ce n'est plus le moment de se le dissimuler, c'est que le roi, plus puissant que jamais, écrase déjà, du poids de son autorité, le pouvoir législatif, perpétuellement entravé, ou par la lenteur de la notification des décrets utiles, ou par la célérité de la transmission des lois corrosives, ou par des vétos contre-révolutionnaires.... C'est que le roi, chef des relations diplomatiques, dirige à son gré contre nous les armes d'ennemis qui ne combattent qu'en son nom......

» En vain quelques royalistes viendraient-ils dire que la comédie du champ de la fédération a effacé jusqu'aux traces du sang de nos malheureux concitoyens, impitoyablement massacrés l'année dernière, pour raffermir le trône..... Ma réponse serait tranchante ; je leur dirais que tout parjure à ses sermens a renoncé au droit d'en faire ; je leur dirais que se présenter pour jurer de nouveau l'engagement qu'on a trahi cent fois, c'est sceller par une dernière perfidie toutes celles qui l'ont précédée.....

» Amis, si nous sommes debout, c'est pour agir..... A-t-on une Constitution, quand la lutte des pouvoirs suprêmes est telle qu'à chaque instant l'équilibre touche au moment de se rompre?

A-t-on une Constitution, quand la sûreté publique est sans cesse menacée, et la liberté individuelle arbitrairement ravie? A-t-on une Constitution, quand sa marche est dépendante, non des lois, mais du caractère de ceux chargés de lui imprimer le mouvement, et que, par un effet naturel du jeu des passions humaines, notre existence politique n'est plus qu'une longue suite de crises convulsives et mortelles? Enfin, a-t-on une Constitution, quand elle est insuffisante pour assurer la prospérité de l'empire, le bonheur du peuple, et la paix de l'intérieur?

» Messieurs, ce moment est décisif; nos frères d'armes sont ici; s'ils partent sans que les grandes mesures soient prises, sans que leur réunion ait produit un résultat décidé, je ne crains pas de le dire, tous les sacrifices de la révolution, toutes les espérances qu'elle nous donne, tous les efforts que nous avons faits pour la soutenir, ne conduiront la patrie qu'à l'esclavage. Et nous, il ne nous restera plus que l'alternative cruelle de mourir en désespérés, au milieu des rangs ennemis, ou en révoltés sur l'échafaud.

» C'est pour s'être contentés d'un demi-triomphe, c'est pour avoir transigné, et le 14 juillet et les 5 et 6 octobre, et le 18 avril, et à l'époque du parjure éclatant de Louis XVI, que la France est tombée insensiblement dans un état si déplorable, et qu'aujourd'hui nous avons à la fois une coalition formidable dans l'intérieur, et toutes les puissances de l'Europe qui ont eu le temps de se conjurer contre nous. Attendrons-nous donc la réunion de toutes ces forces, pour prendre la résolution de leur résister avec succès? Attendrons-nous que deux cent mille hommes inondent nos frontières, tandis que, dans l'intérieur, un parti se lèvera tout à coup, et viendra se confondre parmi eux, pour concevoir enfin qu'il est temps de déjouer cette combinaison évidente?......

» On a proposé une adresse aux quatre-vingt-trois départemens, pour prendre leur avis sur une convocation accélérée d'une convention nationale. Mais cette mesure est d'une exécution trop tardive, avec un péril si imminent. D'ailleurs, pourquoi écrire aux départemens, quand leur vœu est déjà émis par l'envoi de nos frères d'armes? Certes, la volonté nationale n'est plus équivoque, quand on voit accourir de tous les cantons de la France des défenseurs de la liberté : que peuvent-ils venir faire autre chose, si ce n'est pour en assurer le règne à jamais?

» Il serait impolitique de le taire : il est vrai que les décrets relatifs au danger de la patrie sont encore insuffisans. C'est un tocsin qui dit aux citoyens: accourez, le feu est là; empressez-vous de l'éteindre. Eh bien! hâtons-nous donc d'arrêter les progrès d'un incendie dont les flammes étincellent déjà ; et pour y parvenir, que tous les fédérés, que tous les bons citoyens présentent demain une adresse au corps législatif, pour demander, non comme on l'a dit, la destitution du roi, cette mesure est aussi fausse qu'imparfaite, puisqu'elle entraîne une discussion lente et perfide lorsqu'il est instant d'agir, puisque, d'ailleurs, c'est conserver dans son sein la couleuvre qu'on y réchauffe; mais demandons qu'une escorte suffisante conduise le roi et toute sa famille hors des frontières. Ici, ils nous trahissent lâchement; là, du moins, nous les aurons en face, et leurs coups ne seront plus redoutables, dès qu'il nous sera possible de les parer.

» Qu'on demande que, sans délai, le corps entier des officiers de l'armée soit licencié et renommé par les régimens eux-mêmes, faisant confirmer le choix des généraux par l'assemblée nationale.....

» Qu'on demande que tous les Français, sans distinction, soient appelés aux assemblées primaires pour nommer les membres d'une convention nationale, sans l'intermédiaire des assemblées électorales.

» Qu'on demande que préalablement le *veto* soit rendu aux quatre-vingt-trois départemens, dont la sanction sera fixée par une majorité des deux tiers; et alors la loi deviendra ce qu'elle doit être, c'est-à-dire, l'expression de la volonté générale.

» Qu'on demande que les travaux du ministère soient mis sous la surveillance immédiate de l'assemblée nationale.....

Qu'on demande le renouvellement instantané de tous les corps administratifs et de tous les tribunaux : ce n'est pas le peuple qui les a choisis.....

Qu'on demande qu'à l'instant l'arrestation de La Fayette et de Luckner soit prononcée.....

Qu'on demande la déportation de tous les ennemis publics connus, et que les dépenses de la révolution soient exclusivement supportées par eux.

» Qu'on demande enfin le renouvellement de ce décret célèbre du sénat de Rome qui, dans une circonstance absolument semblable, déchargea de toute contribution le citoyen qui n'aurait pas plus de 600 livres de revenu.

» C'est ainsi, messieurs, qu'on lie la masse du peuple au succès d'une révolution, et que, dans les plus grands périls, on cimente le salut de la patrie.

» Qu'il n'y ait plus de source de corruption, plus de traîtres dans les postes importans, plus d'obstacles aux mouvemens de l'administration, plus de complots dans l'intérieur, et alors que toute l'Europe marche; que Louis XVI, comme un autre Xercès, vienne avec des millions d'hommes; n'en doutez pas, la victoire sera pour nous. »

Audouin prit la parole après Billaud Varennes. Il traita particulièrement de la chose militaire; mais en faisant ainsi, il sortait de la discussion qui préoccupait les esprits. Il fut écouté avec peu d'attention, et interrompu définitivement par l'arrivée de Pétion. Le maire de Paris fut reçu avec applaudissemens ; il alla s'asseoir à côté du président. Sa présence, quoique nullement méditée, promettait aux fédérés l'appui de l'administration de Paris dans tout ce qu'ils voudraient entreprendre.

SÉANCE DU 16. On s'occupa de nouveau de la nécessité de la présence des fédérés à Paris. Robespierre prit la parole dans ce sens; il engagea fortement les citoyens de Paris à tout partager avec leurs frères d'armes; et il engagea ceux-ci à presser l'arrivée de nouveaux secours des départemens.

» Le peuple seul peut sauver la France, s'écria après lui un fédéré de la Drôme ; mais où trouver le peuple ? sera-ce dans les assemblées primaires ; les Autrichiens seraient à nos portes avant qu'elles ne fussent assemblées ! Il faut donc trouver cette représentation dans les fédérés..... Déclarons au corps législatif que, porteurs des vœux de nos départemens, nous demandons la suspension provisoire du pouvoir exécutif, et la réunion des assemblées primaires, afin qu'elles décident de son existence. »

Dans cette séance, M. Delaunay d'Angers fut nommé président; Robespierre, vice-président; MM. Bernard, Bellegarde et Autierès, secrétaires.

— Nous avons vu que la pétition des fédérés fut présentée le 17 à l'assemblée nationale. Ce jour-là il n'y eut pas séance aux Jacobins ; au moins le journal des débats du club n'en fait point mention ; il passe, sans interruption, de celle du 16 à celle du 18, dont nous allons donner l'analyse et qui est intéressante encore sous d'autres rapports que ceux étudiés en ce moment.

Séance du 18. Manuel, procureur-général, syndic de la commune, était présent avant l'ouverture de la séance, le président et le vice-président étaient absens; on lui décerna les honneurs de la présidence; il y répondit par un discours dont nous allons donner l'extrait; on jugera de sa portée insurrectionnelle, surtout en se rappelant quel était le magistrat qui le prononçait.

» Le roi seul est la cause de nos maux. Mais, le peuple, le vrai souverain, n'a-t-il pas toujours le droit de forcer celui de ses mandataires qui s'éloigne de la route qui lui est tracée, d'y rentrer. Je voudrais donc que le peuple des quatre-vingt-trois départemens, représenté par les députés fédérés qu'ils nous ont envoyés, réunis avec les citoyens de Paris, fissent une assemblée grande, majestueuse, au Champ-de-Mars, pour délibérer une fois sur ses vrais intérêts ; que cette grande réunion se fît sans armes ; le peuple est assez fort de son serment de vivre libre ou de mourir, pour n'avoir pas besoin d'autres armes pour s'opposer à ses tyrans ; que cette grande assemblée fût annoncée à tout Paris par le bourdon de Notre-Dame ; que, ce jour-là toutes les boutiques fussent fermées, toutes les occupations suspendues ;

qu'enfin on vit un jour consacré tout entier et d'une manière imposante à la chose publique en danger.

» Parmi les mesures comprises dans le décret de la déclaration du danger de la patrie, il est un article qui permet d'arrêter tout citoyen porteur d'un signe de rébellion. Mais n'y a-t-il donc de signe de rébellion qu'une cocarde verte, blanche ou noire? et les Crapart, les Durosoy ne portent-ils pas évidemment le signe de la rébellion, avec leurs journaux qui ne sont que les trompettes de la révolte..... »

» *Chabot*... Je crois devoir ce conseil aux fédérés, c'est que la minorité seule de l'assemblée nationale peut leur donner des conseils utiles. Ce n'est pas que la majorité n'en soit pure : elle l'est, mais, dans cette bonne majorité, il y en a de trop faibles, de trop timides pour leur donner des conseils. Il faut donc qu'ils s'en tiennent aux seuls Jacobins, et aux bons; c'est-à-dire à ceux qui n'ont pas cessé d'être Jacobins, qui ont renouvelé leurs cartes. Car beaucoup de députés, ceux de Strasbourg, par exemple, sont partis jacobins et sont devenus feuillans..... »

» *Baumier*. J'ai eu ce matin une explication avec un des membres les plus distingués de l'assemblée nationale..... Êtes-vous toujours, lui ai-je dit, dans le doute sur les crimes de La Fayette. Toujours, m'a-t-il dit, et je crois que si nous demandons le décret d'accusation, nous le servirions plus que nous ne lui ferions de mal, parce que comme nous ne sommes pas en force nous ne l'obtiendrons pas... Comment, lui dis-je alors, un homme de talent comme vous ne se lève-t-il pas?... Toutes ces raison n'ont produit aucun effet sur le député. Il a prétendu que la journée du 20 juin avait fait beaucoup de tort, non pas dans son esprit, mais dans celui d'un grand nombre de députés patriotes, sur lesquels il ne faut plus compter. Les mouvemens du peuple, ajouta-t-il, nous nuisent beaucoup. Indigné de ces réflexions hypocrites, j'allais me retirer; je lui dis néanmoins : mais n'est-ce pas là au contraire l'occasion favorable, pour un député vraiment patriote, de développer ses talens en montrant, sous son véritable jour, la conduite du peuple que ses ennemis ne cherchent qu'à faire paraître sous un jour défavorable.....

Antoine. Au nom d'un grand nombre de membres de cette société, je prie monsieur l'orateur de nous donner le nom de ce membre distingué de l'assemblée nationale.

» *Plusieurs voix.* Oui, oui ! *D'autres.* Non, non !

» *Antoine.* Et j'ajoute que si monsieur l'orateur n'a pas cette complaisance pour la société, il ne nous a rien dit ; il pouvait se dispenser de prendre la parole.

» *Baumier.* Je n'ai jamais dit les choses à moitié, et si l'on eût voulu se donner la peine d'attendre, je n'eusse pas hésité à nommer M. Vergniaud.

» Il paraît que le résultat de tout ceci sera simplement une transaction qui ramènera au ministère certains ministres, à condition que d'un autre côté, on feindra d'oublier La Fayette. (Murmures.)

» *N....* Si vous avez peu à compter sur les talens et la vertu de M. Vergniaud, vous devez compter sur les talens et la vertu de M. Brissot, qui a pris ici l'engagement formel de démontrer à la tribune de l'assemblée nationale que le décret d'accusation est indispensable.

» *Baumier.* Je souhaite de tout mon cœur d'avoir tort ; mais je crains malheureusement de n'avoir que trop raison. Personne ne rend plus de justice que moi au mérite de tous les membres de cette société ; et M. Brissot m'a dit à moi-même qu'il avait un discours tout prêt et qu'il concluait au décret d'accusation. Nous verrons s'il tiendra parole ; mais, je le répète, il paraît évident qu'il y aura une transaction telle que je viens de vous la présenter.

» Luckner a été circonvenu de toutes parts par cet intrigant de La Fayette..... la dernière lettre lui a été arrachée par M. Berthier, qui s'est jeté à ses pieds en pleurant pour l'obtenir. Je me résume donc en concluant qu'il importe que La Fayette soit envoyé à Orléans. »

Séance du 20. — Un fédéré de Dijon demande que les membres de la société signent une adresse aux quarante-huit sections de Paris, pour les inviter à convoquer tous les citoyens à une réunion qui aurait lieu, le 26, au Champ-de-Mars, afin d'y signer trois adresses, l'une à la nation, l'autre aux peuples voisins, amis ou ennemis, l'autre à l'assemblée nationale.

La société décide que cette proposition sera discutée le 22.

Un fédéré se plaint que les Tuileries, depuis deux jours, sont fermées aux fédérés. Il est réprimandé par Tallien et Robespierre.

Les rapporteurs du comité des fédérés demandent à lire une adresse aux citoyens des quatre-vingt-trois départemens. Cette adresse est couverte d'applaudissemens. (Cette adresse ne se trouve pas dans le journal des débats du club; mais elle est insérée dans le n. X du *Défenseur de la Constitution*. Nous l'empruntons à ce journal.)

Les citoyens réunis à Paris, au mois de juillet 1792, aux Français des quatre-vingt-trois départemens.—Paris, ce 20 juillet 1792, *l'an 4 de la liberté.*

Exoriare aliquis nostris ex ossibus ultor.

« FRÈRES ET AMIS,

» Nous avons entendu les cris de la patrie en péril et nous avons volé à son secours. Avant d'arriver dans cette capitale, nous avions compris que le danger n'était point aux frontières. Ce que nous avons vu, ce que nous avons entendu ici, nous a confirmé cette vérité.

» Une cour perfide, une coalition de patriciens insolens, qui, naguère législateurs, se sont conservés, au mépris de la déclaration des droits, les emplois militaires dont ils avaient besoin pour nous trahir et pour nous enchaîner; des administrations, des tribunaux peuplés par l'intrigue et corrompus par l'or de la liste civile ou par l'espérance de l'inamovibilité; une tourbe impure de scélérats de toutes classes, qui ont la Constitution à la bouche, le despotisme et l'assassinat dans le cœur, voilà les ennemis de la patrie, et c'est à Paris qu'il faut les combattre. C'est de Paris que le conseil secret du roi commande les armées autrichiennes, prépare l'invasion de notre territoire et les horreurs de la guerre étrangère c'est à Paris qu'est établi l'arsenal homicide des journaux, des libelles, par lesquels on essaie de séduire nos braves soldats ; c'est à Paris que se rédigèrent la lettre insensée de Bouillé et celle de La Fayette plus criminelle encore ; c'est à Paris que l'on fabrique les arrêtés des départemens, les mandats d'amener des juges de paix, et les sentences des tribunaux contre les citoyens vertueux.

» C'est donc à Paris que nous devons vaincre ou mourir, et nous avons juré d'y rester. C'est ici notre poste : c'est le lieu de notre triomphe, ou ce sera celui de notre tombeau.

» Déjà nous avons présenté à l'assemblée nationale une pétition énergique qui renferme le vœu de tous les Français et les moyens de sauver la patrie ; l'assemblée s'est contentée de nous inviter aux honneurs de la séance, et a passé à l'ordre du jour; mais l'effet de notre démarche n'est pas perdu : la cour en a tremblé ; elle offre des conditions ; l'ennemi recule, il est vaincu si nous savons user de nos avantages, si nous nous disons bien que ce n'est plus pour la liberté seule que nous combattons, mais pour la vie. La Fayette et le directoire des départemens ont pris soin de nous en instruire, et c'est cette pensée qui perdra la cour ; nous avons vaincu si nos frères des départemens se lèvent tous ensemble, s'ils jurent, comme nous, d'anéantir jusqu'au dernier vestige de l'aristocratie, et de ne plus souffrir à la tête des armées, de la législation et du gouvernement, ceux contre lesquels nous avons fait la révolution. Nous connaissons tous les piéges qu'on ne cessera de nous tendre et nous saurons les éviter. Simples comme la nature, purs comme l'air que l'on respire dans nos campagnes, ce n'est pas sur nous que le souffle empoisonné des ambitieux portera la contagion. Les artifices de la cour et de ses suppôts n'ont jamais fait des dupes que parmi les courtisans.

» Nous avons deviné toutes les cabales et nous les haïssons toutes. Ceux qui ne combattent que pour faire remplacer des patriciens par d'autres patriciens, des intrigans par d'autres intrigans, des abus par d'autres abus, et qui voient le salut de l'état dans un changement de ministres (1), ne nous en imposeront pas plus que le dictateur qui veut nous égorger au nom de la Constitution, qu'il viole avec impudence. Pour nous, nous ne sommes d'aucun parti, nous ne servons aucune faction; vous le savez, frères et amis, notre volonté c'est la volonté générale. Notre ambition est d'être libres; notre cri de ralliement est la *déclaration des droits*; nos chefs de parti sont nos bons législateurs; notre centre de réunion est l'assemblée générale des députés de la nation.

» Nos frères de la capitale ont partagé leur maison et leur pain avec nous; ils partagent nos sentimens; ils partageront nos dangers et notre gloire. Si nous avons vu dans Paris nos ennemis les plus cruels, nous y retrouvons aussi les consolations et les secours de la plus ardente amitié.

» Voilà, frères et amis, notre position; voilà notre profession de foi; voilà la résolution courageuse à laquelle nous nous sommes invariablement arrêtés.

» Nous recommandons à vos soins nos femmes et nos enfans; nous leur léguons l'amitié de nos concitoyens et le souvenir de ce que nous avons fait pour la patrie. Vous ne nous reverrez plus, ou vous nous verrez libres. Si nous succombons sous l'intrigue ou sous la violence, vous saurez que nous sommes morts pour la liberté. Vous volerez à la vengeance, et la liberté renaîtra de ses cendres. — Suivent les signatures. »

— Après cette lecture, la société nomma des défenseurs officieux pour un accusé qui réclamait ses secours. Ensuite elle entendit le discours d'un fédéré, qui proposait de s'incorporer dans les bataillons du faubourg Saint-Antoine.

« *Un député d'Orléans*. Nos frères d'Orléans nous envoient pour déposer au milieu de vous, leurs craintes et leurs alarmes sur l'état des prisons d'Orléans. Il existe sans doute un grand complot dont le foyer est ici; mais dont les étincelles sont partout.

(1) Allusion aux Girondins. (*Note des auteurs.*)

» Les prévenus sont prêts à s'évader ; nous venons de présenter à l'assemblée nationale une pétition sur ce sujet..... Nous recommandons cette pétition à nos frères les députés de la montagne..... Le croiriez-vous, messieurs, chaque prisonnier peut communiquer avec ses complices ; les permissions de recevoir des visites se multiplient d'une manière effrayante ; il s'y donne des repas splendides, des concerts composés d'un nombre considérable de musiciens du dehors ; l'infirmerie est transformée en une salle de banquet et de bal ; enfin il n'est pas jusqu'à un jeu de paume qu'on ne se propose maintenant d'y construire.

» Un hôtel, voisin de la prison, meublé à grands frais par l'un des prévenus et rempli d'un grand nombre de personnages, nous fait craindre une invasion prochaine..... Le geôlier seul a le droit de visiter ce qui entre ou ce qui sort de cette prison. Il n'y a pas huit jours encore, il avait à sa disposition seule les cartouches à distribuer pour le moment, disait-on, où on pourrait en avoir besoin.

» Est-il juste que des conspirateurs présumés soient traités avec plus d'égards que des infortunés dont tout le crime se réduit quelquefois à avoir détourné quelque chose pour fournir à la subsistance d'une famille dans la misère..... la plus grande licence règne dans cette prison où des femmes de mauvaise vie sont introduites publiquement ; où le juge de paix La Rivière, donna, dernièrement, un repas à quinze convives du nombre desquels étaient quatre juges de paix..... »

La séance fut terminée par la nouvelle qu'on venait de faire au Palais-Royal un auto-da-fé patriotique des arrêtés des divers directoires et autres proclamations sur la journée du 20 juin.

SÉANCE DU 22. « Deux membres du comité central des fédérés prennent la parole. — Nous sommes chargés, disent-ils, de vous prévenir que demain sera le dernier cri de la nation, que demain nous porterons notre vœu à l'assemblée nationale ; que demain enfin nous serons assurés de vivre libres ou que nous mourrons. (Applaudissemens universels.)

» *M. Antoine président par interim.* Monsieur le commissaire, on vous invite à être plus clair et à nous développer les intentions de MM. les fédérés. (Non, non, tumulte.)

» M. *d'Aubigny.* Je crois, monsieur le président, qu'il est également imprudent et impolitique de demander à nos frères des développemens qu'il leur est peut-être intéressant de ne pas rendre publics. (Applaudissemens.)

» Les commissaires descendent de la tribune au milieu des applaudissemens. — On passe à l'ordre du jour. »

Nous suspendons ici pour un moment ce tableau des séances du club des Jacobins, afin de raconter ce qui se passait sur la scène publique. Nos lecteurs ont pu trouver dans ce qu'ils viennent de lire l'explication de l'article du *Patriote Français* que nous avons cité plus haut. Ils doit maintenant leur paraître évident que, parmi les hommes qui faisaient de l'opposition à la cour, il y avait deux partis : l'un que Marat eût appelé celui des hommes d'état ; l'autre qui se désignait déjà sous le nom plus tard si redoutable de *Montagne.* Le premier espérait tout d'un changement de ministres ; mais il était poussé par le second qui ne voyait guère de salut que dans une insurrection. Les Girondins donc, après avoir, pour se maintenir en tête des patriotes, exagéré toutes leurs opinions, se trouvaient maintenant toujours sur le point d'être dépassés, et avaient peine à se maintenir au niveau des passions jacobines qu'ils commençaient à craindre et à détester. Ils jouaient un jeu double, qui est le recours ordinaire des hommes dépourvus de foi, et où il est rare de ne pas perdre.

Assemblée nationale. — Séance du 25 juillet.

La séance commença par la lecture d'une lettre d'un fédéré qui, au nom de soixante de ses compagnons, annonçait qu'on leur faisait *des propositions horribles* et les dénonçait. Nous n'avons pas trouvé d'explications plus étendues.

L'assemblée porta ensuite, sur la proposition de Cambon, Guérin, Boistard et Lasource, le décret suivant :

[L'assemblée nationale décrète que sa commission extraordinaire des douze lui fera demain un rapport sur les objets suivans : Quels sont les maux de la patrie ? Quelles en sont les causes ? Les moyens employés jusqu'à présent, sont-ils suffisans d'après les entraves que rencontre sans cesse l'assemblée nationale ? Faut-il en employer d'extraordinaires ? Quels sont-ils ?]

Ensuite, sur le rapport de Ribes, elle décréta des mesures de sûreté pour la prison d'Orléans ; puis elle cita, après une courte discussion, le général Montesquiou à sa barre afin qu'il rendit compte de l'état des frontières sur la ligne des Alpes. A cette occasion Brissot s'éleva très-vivement contre M. Chambonas qui avait annoncé au comité diplomatique que les troupes sardes réunies en Savoie ne montaient qu'à onze mille hommes. Il assura que Montesquiou venait de lui dire que leur nombre ne pouvait être évalué à moins de cinquante-six mille hommes. Il s'éleva aussi contre la *comédie* que les ministres jouaient à l'aide d'une démission sans résultat.

[Une députation des fédérés est introduite.

L'orateur de la députation. Législateurs, pouvez-vous vous dissimuler encore la source de nos maux, ou en ignorer les remèdes ? Permettez que nous vous les indiquions, nous citoyens des quatre-vingt-trois départemens, que l'amour de la liberté a réunis ici. Nous, forts de l'opinion de la très-grande majorité des citoyens du royaume, nous vous disons que la source de nos maux est dans l'abus qu'a fait de son autorité le chef du pouvoir exécutif dans les états-majors de l'armée, une partie des directoires de départemens, des directoires de districts et des tribunaux ; et puisqu'il faut tout dire, elle existe en partie dans votre sein. (Il s'élève de nombreux applaudissemens dans une grande partie de la salle et dans toutes les tribunes.) Législateurs, le péril est imminent ; il faut que le règne de la vérité commence : nous sommes assez courageux pour vous le dire, soyez assez courageux pour l'entendre ; délibérez, séance tenante, l'unique moyen de remédier à nos maux ; suspendez le pouvoir exécutif, la Constitution vous autorise à le juger. Or, vous ne pouvez le faire sans avoir le droit de le suspendre ; convoquez les assemblées primaires, afin de connaître, d'une manière immédiate et certaine, le vœu du peuple. (Une partie de l'assemblée applaudit.) Faites nommer une convention nationale pour prononcer sur certains articles prétendus constitutionnels.

Il n'y a pas un instant à perdre. Évitez à votre patrie des secousses terribles ; craignez d'attirer sur vos têtes une effroyable responsabilité. Si vous donniez à la nation une preuve d'impuissance, il ne resterait à la nation qu'une ressource, ce serait de déployer toute sa force, et d'écraser elle-même ses ennemis.

M. le président, à la députation. L'assemblée se fera rendre compte de votre pétition ; elle trouvera dans la Constitution des moyens de la sauver. (Des murmures éclatent dans une partie de l'assemblée et dans les tribunes.)

M. Guérin. Monsieur le président, un décret vous défend de faire des phrases.

Les pétitionnaires sont admis aux honneurs de la séance.

On demande le renvoi de la pétition à la commission extraordinaire.

M..... Vous n'avez pu qu'être douloureusement affectés, en voyant des soldats, revêtus de l'uniforme de la Constitution, vous proposer de la détruire ; ils feraient bien mieux d'aller aux frontières que de venir ici s'exercer à la tactique des pétitions.

M. Guérin. Que demandent les pétitionnaires? Que vous examiniez si le roi n'est pas dans le cas d'une déchéance. Moi, je crois avec eux, qu'il est dans ce cas. Montrez-moi un article de la Constitution, qui nous défend d'aborder cette question. Nous serions des lâches de ne pas le faire, et je dénonce à la patrie ceux qui s'opposent à cet examen... (De violens murmures s'élèvent dans la partie droite. — Plusieurs membres demandent avec chaleur que M. Guérin soit rappelé à l'ordre.)

M. Lacroix. Oui, messieurs, l'opinion publique vous dénonce depuis six mois...

M. Ferrières. Je m'oppose au renvoi à la commission ; cette pétition est absolument inconstitutionnelle. (Il s'élève de violens murmures dans une partie de l'assemblée, et des cris répétés, *cela n'est pas vrai.* — Un mouvement tumultueux s'élève en même temps dans les tribunes.)

M. *le président.* Je maintiendrai la parole à l'orateur.

M. *Ferrières.* La Constitution ne parle que de deux cas de déchéance, mais elle ne nous autorise pas à prononcer une suspension provisoire; le corps constituant a marqué le temps de la révision. (*Plusieurs voix* : Oui, après la contre-révolution.) Ce temps, il ne vous est pas permis de le devancer. La commission extraordinaire ne pourrait vous faire un rapport sur cette pétition sans manquer à son serment. (Les murmures continuent.)

M. *Vergniaud.* C'est, je crois, dans les momens de danger...

M. *le président.* Je vous observe, monsieur, qu'un décret interdit toute discussion sur les pétitions. (Il s'élève de violens murmures. *Un grand nombre de voix* : Pourquoi avez-vous donné la parole à M. Ferrières.)

M. *Vergniaud.* C'est, je crois, dans les momens de danger que l'assemblée, si elle veut paraître vraiment grande, doit montrer beaucoup de calme; elle doit se préserver également et du langage hypocrite des faux amis de la Constitution et des excès d'un patriotisme qui serait exagéré par trop d'exaltation; nous avons besoin, dans notre zèle, du feu qui vivifie et conserve, nous devons éviter le feu qui dévore. (On applaudit.)

Vous avez décrété que toutes les pétitions seraient sans discussion renvoyées à votre commission extraordinaire, et ce renvoi a deux objets; le premier, de faire décréter celles qui peuvent être utiles à la chose publique; le second, de censurer celles qui seraient contraires à la Constitution. Je demande donc le renvoi pur et simple à la commission.

Le renvoi est unanimement décrété.

M. Debry reproduit à la délibération le projet de décret de la commission extraordinaire sur la responsabilité collective des ministres, pour tous les actes délibérés au conseil pendant le temps du danger de la patrie.

M. *Guyton-Morveau.* Le premier principe est que, quand il

s'agit de la sûreté générale de l'État, c'est le ministère qui doit être responsable des mesures arrêtées dans le conseil, et non pas un ministre en particulier. Vous aviez déjà rendu, en conséquence de ce principe, un décret qui ordonnait aux ministres de rendre compte collectivement des mesures qu'ils avaient prises pour la sûreté de l'État. Qu'ont-ils faits? Ils vous ont lu quelques extraits de correspondances. Ils vous ont invités à prendre dans votre sagesse les mesures convenables. Il est aisé de voir que cette manière de répondre serait un moyen adroit d'éluder sans cesse la responsabilité.

Voici comment s'exprimait à cet égard le rapporteur du comité de Constitution, dans le rapport sur l'organisation du ministère.

« La personne du roi est inviolable et sacrée. Par une heureuse fiction, on suppose que le roi agissant en qualité de chef de l'administration générale, veut toujours le bien, et il ne présente ainsi aucune garantie par lui-même. Mais comme il faut asseoir les institutions politiques sur des fondemens assurés, une loi constitutionnelle doit établir que le pouvoir exécutif n'agira que par l'intermède de plusieurs agens appelés ministres, qui répondront de tous les actes publics du roi. »

Que deviendrait cette heureuse fiction; que deviendrait cette heureuse garantie que les pères de la Constitution ont voulu y mettre pour assurer l'institution sociale, si les ministres pouvaient se jouer de cette responsabilité, s'y soustraire en vous donnant des comptes morcelés de ce qui leur est personnel? Que du moins, dans le moment de danger de la patrie, on puisse les forcer de sortir de ce cadre dans lequel ils ont pris l'habitude de se renfermer, affectant d'en appeler à votre sagesse, pour les remèdes....., et se reposant ensuite avec insouciance, etc. Que deviendrait cette garantie de la Constitution contre le pouvoir exécutif, si le pouvoir exécutif pouvait l'anéantir par le seul acte de sa volonté, en renvoyant les ministres bien intentionnés, en renouvelant le ministère avec une rapidité qui prépare aux uns des excuses, aux autres des prétextes, qui réduit enfin le corps législatif à l'impuissance de porter un acte d'accusation individuelle? Qui ne voit en effet que, dans cette succession d'agens, tout languit, rien ne s'achève, que les mouvemens se croisent, les mesures sont suspendues, l'État en péril, et que tous se sauvent par la difficulté de déterminer l'instant où le mouvement est devenu irrégulier, où l'inaction est un délit.

La responsabilité, quand la patrie est en danger, quand il s'agit de la sûreté de l'État, est donc évidemment dans l'esprit de la Constitution. Elle n'est pas seulement dans l'esprit de la Constitution ; l'acte constitutionnel porte expressément que le *pouvoir exécutif est délégué au roi pour être exercé, sous son autorité, par les ministres et les autres agens responsables; ils déclarent ces ministres responsables de tous les délits par eux commis contre la sûreté nationale.*

La loi du 25 mai 1791, relative à l'organisation du ministère, contient les développemens de ces principes qui ne permettent pas de douter que la responsabilité solidaire soit appelée en garantie des dangers auxquels ces agens pourraient exposer la patrie. L'article 14 veut que les ministres fassent arrêter au conseil les proclamations relatives à leurs départemens respectifs, même celles qui ne contiendraient pas des instructions de détail.

Suivant l'article 16, les plans de négociations politiques, les dispositions générales de campagnes de guerre, doivent être discutées au conseil ; il n'excepte de la responsabilité que le contreseing de l'acte qui exprime le consentement ou le refus suspensif du roi sur les décrets du corps législatif. Enfin, l'article 18 indique formellement à celui des ministres qui verrait du danger à concourir à l'exécution des mesures arrêtées, les moyens de se soustraire à la responsabilité, en faisant constater son opinion dans les registres. Je le demande à tous les hommes de bonne foi, à quoi bon toutes ces dispositions, toutes ces limitations expresses, s'il n'était dans le vœu de la loi que tout ce qui importe à la sûreté de l'État fût délibéré par tous les ministres.

Objectera-t-on encore que c'est soumettre à une peine celui qui peut n'être pas personnellement coupable. La loi que je viens de rappeler, a tracé la conduite qu'il devait tenir pour n'être pas complice des délits qui mettent la patrie en danger, qui portent atteinte à la Constitution, ou qui compromettent la sûreté de l'État. Nous dira-t-on encore qu'après une disposition si rigoureuse, on ne trouvera plus de ministres? Je répéterai que si cela arrivait, le refus même de tout homme honnête de se charger de ces fonctions, deviendrait, par la nécessité des choses, le remède le plus efficace aux maux qu'il faudrait guérir ; parce que la Constitution veut tout à la fois que le pouvoir exécutif marche, et qu'il ne puisse rien faire que par des agens responsables. Il n'y a aucune considération qui puisse faire balancer à prononcer cette responsabilité solidaire pour tous les actes qui intéressent la sûreté intérieure ou extérieure de l'État, puisqu'il n'en est aucun qui doive être délibéré, puisqu'en cas d'opinion contraire, elle doit être constatée par le registre du conseil. Ce ne serait pas assez, cependant, de borner cette responsabilité aux ministres et autres agens connus du pouvoir exécutif. Quand la patrie est en danger, cette responsabilité doit s'étendre à tous ceux qui égarent le roi par des conseils perfides ; elle doit atteindre tous les coupables, sous quelque voile qu'ils s'enveloppent.

Pour établir cette partie de l'amendement que je vous propose, je n'ai pas besoin de rappeler tous les principes dont l'application se fait d'elle-même à un même genre de crimes, qui ne peut qu'être aggravé par les précautions que l'on prend pour le commettre avec impunité ; il me suffira de rappeler ce qui a été fait, dans des circonstances semblables, par le corps constituant, le 15 juillet 1789. Je veux parler de ce décret par lequel tous les conseils du roi, de quelque rang et état qu'ils pussent être, furent déclarés responsables personnellement des malheurs actuels de la France et de ceux qui pouvaient suivre, décret dont la sanction fut suspendue pendant près de vingt mois, mais qui prit enfin le caractère de loi le 23 février 1791.

Ainsi les mesures que je vous présente sont dans l'esprit de la Constitution ; elles sont fondées sur le texte de la Constitution ; elles sont autorisées par des lois précises ; elles sont à votre disposition et dans vos mains. De la résolution que vous allez prendre pour les adopter ou les rejeter, dépend peut-être le salut de l'empire. Qu'auriez-vous à répondre à vos commettans, à la nation qui vous a confié ses destinées, si elle était fondée à penser que c'est votre faiblesse qui a laissé creuser l'abîme de maux dans lequel elle se verrait entraînée? La loi que je demande est dure pour quelques-uns; mais cette dureté est justice, quand elle est nécessaire au salut de tous : elle est justice quand elle n'atteint que ceux qui s'y soumettent volontairement; elle est justice, quand ils sont bien avertis de ce qu'ils ont à faire pour s'y soustraire. Vous voulez sauver la Constitution par la Constitution, sans sortir de la Constitution; je le veux aussi, je le voudrai aussi long-temps qu'on ne sera pas parvenu à la perdre, au point qu'il n'y ait plus d'autre remède que ce que Mirabeau appelait le *tocsin de la nécessité*, ressource unique contre le dernier degré des abus quand la Constitution est violée; remède toujours heureux quand la résistance est juste et vraiment nationale.

Vous ne voulez aucune mesure hors de la Constitution; eh bien, celle que je vous propose n'est pas hors de la Constitution ; saisissez-la donc avec empressement, afin que si quelque parjure a pu bercer son ambition des chances que lui offraient les maux de sa patrie, il se voie tout à coup enlever cette perfide espérance. Vous voulez que le peuple soit calme, qu'il attende en silence son salut de votre surveillance, eh bien, montrez-lui que vous êtes déterminés à déployer avec vigueur toute la puissance que vous donne la Constitution pour assurer sa liberté. Tout autre parti ne peut que vous préparer des regrets tardifs, et augmenter le désordre que vous redoutez; il serait aussi imprudent que barbare de commander la tranquillité à des citoyens qu'agitent de violentes inquiétudes sur les plus grands intérêts. (Une très-nombreuse partie de l'assemblée applaudit à plusieurs reprises.)

Il n'est aucune puissance capable de maîtriser les angoisses, là où est le sentiment de la douleur. Gardons-nous surtout de tomber dans le piège que nous tendent les tartufes de la Constitution, qui n'y voient que ce qui doit la faire périr, qui ne l'invoquent que pour nous réduire à l'impuissance de la soutenir. Gardons-nous de nous laisser abuser par ces hommes à courte vue, qui, dans leur présomptueuse opiniâtreté, veulent toujours nous faire considérer comme la cause de nos maux cette agitation, ces mouvemens désordonnés qui n'en sont que les tristes symptômes. Gardons-nous enfin de la séduction, de l'orgueil de cette nouvelle aristocratie, qui se repaît avec complaisance de toutes les calomnies lancées contre la multitude, pour avoir le droit de s'en isoler. Entrons au contraire, et c'est notre devoir, entrons dans les sentimens de ce peuple à qui l'on ne peut reprocher que de redouter des trahisons. Quand chaque jour lui révèle des trahisons, prenons sa juste défiance, et il se replacera naturellement dans le calme de la sécurité. Bientôt il applaudira lui-même à la fermeté avec laquelle nous saurons réprimer les manœuvres de ceux qui tenteraient encore de l'agiter. Bientôt disparaîtront les ennemis de cette égalité, qui est le plus précieux de ses biens. Ils seront atterés des regards de ceux qui les auront démasqués. Affranchis pour lors de nos troubles intérieurs, nous deviendrons redoutables à nos ennemis du dehors, par cela seul que tous les vœux seront réunis pour le triomphe de la liberté. Voici le projet de décret :

« L'assemblée nationale considérant que le plus sacré de ses devoirs est de déployer tous les moyens que la Constitution met à sa disposition, pour prévenir et faire promptement cesser le danger de la patrie; considérant que rien ne peut contribuer plus efficacement à remplir cet objet important, que de donner à la responsabilité des ministres et conseillers publics ou secrets du pouvoir exécutif, toute la latitude que le salut de l'État exige dans de telles circonstances; déclare que quand le corps législatif a proclamé, dans les formes prescrites par le décret du 5 de ce mois, que la patrie est en danger, indépendamment des cas où la responsabilité peut être exercée contre les agens du pouvoir exécutif, tous les ministres sont solidairement responsables, soit des actes délibérés au conseil, relatifs à la sûreté intérieure ou extérieure de l'État, qui auraient occasioné le danger, soit de la négligence des mesures qui auraient dû être prises pour en arrêter les progrès ; laquelle responsabilité solidaire aura lieu également contre tous les ministres, après la proclamation et tant qu'elle ne sera pas révoquée. Déclare pareillement que, dans le cas de ladite proclamation, les conseils du roi, quels qu'ils soient, sont personnellement responsables des malheurs présens, et de tous ceux qui peuvent en suivre. »

Après une assez longue discussion le projet de décret de M. Guyton a été textuellement adopté à une très-grande majorité.

M. Vaublanc a rendu compte, au nom de la commission extraordinaire, d'une dépêche par laquelle les généraux de l'armée du Rhin annoncent que la disproportion de leurs forces avec celles de l'ennemi, et l'urgente nécessité d'un renfort, les ont déterminés à requérir, dans les départemens du Haut et Bas-Rhin, du Doubs, de la Somme et du Jura, un sixième des gardes nationales. L'assemblée a approuvé.]

SÉANCE DU 23, AU SOIR.

Elle commença par la lecture d'une adresse remarquable par le caractère de concision et de volonté dont elle est empreinte.

« Législateurs, Manuel est nécessaire à son poste ; les citoyens soussignés vous le recommandent avec instance. » Suivaient plusieurs pages de signatures. La lecture de ces quelques paroles excita peu d'applaudissemens, mais beaucoup d'étonnement. Il y a grande raison à croire que cette adresse avait été rédigée et signée aux Jacobins ; car, ainsi que nous l'avons vu au commencement de ce mois, le club s'était occupé des moyens de provoquer le rappel de ce magistrat.

On lit une adresse des administrateurs du district de Trévoux, qui demandent à être autorisés à acquérir des fusils, et annoncent que sous peu de jours ils pourront en avoir trois mille.

Sur la motion de M. Régnier, l'assemblée nationale décrète que les administrations de district sont autorisées à acheter, sous la surveillance des administrations de département, aux frais du trésor public, les armes et les munitions dont elles croiront avoir besoin pour concourir à la défense de la patrie, et qu'elles sont autorisées à prendre, par provision, dans les caisses de district, les sommes nécessaires pour les payer.

Un instant après, l'ordre des lectures amena celle-ci :

« Je vous prie, monsieur le président, de dire à l'assemblée que j'ai nommé M. Dabancourt, adjudant-général, au ministère de la guerre, à la place de M. Lajard, et que j'ai remis le portefeuille des affaires étrangères, par *intérim*, à M. Dubouchage, ministre de la marine. *Signé* Louis. »

M. Ducos. Si le roi nomme les ministres avec cette promptitude, nous pouvons espérer d'avoir dans quelques mois un ministère complet. Je demande que la commission extraordinaire vous présente un mode à ce sujet (1).

M. Choudieu. Le mode le plus prompt, le voici dans une adresse que je demande à vous lire.

Angers, le 18 juillet, l'an IV de la liberté.

« Législateurs, Louis XVI a trahi la nation, la loi et ses sermens. Le peuple est son souverain, vous êtes ses représentans. Prononcez la déchéance, et la France est sauvée. » — Suivent dix pages de signatures. (Applaudissemens dans les tribunes : longs murmures dans l'assemblée.)

L'impression causée par cette communication fut un instant interrompue par le département de Paris, qui se présenta à la barre, conduit par Rœderer, son orateur. Il venait instruire l'assemblée de la position de l'administration départementale. « Le directoire, dit-il, était composé de neuf membres ; huit ont donné leur démission. (Applaudissemens des tribunes et de quelques membres.) Le comité du contentieux, composé de cinq membres, a donné sa démission. (Mêmes applaudissemens.) Les suppléans ont refusé d'y prendre leurs places. Les circonstances n'ont permis de composer le nouveau directoire que de six membres ; et le comité du contentieux que de trois ; encore n'est-ce

---

(1) Dubouchage avait été nommé ministre de la marine, le 21 ; et le même jour Champion avait reçu le portefeuille de l'intérieur : ainsi le ministère était loin d'être complet. (*Note des auteurs.*)

que par dévouement pour la chose publique, pour qu'il n'y eût pas d'interruption dans l'administration, que des hommes ont accepté ces fonctions pénibles. » M. Rœderer termina en assurant l'assemblée du zèle de la nouvelle administration (1).

Les honneurs de la séance furent accordés au département; mais ce fut moins un honneur pour lui qu'une source d'amertume.

En effet, presque immédiatement après lui, des volontaires de Paris, partant pour la frontière, parurent à la barre. Ils demandèrent la destitution du pouvoir exécutif, et qu'aucun ordre n'en émanât directement, c'est-à-dire, sans avoir été communiqué au corps législatif. (Applaudissemens des tribunes.)

Alors quelques voix demandèrent les honneurs de la séance pour ces pétitionnaires. L'assemblée consultée, les leur accorda.

[*Le Président.* L'assemblée applaudit... (*Plusieurs voix* : Non, non. — *Un grand nombre d'autres* : Oui, oui. — Nouveaux applaudissemens des tribunes.)

M. Bazire. Faites taire ces honnêtes gens?

M. le président. Je réponds à des citoyens qui se dévouent pour la cause de la patrie. (Applaudissemens.) L'assemblée applaudit à votre dévouement et à votre civisme, et vous accorde les honneurs de la séance.]

Cet incident terminé, on s'occupa de l'affaire Manuel. Guadet prit sa défense, mais moins pour parler en sa faveur, que pour adresser de durs reproches au directoire. L'assemblée leva la suspension.

En sortant de la séance, quelques personnes s'étonnaient du rapide remplacement du ministre des affaires étrangères, et se demandaient si l'on devait attribuer ce fait au discours prononcé le matin par Brissot, ou aux démarches du général Montesquiou.

SÉANCE DU 24 JUILLET.

Elle commença par un acte manifeste de défiance contre l'an-

(1) Le conseil général était alors, suivant les journaux du temps, réduit à dix-neuf membres. (*Note des auteurs.*)

cien ministère. L'assemblée refusa un passeport à Lacoste, ex-ministre de la marine, nommé cependant ambassadeur près le grand-duc de Toscane.

Elle décréta plus tard, que l'on pourrait recevoir les enrôlemens des jeunes gens de seize ans accomplis, pourvu qu'ils eussent la force nécessaire.

Enfin, le général de l'armée du midi, M. Montesquiou, parut à la barre.

« Messieurs, dit-il, occupé depuis trois mois des moyens de repousser nos ennemis, j'espérais que mon zèle et mes travaux ne seraient pas infructueux. Il n'est plus permis depuis longtemps de douter des intentions hostiles du roi de Sardaigne. Le ministre des affaires étrangères en a informé l'assemblée. Elle a cependant pu ignorer que les préparatifs des Piémontais augmentent sourdement, et ont acquis depuis peu une grande extension. D'un autre côté, j'étais parvenu à établir une défensive presque suffisante sur une frontière de cent lieues de développement. Depuis Gex jusqu'à Antibes, chaque point d'attaque probable présentait, à la vérité, des forces inférieures, mais éventuellement doublées par des citoyens prêts à mourir pour la défense de la liberté ; je n'étais plus dans le cas de regarder comme dangereuse l'attaque dont j'étais menacé, et je voyais sans inquiétude se former devant moi une armée de plus de cinquante mille hommes, pourvue d'abondans magasins et d'immenses munitions de guerre. La scène a changé tout à coup. J'ai reçu l'ordre de détacher vingt bataillons pour renforcer celle du Rhin. Le roi n'a ordonné cette disposition, l'assemblée n'y a donné son assentiment, que parce qu'ils ont cru sans doute, l'un et l'autre, que le royaume était moins exposé du côté des Alpes. Je n'ai pas douté qu'une connaissance plus exacte de ma position ne fît préférer d'autres mesures. J'en ai adressé le tableau au roi, dans un mémoire dont j'ai fait remettre le double au président du comité militaire. Mes représentations ont produit une partie de leur effet. L'envoi de vingt bataillons sur le Rhin a été réduit à dix ; mais ma position est telle, et le nombre des troupes que je commande est tellement circonscrit, qu'il laisse entièrement à découvert la partie la plus importante du pays que je suis chargé de défendre.

» J'aurais renouvelé mes représentations sans m'écarter de mon poste, si de nouvelles circonstances ne m'avaient fait sentir l'importance de hâter la lenteur des explications politiques. Avant-hier, j'ai reçu de Savoie, par deux endroits différens, des détails semblables, qui me démontrent que le moment de l'explosion est proche. J'ai su que le 15 de ce mois, le roi de Sardaigne avait accordé la paie de guerre à ses troupes ; que le même jour, il avait été publié au prône des églises une lettre pastorale de l'archevêque de Turin, qui invite les bons chrétiens à prier Dieu pour la prospérité des armes des Piémontais contre les Français rebelles à leur Dieu et à leur roi. (Murmures.) Les mêmes lettres portent que M. Risetti, inspecteur-général de l'artillerie, était parti pour aller à Milan, passer la revue des troupes autrichiennes qui devaient entrer en Piémont. L'ordre d'établir des hôpitaux de guerre venait d'être donné. Alors j'ai cru qu'il n'y avait pas un moment à perdre pour détruire l'illusion funeste dans laquelle l'assemblée nationale et le roi pouvaient être encore sur les dangers du Midi. Je suis parti la nuit même pour leur exposer les vérités qui intéressent le salut entier de l'empire. J'ai pensé, messieurs, qu'il suffirait de les faire connaître pour faire changer les dispositions qui coûteraient d'éternels regrets. J'ai l'honneur de vous assurer, et j'en aurai pour garant les cinq départemens de la frontière des Alpes, que tous les points de cette frontière sont menacés par des forces fort supérieures aux nôtres. D'après la jonction des Autrichiens, qui semble très-prochaine, plus de six mille hommes se trouveront répartis dans le comté de Nice, dans le Piémont et dans la Savoie ; il paraît que le point d'attaque le plus complétement préparé se dirige sur Lyon, que vingt mille hommes, bientôt réunis à dix ou douze mille Autrichiens, menacent le centre du royaume d'une incursion dont il est aisé d'apprécier toutes les conséquences, même pour l'armée du Rhin, qu'elle placerait entre deux armées ennemies. Vous sentez, messieurs, et les derniers événemens de l'Ardèche vous l'indiquent assez, vous sentez quelle commotion produirait jusqu'au fond des départemens intérieurs, la marche libre d'une armée étrangère, liée avec les malveillans réunis dans ces contrées.

» Pour achever de vous démontrer l'importance de mes observations, je vous présenterai le tableau court et exact de mes moyens de résistance. J'ai à mes ordres quarante-huit bataillons de volontaires nationaux, au complet de cinq cent quarante-six. Vingt régimens de ligne de quatre à cinq cents hommes au-dessous du complet, six bataillons d'infanterie légère et quinze escadrons; total, quatre-vingt-quatorze bataillons et quinze escadrons. La frontière des Pyrénées, sur laquelle les ministres m'ont rassuré jusqu'à présent, n'emploie que seize bataillons pour la garde des places d'Avignon, Arles, Montélimar, Valence; l'intérieur du pays où viennent de se passer des événemens si alarmans, en occupe seize; les gorges des....... et du pays de Gex, quatre; total, trente-six bataillons; il ne m'en reste donc que cinquante-huit; les places de Toulon, Antibes, Monaco, Embrun, Briançon, Grenoble et Barreaux, en occupent dix-neuf; il ne me reste donc que trente-neuf bataillons qui puissent tenir la campagne. J'en ai désigné dix à la défense du Var, et neuf à Camper. Le camp de..... est dans une position importante et nécessaire pour se défendre contre les troupes qui descendront du Piémont. Ces moyens très-faibles recevront du pays même le complément de force qu'assure un patriotisme pour qui la Constitution et la liberté sont tout, et pour qui les dangers et la mort ne sont rien. Je n'ai donc que vingt bataillons, tant pour tenir la position de....., dont tout le monde connaît l'importance, que pour fermer le chemin de Lyon. Pour peu que l'on retranche sur cette dernière ressource, il ne reste rien. Le pays auquel la nature et l'art ont refusé toute défense, est livré à l'ennemi. Lyon n'est qu'à quinze lieues des frontières; Lyon n'offre que des richesses à saisir, et peut-être de nombreux alliés à nos ennemis.

» Tel est le précipice qu'ouvrirait sous nos pas une disposition qu'il est encore temps de changer. Les motifs qui l'ont inspirée sont sans doute d'une haute importance; mais il est possible aussi que, ne connaissant pas l'éminence du danger dont je viens vous offrir le tableau, on ait adopté un système que des notions plus justes feraient changer. J'ai cru remplir un devoir sacré en me présentant moi-même pour vous dire ces importantes vérités. Je n'ai pas calculé dans l'état de forces dont je puis disposer, vingt et un nouveaux bataillons dont l'assemblée a décrété la levée, ni l'augmentation de deux cent trente-six hommes par bataillons de volontaires; 1° parce que ce recrutement de volontaires nationaux n'est pas, à beaucoup près, achevé; 2° parce que je n'ai pas encore d'armes à leur donner. Le ministre de la guerre m'en a promis incessamment dix mille, et peu après un autre envoi de douze mille. Mais ces envois rencontrent si souvent dans leur route des obstacles que l'égoïsme et la défiance opposent à leur passage, et d'ailleurs l'attaque peut être si prochaine, que je ne dois compter que sur ce qui se trouve aujourd'hui à portée de la frontière. Je sais bien que si l'ennemi paraît, tout ce qu'un peuple généreux a de bras armés se joindra à moi. Nous mourrons tous s'il le faut pour la cause de la liberté. Mais si vous nous enlevez ce petit nombre de disciplinés, dont l'instruction doit servir de guide au zèle inexpérimenté de nos braves citoyens, vous nous priverez des plus grands moyens de résistance et de victoire. Hier, par l'honorable approbation que vous avez donnée aux mesures des généraux du Rhin, vous avez pris un grand moyen d'accroître vos armées. Mais serait-il permis de vous en indiquer un peut-être plus efficace encore, pour donner tout à coup à nos forces militaires une force supérieure, et par le nombre et par la qualité, aux forces de nos ennemis? Nous avons éprouvé à la guerre l'avantage de former en bataillons les compagnies de grenadiers et de chasseurs des régimens de ligne. Profitons de cette expérience; il n'est peut-être pas en France de département national qui n'ait formé avec prédilection des compagnies ou des sections de grenadiers ou de chasseurs. Ces derniers surtout sont l'élite des jeunes gens. En général ces compagnies sont bien armées, bien habillées. Un amour propre, très-louable, les a portés à s'exercer, à s'instruire, à se faire remarquer par un travail plus assidu. Qu'il soit permis aux généraux de s'entendre avec les départemens pour rassembler seulement la moitié de ces compagnies d'élite; qu'ils aient le droit de les réunir en bataillons, et de mettre à leur tête des chefs choisis parmi les commandans des gardes nationales en activité. Vous aurez tout à coup des corps excellens, des corps tout armés, tout équipés; des corps que, dès le lendemain, vous pourrez présenter à l'ennemi. La magie attachée au nom de grenadiers et de chasseurs aura son effet, et, par un seul décret, vous ferez sur-le-champ passer les armées françaises, de la plus désolante infériorité où elles se trouvent, à la plus imposante supériorité. C'est alors que vous donnerez véritablement à l'univers le glorieux exemple de l'énergie d'un peuple libre. Je remettrai au ministère de la guerre et à votre comité militaire, l'état de tout ce qui manque encore en armes, en effets de campemens, en munitions, en officiers généraux; j'ose espérer de l'assemblée des secours sans lesquels le zèle est impuissant et le courage sans effet. Je conjure l'assemblée de prendre en considération le tableau que je viens d'avoir l'honneur de mettre sous ses yeux. »

M. Vergniaud. Votre commission extraordinaire a été chargée de vous présenter un rapport sur les dangers de la patrie, et sur les moyens de l'en garantir. Elle croit remplir en partie vos vues par le projet de décret dont je vais avoir l'honneur de vous faire lecture; projet dont les généraux de l'armée du Rhin et M. de Montesquiou nous ont fourni l'idée. Telle est notre confiance dans les heureux efforts qu'il doit produire, que nous ne balançons point à vous le présenter comme suffisant pour vous faire triompher des ennemis extérieurs, et même des trahisons que vous pourriez avoir à craindre dans l'intérieur. Elle s'occupera néanmoins d'une manière spéciale de satisfaire au décret que vous avez rendu hier; mais comme elle ne peut remplir que successivement les obligations que vous lui imposez, elle vous prie de calmer à cet égard une impatience qui serait le signe de craintes indignes de vous, indignes de la nation, indignes des grandes ressources qui lui assurent la conquête de sa liberté et le maintien de sa Constitution, malgré tous les efforts des tyrans.

M. Vergniaud présente, et l'assemblée adopte un projet de décret dont voici les dispositions principales :

1º Les généraux d'armée, chargés de la défense des frontières du royaume, sont autorisés à user des moyens employés par les généraux de l'armée du Rhin, approuvés par le décret de l'assemblée nationale du 25 juillet présent mois. L'assemblée déclare ce décret commun à tous les généraux.

2º Dans le nombre des gardes nationaux de tout le royaume, qui sont à la réquisition des généraux, les compagnies de grenadiers, de chasseurs, de dragons nationaux et d'artillerie, pourront être à la réquisition des généraux pour un quart ou pour une moitié.

3º Les généraux indiqueront les lieux de rassemblement aux gardes nationaux convoqués; ils pourront indiquer des points particuliers de rassemblement aux grenadiers et chasseurs nationaux.

4º La formation des volontaires se fera d'abord en compagnies, puis ensuite en bataillons, les généraux auront soin de composer les compagnies avec les volontaires de chaque commune, ou des communes les plus proches les unes des autres.

5º Les volontaires convoqués nommeront eux-mêmes leurs officiers et sous-officiers. — Le comité demandait que l'emploi de lieutenant-colonel fût réservé à la nomination des généraux.

Cette proposition a été écartée.

Le comité demandait qu'il fût réservé exclusivement à des citoyens qui auraient servi huit ans.

Cette seconde proposition est encore écartée.

Tout est laissé au choix d'où naît la confiance si utile à de nouvelles troupes.

6º Les volontaires qui excéderont le nombre prescrit pour la formation des compagnies, seront adjoints aux bataillons déjà formés.

7° La nation prend sous sa protection spéciale, les enfans et les veuves des citoyens qui périraient dans le cours de la guerre.

8° Il sera donné deux pièces de campagne à chaque bataillon. Ces canons appartiendront après la guerre à celles des communes qui auront fourni le plus de volontaires.

M. Cambon. Il est nécessaire d'attacher à ces bataillons toutes les munitions nécessaires. Je demande que les statues des tyrans qui sont encore dans la capitale, soient fondues et converties en canons, qui leur seront remis.

M. Brival. Je propose d'étendre cette disposition à toutes les statues de bronze qui sont dans le royaume.

M. Reboul. Toutes ces statues ne renferment pas pour cent mille livres de matières premières, et elles sont l'admiration de tous les artistes. Je demande la question préalable sur la proposition de M. Cambon.

La question préalable est adoptée.

Un de MM. les secrétaires fait lecture d'une lettre du ministre de la guerre, qui donne quelques nouvelles sur la bonne disposition des troupes sur les frontières, entre l'Escaut et la Sambre.

M. Duhem. Vous venez de mettre tout le royaume sous le régime militaire. A qui ce grand pouvoir est-il confié? Au pouvoir exécutif, au premier traître du royaume. On a fait hier la motion d'examiner la déchéance, je demande que cette question soit discutée, et que nous nous montrions enfin dignes représentans d'un peuple libre.

M. Vergniaud. Vous attendez de votre commission extraordinaire, un rapport sur les causes des dangers de la patrie, et sur les moyens de les faire cesser. Une de ces causes est l'infériorité de nos forces contre les ennemis qui veulent renverser la Constitution. Le projet de décret que vous venez d'adopter, nous assure une supériorité imposante, et le plus grand de nos dangers s'évanouit. Votre commission vous fera un rapport successif sur les divers objets qui excitent votre sollicitude. Quant aux dangers que vient de vous retracer M. Duhem, et dont peut-être il serait prudent de ne pas autant parler, vous devez pressentir que votre commission ne doit point se laisser entraîner par des mouvemens désordonnés, ni subjuguer par de vaines terreurs. Vous devez pressentir qu'elle serait indigne de la confiance que vous lui avez accordée, si elle vous offrait, sans réflexion, des idées qui ne tendent qu'à porter le découragement dans tous les cœurs, à propager des fermens de discordes, à allumer les torches de la guerre civile.

Vous devez pressentir qu'elle ne hasardera point de vous livrer à l'agitation des factions intérieures, quand nous avons besoin de nous réunir tous pour combattre avec avantage les ennemis du dehors. On ne saurait trop méditer les mesures que commande la crainte raisonnée des trahisons; et cependant on propose que le rapport demandé par M. Duhem soit fait demain. Demain votre commission vous présentera le rapport qu'elle aura cru le plus important pour le salut public. Elle différera celui qu'elle croira le moins urgent. Si, dans la succession de ses travaux, vous vous apercevez qu'elle ne remplit pas vos vues, alors vous lui rappellerez les obligations que vous lui avez imposées; mais ne hâtez pas, par trop de précipitation, des travaux qui, pour n'avoir pas été assez réfléchis, pourraient tromper vos espérances et préparer, non le salut, mais la perte de la patrie. Je demande qu'on passe à l'ordre du jour. (La grande majorité de l'assemblée applaudit.)

L'assemblée passe à l'ordre du jour.

SÉANCE DU 24 AU SOIR.

La tentative de pacification, essayée le matin par Vergniaud, était si peu de circonstance, que, dès le soir même, des nouvelles de diverses espèces, vinrent montrer qu'elle était aussi peu dans les sentimens que dans l'intérêt du peuple.

On apprit qu'à Alais (Gard), des *séditieux* avaient forcé les prisons du château, et égorgé quelques prévenus de conspiration, qui y étaient enfermés. Un M. Desgrigny, officier de marine, fut au nombre des victimes.

A *Rouen*, la rareté des petits assignats avait causé une hausse dans le prix des grains, et l'on annonçait des émeutes. — Enfin, vint le tour de la cour.

M. Huguet, évêque de la Creuse. Je dénonce un fait à l'assemblée. M. Dejoly, ministre de la justice, a dit à un citoyen que je nommerai quand il en sera temps, que les ministres démissionnaires sont toujours admis dans le conseil du roi qui est composé de plus de trois cents personnes. Il y a des députés de l'assemblée nationale qui vont, dans les allées des Tuileries, se concerter avec certains membres de ce conseil. M. Dejoly a dit aussi à ce citoyen que les ministres, ne pouvant rester en place à cause des mauvais traitemens qu'ils éprouvaient chaque jour, avaient concerté leur démission, afin de faire parler d'eux dans toute l'Europe. (On murmure.)

L'assemblée passe à l'ordre du jour. — Après cette révélation, on ne s'occupa plus que de choses indifférentes.

Le système de modération dont Vergniaud se rendit l'organe, ainsi que nous venons de le voir, établissait un contraste singulier, et une opposition bien marquée entre la fraction de l'assemblée dont il était l'un des principaux orateurs, et cette autre qui représentait l'opinion des Jacobins : on dut chercher à expliquer ce changement de conduite, et sans doute, on n'épargna pas les soupçons. L'attribuait-on à quelque espérance conçue par les futurs Girondins, de voir rentrer leurs amis au ministère? On ne peut en douter, d'après ces quelques mots que nous lisons dans le *Journal de Paris*, n. CCIII.

Paris, le 19 janvier 1792.

« On prétend, mais ce n'est pas possible, que le ministère va
» de nouveau être abandonné à Roland, Clavière et Servan.
» Ah! Sire, voudriez-vous gâter le 20 juin.

» André Chénier. »

Il est certain que leur persistance à poursuivre les anciens ministres, et à jeter des doutes sur le patriotisme des nouveaux élus, était denature à justifier de pareils bruits. Ainsi, dans le *Patriote* du 25, on trouvait d'aigres remarques sur M. Dabancourt; il était neveu de Calonne, disait-on; sur M. Dubouchage: c'était un ami de Théodore Lameth. Et, d'un autre côté, un article tout entier y est consacré à l'éloge de M. Servan. Nous ne chercherons pas à expliquer toutes les hésitations du parti qui avait le premier parlé de république et de guerre. En consultant quelqu'un des nombreux mémoires publiés sur la révolution, nous avons eu trop de preuves du peu de foi qu'il faut accorder à ce genre d'écrits. Il est certain que, dans les journaux du temps, on aperçoit que les Girondins étaient encore une fois l'objet de singuliers soupçons. Ainsi le bruit s'était répandu que Brissot devait quitter Paris; et, pour faire apprécier la signification de cette rumeur, il faut ajouter que, depuis plusieurs jours, on accusait beaucoup de députés de prendre des passeports sous des noms supposés. Il s'éleva même une longue polémique à cet égard, au sujet de M. Charles Lameth, nommément dénoncé par Dulaure, rédacteur du *Thermomètre du jour;* et le fait fut constaté par une déclaration du chef du bureau des passeports. On disait que la majorité devait ainsi se transporter sans bruit à Rouen, et un beau jour, ouvrir des séances, et élever un pouvoir législatif, contre le pouvoir législatif. Brissot répondit, pour son compte, à ces imputations. Voici ce qu'il inséra dans le *Patriote Français du* 25, n. MLXXX :

« On affecte de répandre, et dans l'assemblée nationale et dans le public, que j'ai pris un passeport pour l'Angleterre; j'offre *vingt-cinq louis* à qui pourra prouver l'existence d'un pareil passeport, je méprise trop les lâches qui abandonnent leur poste dans la crise où nous sommes pour partager leur ignominie. — J. P. BRISSOT. »

Voici un article de polémique du journal de Prud'homme, qui nous offre des renseignemens plus clairs.

« Suspendra-t-on le roi? destituera-t-on le roi? Telles sont les questions qui occupent maintenant tous les Français; telle est la matière que tous les partis mettent à l'ordre du jour; telles sont les bases qui doivent faire l'objet d'un rapport de la commission de sûreté générale. Déjà M. Vergniaud, membre de cette commission, s'est attiré les éloges des écrivains de la cour, en énonçant publiquement que lui et ses collègues étaient bien loin de penser à une de ces mesures extraordinaires que semble vouloir l'opinion publique, que commande le vœu spontané des quatre-vingt-trois départemens; déjà M. Brissot, dit-on, fait dire dans son *Patriote Français*, qu'il offrira incessamment à ses lecteurs quelques réfléxions sur les piéges qu'on tend au peuple, en le portant, *en ce moment*, à des opinions EXAGÉRÉES. Tout s'émeut, tout s'agite; les uns veulent la suspension du pouvoir exécutif; les autres, la suspension du pouvoir législatif, d'autres veulent la suspension du roi et de l'assemblée nationale pour faire place à la dictature absolue.

» Les écrivains qu'on nomme patriotes votent journellement la suspension, même la déchéance de Louis XVI; ils offrent de prouver qu'il l'a encourue (1), et cependant ces mêmes hommes parlent d'*opinions exagérées, ou de frayeur de guerre civile* : un autre propose de mettre la couronne de France sur la tête du duc de Brunswick. Quel est donc ce patriotisme-là? que signifient ces éternelles vacillations politiques? Mais laissons le duc de Brunswick à la tête de son armée; laissons également ceux qui, crainte d'allumer la guerre civile, refusent d'en éteindre le foyer; et voyons cet *Aperçu d'une grande mesure pour sauver la patrie*, aperçu qu'on a fait insérer à dessein dans un journal moitié modéré, moitié patriote, et auquel le supplément n'a pas tardé de paraître.

« — 1° Attendu qu'il est notoire que des malveillans veulent enlever le roi et joindre à nos maux le fléau d'une guerre civile, l'assemblée nationale nomme au plutôt un commandant général de la garde parisienne qui répondra sur sa tête de la personne du roi et de celle de la famille royale.

(1) Ces mots s'adressent à Brissot, qui avait dit à l'un des membres du club des Jacobins qu'il avait son discours prêt sur la question de la déchéance.
(*Note des auteurs.*)

» — 2° L'assemblée nationale, pour tout le temps de la guerre avec les ennemis extérieurs, nomme dictateurs MM. R....d, S...., et P...., ces vrais et incorruptibles amis du peuple (1). Elle les investit de tous les pouvoirs donnés par la Constitution au pouvoir exécutif. Quant à ceux du corps législatif, ils sont suspendus jusqu'à la paix avec les puissances ennemies. — Pour tout ce qui appartient à l'ordre judiciaire, les dictateurs feront exécuter les lois existantes; sur tout le reste, ils n'en reconnaîtront point d'autres que le salut de la patrie. — Les trois dictateurs nommeront les six ministres, lesquels réunis à eux formeront le conseil suprême. Ils seront maîtres de choisir les ministres parmi tous les citoyens, sans avoir égard aux lois qui excluent de ces places les membres de l'assemblée constituante et les députés actuels; ils seront libres de les changer toutes les fois qu'ils le jugeront convenable.

» — 3° L'assemblée nationale s'ajourne et renonce au pouvoir de s'assembler jusqu'à la paix; les propositions lui en seront présentées par les dictateurs, et devront être acceptées par elle.

» — 4° L'assemblée nationale retire au roi l'exercice du pouvoir exécutif pour tout le temps que durera la guerre extérieure, faite sous le prétexte de le rétablir dans son ancienne et injuste autorité. — Pendant cet interrègne, le roi jouira d'une pension de six millions, et les dictateurs chacun d'un traitement de cent mille livres par an.

» — 5° La paix signée et ses principales conditions exécutées, les dictateurs seront tenus d'assembler une convention nationale, à laquelle ils rendront compte de leur conduite. — »

» Nous ne nous attacherons pas, continue Prudhomme, à prouver que la dictature est nécessairement une mesure liberticide; nous ne dirons pas que la dictature temporaire a toujours engendré la dictature héréditaire. Nous ne nous appesantirons pas sur les dangers de dissoudre ainsi le corps législatif, nous ne répéterons pas qu'une grande nation ne saurait être libre un seul instant, si elle n'a pas toujours un corps nombreux de représen-

(1) Roland, Servan et Pétion. (*Note des auteurs.*)

tans assemblés. Tout le monde sent que dans l'hypothèse proposée, trois coups de poignard jetteraient la France dans la subversion, dans l'anarchie la plus complète; et ceux qui connaissent bien et Servan et Pétion, deux des dictateurs désignés, sont convaincus qu'ils ont trop de lumières et trop de patriotisme pour accepter ces places encore bien que l'assemblée nationale les leur offrît.

» Mais sans nous attacher à relever l'erreur (disons le crime, car c'en est un) de celui qui n'a pas rougi d'imprimer qu'il fallait que *l'assemblée nationale s'ajournât et renonçât au pouvoir de s'assembler jusqu'à la paix*, sans relever ce projet audacieux, coupable, réprouvé par tout ce qu'il y a d'ames honnêtes, nous nous demandons s'il ne serait pas possible qu'on n'eût fait cette ouverture que pour donner lieu d'en tirer des conséquences adroites et favorables au système chéri de la cour et de ses agens, celui de la dissolution du corps législatif. Remarquez bien que l'article du *Journal général de l'Europe* (1) est du mardi 24 juillet; or lisez la *Gazette universelle* du mercredi 25, et vous verrez comment elle a su tirer parti de la proposition faite la veille.
« Il n'est question, dit-elle, de rien moins que de suspendre le roi, et d'autres mesures non moins inconstitutionnelles. On sait combien ce plan offre d'inconvéniens, puisque les citoyens, les villes, les départemens et les armées même pourraient, en invoquant leur engagement constitutionnel, méconnaître cette dictature. Pourquoi donc ne pas adopter le seul moyen auquel il faudra revenir en dernière analyse, puisqu'il conserve tous les principes et peut sauver l'État. — Puisqu'on annonce que l'assemblée nationale peut s'ajourner, puisque d'ailleurs le roi a la direction

---

(1) Le *Journal général de l'Europe* était, selon M. Deschiens, rédigé par Lebrun et Smith (il porte seulement sur son titre *par J. J. Smits*). Lorsqu'il parut, Brissot l'appuya de toute la publicité du *Patriote Français*; il y inséra son prospectus; nous avons lu avec attention toutes ses feuilles du mois, et nous y avons trouvé *passim* la preuve de quelques liaisons indirectes avec Pétion, et celle d'une admiration particulière pour Brissot; il a d'ailleurs la couleur d'un journal patriote. La proposition citée est extraite de son numéro CCCXLVII, 24 juillet. (*Note des auteurs.*)

des affaires militaires et des négociations politiques, puisque les puissances étrangères ne voudraient négocier qu'avec le roi, pourquoi l'assemblée nationale, en s'*ajournant*, ne remettrait-elle pas le timon des affaires à Louis XVI, qui s'engagerait solennellement à n'arrêter aucune condition que sous la réserve expresse d'une ratification nationale? — Ce moyen est le seul constitutionnel, le seul efficace; il prévient la guerre civile au dedans, et peut-être l'invasion étrangère. Nation française, et vous ses représentans, quelle que soit votre opinion, là et là seulement est votre salut, toute autre alternative vous perdra. »

Prudhomme répond longuement à ces argumens de la *Gazette universelle*; il termine ainsi :

« Et qu'on ne nous dise pas que les plus grands ennemis de la liberté veulent aussi une convention nationale; qu'on ne nous répète pas, avec M. Brissot, que les Necker, les Mounier, les Dantraigues demandent, comme les patriotes, une convocation des assemblées primaires : tout cela n'est qu'une dernière ressource de la part de la cour..... Qui ne se souvient que cette tactique a été employée cent fois à l'assemblée constituante, où cent fois l'abbé Mauri a fait ou appuyé une proposition, dans la seule vue de l'écarter?

» La nation entière veut un complément de révolution. Mais, si, contre toutes les probabilités, il arrivait que le corps national, dans ses sections, se laissât aller à la séduction, à la crainte ou à tout autre mouvement ignoble, nous dirions à regret que cette nation n'est pas faite pour la liberté, et qu'il serait bien juste qu'elle fût pillée, incendiée, massacrée par les Autrichiens, puisqu'elle n'aurait pas le courage de les repousser. Telle est l'injure que font au peuple français ceux qui, comme M. Brissot, craignent ou affectent de craindre une convention nationale. Quant à nous, nous avons toujours pensé que le peuple est éclairé, qu'il est courageux, qu'il sait ce qu'il doit vouloir, qu'il veut ce qui est bon; qu'il connaît aujourd'hui les hommes qui l'ont invariablement servi; et nous pensons que c'est sur ceux-là que tombera nécessairement le choix des assemblées primai-

res qui ont été trompées une fois, et ne le seront pas deux. »
(*Révolutions de Paris*, n. CLIX.)

Dans cet article du recueil hebdomadaire de Prudhomme, plusieurs passages se rapportent à la séance du 25, que nous allons donner en entier, et aux réflexions introduites dans la narration que le journal de Brissot fait de la discussion.

Séance du 25 juillet.

Sur le rapport de M. Lacombe-Saint-Michel, après avoir décidé l'urgence, l'assemblée nationale porta le décret suivant, qui était, sans doute, l'une des mesures promises, la veille, par Vergniaud pour sauver la patrie.

Art. 1ᵉʳ. Tout commandant de place forte, revêtue ou bastionnée, qui la rendra avant qu'il y ait brèche accessible et praticable au corps de ladite place, qu'il n'ait soutenu au moins un assaut dans le cas seulement où il y aurait un retranchement intérieur fait à l'avance, ou pendant le siège, sera puni de mort.

II. Les places de guerre étant la propriété de tout l'empire, dans aucun cas les habitans, ni corps administratifs, ne pourront requérir un commandant de place de la rendre, sous peine d'être traités comme des révoltés et des traîtres à la patrie.

III. Lorsqu'une ville assiégée aura brèche accessible et praticable au corps de la place, et qu'elle aura soutenu au moins un assaut dans le cas prévu dans l'article premier ci-dessus, que le conseil de guerre aura jugé que, ne pouvant plus la défendre par les moyens des retranchemens intérieurs, elle doit être rendue, il ne pourra néanmoins la rendre ni capituler que du consentement du conseil général de la commune et des corps administratifs réunis, s'il y en a dans la place.

M. Chrestin. Je demande à faire une motion d'ordre; des soupçons violens se sont élevés à diverses époques récentes sur les sentimens et la conduite du roi, et de ceux qui approchent de sa personne ou qui composent son conseil. L'on a reproduit et renouvelé la motion de *suspendre le pouvoir exécutif,* l'on est même allé jusqu'à prétendre que le roi s'est mis dans un cas équivalent à ceux pour lesquels la Constitution prononce *la déchéance du trône*. L'on a accusé directement les ministres qui viennent d'être remplacés, et notamment M. Chambonas, relativement au retard apporté dans la révélation des préparatifs hostiles de la nation sarde. Toutes ces propositions faites par divers membres ont été renvoyées à l'examen de notre commission extraordinaire. Interpellé hier de s'expliquer sur ce sujet important, M. Vergniaud en son nom s'est énoncé d'une manière qui, loin de repousser le soupçon, est bien faite pour fortifier et aggraver les justes inquiétudes du peuple. M. Vergniaud, sans rien dire de justificatif ou de probant, a invoqué la prudence de la commission extraordinaire, incapable, a-t-il dit, de vous proposer rien qui puisse fournir des prétextes à la guerre civile. Je rends hommage à cette prudence.

Mais s'il est vrai que le salut du peuple est la loi suprême; s'il est vrai, en même temps, que le roi et ses conseillers aient, par quelques actions ou par quelques commissions, combiné, attaqué les droits et compromis les intérêts de la nation et la sûreté générale; s'il est vrai que l'examen de ces faits soit un de vos principaux devoirs; si l'intérêt national est que la conduite du pouvoir royal et exécutif ne puisse plus être attaquée par des soupçons et la méfiance dans le cas où elle ne les aurait pas mérités; si votre indécision tendait à les augmenter, je ne vois pas comment vous pourriez craindre de lever le voile que votre commission extraordinaire a trouvé prudent de tenir encore sur les replis de cette conduite du pouvoir exécutif. Vous voulez qu'il marche; il ne marchera jamais, si lui-même a pour système de s'arrêter et de feindre d'aller. Il sera empêché d'aller, si, avec la volonté de marcher, les soupçons, les méfiances et les désobéissances qui en sont la suite inévitable, continuent à entraver sa marche. Dans trois jours, peut-être plus tôt, ou la vérité ou la malveillance auront déjà trouvé le pouvoir exécutif en défaut, et renouvelleront les dénonciations. Les momens seront plus pressans; une affreuse lumière repassera dans l'ame de la multitude soupçonneuse, et le pouvoir exécutif, pressé par les circonstances, qui deviennent chaque jour plus critiques, sera tout-à-fait arrêté, ou prétextera de l'être par des causes qu'il n'avouera pas provenir de lui. Il ne sera plus temps, et c'est alors que les excès et la guerre civile seraient plus difficiles à détourner. Je ne suis point d'accord avec la commission extraordinaire sur ce point important.

Lorsqu'un des pouvoirs constitutionnels est soupçonné, rien n'est plus instant que de scruter sa conduite, et de dire au peuple : *Ce pouvoir a failli. La Constitution le livre à la justice;* ou bien : *Peuple! on vous a trompé, rassurez-vous, ce pouvoir n'est pas sorti de la ligne de ses devoirs.* Ce n'est que par ce moyen que le calme et la confiance si nécessaires pour la marche du gouvernement, surtout à l'instant de repousser les ennemis du dehors, peuvent se rétablir. L'assemblée nationale se chargerait d'une responsabilité morale au-dessus de ses forces, si elle conservait un jour, une heure, une minute, un roi qui, par la Constitution, serait réputé avoir abdiqué la couronne; ou si la conduite de ce roi étant reconnue intacte, elle ne se hâtait pas de le laver du soupçon et de l'accusation, et de l'entourer par un décret solennel de l'opinion publique. S'il est dans un des quatre cas de déchéance, il faut le déclarer déchu ; s'il n'y est pas, il faut le dire à l'univers entier avec la même loyauté. Tarder de mettre ce moyen en usage, prolonger les inquiétudes du peuple, tenir en suspens l'opinion sur le compte et du représentant héréditaire de la nation, et de ses agens responsables, c'est les constituer dans un danger personnel au premier revers de nos armes (s'il est possible que les armes de la liberté et de l'égalité en éprouvent); c'est aggraver le danger de la patrie; c'est, en un mot, l'exposer plus sûrement à celui que votre commission, par ses exceptions dilatoires, pense pouvoir éviter. Je demande donc, par motion d'ordre relative aux dangers de la patrie, que demain, à l'heure de midi, toutes affaires cessantes, l'on entame la discussion sur les questions suivantes : Le roi, par sa conduite avant ou depuis la déclaration de guerre, s'est-il mis dans le cas d'être *censé avoir abdiqué la couronne?* Quels sont les ministres qui, lors ou depuis cette déclaration de guerre, ont prévariqué? Et quels sont les faits de prévarication dont ils se sont rendus coupables?

M. Chabot. J'appuie en partie la proposition qui est faite par M. Crestin, de discuter incessamment la question de savoir si le roi a encouru la déchéance. Mais je voudrais que la discussion restât libre, et qu'elle ne fût pas morcelée par les questions partielles qu'il vous propose. Je demande donc que cette discussion s'ouvre dès demain, non pas, comme l'a dit M. Crestin, pour faire finir les soupçons du peuple, car tous les décrets de l'assemblée ne peuvent étouffer l'opinion publique; nous n'en sommes que les organes et non les maîtres. Quand il serait vrai que l'assemblée fût assez faible pour savonner le pouvoir exécutif, la nation n'en serait pas moins persuadée de la réalité des trahisons de la cour. S'il lui est prouvé que le corps législatif ne trouve pas dans la Constitution assez de pouvoir pour agir, nulle puissance alors ne pourra l'empêcher de se sauver elle-même. (De nombreux applaudissemens s'élèvent dans les tribunes.) Et quand le pouvoir exécutif sortirait blanc comme neige de cette discussion, le peuple français aura toujours le droit incontestable de changer sa Constitution.... (Les applaudissemens des tribunes recommencent. — De violentes rumeurs s'élèvent dans l'assemblée; tous les membres du ci-devant côté droit et une partie du côté gauche se lèvent en demandant à grands cris, les uns que M. Chabot soit rappelé à l'ordre, les autres qu'il soit envoyé à l'Abbaye, comme parjure.)

M. le président, cédant à l'impulsion de ses clameurs, rappelle M. Chabot à l'ordre.

M. Choudieu. Monsieur le président, je demande la parole contre vous...... Je demande, messieurs, que le président soit rappelé à l'ordre pour avoir méconnu la souveraineté du peuple français, consacrée par la Constitution, et j'invoque ici la lettre même de l'acte constitutionnel. (Les rumeurs continuent dans la partie droite.) Je prie les honnêtes gens de faire silence et de m'écouter. Voici les propres termes de la Constitution : « L'assemblée constituante déclare que la nation a le droit imprescriptible de changer sa Constitution. » Il n'y avait pas même besoin de cet article pour reconnaître la souveraineté du peuple, car l'assemblée constituante n'avait pas le droit de la limiter ; aussi n'a-t-elle fait qu'une simple déclaration. Mais cette loi fondamentale étant formellement énoncée dans la Constitution, comment se fait-il qu'un président de l'assemblée nationale ose rappeler à l'ordre ceux qui exposent les grands principes de la souveraineté du peuple. Je dis qu'il n'est plus de Constitution, qu'il n'y a plus de principes sacrés, si vous n'arrêtez l'audace de vos présidens. (Une grande partie de l'assemblée et des tribunes applaudissent. — M. le président sonne.) Ce n'est pas la première fois que les présidens, après s'être fait élire par une coalition, ont osé attenter à la souveraineté du peuple et méconnaître ses droits. Il est temps d'arrêter cette audace, et je demande qu'aujourd'hui vous fassiez un grand exemple. Si les dangers de la patrie consistent dans la résistance d'inertie que vous opposent les agens du pouvoir exécutif, ils consistent bien plus encore dans l'insolence de certains délégués du peuple, qui trahissent ses droits. Je demande donc que le président soit rappelé à l'ordre, et à ce qu'il doit à la majesté de la nation. (On applaudit.)

Plusieurs voix. Monsieur le président, vous êtes inculpé, quittez le fauteuil.

M. le président. Je vais d'abord consulter l'assemblée, pour savoir si elle veut que je quitte le fauteuil, oui ou non. (Il s'élève des murmures.)

M. Chabot. Je demande la question préalable sur la proposition de M. Choudieu ; je suis persuadé que le président ne m'a rappelé à l'ordre que parce qu'il a plus fait attention à la restriction du principe énoncé dans un article postérieur à la Constitution, qu'au principe même ; et parce que les clameurs constitutionnelles de ces messieurs m'ont empêché de terminer ma phrase.

M. Isnard. Je m'oppose à la question préalable. De tous les délits dont on peut se rendre coupable, celui qui attente à la souveraineté du peuple, est le plus grave. Il est d'autant plus important que la discussion ne cesse pas ainsi par une décision de passer à l'ordre du jour, que tous les amis de la liberté voient avec effroi le système qui s'introduit de détruire ce principe fécond de toute liberté, la souveraineté du peuple. (Murmures dans la partie droite.) Ne m'interrompez pas, vous n'y gagnerez rien, sinon de m'entendre plus long-temps. Il est donc vrai que de tous les peuples de la terre jamais aucun n'a pu déléguer pour un instant l'exercice de sa souveraineté, sans que ceux à qui il l'a confié aient cherché aussitôt à l'enchaîner. C'est ainsi que le corps constituant, après avoir reconnu ce principe fondamental dont il avait besoin pour consolider son ouvrage, a, en même temps, par une *restriction* inconstitutionnelle, cherché à enchaîner le peuple. Certes, cette clause restrictive ne peut être considérée que comme un conseil donné au peuple; et la déclaration du principe n'en reste pas moins dans toute sa force. Peut-on en conclure que la nation n'ait pas toujours le droit de changer sa Constitution? Et comment se trouve-t-il des représentans du peuple qui partagent ces vues criminelles? N'avez-vous pas été effrayés de voir une foule d'hommes tourner leur figure, et jeter des cris comme si on eût proféré un blasphème? Faites une déclaration qui rassure le peuple sur sa souveraineté. Je demande que le président soit rappelé à l'ordre.

M. Lacroix. Comme nous reconnaissons tous que M. le président a eu tort, je ne vois rien de plus grand, de plus glorieux pour lui, que de reconnaître lui-même sa faute : car je conçois très-bien comment il est possible qu'entraîné par les murmures de ces messieurs qui criaient au parjure, qui invoquaient la prison comme la peine la plus douce à infliger à celui qui a reconnu la souveraineté du peuple, je conçois, dis-je, qu'il est possible qu'entraîné par ce grand mouvement constitutionnel, il se soit déterminé à prononcer ce rappel à l'ordre; mais s'il persiste, je demande qu'on le rappelle à son devoir.

M. le président. Je vais faire lire par M. Dalmas l'article de la Constitution.

Plusieurs voix. Point de chancelier, monsieur le président; justifiez-vous vous-même.

M. le président. La Constitution dit : « Et néanmoins considérant qu'il est plus conforme à l'intérêt national d'user seulement par les moyens pris dans la Constitution même du droit d'en réformer les articles dont l'expérience aurait fait sentir les inconvéniens, décrète qu'il y sera procédé par une assemblée de révision, en la forme suivante :

D'après cet article, mon opinion particulière est que je ne me suis pas écarté de la Constitution ; mais comme mon opinion ne fait pas loi, je vais consulter l'assemblée pour savoir si c'est à propos que j'ai rappelé à l'ordre M. Chabot.

Plusieurs voix. Quittez le fauteuil.

M. le président quitte le fauteuil. — M. Dubayet, ex-président, le remplace.

L'assemblée décide presque unanimement qu'il sera rappelé à l'ordre.

M. le président. M. Lafond-Ladebat, je vous rappelle à l'ordre au nom de l'assemblée.

M. Scott, ci-devant colonel de dragons, admis à la barre, fait hommage de son traité, intitulé : *Manuel des citoyens armés de piques*.

M. Carnot. Je viens appuyer la proposition du pétitionnaire, et il me serait facile de démontrer les avantages de cette arme. Sans remonter aux siècles reculés de l'antiquité, sans aller chercher des exemples chez les Grecs et les Romains pour démontrer les avantages qu'on avait retirés de cette espèce d'armes dans les phalanges lacédémoniennes et dans les légions romaines, l'histoire moderne fournit assez d'exemples à l'appui de ce système. Les batailles de Cerisoles, Marignan, Jarreau et Moncontour ont prouvé qu'on pouvait se servir des piques avec avantage, malgré l'usage de l'artillerie. J'invoque à ce sujet le témoignage de Montecuculli, qui vivait dans le siècle dernier ; celui du maréchal de Saxe, dans son *Traité des légions*, qui dit que les piques peuvent être du plus grand secours contre les attaques des escadrons ; qu'elles peuvent être employées avec d'autant plus de succès par les Français, qu'il est démontré qu'ils ont toujours eu l'avantage à l'arme blanche, et rarement à un feu roulant et soutenu. J'invoque le témoignage de plusieurs autres officiers célèbres, qui ont pensé qu'il était très-avantageux de mêler des piques dans les rangs ; et, d'après ces considérations, je propose 1° d'ordonner que le pouvoir exécutif fera distribuer aux soldats toutes les piques qui sont dans les arsenaux et magasins militaires ; 2° qu'il en sera fabriqué trois cent mille conformes au modèle qui sera jugé le plus propre et le plus avantageux ; 3° que les directoires de district seront autorisés à en faire fabriquer.

M. Laureau. La proposition faite par le préopinant prouve qu'il y a deux manières de voir les mêmes choses ; car les mêmes faits qu'il cite pour prouver l'avantage des piques, je les citerai, moi, pour en prouver les inconvéniens.

Il n'est pas prudent de changer d'armes et de tactique, au moment où nous avons à combattre des bataillons dont la grande force consiste à savoir faire un feu prompt et bien soutenu. C'est pour avoir voulu changer de tactique, que nos troupes furent battues à Rosbach. La proposition qui vous est faite mérite la plus grande attention ; le salut de l'empire en dépend.

L'assemblée ordonne le renvoi de la proposition de M. Carnot au comité militaire, ainsi que de celle faite par M. Lasource, d'organiser en compagnies des carabiniers les gardes-chasses et braconniers.

La discussion s'ouvre sur un projet de décret présenté par M. Gensonné, ayant pour objet d'attribuer aux municipalités le pouvoir d'arrêter et d'interroger les citoyens qui seraient accusés de complots contre la sûreté générale de l'État, et contre la Constitution.

M. Brissot. La mesure que vous a proposée M. Gensonné est-elle nécessaire ? Est-elle conforme aux principes de notre Constitution ? Tels sont les deux points de vue sous lesquels vous devez l'examiner. Cette mesure porte sur trois bases : 1° Il y a des conspirations à craindre ; 2° il faut, pour les prévenir, ou les réprimer, organiser des forces propres à s'assurer de la personne des coupables et des preuves de leurs délits. 5° Ce pouvoir doit être délégué aux municipalités plutôt qu'aux juges de paix. La nécessité de ces mesures ne peut être contestée que par trois classes d'hommes, ou par ceux qui veulent favoriser des conspirations, ou par ceux qui s'imaginent qu'il ne peut plus exister de conspirateurs, ou enfin par ceux qui croient détruire les conspirations en fermant les yeux sur leurs progrès. Les premiers sont des ennemis de la révolution, les seconds des aveugles, les derniers des insensés. Notre révolution est faite, a-t-on dit, pourquoi craindrait-on les conspirateurs? Sans doute notre révolution est faite, et le peuple français ne courbera plus sa tête devant un seul homme.

Mais en résulte-t-il qu'il n'existe pas encore beaucoup de mécontens déterminés à déployer tous leurs efforts pour la renverser. Si ces conspirateurs existent, si leurs défaites successives et multipliées n'ont pas été capables, et ne le sont pas encore, d'arrêter de nouvelles conspirations; si leur impuissance, qui doit rassurer sur leurs succès complets, n'empêche pas qu'ils ne puissent avoir des succès partiels, et causer de grandes calamités, ne serait-il pas insensé de ne pas prendre des mesures pour étouffer au berceau même ces conjurations nouvelles? Eh! qui peut contester que le foyer de contre-révolution établi à Coblentz ne soit plus actif que jamais? qui peut contester qu'indépendamment de la faction de Coblentz, il existe un autre pacte de rebelles qui ne veut pas, comme cette faction, la destruction entière de notre Constitution, qui ne demande que des modifications, telles que la résurrection de la noblesse, les deux chambres, l'extension de la prérogative royale? Qui peut contester que ce parti ne soit bien plus dangereux que l'autre, puisque d'un côté il paraît avoir eu et qu'il conserve encore une plus grande influence dans les cabinets étrangers, puisqu'il n'a pas été loin de les déterminer à une médiation armée, puisque d'un autre côté, en s'annonçant en France par des moyens adroits, sous des formes de modération et de paix, il a trouvé le secret de s'attacher une partie de ces privilégiés qui ne peuvent s'accoutumer à l'égalité populaire, et de ces hommes riches ou aisés, toujours prêts à vouloir moins de liberté, pourvu qu'ils aient plus de jouissances, et de leurs stipendiaires, que l'égalité révolte, parce que l'égalité ne corrompt, ne paie pas. (On applaudit.) Qui ne voit ensuite qu'on peut et qu'on doit rapporter à l'un ou à l'autre de ces partis tous les troubles qui déchirent la France, et les soulèvemens des prêtres réfractaires, et les trahisons simultanées dans nos armées, et l'inspiration subite de démissions également simultanées.

Non, ces complots ne peuvent être des chimères, ils sont dans la nature des choses, ils sont vraisemblables, ils sont vrais; les rebelles doivent vouloir, doivent agir ainsi, ou il faut les supposer les plus stupides des hommes. Loin de nous cependant la faiblesse de croire à toutes les dénonciations; mais ici l'incrédulité serait dangereuse comme la crédulité, il serait aussi absurde d'admettre toutes les dénonciations qui vous ont été faites que de les rejeter toutes, parce qu'elles ont été présentées d'une manière incohérente, parce qu'elles n'étaient ni choisies ni liées ensemble à des rapports communs, parce qu'elles étaient entremêlées d'accusations mal fondées contre des hommes publics qui doivent jouir d'une confiance entière, jusqu'à ce que des preuves positives la leur enlèvent. Le défaut d'adresse et de formes oratoires peut être un heureux sujet de critique dans la main des hommes pervers qui ont besoin du ridicule pour effacer les faits qui les gênent; mais ce défaut ne peut être un motif pour tranquilliser des législateurs; ils doivent voir les faits et non les formes; et aux yeux de ceux qui ont lu et médité attentivement une grande partie de ces faits, il est évident qu'il a existé, qu'il existe encore un projet d'avilir et de dissoudre l'assemblée nationale, de semer la division entre la garde nationale et le peuple non armé, d'altérer la Constitution.

On nous parle d'une troisième faction, d'une faction de régicides, qui veut créer un dictateur, établir la république. Cette idée paraîtra sans doute un paradoxe, mais c'est une vérité. Il n'est pas de meilleur moyen que le régicide pour éterniser la royauté. Non, ce n'est point avec le massacre révoltant d'un individu qu'on l'abolira jamais. La résurrection de la royauté en Angleterre fut due au supplice de Charles Ier; il révolta le peuple et l'amena aux genoux de son fils. Si donc ces républicains régicides existent, il faut avouer que ce sont des républicains bien stupides et tels que les rois devraient les payer, pour rendre le républicanisme à jamais exécrable. (On applaudit.)

Quoi qu'il en soit, si ce pacte de régicides existe, s'il existe des hommes qui travaillent à établir à présent la république sur les débris de la Constitution, le glaive de la loi doit frapper sur eux comme sur les amis actifs des deux chambres, et sur les contre-révolutionnaires de Coblentz. La loi ne doit respecter aucun complot; et ceux-là seuls prouveront qu'ils n'appartiennent à aucun de ces partis qui soutiendront les mesures propres à les réprimer tous. Ce n'est pas seulement la nécessité de maintenir la tranquillité intérieure qui doit vous y déterminer. J'ose l'assurer, le sort de la guerre extérieure tient entièrement à ces mesures : la coalition de deux puissances jusqu'à présent ennemies l'une de l'autre; leur opiniâtreté à soutenir leur concert contre une Constitution qui doit leur être entièrement étrangère; la contradiction de cette conduite, et avec leurs intérêts politiques qui appellent leurs regards sur les changemens dans la constitution polonaise et les mouvemens de la Russie, et avec leur situation intérieure qui leur commande le repos et la paix avec la France; tous ces faits, ces énigmes, ne s'expliquent que par la confiance de ces puissances dans les conspirations qui se trament en France, dans le nombre exagéré de mécontens, et la grandeur supposée de leurs ressources. Ce n'est ni sur la force, ni sur le nombre de leurs armées que ces princes se reposent, mais sur celles des mécontens intérieurs. Prendre des mesures pour réprimer ces mécontens, pour découvrir et déconcerter leurs projets, c'est donc à la fois affermir la tranquillité intérieure, et ôter aux puissances extérieures leur plus ferme appui.

La Constitution, à la vérité, délègue au pouvoir législatif exclusivement, le droit de connaître des crimes contre la sûreté nationale; mais quant aux formes nécessaires, elles ne sont pas fixées, elles n'existent même pas. Les rebelles peuvent conspirer impunément sous nos yeux, et il n'existe aucun pouvoir bien défini qui puisse décerner contre eux le mandat d'amener ou d'arrêt; il est si peu défini, que, jusqu'à présent, les juges de paix, pour lesquels on le réclame, n'en ont jamais usé; que les municipalités auxquelles on veut l'ôter, l'ont exercé parce qu'elles étaient entraînées par la force des choses! En suivant la lettre de la Constitution, et dans l'absence de toute autre loi, ce pouvoir ne doit exister que dans la main de l'assemblée nationale; mais comment veut-on qu'elle l'exerce? comment portera-t-elle dans la recherche des coupables, cette diligence qui ne peut appartenir qu'à un homme, qu'à un petit nombre d'hommes, qui est impraticable au milieu d'une assemblée nombreuse, et surchargée de travaux. Comment conservera-t-elle, dans la recherche des coupables et des preuves, le secret sans lequel les preuves s'évanouissent? Comment pourrait-elle mettre dans les informations cette suite, sans laquelle il est impossible de les rassembler, et d'en former un corps de preuves? D'un autre côté, notre comité de surveillance ne peut suppléer à cette impuissance du corps législatif. Il n'a aucun pouvoir, ni d'amener, ni d'arrêter, ni d'interroger. Ses fonctions se réduisent à recevoir des informations, et à rendre compte à l'assemblée, lorsqu'elles ont quelque consistance. En un mot, il faut, pour la recherche des complots, secret, diligence, constance, et un nombre d'officiers qui ne soit pas trop considérable; et ces quatre conditions sont impraticables dans une assemblée nombreuse; donc l'assemblée nationale doit déléguer le pouvoir de cette recherche à d'autres fonctionnaires. Observez qu'en se dépouillant de ce pouvoir, en se bornant à remplir les fonctions de juré d'accusation, l'assemblée prévient les actes arbitraires et précipités qui peuvent arriver, même avec les intentions les plus droites, dans une assemblée qui réunit les doubles pouvoirs d'officier de sûreté, et de juré d'accusation; ainsi cette délégation est sage et populaire sous tous les points de vue.

Mais à qui déléguera-t-on le pouvoir de rechercher les crimes contre la sûreté de l'État et de la Constitution ? Telle est la troisième question qu'il faut examiner.

M. Gensonné a préféré les municipalités aux juges de paix et officiers. Des motifs très-sages l'y ont déterminé. La circonspection des fonctions des juges de paix, le peu de rapports et de correspondance qui existent entre eux, l'insuffisance de leurs moyens d'exécution, la difficulté de les mettre en relation avec le corps législatif, tandis que les corps municipaux sont bien plus à portée et de connaître les conspirations qui peuvent se former dans leur sein, et d'en rassembler les preuves, et de s'assurer des prévenus, et de correspondre avec les municipalités ou départemens où les conspirations peuvent s'étendre. L'expérience vient ici à l'appui du système de M. Gensonné, tandis que pas une seule dénonciation de conspiration n'est parvenue, de la part des tribunaux ou des juges de paix, à l'assemblée nationale, ou à son comité de surveillance, une grande partie de celles qui lui ont été faites proviennent du zèle et du patriotisme des municipalités ou des corps administratifs. Si même dans plusieurs départemens des conspirations ont été découvertes et réprimées au moment même où elles allaient éclater, c'est à l'activité des corps municipaux que la patrie doit ce service éminent ; j'en atteste ici les municipalités de Lyon, de Perpignan, de Caen, qu'auraient fait de simples juges de paix dans des circonstances aussi critiques, et qui demandaient sur-le-champ des moyens vastes et actifs ? La nature des choses veut donc que le pouvoir de rechercher des complots soit attribué aux municipalités. Si vous n'offrez pas aux citoyens un seul foyer, un seul tronc, où ils aillent déposer ce qu'ils ont appris ; si vous leur laissez la liberté d'aller chez les 48 juges de paix de Paris, presque tous n'iront chez aucun. L'expérience prouve que le nom de juge, l'idée de ses fonctions sévères, la crainte d'un procès, repoussent de sa maison ceux qui iraient volontiers à la municipalité, dont les fonctions ont je ne sais quoi de plus fraternel et de moins effrayant. Sans cette unité de centre, on ne parviendra jamais, dans des villes comme Paris, Lyon ou Marseille, Bordeaux et Nantes, à découvrir aucun complot. Les dénonciations se dissémineront entre les divers juges, tous les faits resteront isolés, tandis que s'il n'y avait qu'un seul registre, qu'un seul centre d'information, tous les faits s'y réunissant, se prêteraient mutuellement de l'appui. La recherche de ces délits rentre d'ailleurs dans la nature des fonctions dont les municipalités sont chargées.

En effet, des crimes contre la sûreté de l'état sont des crimes politiques, des crimes qui affectent en masse la société. Ils forment une classe à part des autres crimes, tellement que la connaissance en est ôtée aux tribunaux ordinaires, et que c'est le corps législatif qui fait les fonctions de juré d'accusation. Tout doit se correspondre dans cet ordre de choses. L'officier de police doit être de l'ordre politique, comme le juré d'accusation, puisque le crime est de l'ordre politique. Cet ordre serait interrompu, si ces fonctions étaient remplies par un juge de paix qui doit se borner aux délits prouvés.

Il n'y a point ici confusion de pouvoirs. Les fonctions de la police ne sont point des fonctions judiciaires. Selon l'instruction du 29 septembre 1791, la police, considérée sous ces rapports avec la sûreté publique, doit *précéder l'action de la justice*; donc son action n'est pas la même.

Les fonctions de cette police de sûreté sont bornées à recevoir les plaintes, à constater, par des procès-verbaux, les traces de délits, à entendre les témoins, les prévenus, à s'assurer de ces derniers, s'il est nécessaire; et la loi a tellement considéré ces fonctions comme n'étant pas judiciaires, qu'elle distingue très-bien les déclarations faites par les témoins devant le juge de paix, d'avec les dépositions faites devant les tribunaux. Ces déclarations directes ne sont point destinées à faire charge au procès. Leur principal objet est de corroborer la plainte, et de servir à l'officier de police de guide sur la conduite qu'il doit tenir envers la personne inculpée, lorsque le temps de l'action de la police sera écoulé, et que la justice sera entrée en connaissance de l'affaire.

Ces dépositions écrites produiront le bon effet de soutenir la conscience des témoins trop pusillanimes, etc.

Mais vous allez, nous dit-on, soumettre tous les citoyens au despotisme des municipalités; vous allez ressusciter dans leurs mains les lettres de cachet... Les hommes qui abusent de ces termes, en ont-ils bien pesé l'application? Qu'est-ce qu'un despote? Un homme qui fait la loi, qui l'exécute et qui juge. A ces traits reconnaissez-vous un officier municipal? La loi qu'il est chargé d'appliquer, n'est-elle pas faite par d'autres que par lui? Est-ce lui qui doit juger le coupable qu'il arrête? n'est-il pas, en l'arrêtant, astreint à des formes rigoureuses? s'il ne les suit pas, ne s'expose-t-il pas à être lui-même puni? Eh quoi! pour des délits particuliers, on a donné à un seul juge de paix le droit d'amener et d'arrêter; on le lui a donné sans craindre son despotisme, et on craindrait de donner ce même pouvoir à plusieurs hommes, quand il s'agit de la liberté, de la sûreté générale! Un seul n'est-il pas plus aisément trompé, séduit et corrompu? L'abus du pouvoir n'est-il pas plus difficile à exercer, quand plusieurs sont appelés à lui donner leur sanction? Enfin, si l'on veut rendre moins fréquent l'abus des mandats d'arrêt, ne faut-il pas en diviser le pouvoir? car plus un pouvoir est concentré, plus il est un, et plus il est terrible.

Voyez encore combien de précautions M. Gensonné a prises pour empêcher le despotisme des municipalités. Il les astreint d'abord à suivre toutes les formes ordonnées pour la recherche des délits prouvés. Il faut ensuite que dans les cas du mandat les municipalités avertissent les directoires du district. Il faut que ceux-ci passent leur avis dans le même délai aux directoires des départemens. Il faut que le département confirme, dans le même délai, le mandat d'arrêt; il faut enfin que le département instruise, dans le plus bref délai, l'assemblée nationale. Or, toutes ces précautions ne tendent-elles pas à empêcher les surprises, les actes de despotisme? Peut-on concevoir qu'il se fasse une ligue pour écraser un innocent entre trois corps administratifs qui sont souvent éloignés les uns des autres, le plus souvent opposés et rivaux? Peut-on croire que, lors même qu'une coalition aussi monstrueuse existerait, les cris de l'innocent ne parviendraient pas bientôt à l'assemblée nationale?

Ne vous paraît-il pas étrange que le même parti qui affecte de craindre aujourd'hui le despotisme municipal actuel, ait combattu sous l'assemblée constituante avec tant d'ardeur pour faire accorder précisément pour les mêmes crimes, le mandat d'arrêt au seul ministre de la justice? Alors on nous citait cette constitution anglaise que l'on aime tant parce qu'on y voit une chambre des lords. On nous citait le pouvoir accordé au secrétaire d'état en Angleterre, de décerner des mandats d'arrêts dans les crimes de haute trahison; l'on refuserait ce même pouvoir à des officiers amovibles élus par le peuple!

Non, il faut le dire franchement; non, ce n'est pas le despotisme des municipalités qu'on craint, mais leur patriotisme ardent. Partout élues directement par le peuple, elles sont presque toutes composées des patriotes les plus fervens et les plus éclairés; et dès-lors les hommes qui attendent ou le retour du despotisme ancien, ou des modifications à ces parties de notre Constitution qui blessent leur orgueil et leur ambition, ces hommes doivent craindre de voir découvrir et leurs complots et leurs comités secrets, si la recherche en est confiée à des municipalités actives et patriotes, et armées de pouvoirs pour les arrêter. Voilà le secret de cette opposition qui s'est élevée déjà au-dehors avec tant d'acharnement contre le projet de M. Gensonné. On ne nous parle de la liberté individuelle que pour écraser la liberté générale de la Constitution, que pour étouffer cette égalité qu'on hait; car le peuple, seul et le vrai talent et la vertu peuvent l'aimer; on ne nous épouvante du despotisme et de la dictature municipale que pour nous amener le despotisme des deux chambres.

Je conclus à l'adoption du projet de décret de M. Gensonné, sauf les amendemens dont il peut être susceptible dans ses détails. (De nombreux applaudissemens s'élèvent dans l'assemblée et dans les tribunes.)

L'impression de ce discours est décrétée à une très-grande majorité.

L'assemblée renvoie au comité des inspecteurs de la salle, la dénonciation faite par un citoyen actif de service auprès de l'assemblée, qui se plaint d'avoir été renvoyé par l'adjudant sous le prétexte qu'il n'avait pas d'uniforme.

M. *Gossuin.* Je reçois à l'instant, une dépêche des administrateurs du district et de la municipalité d'Avesnes qui vous prouvera, messieurs, que si les malheureux citoyens de ces pays sont exposés au plus grand danger et sont victimes de la négligence des ministres et de leur mésintelligence avec les généraux, ils n'en sont pas moins patriotes et disposés à employer tous leurs efforts pour repousser l'armée autrichienne qui les menace et ravage leurs plaines.

Avesnes, le 12 juillet, l'an IV de la liberté.

Nous sommes fondés à croire, monsieur et cher concitoyen, qu'on veut absolument sacrifier le département du Nord, et livrer cette barrière de la France, l'un de ses principaux boulevarts, au tyran de l'Autriche. Si l'on a pu pendant quelque temps mettre en problème la trahison des agens du pouvoir exécutif, il se trouve aujourd'hui résolu par les faits mêmes; il n'y a plus maintenant que les ennemis de la chose publique, ou les aveugles, qui ne conviennent pas que nous sommes joués ou vendus.

Vous avez été informé dans le temps, du départ de l'armée de La Fayette, qui volait, disait-on, au secours des départemens du Rhin, et qui cependant est restée plus de dix jours pour faire quatorze lieues; celle du maréchal Luckner n'a pas tardé à suivre, elle était campée le 13 de ce mois à Maroilles et Landrecies, et pour remplacer toutes ces forces, on a envoyé vers Valenciennes quatre à cinq mille hommes.

Les Autrichiens n'ont pas tardé à profiter de l'avantage que leur donnait notre dénûment: le 15, ils sont entrés à Orchies, où ils ont commis des horreurs et exercé le pillage accoutumé. Depuis lors ils se sont emparés de Bavay, ils s'y fortifient tous les jours, leur camp s'étend depuis les Mottes, à une lieue et demie de Maubeuge, jusqu'à trois quarts de lieue du Quesnoy : leur avant-garde est à Longueville ; de-là ils inquiètent d'abord les deux places citées, ainsi que celle du Quesnoy et la nôtre.

Celle-ci paraît fortement menacée ; le général Arthur-Dillon qui commande aujourd'hui dans ce département, nous a dit le 19, qu'il y avait lieu de craindre que l'ennemi, maître du cours de la Sambre, ne vînt assiéger Avesnes incessamment, et rien n'est préparé pour un pareil événement.

D'abord il n'y a pas de canons à suffisance ; le sieur Dorbay, maréchal de camp, commandant l'artillerie, a promis d'en envoyer, mais ils n'arrivent point ; nous n'avons qu'une demi-compagnie d'artilleurs courageux et patriotes, mais ce nombre n'est pas assez considérable pour le service ; nous n'avons que deux bataillons de volontaires nationaux pour garnison, encore ce n'est que depuis hier que le second est arrivé ; point de cavalerie, sinon un dépôt de trente chasseurs ; la place n'est point palissadée, il faut trente-huit mille palissades pour l'entourer, dix mille seulement sont faites, et elles étaient en magasin ; on commence aujourd'hui à en faire usage, et c'est au moment que l'ennemi est à nos portes, c'est au même moment qu'on requiert les corps administratifs de fournir les vingt-huit mille palissades qui manquent, il les faut de suite, c'est-à-dire qu'on entend qu'un ouvrage qui demande plus d'un mois de temps soit achevé aussitôt que proposé.

On voit parfaitement le but de cette conduite ; c'est de rejeter l'odieux sur les magistrats du peuple. Nous les avons requis, dira-t-on ; ils ont négligé d'exécuter ; et la multitude qui ne se donne pas la peine de raisonner et d'approfondir, accusera des hommes innocens d'un malheur qu'ils ont tâché de prévenir. Pourquoi les palissades n'ont-elles pas été ordonnées plus tôt ? Pourquoi le ministre n'a-t-il pas donné des ordres et des fonds à ce sujet ? Depuis plus de quatre mois, on en demande sans cesse à l'assemblée nationale qui les accorde, et l'on n'en connaît pas l'emploi. Pourquoi M. d'Harleville, lieutenant général à Valenciennes, répondait-il aux officiers municipaux d'Avesnes qui l'engageaient à mettre la ville en état de défense, que leur civisme était louable, mais que cette partie ne le regardait pas? Ce qu'il y a de plus désagréable dans les circonstances actuelles, c'est que nous n'avons aucuns fonds pour faire des avances aux ouvriers. Le receveur du district, sur notre invitation, s'est cependant engagé d'y faire face. Les ouvriers commencent à travailler; avant qu'ils aient achevé, et que les dispositions soient faites, l'ennemi a tout le temps d'attaquer; et vous savez que depuis Avesnes jusqu'à Paris, il n'y a pas une seule place fortifiée. Il n'y a aucune apparence que l'on entreprenne de le déloger du poste dont il s'est emparé. La chose se trouve même impossible, puisque M. Dillon nous a assurés qu'il n'avait pas quatorze mille hommes dont il pût disposer, et il y aurait de l'imprudence d'aller, avec un pareil nombre, attaquer une armée retranchée et forte de vingt-cinq à trente mille hommes.

Jugez d'après cela, monsieur, s'il y a lieu de douter qu'on nous joue et qu'on nous trahit. Jusqu'à quand l'assemblée nationale le souffrira-t-elle! Les législateurs ont déclaré la patrie en danger; qu'ils veuillent donc prendre des mesures vigoureuses pour la sauver; qu'ils envoient des forces suffisantes pour combattre et repousser l'ennemi; qu'ils obligent les agens du pouvoir exécutif à faire leur devoir; qu'ils frappent les traîtres; alors la patrie est sauvée. De la fermeté et du courage, et nous mourrons s'il le faut. Pour nous, monsieur, placés au milieu du danger, nous conserverons le calme et le sang-froid nécessaires pour le détourner. Nous donnerons à nos concitoyens l'exemple de la fermeté et du courage. S'il le faut, nous mourrons à notre poste, et nos dernières paroles seront : *Liberté, Constitution.*

Signé, *Les administrateurs du directoire du district, et les officiers municipaux de la ville d'Avesnes.*

Sur la proposition de M. Gossuin, l'assemblée ordonne la mention honorable du zèle et de la conduite des administrateurs du district et des officiers municipaux d'Avesnes; et, sur celle de M. Carnot, elle charge le ministre de la guerre de lui rendre compte des mesures prises pour la défense de cette frontière. La séance est levée à quatre heures.

Voici quelques passages du compte-rendu de cette séance, inséré dans le *Patriote français* (n. MLXXXI.)

« On a été bien étonné d'entendre la proposition de M. Duhem (celle de la déchéance) répétée par M. Crestin et appuyée par le côté droit. C'est qu'on ne sait pas que les amis du roi espèrent, ou que l'assemblée nationale se déshonorera en n'osant pas décréter la déchéance, ou qu'en la décrétant, elle fournira au parti de la cour un prétexte pour éclater ; ils espèrent encore que la déchéance, nécessitant la convocation des assemblées primaires, ces assemblées, délibérant bientôt sous les baïonnettes prussiennes et autrichiennes, sacrifieront la liberté à la peur. Cette opinion explique encore la demande de la convocation des assemblées primaires, contenue dans les trois nouveaux ouvrages de MM. d'Entragues, Monnier et Necker, qui viennent de ressusciter ensemble. » — Et plus bas, analysant le discours de Brissot. — « Il n'a pas oublié non plus la faction prétendue de ces *républicains régicides*, que la cour et le modérantisme voient partout. » Et il cite le passage entier tel qu'on peut le lire plus haut.

Nos lecteurs peuvent s'expliquer maintenant la colère des *Révolutions de Paris* contre Brissot. Mais s'il fut attaqué de ce côté, il fut loué par le *Journal* et par la *Chronique de Paris*. Sa phrase devint fameuse et fut largement commentée.

Dans le même numéro, le *Patriote français* attaque vivement un projet d'association publié par Chabroud. Cet ex-constituant, alors juge, ex-membre de la société des Jacobins, ex-Feuillant, proposait une association contre les clubs et les sociétés populaires, ayant pour but d'éclairer le peuple, de démasquer les intrigans, de soutenir le pouvoir, etc. Au reste, ce projet, qui fit quelque bruit dans le moment, fut poursuivi par le procureur-général-syndic de la commune.

Corps municipal. — Séance du 25.

[Le procureur de la commune a dénoncé un ouvrage intitulé : *Projet d'acte d'union des citoyens français*, rédigé par M. Chabroud, membre du Tribunal de cassation, et ci-devant député à l'assemblée constituante. Cet acte a été déposé chez tous les notaires de Paris, avec invitation à tous les citoyens d'y aller apposer leurs signatures ; ce pacte n'est autre chose qu'une seconde édition, corrigée et augmentée, de la fameuse pétition *Guillaume* et *Dupont*, qui, n'ayant pas eu tout le succès qu'on en attendait, est reproduite aujourd'hui sous une autre forme ; mais cette nouvelle *ruse feuillantine* n'aura pas plus de succès que la première.

Voici les articles les plus piquans de cet engagement d'honneur.

Art. VI. Ils seront pourvus d'armes comme membres de la force publique, et accourront partout où il sera nécessaire, pour le maintien de l'ordre, soit à la réquisition des officiers civils, soit de leur propre mouvement, en cas de flagrant délit ou de tumulte inopiné.

Art. XI. Ils réprimeront de tout leur pouvoir les déclamations inconsidérées contre les puissances, et avertiront le peuple du respect qui est dû à tous les gouvernemens.

Art. XII. Ils promettent spécialement de dénoncer aux autorités compétentes toutes factions et complots dont ils auront connaissance ; toutes entreprises, faits, écrits, discours, quels qu'en soient les auteurs, tendant au renversement de la Constitution, ou à des modifications inconstitutionnelles, ou provoquant la désobéissance aux lois, le mépris des autorités constituées, l'insulte envers les magistrats ; ils promettent de même de donner main-forte pour conduire les coupables, quels qu'ils soient, devant les juges et dans les maisons d'arrêt, et pour assurer l'exécution des lois et des proclamations, arrêtés et jugemens des pouvoirs légitimes.

Le procureur de la commune a été chargé de dénoncer cet ouvrage à l'accusateur public.]

ASSEMBLÉE NATIONALE. — 25 JUILLET AU SOIR.

Mais reprenons notre narration.

La séance du soir eut un tout autre caractère que celle du matin. Il semble que les Montagnards y furent en majorité. Des votes très-importans, ainsi qu'on va le voir, furent emportés sans discussion. Le *Moniteur*, ordinairement si prolixe, se borne presque cette fois à une simple énumération.

D'abord, des citoyens qui vinrent demander à la barre la déchéance du roi, furent admis aux honneurs de la séance.

Ensuite, des députés de la section de la Croix-Rouge et des Gobelins, se présentèrent pour réclamer contre le renvoi de Paris et Bouland devant les tribunaux. Des mandats d'arrêt avaient été lancés, par l'ancien comité central des juges de paix, contre ces deux citoyens. « Paris, s'écria alors Duhem, a été arrêté pour avoir dit, dans sa section, que *c'était ici un combat à mort entre Louis XVI et la liberté*. Je vote pour son élargissement. » L'assemblée ordonna au ministre de poursuivre les auteurs de cette *détention arbitraire*.

On lut après une pétition du Puy-de-Dôme, signée de plus de dix mille citoyens, qui demandaient la permanence des sections. Plusieurs sections de Paris, entre autres celle des Lombards, à la séance du 19, avaient invoqué, sans succès, cette mesure. Cette fois, sur la proposition de Thuriot, la permanence des sections fut décrétée pour toute la France.

L'abbé Fauchet. Il a été dénoncé à la municipalité qu'il se faisait aux Tuileries un amas considérable d'armes. Des gardes nationaux y entrent tout armés et en sortent sans armes. Il nous importe que l'assemblée ne soit pas sous un arsenal aussi voisin d'elle. Je demande aussi que la lisière qui l'avoisine soit sous sa police immédiate.

Après quelques débats, l'assemblée décrète que la terrasse dite des Feuillans fait partie de son enceinte extérieure, et sera dorénavant sous la police du corps législatif.

SÉANCE DU 26 JUILLET.

Elle commença, comme il arrive presque toujours depuis un mois, par un coup d'œil sur la situation politique du pays. Toutes les nouvelles étaient tristes. Dans plusieurs départemens, des inondations extraordinaires avaient ravagé les moissons. Lacroix vint annoncer que l'Angleterre préparait un armement maritime considérable. Un autre député vint donner des preuves démonstratives de l'intelligence de la Russie avec les puissances d'Allemagne : toujours la menace était partout. Voici par quelles propositions les commissions chargées de s'occuper plus particulièrement du soin de la chose publique, répondirent à l'attente de l'assemblée. Au nom du comité diplomatique et militaire, on proposa la création d'une nouvelle légion batave : cela fut décrété. Puis, au nom du comité auquel le salut national était confié, Guadet vint proposer une adresse que Condorcet avait rédigée : la voici.

[*M. Guadet.* Votre commission extraordinaire m'a chargé de vous présenter le projet d'une adresse au roi, dont je vais vous donner lecture.

Sire,

La nation française vous a confié le soin de la défendre, et les officiers de nos troupes ont fui chez les puissances étrangères; et, réunis à vos parens, à vos courtisans, à vos gardes, ils forment une armée, et nous ont déclaré la guerre. La Constitution vous a chargé de veiller sur les intérêts extérieurs de l'empire, et l'allié pour qui nous avons prodigué notre sang et nos trésors, est devenu notre ennemi; et c'est en votre nom qu'il a soulevé contre nous une ligue de rois ennemis de cette liberté que vous avez juré de maintenir, protecteurs d'une autorité à laquelle vous avez solennellement renoncé tant de fois.

Le peuple français voit ses frontières envahies, ses campagnes menacées; son sang a coulé sous le fer des soldats du despotisme. D'un bout du royaume à l'autre, des prêtres, des nobles, des factieux de toute espèce troublent le repos des citoyens, et tous s'honorent du titre de vos défenseurs.

Par quelle fatalité, Sire, n'avons-nous pour ennemis que des hommes qui prétendent vous servir! par quelle fatalité sommes-nous obligés de douter si ces ennemis de la France vous servent ou vous trahissent!

Dans ce moment de danger, vous pouviez beaucoup, vous pouviez tout pour la sûreté de l'empire. Un ministre vigilant et ferme, digne de la confiance du peuple, appuyé de celle de ses représentans, assuré de la vôtre, eût bientôt rétabli l'ordre dans les armées, la paix dans les départemens. Et la France a dû être étonnée de voir des ministres dont elle connaissait le patriotisme remplacés tout à coup par des hommes inconnus ou suspects, bientôt suivis par d'autres non moins inconnus encore. Quelques-uns peuvent sans doute être dignes de leur place; mais pouvons-nous attendre aujourd'hui qu'ils aient eu le temps d'obtenir la confiance du peuple? Et pourquoi tous ceux qui l'ont méritée d'avance, tous ceux dont le nom aurait répandu la sécurité et l'espérance dans l'ame des citoyens, ont-ils été soigneusement écartés ou négligés?

Vous vous plaignez, Sire, de la défiance du peuple; mais qu'avez-vous fait pour la détruire? Les familles des rebelles de Coblentz remplissent votre palais; les ennemis connus de l'égalité, de la Constitution, forment seuls votre cour. Et l'on chercherait en vain auprès de vous un homme qui eût servi la cause de la liberté ou qui ne l'eût pas trahie.

Voulez-vous, Sire, reconquérir la confiance des citoyens? c'est à vous de leur en donner l'exemple. Que la demeure du roi d'une nation libre ne présente plus l'aspect d'une forteresse menacée par l'ennemi, et que ces précautions injurieuses cessent enfin de calomnier un peuple généreux et sensible. Son mécontentement s'est quelquefois exprimé avec violence, et l'on vous présente, comme l'ouvrage d'une faction, ce cri de douleur d'un peuple qui se croit trahi. On vous donne comme un projet formé de renverser le trône et de changer la Constitution, l'indignation des hommes libres qui ont cru voir dans l'état de nos armées, dans le choix de nos ministres, dans vos refus d'adopter des mesures nécessaires, l'intention coupable de modifier cette Constitution, et d'abaisser devant des rois étrangers ce trône où la nation vous a placé. Sire, les vrais ennemis de la Constitution sont ceux qui, par un emploi ou mal dirigé ou perfide des pouvoirs qu'ils ont reçus d'elle, s'efforcent de prouver qu'elle ne peut sauver la patrie. Mais toutes les divisions vont cesser; lorsqu'un empire est menacé par des armées étrangères, lorsqu'on veut changer ses lois par la force, il n'existe plus qu'un besoin et qu'un devoir, celui de repousser l'ennemi. Toute division de parti ou d'opinion doit être suspendue, et il ne reste plus que deux classes d'hommes, des citoyens ou des traîtres.

Tous vos intérêts, Sire, se réunissent à l'intérêt de la patrie; toute connivence, toute faiblesse, quand même elle serait suivie de ce succès impossible, que cependant peut-être de lâches conspirateurs osent vous promettre, serait pour vous le plus grand des malheurs. Jamais les peuples qui pardonnent tout, n'ont pardonné le crime de les avoir avilis devant un joug étranger : et quelle autorité peut dédommager celui qui se serait condamné lui-même à la haine éternelle de son pays et au mépris du reste du monde?

La Constitution, Sire, impose au roi des Français le devoir de repousser avec plus d'énergie l'ennemi qui, se couvrant faussement du nom du roi, joindrait le crime de la trahison à celui d'une agression injuste.

Elle lui a imposé l'obligation d'y opposer alors un acte formel; mais si un roi des Français, loin de démentir les premières impostures, les avait laissé long-temps s'accréditer et se répandre; s'il avait donné du poids par des actes publics aux prétextes employés pour appuyer les mêmes impostures; si le langage de ses ministres avait souvent été trop semblable à celui des ennemis de la nation; si la lenteur dans les préparatifs de défense; si la négligence à instruire les représentans du peuple de son danger, lorsqu'il était temps encore de le détourner; et plus facile de le repousser; si, en un mot, un système entier de conduite contrariait cet acte formel, une simple signature démentie par des actions serait-elle donc l'accomplissement de la loi, ou plutôt ne faudrait-il pas la regarder comme une trahison nouvelle?

Telles sont, Sire, les vérités que les représentans du peuple français ne pouvaient sans crime, vous cacher plus long-temps. Vous pouvez encore sauver la patrie et votre couronne avec elle : osez enfin le vouloir; que le nom de vos ministres, que la vue des hommes qui vous entourent, appellent la confiance publique ; que tout, dans vos actions privées, dans l'énergie et l'activité de votre conseil, annonce que la nation, ses représentans et vous, vous n'avez qu'une seule volonté, qu'un seul désir, celui du salut public !

La nation seule saura sans doute défendre et conserver sa liberté; mais elle vous demande, Sire, une dernière fois de vous unir à elle pour défendre la Constitution et le trône.]

(Nous empruntons la narration du reste de la séance au journal de Brissot, *Patriote français*, n. MLXXXII.)

« Il était possible, il était vraisemblable que cette adresse portée au roi par une députation, eût pu l'engager à changer de conduite, et à former enfin un ministère qui pût retenir la patrie sur les bords du précipice.

» Mais les patriotes ardens ont rejeté cette mesure, parce qu'ils désespèrent de la conversion du roi, et le côté droit, parce qu'il craignait que cette adresse ne le convertît.

» Malgré cette disposition manifeste des esprits, *M. Brissot* est monté à la tribune, pour prouver que cette adresse était une mesure essentielle et préparatoire aux grandes mesures que l'assemblée nationale était appelée à prononcer, qu'elle prouverait que l'assemblée avait épuisé tous les moyens de douceur, que son défaut de succès convaincrait la nation des vraies dispositions du roi et l'amènerait à donner son assentiment au décret de déchéance. Il a observé que cette adresse ne devait pas empêcher de s'occuper d'autres mesures, et il en a proposé deux qui lui paraissaient essentielles dans l'agitation des esprits.

» Dans le développement de la première, il s'est attaché à prouver que, si le roi était coupable, il fallait le juger, le condamner et qu'on ne devait pas le faire avec précipitation, comme le désiraient les ennemis de la chose publique ; que cette précipitation révolterait une grande partie de la nation et ôterait peut-être à cette mesure le suffrage de la majorité sans laquelle l'assemblée ne pouvait se soutenir. Il a donc conclu à ce que la commission extraordinaire fût, avant tout, chargée de recueillir tous les faits, toutes les preuves qui tendaient à établir que le roi était dans le cas de déchéance, et à présenter leur rapport.

M. Brissot a parcouru ensuite diverses mesures proposées depuis peu, telles que la *suspension du roi, la dictature, la convocation des assemblées primaires* pour avoir leur avis sur les réformes à faire dans la Constitution. Il a prouvé que toutes ces mesures étaient très-dangereuses pour la liberté, et favoriseraient les troubles et l'entrée de nos ennemis. Il a conclu à cet égard à ce qu'il fût fait une adresse au peuple pour le prévenir contre les opinions exagérées.

» Il n'est pas indifférent ici d'observer l'impression diverse que ce discours a faite ; il a déplu aux patriotes *de la Montagne*, obtenu les suffrages des membres qui siégent dans les bas côtés, et a été malignement applaudi par beaucoup des membres de la droite. Les premiers ont cru que M. Brissot abandonnait la cause du peuple et la mesure de la déchéance, tandis que s'ils avaient écouté attentivement, ils auraient vu que M. Brissot ne rejetait point la déchéance, mais blâmait toute précipitation, mais voulait une grande sévérité d'examen, parce que, sans cela, il est impossible d'avoir l'opinion publique. Son opinion est tellement formée sur cette question, que, lorsqu'elle s'agitera, il fera voir *que le roi est dans le cas de déchéance*. Mais la conviction ne suffit pas pour le succès, il faut avoir celle de la majorité et l'examen approfondi peut seul la donner. Quelques membres de la droite ont applaudi ce discours, parce qu'ils ont cru y voir un moyen bien innocent de brouiller les patriotes, d'inspirer des méfiances sur l'orateur. C'est ainsi qu'on applaudissait dernièrement M. Vergniaud ; c'est dans cet esprit charitable que la *Gazette Universelle* et le *Journal de Paris* l'ont loué et qu'elles auront peut-être une aussi funeste bienveillance pour M. Brissot. Mais de vrais patriotes ne sont point dupes de ces ruses ; ils persévèrent dans la ligne du patriotisme, et il sera impossible que le peuple plus éclairé ne revienne pas ensuite de ses préventions. »

— En effet, selon l'aveu du *Moniteur*, le discours dont il s'agit fut souvent couvert par les murmures des tribunes ; et, selon *la Correspondance patriotique*, l'orateur fut même interrompu et manifestement troublé par les cris du même lieu et bien entendus de tout le monde : *A bas, scélérat de Barnave ; à bas, homme à double face !* En retournant à sa place, il fut, il est vrai, suivi par les applaudissemens de la majorité de l'assemblée ; « Mais en y arrivant, ajoute le même journal, il fut frappé de deux prunes, qu'une main vigoureuse lui avait lancées du haut des tribunes ; et par des hurlemens mêlés de cris : *A bas ; c'est un scélérat ; ils sont un tas de scélérats.* — Lorsque M. Brissot sortit, il essuya les plus violentes menaces. Il est certain que sa conduite a dû paraître très-extraordinaire... Il est cruel pour lui d'être insulté au premier moment où il a raison, et par les mêmes gens qui, en sa faveur, insultaient, il y a quelques jours, ses collègues... Cependant M. Brissot paraît n'avoir fait que peser en homme sage ce que le général Montesquiou a dit à la commission extraordinaire : *Vous êtes bien les maîtres de déclarer le roi déchu ou suspendu : mais soyez certains que le lendemain vous n'aurez ni généraux, ni officiers, ni soldats.* — Quant à l'assemblée, elle doit songer qu'elle n'a peut-être plus qu'un moment pour reprendre sa dignité et rétablir la liberté nationale. » (*L'Ami de la Constitution et Correspondance patriotique*, n. LIV (1).)

Au reste les propositions de Brissot furent décrétées et l'on vota l'impression de son discours. Voici textuellement la décision

(1) Ce journal, paraissant par cahiers in-8° chaque jour, était rédigé par Dupont de Nemours.

de l'assemblée telle que nous la trouvons dans le *Moniteur*: La commission extraordinaire est chargée d'examiner : 1° quels sont les actes qui peuvent entraîner la déchéance ; 2° si le roi s'en est rendu coupable ; 3° de faire une adresse au peuple pour le prévenir contre les mesures inconstitutionnelles et impolitiques qu'on pourrait lui proposer.

Séance du soir.

[Un de MM. les secrétaires fait lecture du procès-verbal de la séance du mercredi au soir.

Il s'élève des réclamations sur le décret relatif à la terrasse des Feuillans.

Plusieurs membres demandent le rapport de ce décret.

Après quelques débats tumultueux, l'assemblée passe à l'ordre du jour.

Le ministre des affaires étrangères adresse à l'assemblée, en vertu de son décret de ce matin, une lettre de M. Chauvelin, contenant la liste des vaisseaux sortis de Portsmouth, pour entrer dans la Manche, et l'état de la marine anglaise. Les vaisseaux sortis sont au nombre de sept, cinq frégates et deux corvettes, et n'ont de vivres que pour quinze jours.

On fait lecture d'une lettre du ministre de l'intérieur, qui annonce qu'informé au milieu de la nuit, par le procureur-général-syndic du département, du bruit qui se répandait dans les lieux publics, qu'il se faisait aux Tuileries des amas d'armes, il s'est transporté auprès du roi, et que S. M., quoique dans son sommeil, à fait inviter le maire de Paris à se transporter au château pour y faire toutes les visites et les perquisitions nécessaires. M. le maire a répondu que ne pouvant y aller lui-même, et croyant convenable de donner de la solennité à cette démarche, il allait nommer six officiers municipaux. Sur quelques difficultés élevées par ces magistrats, le maire a cru devoir consulter le corps municipal, qu'il va convoquer à cet effet.

L'assemblée passe à l'ordre du jour.]

Le reste de la séance fut occupé de questions toutes personnelles, sans intérêt aujourd'hui. Il s'agissait du privilége de ses membres vis-à-vis la justice ; et à cette occasion il n'y eut qu'un échange de paroles irritantes et sans résultat.

La question révolutionnaire parut un moment vers la fin. Quoique l'assemblée ne fût plus en nombre, on lut des lettres de Strasbourg, dont l'une annonçait la découverte d'un centre de correspondance entre les émigrés et les mécontens de l'intérieur ; l'autre demandait un secours de 300,000 fr. pour approvisionnement. Il fut décrété.

Deux députations des sections de Paris furent admises à la barre. Elles demandèrent la suspension du roi, et l'accusation de La Fayette. — On leur accorda les honneurs de la séance, et l'on vota l'impression de leurs adresses.

Pendant que cette séance se terminait ainsi, une scène d'une nature plus grave se passait à la Bastille. Un banquet civique qui devait avoir lieu le 22 sur les ruines de cette forteresse, avait été remis au 26 ; Carra avait annoncé cette remise dans son journal, et avait donné pour motif de l'ajournement, la cérémonie de la déclaration de la patrie en danger. Ce motif était-il réel ? Craignait-on que la joie d'un banquet ne contrastât trop désagréablement avec la sévérité de la proclamation du 22 juillet ? ou plutôt, le but secret qu'on se proposait dans ce banquet ne commandait-il pas de choisir un jour plus favorable, un jour où toute la population ne fût pas occupée d'idées étrangères à ce but ? Il est certain, en effet, qu'il fut l'occasion de la première tentative d'insurrection générale. Ce fut un des préludes de celle du 10 août. Ici, nous n'emprunterons rien aux journaux du temps, qui ne connurent de cette affaire que ses apparences extérieures. Nous transcrirons le récit de Pétion, qui nous en montre tous les détails. Nous n'y trouvons qu'un fait omis : c'est que les fédérés brestois, qui formaient un corps assez nombreux, étaient arrivés le 25 au matin : ils furent accompagnés dans les rues par la foule et le cris de *Vive la Nation ! vive les Brestois !*

JOURNÉE DU 26 JUILLET.

« Ce jour était celui d'un festin civique donné aux fédérés sur l'emplacement de la Bastille. Chaque citoyen du faubourg y porta son dîner ; la gaieté, le patriotisme présidèrent à ce repas vraiment digne d'hommes libres. On y chanta des hymnes en l'honneur de la liberté ; il y eut danse, illumination ; et ces plaisirs se prolongèrent jusqu'à une heure après minuit.

» Le ministre de l'intérieur, Champion, vint pour espionner ce qui se passait. Affublé d'une mauvaise redingote, il parcourait les différens groupes ; il fut reconnu, reçut quelques soufflets et quelques coups de pieds ; au lieu de conserver cette correction dans l'oubli, il eut la sottise de rendre plainte, et il se fit tourner en ridicule.

» Le directoire révolutionnaire des fédérés avait formé le projet de profiter de ce grand rassemblement de citoyens et de l'exaltation des esprits, suite ordinaire des fêtes, pour faire une insurrection, renverser les tyrans et la tyrannie.

» Sur les sept heures du soir, les citoyens *Vaugeois, Westermann, Debessé, Kienlin, Santerre, Guillaume, Alex. Lazousky, Simon, Fournier* et *Carra*, se rassemblèrent au cabaret du *Soleil-d'Or*, rue Saint-Antoine, vis-à-vis l'emplacement de la Bastille.

» Là, on dressa le plan de campagne et le projet de siége du château. La petite armée devait se diviser en trois colonnes ; deux partaient de l'emplacement de la Bastille ; l'une prenait par-dessus les boulevarts Saint-Antoine, et se rendait directement au château ; l'autre passait par la place de Grève, et s'emparait de la maison commune ; elle était aussi chargée de consigner le maire chez lui ; la troisième partait du faubourg Saint-Marceau, et arrivait par le pont à la place Louis XV.

» Les drapeaux qui devaient flotter devant ces colonnes étaient de couleur rouge, et on lisait dessus, en gros caractères noirs, ces mots : *Résistance à l'oppression ; loi martiale du peuple souverain contre la rébellion du pouvoir exécutif.*

» Les commissaires de l'insurrection avaient aussi fait faire des affiches de couleur bleuâtre qui étaient ainsi conçues : *Ceux qui tireront sur les colonnes du peuple seront mis à mort sur-le-champ; ceux qui se joindront à ces colonnes seront garantis de tout accident, et leurs personnes et leurs propriétés.*

Ces affiches, imprimées par Chaudet, furent déposées chez Santerre, où Carra fut les chercher pour les faire placarder.

» Les commissaires convinrent de se rassembler tous autour de la colonne de la liberté. Le mot d'ordre pour entrer était : *Colonne blanche.*

» On était convenu de ne pas faire de mal au roi, de l'enlever et de le constituer prisonnier dans le donjon de Vincennes; on devait, de suite et sur-le-champ, faire les fouilles les plus exactes dans le château.

» On chargea Westermann d'aller à Versailles pour prévenir la garde nationale de cette ville de se mettre en marche vers les trois heures du matin avec ses canons, afin d'arriver aux Champs-Élysées à peu près à la même heure que les colonnes parisiennes.

» Lazousky, capitaine de canonniers, se fit fort que le faubourg Saint-Marceau serait prêt pour les quatre heures du matin.

» On répandait le bruit que Chabot et Merlin avaient été assassinés par les *Chevaliers du Poignard*, pour augmenter de plus en plus l'agitation des esprits.

» On fit également circuler la nouvelle que les chevaliers du poignard voulaient s'emparer du roi, et le conduire hors du royaume dans les armées ennemies.

» Soit qu'il y eût trop de monde dans le secret, soit que des commissaires aient commis quelque indiscrétion, la cour était parfaitement instruite de ce qui se passait, et avait pris toutes les précautions pour faire bonne contenance. Le commandant-général avait fait filer de six à sept mille hommes bien armés dans les cours et dans le jardin. Il vint prévenir M. Pétion, qu'il devait y avoir un rassemblement sur les ruines de la Bastille; que de là le rassemblement devait se porter au château; qu'il avait cru de sa prudence de renforcer tous les postes.

» Dans le même moment, sur les une heure, une heure et demie du soir, le maire de Versailles et l'adjudant-général de la garde entrèrent à la mairie et dirent à M. Pétion, qu'un fédéré était venu dans leur ville, qu'il avait échauffé les esprits; qu'il avait demandé des secours, parce qu'on voulait, disait-il, enlever le roi, et transférer l'assemblée nationale ailleurs; et qu'il ne doutait pas que les braves habitans de Versailles ne se réunissent à leurs frères de Paris, pour s'opposer à ces attentats. Ils ajoutèrent que les citoyens de Versailles étaient toujours prêts à donner à ceux de Paris, des preuves de fraternité, mais que leur garde nationale n'était pas en marche et attendait ce qu'elle avait à faire.

» Dans le même instant, un officier fédéré qui devait commander une des colonnes, se rendit auprès du maire de Paris, et l'avertit qu'il n'y avait point d'accord, qu'on ne s'entendait pas.

» M. Pétion se rendit vers minuit sur l'emplacement de la Bastille; il y restait encore un assez grand nombre de citoyens : les uns étaient à table, d'autres chantaient, d'autres dansaient; il fut bien accueilli; quelques fédérés parurent étonnés de l'y voir, il causa avec eux; et après s'être promené quelque temps, il harangua les spectateurs; il eut soin de leur faire entendre que l'idée d'un projet d'aller au château se répandait, qu'on en était imbu à la cour, et que des mesures de précaution avaient été prises. Il engagea les citoyens à ne faire aucun mouvement et à rentrer paisiblement chez eux.

» Il était facile d'apercevoir sur plusieurs physionomies l'extrême surprise que le plan fût découvert.

» M. Pétion fut de là au faubourg Saint-Marceau. La section était assemblée; elle était peu nombreuse. Ceux qui étaient présens paraissaient peu disposés à se réunir au faubourg Saint-Antoine : ils manifestèrent même beaucoup de défiance d'un message qui leur avait été fait; ils dénoncèrent un particulier qui était venu à cheval leur dire de se tenir prêts à se réunir au faubourg Saint-Antoine. Quelqu'un d'entre eux dit : Sans savoir son nom, je me rappelle l'avoir vu souvent avec M. Liancourt, ce qui augmenta beaucoup les soupçons. Le quartier était très-tranquille : on ne rencontrait personne sur pied.

» Il se trouva à peine quatre à cinq cents fédérés au lieu indiqué. A quatre heures du matin, ces fédérés, de leur propre mouvement, firent sonner le tocsin et battre la générale dans le faubourg Saint-Antoine, ce qui attira des habitans armés de piques et de fusils; mais il s'en fallut beaucoup que tout le faubourg s'ébranlât, et que toutes les gardes nationales de ce faubourg vinssent se joindre aux fédérés.

» Le directoire envoya *Carra* dans le faubourg Saint-Marceau savoir ce qui l'empêchait d'arriver. Il trouva tout dans la plus parfaite tranquillité. Le directoire, dès-lors, sentit bien qu'il n'y avait rien à faire, et chacun retourna chez soi, en y ajournant l'insurrection à l'arrivée des Marseillais, car ils se promirent bien de recommencer.

» Lorsqu'on réfléchit que la garde nationale de Versailles n'était pas en marche, que le faubourg Saint-Marceau n'était pas suffisamment préparé au mouvement, que le faubourg Saint-Antoine ne l'était pas même en totalité, que les fédérés étaient en aussi petit nombre; que, d'un autre côté, la cour, instruite du projet, avait réuni une force très-imposante, on ne peut trop rendre d'actions de graces à M. Pétion, d'avoir été au devant d'une insurection qui, faute de mesures, d'ensemble, et par une précipitation imprudente, aurait infailliblement avorté, aurait dès-lors tourné à l'avantage de la cour contre le parti populaire, et aurait pu entraîner des malheurs incalculables (1). »

Tous les journaux parlèrent d'une manière fort vague de cette affaire. Les *Annales patriotiques* de Carra se bornèrent à ces mots : « Le banquet civique s'est fait hier sur le terrain de la Bastille, avec la plus parfaite tranquillité, malgré les efforts de quelques émissaires du cabinet autrichien, qui, sous l'apparence

(1) Extrait d'un volume ayant pour titre *Pièces importantes pour l'histoire*, page 252, et publié en l'an II de la république, pour la justification de Pétion. Pour en apprécier le style, il faut se souvenir qu'alors les Montagnards accusaient Pétion ainsi que les Girondins de s'être entendus avec la cour.

du patriotisme, cherchaient à profiter de ce rassemblement pour égarer l'opinion publique. Ce banquet s'est terminé par un feu d'artifice et une illumination ; un transparent rappelait que la patrie était en danger. — Les Tuileries sont toujours barricadés : le bruit court depuis quelques jours, qu'il s'y entasse une quantité prodigieuse d'armes et de munitions, qu'on y a porté beaucoup d'habits de gardes nationales. » (N. du 28, CCX.)

Le *Patriote français* plaisantait sur la déconvenue de Champion. *Que diable M. Champion allait-il faire là, c'est le tour de bâton du ministère*, disait-il ; ce mauvais jeu de mots courut et fit oublier peut-être à quelques personnes le côté sérieux de l'événement. Cependant le journal de Brissot joignit à ses plaisanteries quelques recommandations : « Une grande agitation règne dans les esprits, ajoutait-il ; elle est entretenue par des écrits incendiaires, et par les discours des aristocrates qui se glissent dans les groupes... nous ne devons cesser de prévenir le peuple, que ces malheureux cherchent surtout à exciter nos frères des faubourgs, pour les porter au désordre. »

Le public et les journaux royalistes surent seulement qu'il y avait eu quelque agitation au faubourg Saint-Antoine. On en attribua, en général, l'origine au bruit qui se répandait de l'armement des Tuileries. Cette opinion fut accréditée par les passages suivans du *Moniteur* du 28.

COMMUNE, 26 *juillet*. — Après la séance du conseil-général, M. le maire a convoqué extraordinairement le corps municipal, et lui a fait part qu'il avait reçu à une heure du matin, de M. le ministre de l'intérieur, la lettre suivante :

« Je viens de rendre compte au roi, monsieur, qu'il se répand dans quelques lieux publics, le bruit qu'il y a dans le château un amas d'armes et d'habits. Sa majesté ne veut laisser subsister aucun motif de soupçon ou d'inquiétude ; elle m'ordonne de vous mander de vous rendre, ou de faire transporter au château deux officiers municipaux, pour y faire la visite partout où il sera par vous ou par eux jugé convenable. »

Signé, CHAMPION, *ministre de l'intérieur.*

P. S. Attendu qu'il est tard, vous êtes le maître de remettre la visite à demain matin ; mais sa majesté ne trouverait pas mauvais qu'elle fût faite sur-le-champ.

Après plusieurs observations, et après avoir entendu le procureur de la commune, l'arrêté suivant a été pris :

« Le corps municipal considérant qu'aux termes de l'art. IV de la loi du 8 juillet, et de l'art. VIII de l'arrêté du conseil de la commune du 18 de ce mois, *le roi doit préalablement faire faire au comité de sa section, tant pour lui que pour les personnes domiciliées au château des Tuileries, la déclaration des armes étant en la possession de chacun ; arrête* qu'il n'y a lieu à délibérer.

» Le corps municipal charge le procureur de la commune d'écrire au comité de la section des Tuileries, pour lui demander d'être prévenu du moment où le roi aura fait cette déclaration.

» Signé, Pétion, *maire.*

De Paris, le 27 juillet. Quelques mouvemens de fermentation ont eu lieu hier soir dans le faubourg Saint-Antoine, à la suite d'un repas civique donné sur les ruines de la Bastille. Déjà on annonçait le dessein de se porter aux Tuileries pour enlever les armes qu'on disait y être renfermées en grand nombre. Dès trois heures du matin, M. le maire s'est transporté au faubourg Saint-Antoine, a donné connaissance aux citoyens de l'arrêté du corps municipal sur cet objet, les a invités à la tranquillité. Ses sages conseils ont eu le plus grand succès ; chacun s'est retiré paisiblement dans ses ateliers, et rien n'annonce que l'ordre public soit troublé. Les *agitateurs* ont encore une fois perdu leur *temps* et leur *argent.*

Assemblée nationale. — *Séance du 27 juillet.*

Une députation de la municipalité de Paris ayant à sa tête le maire et le procureur de la commune, est introduite à la barre.

M. Pétion. Je demande la permission de vous donner lecture d'une lettre que je me proposais d'avoir l'honneur de vous écrire dans le cas où je n'aurais pas été admis moi-même.

« Je saisis les premiers instans de liberté pour vous faire part des événemens de ce matin. Hier à minuit, je fus instruit d'un projet qui n'a pu être formé que par les ennemis du bien public ou par des hommes trop exagérés. Il paraît qu'on avait conçu l'idée de réunir en masse les fédérés, les faubourgs Saint-Antoine et Saint-Marceau, de les rassembler au bruit du tambour et du tocsin, et de les porter autour de l'assemblée nationale et du château des Tuileries. Qu'eût-on fait alors? c'est ce que j'ignore. A peine fus-je instruit de ce projet que je me rendis sur la place de la Bastille. J'y trouvai un grand nombre de citoyens, dont les uns s'amusaient à danser, les autres à boire. Je leur dénonçai le piége dans lequel on se proposait de les entraîner; je les engageai à retourner chez eux. Ils m'entendirent avec quelque confiance. Je me rendis de là au faubourg Saint-Marceau; les sections étaient assemblées. Je leur fis part de mes inquiétudes. Elles m'annoncèrent qu'elles venaient de recevoir un message d'un particulier qui les invitait à se réunir en armes et avec les canons. On me dit que tout serait tranquille, que les citoyens n'entendraient que la voix des magistrats, et n'obéiraient qu'à leurs ordres.

A deux heures et demie je fus instruit que l'on sonnait le tocsin, que l'on battait le tambour dans le faubourg Saint-Marceau, que les issues étaient interceptées. J'y envoyai aussitôt un officier municipal, et je le suivis peu après. Les bataillons étaient sous les armes avec les canons. Je me suis arrêté de distance à autre pour haranguer ces nombreux citoyens; et ce qu'il y a de plus consolant pour un magistrat du peuple, c'est qu'il a reconnu encore dans cette occasion que la voix de la raison est plus puissante que celle de la force. On s'est plaint de ce que la caisse avec laquelle on battait le tambour, a été enlevée de force par un corps-de-garde, et de ce que les portes d'une église ont été forcées pour sonner le tocsin. J'ai fait imprimer, ce matin, un avis aux citoyens, et j'espère qu'une journée, dont le commencement annonçait quelque orage, finira paisiblement. » (Applaudissemens.)

Pétion lut ensuite une adresse du conseil-général, qui réclamait : 1° Une loi en vertu de laquelle la sortie du royaume fût interdite à tous les Français ; 2° que le séquestre des biens de ceux qui contreviendraient à cette loi, assurât à la patrie un gage de leurs intentions ; 3° que l'assemblée s'occupât de renforcer les ressorts de la police de sûreté générale ; 4° et qu'elle autorisât l'établissement d'un comité de surveillance dans le sein de la municipalité. — La première de ces propositions fut sur-le-champ, et sauf rédaction, convertie en loi ; les autres furent renvoyées à la commission extraordinaire.

On passa ensuite à la discussion du projet de Gensonné sur l'attribution du droit d'information aux municipalités. Deux orateurs furent entendus : Becquet, contre ; Hérault de Séchelles, pour.

Séance du soir. — Paris et Bouland vinrent remercier l'assemblée de leur mise en liberté.

Des gardes nationaux se présentèrent à la barre. Ils reparlèrent de la difficulté de garder le jardin des Tuileries, depuis que la terrasse des Feuillans était livrée au public ; ils se plaignirent d'avoir été insultés ; ils demandèrent enfin que la terrasse fût de nouveau fermée.

En effet, il y avait eu, le jour même, quelques désordres sur cette terrasse. Des gardes étaient aux escaliers par lesquels elle communique avec le jardin ; et quelques propos avaient été échangés entre ces sentinelles et les passans. Un individu, qui n'était autre, disent les journaux, que Duval-Despréménil, avait excité le peuple à franchir la ligne des gardes, mais il avait été reconnu et maltraité (1).

Le lendemain 28, le peuple établit, de lui-même, une barrière tricolore, qui fut plus respectée. Nous insistons sur la date de ce détail, parce que c'est un des souvenirs restés les plus vifs dans la mémoire des contemporains. « Aujourd'hui, dit le *Patriote français*, il n'y avait pas de gardes pour empêcher de passer de

(1) M. Despreménil démentit le fait de la provocation par une lettre qui fut insérée dans le *Journal de Paris*.

la terrasse des Feuillans dans le reste du château des Tuileries. Au lieu du cordon de troupes qui y était hier, un cordon de ruban, tendu par des patriotes, traçait la ligne de démarcation entre le territoire français et le territoire *autrichien*. On avait attaché à ce ruban différentes devises; en voici deux que nous avons remarquées : — *Que ceux qui ont brisé les chaînes du despotisme respectent ce simple ruban*, disait l'une; — l'autre portait ce refrain d'une ariette connue : *Amis, si vous voulez m'en croire, n'allez point dans la forêt Noire.* »

Au reste, chaque jour les inscriptions changeaient : un jour, on remarqua celle-ci : « *Louis, tu dis que le peuple est méchant; vois Louis, comme tu mens.* — Un autre jour (le 4 août), ce fut celle-ci : *La colère du peuple tient à un ruban; la couronne du roi tient à un fil.*

Du 27 au 30. — Les séances de l'assemblée furent en grande partie occupées par l'instruction de l'affaire La Fayette, que nous avons vue plus haut; par quelques discours sur la proposition Gensonné, par quelques mesures administratives et toutes temporelles, en quelque sorte, sans importance révolutionnaire et même sans intérêt législatif.

Le 30, les Marseillais depuis si long-temps attendus arrivèrent ce matin même à Paris, venant de Charenton et d'Ablon, où ils avaient couché. Ils formaient un corps de cinq cent seize hommes bien armés et suivi de trois pièces de canon. Ils furent conduits par Santerre, commandant du bataillon des Enfans-Trouvés, et le législateur Merlin, aux Champs-Élysées, pour s'asseoir à un banquet patriotique. Des grenadiers des Petits-Pères et des Filles-Saint-Thomas étaient, dans ce moment, réunis chez un restaurateur voisin : *Au Jardin royal:* Ils n'étaient, disent les journaux royalistes, que cent soixante; une rixe s'éleva entre les représentans des Jacobins et ceux de la riche bourgeoisie. Les gardes nationaux eurent le dessous; c'est le seul fait sur lequel les feuilles des diverses opinions soient d'accord. Les journaux royalistes imputent le tort de l'attaque aux Marseillais ; ils les accusent d'avoir attaqué avec des armes à feu, des hommes désarmés ; les journaux patriotes adressent le même reproche aux grenadiers.

Nous ne pouvons aller chercher la vérité dans ces récits contradictoires. Nous nous attacherons donc surtout à la narration écrite par Pétion, et aux débats qui eurent lieu à cette occasion, dans l'assemblée nationale.

JOURNÉE DU 30 JUILLET.

« Cette journée, sans former une époque mémorable, ne doit pas être passée sous silence; ce fut le jour où les Marseillais arrivèrent à Paris. Ils avaient été précédés par la calomnie ; il n'était pas de propos infâmes que l'on ne tînt sur leur compte; on ne parlait que des pillages et des excès qu'ils avaient, disait-on, commis dans tous les endroits où ils avaient passé; les libellistes, les papiers payés par la liste civile, répétaient ces infamies; la cour avait une peur effroyable de ces braves habitans du Midi. Ils avaient couché la veille à Charenton, et la cour aurait tout sacrifié pour les écarter des murs de Paris. Ils firent une entrée vraiment triomphante ; ils arrivèrent par le faubourg Saint-Antoine; une foule immense de citoyens fut au-devant d'eux; en traversant Paris, ils firent ôter quelques cocardes à rubans, ce qui occasiona beaucoup de rumeur; on leur imputa à cet égard des violences qu'ils n'avaient pas commises; il y avait d'ailleurs vingt-quatre heures qu'on faisait cette petite guerre dans Paris aux cocardes à ruban, et que le peuple n'en voulait plus que de laine.

» Le bataillon vint à la mairie donner des marques d'amitié à M. Pétion; de là il fut dans les casernes qui lui étaient destinées (1), et alla dîner aux Champs-Élysées dans un endroit qui, depuis plusieurs jours, était indiqué comme devant être le lieu du festin. Des gardes nationales du faubourg Saint-Antoine,

---

(1) Les Marseillais furent casernés à la Nouvelle-France ; quelques jours après ils furent transférés à la caserne des Cordeliers. (*Note des auteurs.*)

S'nterre à leur tête, les accompagnaient : il est bon de remarquer que les Marseillais avaient laissé leurs armes dans leurs casernes, et quelques-uns avaient seulement leurs sabres.

» Des grenadiers des Filles Saint-Thomas et autres volontaires qui étaient certainement instruits de l'endroit où dînaient les Marseillais, furent aussi dîner aux Champs-Élysées dans la guinguette la plus voisine de celle des Marseillais.

» On prétend que ces grenadiers chantèrent quelques chansons peu patriotiques; qu'ils crièrent *Vive le roi! Vive la reine! Vive La Fayette!* Mais cette circonstance n'est pas bien prouvée; ce qu'il y a de plus certain, c'est que les grenadiers eurent querelle avec plusieurs citoyens qui se réunissaient en assez grand nombre dans cet endroit; que les grenadiers se permirent des propos, firent même des gestes menaçans, qu'on leur jeta de la boue, et que le peuple se mit à crier : *A nous les Marseillais!*

» Les Marseillais commençaient à peine à se mettre à table, ils quittèrent tous; les uns sortaient par les portes, les autres par les croisées; ils sautèrent par-dessus des palissades, franchirent des fossés avec une agilité inconcevable et qui étourdit et intimida les grenadiers. On mit le sabre à la main; plusieurs grenadiers furent blessés, d'autres se mirent à fuir; quelques-uns de ces grenadiers avaient des pistolets qu'ils tirèrent : un d'eux, le sieur Duhamel, fut la victime de cette lâcheté; ayant tiré un coup de pistolet sur un Marseillais et l'ayant manqué, on courut après lui; on l'atteignit dans un café où il s'était réfugié, et on le tua.

» Une chose remarquable, c'est que le pont-levis des Tuileries se baissa pour recevoir les grenadiers qui fuyaient, et qu'il se leva ensuite pour ne plus laisser entrer personne et surtout ceux qui les poursuivaient.

» Un fait qui ne l'est pas moins, c'est que des femmes de la cour s'étant mises à pousser des cris devant la reine et disant : *mon mari, mon frère sont tués;* — *non, non,* leur répondit la reine, *soyez tranquilles, ils n'y étaient pas :* ce qui annonce que la cour était instruite de la rixe qui aurait lieu, et qu'elle savait

JUILLET (1792).

le nom des grenadiers et autres chevaliers qui devaient y jouer un rôle.

» Le commandant-général, des aides-de-camp, vinrent à la mairie tout effrayés, comme si Paris était en feu, et firent les récits les plus exagérés de cette querelle. Le maire se rendit à l'instant sur les lieux, et déjà il n'y avait plus personne; de là, il fut à la caserne des Marseillais, où il fut très-bien accueilli; il les trouva très-irrités de ce qui venait d'arriver, mais ils lui promirent d'oublier cet outrage; ils avaient fait deux prisonniers qu'ils traitèrent avec humanité, et qu'ils rendirent; ils manifestèrent les meilleures dispositions.

» Le commandant-général, pour faire sa cour au château, donna un grand appareil à cette affaire; il fit battre la générale; des bataillons marchaient de tous côtés dans les rues avec leurs canons; les cours des Tuileries furent à l'instant remplies de gardes nationales : ont eût dit qu'il était question de résister à un siége dans les formes. Le commandant-général fut vivement réprimandé d'avoir sans aucun ordre, mis ainsi toute la ville en état d'alarme.

» De leur côté, les grenadiers des Filles-Saint-Thomas, honteux de leur fuite et voulant s'en venger, soulevèrent leur bataillon, soulevèrent le plus de gardes nationales qu'ils purent, et il n'était question de rien moins que de tomber les armes à la main dans la caserne des Marseillais. Des canons étaient braqués devant la Comédie-Italienne, dans le cas où les Marseillais iraient pour y passer; tout annonçait un malheur, une explosion, et tout se calma. Il y eut seulement une agitation sourde pendant quelques jours, et les spadassins de la cour conservèrent, contre les Marseillais, une haine implacable, mais qu'ils n'osèrent jamais manifester en face de leurs adversaires. » (*Pièces importantes pour l'histoire.* Volume déjà cité, p. 242.)

» Les journaux patriotes s'égayèrent largement sur la déconvenue des gardes nationaux du bataillon des Filles-Saint-Thomas et des Petits-Pères, que leur zèle royaliste avait fait détester.

» Dans cette défaite sans combat, fut reconnu et conspué l'épais Moreau de Saint-Méry, dont l'embonpoint retardait la marche précipitée. Quelques coups de plat de sabre gravèrent sa honte sur l'une de ses omoplates. Tu fus heureux, fameux Parisot, si brave sur les tréteaux du boulevard et dans ta feuille du jour; et toi aussi, Régnault de Saint-Jean d'Angely, toujours plastronné par précaution de ton *Journal de Paris*; et toi encore, Pigeon, intrépide commis du bureau du *Journal de la Cour et de la Ville*, le bâton fut votre unique châtiment, ainsi qu'aux gardes du roi; Saint-Léger-Leclerc, libraire, au Théâtre-Italien, en fut quitte pour une entaille entre les deux épaules; une balle (mais elle n'était marseillaise) alla se loger dans les reins du chevalier de Saint-Louis d'Agès : il dut cette faveur à la maladresse de l'un de ses camarades de fuite; Marquant, l'un des valets de garde-robe de Médicis-Antoinette, le même qui, le 21 juin 1791, fut chargé de l'enlèvement des bijoux de la couronne, reçut au bras et à la cuisse une touche dont il se souviendra; Beaugé, son compagnon de domesticité, sans égard pour l'élégance de sa coiffure, se vit rouler dans la boue; un officier des canonniers des Filles-Saint-Thomas en fut quitte pour ses épaulettes, qu'on lui arracha avec plus de mépris encore que d'indignation; quant à Perrez, ci-devant valet-de-chambre, aujourd'hui commandant des Petits-Pères, son agilité à sauter dans le fossé du Pont-Tournant le mit à l'abri d'une pareille flétrissure; quelques coups de canne tombèrent au hasard sur Blouet, le boisselier de la rue Montmartre; sur Berger, attaché aux ci-devant domaines du roi; sur Blondel, du directoire du département de Paris; sur Solier, le juge de paix; et même aussi sur un ci-devant conseiller du Châtelet; un autre individu laissa quatre doigts sur le champ de bataille; Duhamel perdit la vie dans cette affaire, où il voulut jouer le rôle principal; pourquoi aussi cet agent de change, lieutenant du bataillon des Petits-Petits, s'avisa-t-il de tirer deux coups de pistolet, l'un, sur le peuple sans défense, l'autre, sur un Marseillais qui n'avait d'autre arme que son sabre? » (*Révolutions de Paris*, n. CLX.)

Le même journal ajoute que d'anciens gardes du corps du roi se trouvaient dans le lieu où dînaient les gardes nationaux. Il ne doute pas que la réunion du *Jardin-Royal* n'eût été préméditée. Le repas devait avoir lieu la veille, et il avait été remis. Les convives principaux étaient des Feuillans furieux, Régnault Saint-Jean-d'Angely, Parisot, Pigeon, Moreau de Saint-Méry. Enfin il donne quelques détails sur ce qui se passa au château après l'échauffourée, où, dit-il, six à sept cents hommes habillés de noir, et leurs croix de Saint-Louis dans la poche où à la main, furent introduits et passèrent la nuit.

SÉANCE DU 30 JUILLET, AU SOIR.

[Des gardes nationaux sont admis à la barre.

L'orateur. Nous venons nous plaindre de ce que, dînant tranquillement entre nous, nous ayons été assaillis par une troupe de gens égarés. Nous sommes tous dévoués à la défense de la liberté; nous n'avons, dans notre festin, fait aucune insulte à la Constitution que nous chérissons, et cependant nous avons été assaillis d'une grêle de pierres. Six cents furieux (une petite partie de l'assemblée et des tribunes poussent des huées); les Marseillais ont fondu sur nous à coups de sabre et de pistolet; ils ont assassiné un de nos camarades. (Une voix s'élève dans les tribunes : *Tant mieux.*) Notre ami eût mieux aimé verser son sang pour la patrie. Plusieurs d'entre nous ont été attaqués comme lui, ils n'ont dû leur salut qu'à leur fermeté et à un signe de ralliement que M. Santerre leur a indiqué. (Plusieurs voix des tribunes : *Cela n'est pas vrai.*) Nous vous demandons justice ; le sang de nos frères crie vengeance. (Les tribunes poussent de nouvelles huées.) Législateurs, la garde nationale de Paris vous a bien défendus ; vous ne verrez pas de sang-froid commettre sous vos yeux de tels assassinats. (Nouvelles huées des tribunes.)

M. le président. L'assemblée prendra en considération les faits que vous venez de lui dénoncer. Elle vous accorde les honneurs de la séance.

M. Merlin. Je demande l'ordre du jour.

Les gardes-nationaux traversent la salle au milieu des huées des tribunes.

M. le président. Des gardes nationaux, de garde au château, poste de la reine, demandent à être admis à la barre.

L'assemblée décide qu'ils seront admis.

Trois gardes nationaux entrent.

Un garde national. Nous sortons de faction de chez la reine. Des gardes nationaux, barbouillés de boue, exprès, sont entrés sans carte chez le roi, la reine et le prince royal, qui se sont tout de suite rendus à notre corps de garde ; alors un grenadier des Filles-Saint-Thomas a dit qu'il était allé dîner aux Champs Élysées avec ses camarades; que les Marseillais leur avaient crié de déposer les cocardes aux rubans, qu'ils leur avaient répondu qu'elles étaient bonnes ; qu'enfin les Marseillais les avaient forcés à crier *vive la nation.* Sont-ce là des gardes nationales ? (Une partie de l'assemblée et les tribunes applaudissent.). De quel district êtes-vous ? lui dit le roi qui était tout près. Sur-le-champ il est arrivé des dames d'honneur ou pas d'honneur. (Mêmes applaudissemens.) Une dame éplorée dit à la reine: Mon mari est tué. Votre mari n'a rien, lui répondit la reine. Un autre garde national, blessé, a été pansé dans les appartemens. Nous sommes ensuite descendus au poste, où il n'y avait pas d'officiers.

Un autre garde national. J'étais aussi en faction, un grenadier qui passait m'a dit que les Marseillais étaient des brigands. Je lui ai répondu qu'il ne fallait pas parler ainsi, qu'ils allaient à la frontière. Si tu n'étais pas en faction, reprit-il, je te f..... mon sabre dans le ventre. Alors j'ai mis la main sur mon sabre, voulant le tuer. Tout ce que j'ai pu faire, ça été de lui donner un coup de pied dans le ventre. Il a été conduit à l'état-major, qui l'a relâché. Au moment où nous avons voulu le prendre, une foule d'officiers nous en ont empêchés en nous disant de rester à notre poste.

MM. Brival et *Montaut, ensemble.* Ce sont des Chevaliers du Poignard.

Le garde national qui avait parlé le premier. Pendant que j'étais en faction, il est entré chez la reine six ou sept cents habillés de noir qui y sont encore. Je vous préviens qu'on doit vous apporter un corps mort. Ce sont ceux qui veulent commencer la contre-révolution. Je demande l'exécution du décret qui licencie l'état-major.

M. le président. L'assemblée examinera les faits que vous venez de lui dénoncer ; elle vous accorde les honneurs de la séance.

Les trois gardes nationales traversent la salle au milieu des applaudissemens d'une partie de l'assemblée et des *bravo* des tribunes.

M. Grangeneuve. Je demande que ces messieurs aillent au comité de surveillance qui recevra leurs dépositions.

M. Crestin observe que tous ces objets appartiennent à l'ordre judiciaire, et doivent y être envoyés.

M. Gaston. J'ai été témoin oculaire. Il ne faut point considérer cet événement comme ordinaire ; il pourrait bien conduire à dévoiler quelques grands complots. Quarante officiers paraissaient avoir été envoyés là pour provoquer les Marseillais. (*Plusieurs voix s'élèvent*: Cela est vrai.) Voici le fait. Je me promenais aux Champs-Élysées, à l'endroit où les braves Marseillais prenaient un repas frugal. Des officiers en uniforme de gardes nationaux étaient devant eux à la portée du pistolet, et criaient: *Vive le roi, vive la reine, vive La Fayette.* On dit qu'ils ont aussi crié au f..... *la nation,* mais je ne l'ai pas entendu. Dites donc aussi vive la nation, leur ont crié les Marseillais. On présume bien qu'ils n'entendaient pas avec plaisir les cris de *vive le roi,* si on n'y mêlait pas ceux de *vive la nation.* Quelqu'un leur dit que ces gens-là venaient pour les narguer. Tout à coup je les ai vus franchir les fossés comme des lions ; ils ont tous tiré leur sabre. Messieurs, c'était un spectacle imposant. (Une partie de l'assemblée et les tribunes applaudissent.)

J'ai pensé qu'il pouvait y avoir du danger, et je me suis précipité au milieu des sabres nus. Je suis, leur ai-je dit, député ; je vous conjure de ne pas tomber dans les piéges qu'on vient vous tendre ; vous voyez là beaucoup d'hommes qui portent l'habit de garde national; vous apprendrez peut-être que beaucoup ne le sont pas. J'ai arrêté les Marseillais, et ils étaient disposés à être tranquilles; alors un des hommes qui avaient crié *vive le roi* s'avança vers moi, avec un air qui ne me faisait pas plaisir; cependant les sabres des Marseillais brillaient dans leurs mains. Alors un des officiers, qui était blanc comme ma chemise, s'est mis à crier: *Vive la nation*; je crois bien que c'était un cri de peur. De part et d'autre on s'en est allé chacun de son côté. Les Marseillais se sont rangés entre eux en espèce de bataillon carré; puis ils ont suivi ceux qui les avaient provoqués. Chemin faisant, dans la rue Saint-Florentin, un homme, qui avait l'air d'un fier à bras, les provoque de nouveau; les Marseillais n'ont pu se contenir, et j'ai vu leurs sabres tomber sur lui. (Une partie des tribunes applaudissent.) On l'a transporté dans un café; j'y suis entré pour voir s'il n'était possible de lui porter aucun secours; mais il était étendu mort. Voilà tout ce que j'ai vu.

L'assemblée passe à l'ordre du jour, motivé sur ce que la justice doit avoir son cours ordinaire.

M.-Grangeneuve. Le factionnaire de cette porte vient d'entendre un officier de la garde nationale en hausse-col, dire que si l'assemblée ne faisait pas justice des Marseillais, la garde nationale ferait justice elle-même avant trois heures du matin.

On demande que cet officier soit mandé à la barre.

L'assemblée, considérant le civisme de la garde nationale parisienne et son respect pour la loi, passe à l'ordre du jour.

La séance est levée à onze heures et demie.]

Séance du 31 juillet.

[M. Lequinio lit un arrêté du conseil général du département du Morbihan, qui, pour arrêter les progrès du fanatisme, des menées insidieuses et perturbatrices que suscitent les ennemis du bien public avec acharnement, a cru devoir, sous le bon plaisir de l'assemblée nationale, et jusqu'à ce qu'elle en ait autrement ordonné, arrêter la circulation de treize papiers incendiaires intitulés: l'*Indicateur*, les *Annales monarchiques*, le *Journal de la*

Cour et de la Ville, la *Rocambole des journaux*, le *Journal ecclésiastique de Barruel*, la *Gazette de Paris*, l'*Ami du roi*, le *Mercure de France*, le *Pour et le Contre* ou le *Réviseur*, et la *Gazette universelle*.

L'assemblée ordonne le renvoi à la commission des vingt et un.

Des fédérés demandent et obtiennent d'être entendus à la barre, pour repousser des inculpations qu'ils disent leur avoir été faites relativement aux événemens d'hier.

L'orateur de la députation. Des ci-devant gardes du roi, payés par la liste civile, pénètrent jusque dans nos rangs pour y semer la division. Ils veulent tourner contre nous les armes de la garde nationale ; ils se revêtissent de l'uniforme, et cherchent à l'égarer. Mais non, des Scevola ne se laisseront pas égarer par de lâches conspirateurs. Nous connaissons nos droits et nos devoirs. Nous ne méconnaîtrons pas la souveraineté nationale ; mais nous userons de toute notre énergie pour résister à l'oppression. Législateurs, mettez à exécution votre décret qui ordonne le licenciement de l'état-major de la garde nationale parisienne, et faites-vous présenter les registres de la ci-devant garde du roi, pour la faire absolument exclure de la garde nationale. (Les tribunes applaudissent.)

Les députés sont admis à la séance.

Des gardes nationaux, s'annonçant comme députés par plusieurs bataillons de Paris, demandent à être entendus sur le même objet. — Ils sont introduits.

L'orateur de la députation. La conduite des soldats-citoyens de la garde nationale qui se sont réunis hier fraternellement aux Champs-Élysées, a été calomniée. Nous attestons d'avance, et sur la foi du serment le plus sacré, que l'instruction criminelle que nous avons provoquée sur cette affaire mettra dans le plus grand jour le crime affreux de ceux qui ont trompé les Marseillais et le peuple, et qui ont fait verser le sang des citoyens. (Quelques murmures s'élèvent dans les tribunes.) Législateurs, les Marseillais sont encore en armes.

Devons-nous attendre que nos propriétés et notre existence

soient en danger ? et sous le règne de la liberté devons-nous attendre patiemment la guerre civile ? ou devons-nous, fidèles au serment que nous avons fait de vivre libres ou mourir (Éclats de rire dans les tribunes.), nous rappeler que l'assemblée constituante a aussi remis à notre courage le dépôt sacré de la Constitution ? Législateurs, l'héroïsme de la patience et de la fraternité dont la garde nationale de Paris n'a cessé de donner des preuves depuis le commencement de la révolution, doit nécessairement avoir son terme. Nous venons vous demander l'éloignement des Marseillais, dont l'arrivée dans nos murs a déjà coûté la vie à d'excellens défenseurs de la liberté. (Les murmures des tribunes recommencent avec plus de violence.)

Nous venons vous demander vengeance ; et en nous rendant leurs organes auprès du corps législatif, en s'adressant à vous, les citoyens qui nous députent ont donné par cela même une preuve de leur respect à la loi, ainsi que de leur courage héroïque, du courage calme qui ne nous abandonnera que quand nous aurons été réduits au désespoir.

M. le président admet les pétitionnaires aux honneurs de la séance. — Ils manifestent le désir de retourner à leur poste, et traversent la salle au milieu des huées prolongées des tribunes.

M. *Rouyer.* Si nous n'accoutumons pas le peuple à respecter la loi, bientôt nous serons obligés de la faire fléchir devant lui. Que dis-je, devant le peuple ? devant cette portioncule du peuple qui remplit nos tribunes. Jusqu'à quand votre patience tolérera-t-elle un pareil déréglement ? Quant à moi, qui n'ai jamais séparé la liberté de la Constitution, toute liberté qui n'est pas consacrée par la Constitution est à mes yeux une licence effrénée, une scélératesse. Nos départemens nous ont-ils envoyés ici pour opiner au milieu des murmures et des huées des tribunes. Je demande que le premier citoyen qui se permettra de faire entendre dans les tribunes un signe d'approbation ou d'improbation, soit condamné à six mois de prison.

M. **Dumolard** demande la parole pour appuyer la pétition

des gardes nationaux de Paris. — On observe qu'un réglement interdit toute discussion sur les pétitions.

Après quelques débats, l'assemblée décide que M. Dumolard ne sera pas entendu.

L'assemblée ordonne le renvoi de ces deux pétitions à la commission extraordinaire, pour lui en faire le rapport à la séance du soir.

On fait lecture d'une lettre du ministre de la guerre.

« M. le président, j'ai l'honneur de vous prévénir qu'il est parti de Paris pour Soissons, hier matin, deux cent quatre-vingts volontaires, et aujourd'hui, quatre cent quatre-vingt-neuf, ce qui porte le nombre total des volontaires nationaux en route pour Soissons, ou arrivés, à huit mille quatre-vingt-trois hommes.

» Je crois devoir aussi prévenir l'assemblée nationale, que par les dernières lettres que j'ai reçues de Soissons, on m'annonce la formation et l'organisation complète des bataillons qui sont actuellement placés, tant à Soissons que dans les cantonnemens voisins. Dabancourt. »

On fait lecture d'une lettre du ministre des contributions publiques.

« M. le président, le roi m'a appelé au ministère des contributions publiques. A mon âge, après une carrière infiniment laborieuse, après avoir joui depuis le commencement de la révolution de la confiance du peuple, je n'avais plus à désirer que le repos ; j'ai accepté le choix que sa majesté a bien voulu faire de moi, parce que je ne sais pas hésiter à servir la chose publique. J'offre à l'assemblée nationale l'assurance d'un zèle sans bornes, et qui puisse me mériter sa confiance.

« *Signé, le ministre des contributions publiques*,
Leroulx Laville. »

M. Lardivaux fait, au nom de la commission des vingt et un, un rapport sur les indemnités à accorder aux Français, victimes des ravages de la guerre.

L'assemblée ordonne l'impression et l'ajournement.]

Séance du 31 juillet au soir.

[Une députation de citoyens de Soissons et de volontaires du camp de réserve, introduite à la barre, se plaint de manquer d'armes, d'équipemens, d'habillemens, et de recevoir du pain contraire à leur santé. Ils réclament la prompte sollicitude de l'assemblée à ce sujet.

Ils sont admis aux honneurs de la séance.

M. *Tardiveau*. La commission extraordinaire est occupée en ce moment d'un rapport relatif au camp. Elle m'a chargé d'engager l'assemblée à ne pas se séparer avant de l'avoir entendu.

M. Pétion, à la tête d'une députation de la municipalité de Paris, demande que l'assemblée accorde à cette municipalité, à titre de prêt, une somme de 1,800,000 liv. pour satisfaire aux engagemens qu'elle a contractés, afin d'approvisionner la capitale de manière à n'avoir d'inquiétudes ni du grand nombre de fédérés qui auraient pu y arriver, ni des événemens qui pourraient nuire à la récolte. Invitée aux honneurs de la séance, la députation traverse la salle au milieu des applaudissemens des tribunes et d'une partie de l'assemblée.

La pétition est renvoyée au comité de l'extraordinaire des finances.

M. Guadet, au nom de la commission extraordinaire, fait un rapport sur deux pétitions présentées à la séance du matin, l'une par les citoyens fédérés de Marseille, pour se plaindre d'insultes qu'ils ont reçues de quelques grenadiers de Paris, et demander le licenciement de l'état-major de la garde nationale parisienne ; l'autre, par cette même garde nationale, qui dénonce des provocations à elle faites par les fédérés de Marseille, et sollicite leur prompt départ. Le rapporteur annonce que la commission s'est dû borner à ce dernier objet ; mais il ajoute qu'elle a pensé qu'il serait dérisoire d'inviter les fédérés de Marseille à se rendre à Soissons, lorsqu'il était plus que probable que rien n'était prêt pour les y recevoir. A l'appui de cette conjecture, il lit d'abord une lettre du ministre de la guerre, qui instruit la commission que tous les ordres ont été donnés par son prédécesseur pour mettre en état le camp de réserve; ensuite une lettre de la municipalité de Soissons, qui annonce au contraire qu'il n'y a pour le camp ni tentes, ni armes, ni habits, ni linge, ni même assez de vivres. Il propose en conséquence d'envoyer à Soissons trois commissaires pris dans le sein de l'assemblée, pour vérifier les faits.

M. Lasource. Le vrai siège de la contre-révolution n'est pas seulement dans le cœur des ministres; il est aussi dans leurs bureaux, il est surtout dans les bureaux de la guerre. Les ministres sont trompés par leurs commis, comme l'assemblée est trompée par les ministres. Il faut, lorsque les ministres n'auront pas donné promptement les ordres nécessaires à l'exécution d'un décret sanctionné, au lieu de s'en tenir au mot vague de responsabilité, les faire punir de mort. (Les tribunes applaudissent.) Il faut, lorsque les commis n'auront pas exécuté les ordres donnés par les ministres pour l'exécution des décrets sanctionnés; il faut aussi qu'ils soient punis de mort. (Mêmes applaudissemens. L'assemblée murmure.)

M. Guadet. La commission doit présenter demain un rapport à ce sujet.

M. Bernard, de Saintes. Je demande le décret d'accusation contre M. Lajard, ex-ministre de la guerre. (On applaudit.)

Après quelques débats la discussion est fermée.

On demande la question préalable sur le projet de décret proposé par M. Guadet.

La question préalable est rejetée.

M. Roux. Je demande par un amendement que, pour accélérer le départ des trois commissaires, ils soient choisis par la commission extraordinaire.

Cet amendement est écarté par la question préalable.

M. Cambon. Je propose un autre amendement, c'est que les commissaires soient pris parmi les membres de la municipalité, du district, ou du département.

L'assemblée décrète qu'il n'y a pas lieu à délibérer sur cet amendement.

M. *Ducos*. Les nominations doivent se faire comme les décrets, en présence et sous la surveillance du peuple. Je ne crains pas de faire connaître mon choix. Je demande que les trois commissaires soient élus par appel nominal, séance tenante.

On réclame la question préalable.

La question préalable est rejetée.

On demande qu'ils soient nommés à la majorité absolue des suffrages.

L'assemblée décide qu'ils seront nommés à la majorité relative.

M. Lacépède, au nom de la commission extraordinaire, propose et l'assemblée adopte le projet d'adresse suivant :

Acte du corps législatif.

L'assemblée nationale, après avoir entendu sa commission extraordinaire, décrète que le présent acte du corps législatif ainsi que l'adresse suivante, seront envoyés dans le plus court délai par le pouvoir exécutif au département et à la municipalité de Paris pour être publiés, affichés, et envoyés à tous les bataillons de la garde nationale de Paris.

« L'assemblée nationale, aux gardes nationaux de Paris, et à leurs frères d'armes les gardes nationaux des divers départemens du royaume, venus à Paris pour se rendre au camp de Soissons, ou pour se réunir aux armées qui sont sur les frontières.

« CITOYENS-SOLDATS,

» Les représentans du peuple, dont la vive sollicitude veille sans cesse sur toutes les parties de l'empire, croient devoir vous annoncer eux-mêmes le danger qui vous menace. Les ennemis de la Constitution redoublent leurs efforts pour détruire votre force en la divisant. C'est au nom de la liberté que vous adorez, c'est au nom de la loi à laquelle vous avez juré d'être fidèles, qu'ils osent semer parmi vous de funestes dissensions. Changeant à chaque instant de marque et de langage, saisissant avec art toutes les circonstances, ranimant toutes les préventions, enflammant tous les esprits, ils voudraient de méfiance en méfiance, de division en division, vous entraîner au crime, et vous forcer à tourner vos armes les uns contre les autres. Ils voudraient amener au milieu de vous l'anarchie et les discordes civiles, ces terribles précurseurs du despotisme; ils voudraient vous livrer sans défense aux puissances liguées contre votre liberté, votre indépendance et votre bonheur.

« Citoyens-soldats, voilà le précipice dans lequel on veut vous faire tomber. Les représentans de la nation viennent de vous le montrer; ils ne le redoutent plus pour vous. Votre civisme, votre fidélité, l'intérêt de la patrie, le vôtre, tout les assure qu'avertis des perfidies tramées contre votre propre sûreté, aucune force ne pourra vous vaincre, parce qu'aucune séduction ne pourra vous désunir. » (On applaudit.)

On procède à l'appel nominal.

MM. Carnot l'aîné, Gasparin, Lacombe-Saint-Michel, obtiennent la majorité des suffrages.

La séance est levée à minuit.]

CLUB DES JACOBINS DU 23 AU 31 JUILLET.

Nous allons maintenant rentrer dans la salle des Jacobins afin d'y recueillir tout ce qui pourra servir à l'éclaircissement soit des faits que nous venons d'exposer, soit des événemens qui vont suivre.

Séance du 23 juillet. — *M. Simon.* — « Messieurs, si le roi, comme on le dit, a fait remplir son château d'armes, de munitions et d'hommes, ce n'est pas sans doute pour tirer sur le pouvoir exécutif. Il y a donc d'autres vues qui dirigent les intrigans qui sont cause de tous les malheurs de la France. Car, lorsque le roi a laissé tomber le pouvoir de ses mains, ce pouvoir n'est pas tombé entre les mains du peuple; mais il est resté entre celles de ces mêmes intrigans qui, en 1776, ont causé une disette de blé pour asservir le peuple ; qui, en 1784, ont voulu le prendre par une disette de bois ; qui, en 1788, se sont retournés sur les blés. Si ces hommes n'avaient pas présidé à la chose publique, dans le moment où nous sommes, la guerre offensive n'eût pas été déclarée, car ce sont eux qui l'ont provoquée. S'ils n'avaient pas présidé à la chose publique, cette guerre offensive ne serait pas aujourd'hui convertie en guerre défensive ; s'ils n'avaient pas présidé à la chose publique, depuis trois ans que nous sommes en révolution, chaque citoyen jouirait en paix, dans ses foyers, du fruit de ses travaux et des bienfaits de la liberté ; s'ils ne présidaient pas à la chose publique, on ne verrait pas aujourd'hui une garde insultante entourer le château des Tuileries ; il n'y aurait pas jusque dans nos sociétés des valets et des sous-valets de l'intrigue.

» Voilà donc une des principales causes des dangers de la patrie... Cette observation doit vous faire conclure qu'il faut éviter avec soin toute mesure partielle, toute agitation tumultueuse qui ne ferait que servir les projets des intrigans. Sans doute, il est dans l'assemblée nationale des membres décidément pourris ; mais ceux-là ne sont pas les plus dangereux, ceux-là sont dangereux qui prennent un masque de patriotisme, se servent de leurs talens pour faire des révolutions : peu importe pour eux ce qui en pourra résulter. Rien n'est plus dangereux que ces hommes qui, n'ayant de principes que leur intérêt personnel, agitent le peuple, le travaillent en tous sens, et ne produisent d'autres effets qu'une lassitude et des mouvemens dont il est impossible de deviner l'issue. »

» *N.....* — Demain la commune de Paris est assemblée pour rédiger une adresse à tous les Français..... Je demande que la discussion s'ouvre sur la rédaction de cette adresse. »

« M. *Fabre d'Eglantine* représente qu'il est inutile de discuter l'adresse proposée par les sections parce que la rédaction en sera confiée à des commissaires, et que tout ce que l'on pourrait dire dans la société, leur serait inconnu et, par conséquent, inutile. »

« M. *Mathieu.* Je suis bien éloigné de croire qu'il soit inutile de discuter ici les bases de l'adresse à rédiger dans les sections ; car, lorsqu'on réfléchit sur ce que l'assemblée nationale avait à faire, on ne peut que s'étonner qu'on ne sente pas toute l'importance de la mesure que prend la capitale. Mais, comme on ne pourra jamais combattre avec avantage les ennemis de la révolution, si l'on ne connaît, en partie au moins, leurs plans, leurs espérances, je vais vous soumettre quelques réflexions sur ce sujet.

» Mettre aux prises entre eux tous les pouvoirs contre les citoyens, et les citoyens entre eux ; le midi de la France contre le nord ; toute la France contre les puissances étrangères ; opérer une dissolution momentanée du royaume, et, par-là, amener la banqueroute, la hideuse banqueroute et. l'épouvantable contre-révolution ; telle est l'infernale intrigue... elle avortera sans doute cette abominable trame ; mais, par votre énergie, citoyens, par votre courage. Doutez-vous de ces plans, citoyens ? Examinez les faits ; comparez-les ; portez dans cet examen une attention égale au sombre recueillement de vos ennemis, lorsqu'ils méditent votre perte.

» Vous êtes aujourd'hui éclairés sur les événemens du 20 juin ; vous avez séparé, dans ces événemens, ce qui venait de la cour et ce qui venait du peuple ; mais, attachons-nous au plan de la cour bien moins connu. Avez-vous remarqué comme, à la suite de cette journée, tous les directoires des départemens du nord de la France, fidèles à l'impulsion qui leur était communiquée, s'élevaient presque en même temps, à peu près comme les touches d'un clavecin ; c'est le directoire du département de la Somme, puis celui de l'Aisne, puis celui du Nord, puis celui de la Meuse, puis celui du Pas de-Calais, etc. Il semble que ces agitations aient été calculées sur la carte..... lorsque nous avons vu les directoires de toute la partie septentrionale se hâter de donner tort aux citoyens de Paris, avant d'avoir pu connaître les faits, parler tous le même langage, se servir des mêmes expressions au point de faire croire qu'il n'y avait qu'un centre commun de rédaction ; un civique effroi s'est emparé de nous.....
Nous avons cru voir le vaisseau de l'état s'entr'ouvrir, le Nord se

séparer du Midi, la nation se dissoudre en deux peuples....., ce grand déchirement se manifester dans la capitale,..... de grands coupables échapper par cette scission aux recherches de la justice, accumuler enfin les ruines, et trouver le secret de s'en faire la base d'une nouvelle puissance, d'un despotisme consolidé; telle est l'affreuse clarté qui a frappé nos regards.

» Un jour nouveau nous a paru luire sur ces craintes, sur ces conjectures, lorsque nous avons vu que l'on s'efforçait de familiariser les esprits avec l'idée du déplacement du corps législatif, que l'on persuadait à quelques patriotes de le transférer dans le midi, pour autoriser les aristocrates à demander sa translation à Rouen; que l'on présentait à ces premiers le Midi comme pouvant être l'asile de la liberté bannie du Nord, afin que, s'ils tombent dans ce piége, en croyant s'y réfugier, ils trouvent de nouveaux obstacles et un principe insurmontable de division dans les mouvemens du fanatisme, et qu'ainsi la contre-révolution puisse reconquérir et couvrir tout le royaume du sang de ses victimes.

» Voilà, Français, l'avenir que l'on vous destine, en vous parlant de modération pour vous enchaîner. Ainsi caresse-t-on les animaux auxquels on veut mettre un frein ou donner des chaînes ; voilà comme vous entrez dans le calcul de l'ambition de vos ennemis; ils méprisent les hommes, les jugeant d'après eux-mêmes ; ils veulent les asservir. Rompez un funeste silence, courageux amis de la patrie, généreux habitans de la capitale, affranchis et illustrés par tant de sacrifices; faites connaître les dangers communs à tous vos concitoyens de l'empire. On vous a persuadé que la modération ou plutôt le modérantisme et le royalisme pouvaient seuls affermir la fortune publique ; on vous a trompés : cet affermissement est lié au maintien non interrompu de l'unité nationale, à la punition de tous les traîtres, quelque rang qu'ils occupent, et à l'énergie de l'assemblée nationale, qui a de grands devoirs à remplir, puisqu'elle doit retracer les grandes vertus du peuple immortel qu'elle représente. »

Le discours de M. Mathieu fut couvert d'applaudissemens. Nous avons cru inutile d'en rapporter textuellement les conclusions. L'orateur ne faisait que proposer, ce que nous avons vu déjà demander bien des fois, la déchéance du roi.

Séance du 25. — « A l'ouverture de la séance, un membre de la société obtient la parole pour faire part des bases que les sections de Paris ont arrêtées pour l'adresse qu'elles se proposent de faire à tous les citoyens français. Les bases sont : 1° de suspendre de ses fonctions le premier fonctionnaire public ; 2° de former un conseil d'exécution pour le remplacer ; 3° d'abolir à jamais la liste civile, et d'ordonner que toute dépense relative à la personne du roi ou à celle des individus de sa famille, sera payée par le trésor national et que les états de ces dépenses seront arrêtés tous les ans par l'assemblée nationale, et rendus publics par la voie de l'impression ; 4° qu'au lieu d'envoyer cette adresse aux quatre-vingt-trois départemens comme on en avait eu l'intention, elle serait adressée directement aux quarante-quatre mille municipalités du royaume.

» Plusieurs personnes exposent tour-à-tour les diverses propositions qui avaient été faites sur le même objet, dans leurs sections respectives. »

« *N....* — Un de mes concitoyens, de la section des Lombards, étant de garde chez le roi, s'est convaincu de la vérité d'un fait qu'on lui avait dénoncé ; c'est qu'il entre au château beaucoup de personnes en uniforme national, avec des armes, qui en sortent sans armes ; par ce moyen le château se garnit et ne donne lieu à aucun soupçon. »

» *N.....* — La dénonciation qui vient de vous être faite, est parfaitement d'accord avec ce qui m'avait été dit par une personne sûre, ayant des habitudes dans l'intérieur du château ; cette personne a ajouté qu'on y amassait des boulets d'une forme particulière : ce sont deux hémisphères attachés l'un à l'autre par un simple fil de fer, qui, se rompant à la sortie du canon, laissent aux deux portions le moyen de s'écarter et de faire plus de dégât (1). Si la manœuvre continue, le château des Tuileries re-

(1) Nous recueillons tous ces détails, bien que rien ne prouve qu'ils soient autre chose que des rumeurs populaires et sans fondement ; mais c'est afin de fixer l'o-

célera bientôt toutes les armes des fournisseurs de la capitale.

» *Plusieurs voix.* Tant mieux, nous irons les y chercher. »

« N..... — Je pense bien que, lorsque nous voudrons, nous serons toujours maîtres de ces armes; mais il me semble qu'il vaudrait encore mieux nous en rendre maîtres sans exposer la vie de personne; je crois donc qu'il faut dénoncer ces faits à M. le maire, qui, ayant la police du château, devra y faire une visite...... »

« *M. Restout.* — On nous a avertis, il y a quelques jours, à la section des Tuileries, qu'il se faisait un amas d'armes dans la maison de l'Assomption. Nous nous sommes adressés à M. le maire, qui nous a donné le conseil de ne pas croire trop légèrement à une multitude de dénonciations..... »

« N..... — Les trois régimens ci-devant à Paris sont arrivés à Amiens, où ils séjourneront quelque temps; on y attend le roi, et, aussitôt après, l'arrivée de La Fayette. Une quantité de soldats de la garde licenciée du roi y sont aussi, et occupent l'hôtel des ci-devant gardes-du-corps. Tous ces rapports s'accordent parfaitement avec les bruits qui courent, d'un projet de conduire le roi dans cette ville, d'y former un parlement, et de traiter ou de négocier plusieurs modifications à la Constitution. »

Séance du 29. — « A l'ouverture de la séance, un commissaire de MM. les fédérés annonce avoir été au-devant des Marseillais campés à Charenton. Nous avons trouvé, dit-il, dans leur commandant, un vrai Brutus, et, dans tous les soldats, autant de Scœvola. Ensemble, nous avons juré de ne pas quitter la capitale sans avoir affermi le trône de la liberté d'une manière inébranlable. (Applaudissemens prolongés.)

» Sur la proposition qu'il fait ensuite à la société d'envoyer demain des commissaires au-devant des héros du Midi, la société arrête à l'unanimité qu'elle y ira tout entière. Le point de ralliement est à six heures du matin, sur les ruines de la Bastille.

---

rigine de bruits qui furent accrédités à l'époque, sont mentionnés dans quelques ouvrages, et vivent encore dans la mémoire des contemporains.

(*Note des auteurs.*)

» *M. de Lasource* rend compte du rapport de M. Bureau de Puzy à l'assemblée nationale. Il met en saillie les parties de ce rapport, qui prouvent que La Fayette avait cherché à se concerter avec Luckner sur les affaires intérieures.

» Après ces détails, dit-il, en continuant, je crois devoir un avis aux amis de la Constitution ; c'est que tous les moyens que la bassesse peut employer sont mis en usage pour nous diviser ; il importe donc aussi que nous nous réunissions par tous les moyens possibles. J'ignore par quel motif, par exemple, on a persuadé à nos frères les fédérés que le danger était à Paris et non aux frontières ; c'est en retenant à Paris ces fédérés, au contraire, qu'on empêche le zèle de se développer dans les départemens. (*Murmures.*) Qu'on excite une fermentation qui n'est bonne à rien. (*Murmures.*) Des ennemis de la liberté ont voulu engager les fédérés à des crimes, à des actes..... (*Violens murmures.*) J'invite donc ces défenseurs de la patrie à partir où l'honneur les appelle.... (*Tumulte.*)

» *M. Legendre.* Je demande pour motion d'ordre qu'on rappelle M. de La Source à l'ordre. (*Applaudissemens.*)

» *M. de Lasource.* J'y suis, dans l'ordre du jour : car l'ordre du jour est de repousser des insinuations perfides. (*Murmures. Interruption.*) Je disais, quand on m'a interrompu par des apostrophes que j'ai la grandeur, le courage de fouler aux pieds, je disais donc que c'est aux frontières que les dangers appellent les fédérés, et non ici.

» *Plusieurs voix.* Si, si. (*Tumulte. Interruption.*)

» *M. de Lasource.* Je savais bien que j'allais énoncer une opinion qui ne serait pas du goût de tout le monde. Mais bientôt le peuple pourra juger qui sont ses vrais amis, ou de moi, ou de ceux qui retiennent ici les fédérés pour leur faire commettre un crime. (*Tumulte. A bas, à bas le calomniateur du peuple!*)

» *M. le président* se couvre, et rétablit le calme avec peine. Enfin, M. Manuel obtient la parole.

» *M. Manuel.....* Sans doute, les fédérés qui sont ici brûlent d'aller aux frontières ; mais, avant d'y aller, ils veulent savoir quels lauriers ils pourront y cueillir, et sous quel général ils les cueilleront. Il ne tient qu'à l'assemblée nationale qu'ils partent demain. Elle n'a qu'à frapper du glaive de la loi ce M. La Fafayette, ce général qui paraît déterminé à ne se faire tuer que par contumace. Et, je le dis à cette assemblée nationale : si, sous huit jours, elle ne nous indique pas les remèdes qu'elle a à nous offrir, nous nous guérirons nous-mêmes. (*Applaudissemens.*) Mais je prie la société de suspendre son jugement sur M. de Lasource, qui a rendu des services à la chose publique. (*Applaudissemens.*) Je la prie de lui conserver sa longue amitié jusqu'à ce que lui-même ait employé ses talens à amener à la barre le général conspirateur.

M. de Lasource reprend la parole pour assurer qu'il n'a jamais entendu accuser ni la société, ni les fédérés; que son intention n'a été que de prémunir ces derniers contre des agitateurs, qui, comme d'Éprémesnil, se glissent dans les groupes. Il avoue avoir pu employer, contre son intention, des expressions qui aient pu déplaire justement; il proteste de la pureté de son ame, de son ardent amour pour la patrie.

« *M. Antoine....* Je dois réfuter l'opinion de M. de Lasource, pour deux raisons : l'une, que, comme votre président, j'ai moi-même engagé, au nom de la société, les fédérés à demeurer au milieu de nous ; l'autre, c'est qu'en allant à Soissons, les fédérés seraient la dupe des intrigans, des généraux traîtres. Ils serviraient aux desseins de ceux-là, qui, étourdiment sans doute, ont fait déclarer la guerre avant de nous avoir mis en état de la soutenir.

» Qu'iraient-ils faire aux frontières, les fédérés ? Obéir à des généraux qui croient urgent de combattre l'*anarchie* du dedans.... Ils doivent rester à Paris, parce que c'est à Paris qu'existe le directoire qui gouverne Coblentz ; ils doivent rester à Paris, parce que l'assemblée nationale a besoin de l'appui des départemens pour les grandes mesures qu'elle doit avoir à prendre, et qu'il ne faut pas laisser croire qu'elles seraient demandées seulement par les sections de Paris. Ce sont donc les bons citoyens qui conseillent aux fédérés de rester à Paris, et en leur donnant un conseil opposé, M. de Lasource n'a pas prouvé qu'il fût un mauvais citoyen ; il a prouvé seulement qu'il n'était pas bon politique.

» Ce serait en vain que nos ennemis s'efforceraient de criailler que les fédérés ou la société cherchent à commettre un crime..... De tous côtés on demande la déchéance du roi : c'est le vœu unanime ou presque unanime des citoyens de Paris, et, j'ose le dire, c'est le vœu des départemens, et de tout ce qui n'est pas ou noble, ou prêtre, ou fripon. Mais cette déchéance, sous le renouvellement de mode dans le pouvoir exécutif, ne peut rassurer les amis de la liberté. Le roi déchu, nous avons son fils, et par conséquent un régent de sa famille. Or, la grande source de nos maux, c'est que, contradictoirement aux principes posés dans la Constitution, nous avons placé à notre tête une famille contre laquelle nous avons fait la révolution......

» J'ai entendu des patriotes, non pas s'opposer à la déchéance, mais proposer des ajournemens, dire que l'opinion n'est pas assez formée. Mais les Autrichiens sont à Thionville; demain, peut-être, ils seront à Metz. Est-ce donc l'avis du général Bender que vous voulez prendre?

» Lors de la fuite du roi au 21 juin 1791, elle était formée cette, opinion ; et, si à cette époque l'assemblée constituante eût prononcé la déchéance, elle eût été acceptée avec joie. N'en doutez pas, tout est possible à l'assemblée nationale. Qu'on ne dise donc pas que l'assemblée nationale ne peut pas, qu'on n'exécuterait pas ses décrets. Jamais le peuple, qui en a souffert quelquefois, n'y a apporté la moindre résistance. Osez vous montrer les représentans du peuple; ne soyez plus ceux des Autrichiens, et nous vous suivrons partout. (Applaudissemens.) Loin de vous ces hommes qui vous disent, attendez tout du temps! Citoyens de Thionville, le canon des autrichiens roule sur vos glacis; n'importe! Attendez, et nous vous sauverons.

» On dit qu'on cherche à diviser les patriotes. Je suis fâché d'entendre répéter ce propos, que tenaient jadis les Jacobins qui sont passés aux Feuillans. Tout bon patriote vient ici énoncer son opinion, recueillir des lumières et ne se coalise pas; on ne peut donc nous diviser, car on ne divise que les gens qui se coalisent.

» Je me résume et je dis que la déchéance est urgente, sous peine de perdre, d'ici à quelques jours, les députés de cinq ou six départemens qui seront envahis; qu'il faut réunir au plutôt les assemblées primaires; que tous les citoyens y soient admis; que les prêtres, les émigrés, les fonctionnaires publics en soient seuls exclus; qu'à la déchéance de Louis XVI, il faut ajouter celle de sa famille. Alors le salut du peuple sera assuré!... » (Applaudissemens.)

M. Legendre présente de nouvelles vues sur la nécessité d'une insurrection générale et les dangers de toute insurrection partielle.

M. Robespierre « Les grands maux appellent les grands remèdes. Les palliatifs ne font que les rendre incurables. Les maux de la France sont extrêmes. En connaît-on bien les causes? Personne encore, ce me semble, n'a osé les développer dans toute leur étendue.

» Trahi par les dépositaires de son autorité, livré par le gouvernement lui-même aux insultes et au fer des despotes étrangers, avili, opprimé, dépouillé au nom des lois, le peuple français s'agite, avec une douloureuse inquiétude, sans connaître précisément la source de ses malheurs, ni les moyens de les terminer. Jouet naturel des intrigans qui l'ont gouverné depuis le commencement de la révolution; victime de sa propre ignorance, ou de ses propres préjugés, il s'est tour-à-tour alarmé, rassuré sur leur parole; des actes de patriotisme insignifians ou perfides lui ont fait oublier mille attentats funestes contre ses droits. Aujourd'hui même encore, parvenu au dernier période de la longue crise qui le tourmente, il est prêt à se reposer de son propre salut sur des mesures partielles et insuffisantes, sur des remèdes ou impuissans ou dangereux. Parmi cette multitude de fonctionnaires publics qui peuplent la France, combien en est-il qui lui montrent la route qu'il doit suivre, qui ne préfèrent point les plus vils intérêts au bonheur de leurs pays, et qui ne soient prêts à immoler les droits du peuple à leur orgueil stupide? Ceux qui se disent ses conseillers ne sont, pour la plupart, que des ignorans que l'on trompe, ou des fourbes qui s'efforcent de prolonger ses erreurs et son sommeil. Ses représentans eux-mêmes, en proclamant les dangers de la patrie, lui en ont dissimulé la cause. Ils ont environné cette déclaration solennelle de dispositions contradictoires, qui en éludaient l'effet, et qui ne tendaient qu'à le retenir dans une funeste inaction et dans une léthargie mortelle. Il y a plus; depuis cette époque, qu'ont-ils fait que l'environner de piéges inextricables? Allons jusqu'à la racine du mal. Beaucoup de gens croient la trouver exclusivement dans ce qu'on appelle *le pouvoir exécutif*; ils demandent ou la déchéance ou la suspension du roi, et pensent qu'à cette disposition seule est attachée la destinée de l'État. Ils sont bien loin d'avoir une idée complète de notre véritable situation.

» La principale cause de nos maux est à la fois dans le pouvoir exécutif et dans la législature, dans le pouvoir exécutif qui veut perdre l'État, et dans la législature qui ne peut pas ou qui ne veut pas le sauver. Supposez une législature ferme, pure et éclairée; le pouvoir exécutif n'aurait jamais la puissance de mettre l'État sur le penchant de sa ruine. Supposez une législature faible ou corrompue; elle sera elle-même un fléau public, soit qu'elle se ligue avec le chef du pouvoir exécutif, soit qu'elle s'en empare elle-même. La puissance du corps législatif est infiniment plus grande que celle du roi, puisqu'il peut disposer de la force du peuple, et s'environner de l'opinion publique. Le roi a la liste civile et beaucoup de moyens de corruption; mais cette puissance doit céder, sans doute, à celle dont les députés du peuple sont investis, à moins que leurs propres vices ne la rendent prépondérante. Le bonheur de la France était réellement entre les mains de ses représentans. J'ai prouvé, il y a quelques mois, avant la déclaration de la guerre, que la Constitution leur suffisait pour prévenir les maux qui menaçaient l'État et la liberté. Il est vrai que j'adressais ce langage à l'assemblée nationale même, et qu'il supposait une législature dont la majorité fût vouée à la cause du peuple. Elle n'a point prévenu ces maux, et elle a permis que la crise de l'État arrivât au dernier degré. Il faut que l'État soit sauvé, de quelque manière que ce soit ; et il n'y a d'inconstitutionnel que ce qui tend à sa ruine. Il y a plus, il n'y a pas une mesure nécessaire à son salut qui ne soit avouée par le texte même de l'acte constitutionnel. Il suffit de vouloir l'interpréter et le maintenir de bonne foi. Changez, tant qu'il vous plaira, le chef du pouvoir exécutif ; si vous vous bornez là, vous n'aurez rien fait pour la patrie. Il n'y a qu'un peuple esclave, dont les destinées soient attachées à un individu ou à une famille ; la liberté et le bonheur public dépendent de la nature du gouvernement et du résultat des institutions politiques. La constitution de la royauté étant supposée la même, il n'y a qu'une légère différence entre un roi et un roi. L'homme honnête, mais faible et peu éclairé, l'homme pervers et corrompu, peuvent être rangés sur la même ligne. Ce seront toujours les intrigans, dont il sera entouré, qui, sous son nom, abuseront de ses trésors et de son pouvoir. Il n'y a d'exception à cette règle, tout au plus, que pour ces hommes d'un grand caractère et d'une haute vertu, que l'on ne trouva jamais, ou presque jamais sur un trône. Ces vérités s'appliquent à la constitution française, plus qu'à toute autre forme de gouvernement. Est-ce bien Louis XVI qui règne ? Non, aujourd'hui, comme toujours, et plus que jamais, ce sont les intrigans qui s'emparent de lui tour-à-tour. Dépouillé de la confiance publique, qui seule fait la force des rois, il n'est plus rien par lui-même. La royauté n'est plus aujourd'hui que la proie de tous les ambitieux qui en ont partagé les dépouilles. Vos véritables rois ce sont vos généraux, et peut-être ceux des despotes ligués contre vous ; ce sont tous les fripons coalisés pour asservir le peuple français.

» La destitution, la suspension de Louis XVI est donc une mesure insuffisante pour tarir la source de nos maux. Qu'importe que le fantôme appelé roi ait disparu, si le despotisme reste ? Louis XVI étant déchu, en quelles mains passera l'autorité royale; sera-ce dans celle d'un régent, d'un autre roi ou d'un conseil. Qu'aura gagné la liberté si l'intrigue et l'ambition tiennent encore les rênes du gouvernement; et quel garant aurai-je du contraire, si l'étendue du pouvoir exécutif est toujours la même.

» Le pouvoir exécutif sera-t-il exercé par le corps législatif.

» Je ne vois dans cette confusion de tous les pouvoirs, que le plus insupportable de tous les despotismes. Que le despotisme ait une seule tête ou qu'il en ait sept cents, c'est toujours le despotisme; je ne connais rien d'aussi effrayant que l'idée d'un pouvoir illimité, remis à une assemblée nombreuse qui est au-dessus des lois, fût-elle une assemblée de sages! Que dis-je, cette espèce de translation du pouvoir exécutif des mains de Louis XVI dans celle de la législature, apporterait-elle un changement réel dans la face des affaires? Vous verriez l'assemblée nationale toujours mue par la même influence; vous verriez quelques hommes lui communiquer l'impulsion qu'ils auraient reçue de quelque faction; de celle même de la cour. Eh! pourquoi non, les préjugés, les passions, les intérêts qui l'ont agitée jusqu'ici seraient-ils éteints. Les nombreux partisans de l'Autriche, tous les intrigans qui se prostituaient à la cour ou à d'autres factions, continueraient de marcher dans les mêmes routes; et si l'on peut supposer que jusqu'ici la majorité ait servi le roi aux dépens du peuple, elle le servirait encore avec plus de succès après sa suspension? Le roi n'était-il pas suspendu pendant cette période de la révision, où l'assemblée constituante, ou plutôt la coalition des intrigans qui l'agitaient, lui sacrifia les droits les plus sacrés de la nation. Fidèle, et sur le trône, eût-il obtenu les avantages qu'ils lui prodiguèrent après sa défection, et durant le temps de son apparente interdiction? O peuple, trop bon et trop crédule, crains de te laisser tromper encore, crains que la suspension même du roi, si elle n'est combinée avec d'autres mesures plus décisives, ne cache un nouveau piége; est-il, en effet, si difficile de prouver qu'elle pourrait être encore aujourd'hui le fruit d'un pacte criminel fait entre la cour et quelques ambitieux hypocrites? Quand les perfidies de la cour sont dévoilées à tous les yeux, quand l'homme le plus inepte sent combien il est absurde que la guerre soit conduite par ceux qui nous l'ont suscitée pour nous remettre sous le joug, serait-il étonnant qu'on fît consentir le roi lui-même à sa propre interdiction, pour rendormir la nation dans une trompeuse sécurité, jusqu'au moment où les chaînes qu'on lui prépare seraient entièrement forgées. Non, cet artifice est trop analogue au génie de la cour pour qu'il ne soit pas au moins permis de l'en soupçonner.

» Faites ici une distinction nécessaire entre la suspension et la destitution. La suspension qui laisserait sur la tête du roi le titre et les droits de la puissance exécutive ne serait évidemment qu'un jeu concerté entre la cour et les intrigans de la législature, pour la lui rendre plus étendue au moment où il serait réintégré. La déchéance ou la destitution absolue serait moins suspecte; mais seule, elle laisserait encore la porte ouverte aux inconvéniens que nous avons développés.

» D'ailleurs, ce grand changement fournirait un prétexte à de nouveaux troubles; il exciterait de nouveaux orages politiques. Il faudra donc nécessairement des mains fermes et habiles pour tenir le gouvernail et conduire au port le vaisseau de l'état. Quels seront les pilotes qui le sauveront; sera-ce ceux qui jusqu'ici l'ont fait heurter contre tous les écueils. L'assemblée nationale, en déclarant les dangers de la patrie, qu'elle n'a point prévenus, a déclaré sa propre impuissance. Elle a appelé la nation elle-même à son secours. C'est en vain que quelques ambitieux sans talens comme sans vertus, voudraient sacrifier le salut public à leur intérêt personnel; écoutez les membres désintéressés et intègres de cette législature, ils vous crient tous à la tribune et partout, avec le ton du désespoir, que la nation doit pourvoir elle-même à son salut au défaut de ses représentans. Ils vous disent qu'une grande partie de l'assemblée est près d'immoler l'assemblée elle-même aux ennemis de notre liberté; que d'autres ne voient dans les malheurs de la patrie, que l'occasion d'élever leur faction sur les ruines de la fortune publique; que le vœu de tous les fidèles mandataires du peuple est de se voir promptement déchargés du fardeau sous lequel ils succombent. Ce qui est du moins incontestable, c'est que pour tenir le timon de l'état dans des momens aussi difficiles, il faut un grand caractère, un plan déterminé, de l'ensemble et de l'union. Or, tous ceux qui ont assisté aux délibérations du corps législatif, ont pu juger s'il présente tous ces gages du salut public; comment une assemblée où règne la guerre civile pourrait-elle l'éteindre?

» Il est temps sans doute de publier ces austères vérités. Que dis-je, en est-il temps encore? Qu'ils sont coupables ceux qui ont si long-temps trompé la nation, en prêchant la confiance, tantôt dans le pouvoir exécutif, tantôt dans les généraux, tantôt dans l'assemblée nationale! Qu'ils étaient ineptes ou pervers ceux qui ont osé poser en principe que le seul moyen de sauver l'état était de s'abandonner sans examen au patriotisme et aux lumières de la majorité des membres de la législature actuelle! Lâches et absurdes maximes, dictées par l'esprit de corps et par l'intrigue, qui ont retardé les progrès de l'esprit public, étouffé l'énergie de la liberté, et conduit le peuple sur les bords du précipice où il est près de tomber!

» La confiance! A-t-on besoin de la demander, quand on la mérite? et quand on ne la mérite pas, doit-on l'obtenir? Le salut public repose-t-il sur les lumières et sur le courage de la nation, sur l'intégrité et l'énergie de ses mandataires, ou seulement sur la foi aveugle qui leur suppose toutes les vertus qu'ils doivent avoir? Les intrigans voudraient confondre la représentation nationale avec la personne des représentans qui paraissent dans telle période; ils voudraient attacher la destinée du corps législatif à leur propre existence, pour se rendre inviolables même contre l'opinion, pour régner au sein des orages qu'ils n'ont pas su prévenir, et qu'ils peuvent encore moins apaiser; mais désormais la représentation nationale est immortelle, impérissable; les représentans sont passagers. Faut-il immoler à ceux-ci, et la puissance législative et la nation elle-même, pour satisfaire l'orgueil de quelques hommes?

» Au reste, la question se réduit à des points très-simples.

» Le chef du pouvoir exécutif a-t-il été fidèle à la nation ? il faut le conserver. L'a-t-il trahie ? il faut le destituer. L'assemblée nationale ne veut point prononcer cette déchéance ; et si on le suppose coupable, l'assemblée nationale est elle-même complice de ses attentats, elle est aussi incapable que lui de sauver l'État. Dans ce cas, il faut donc régénérer à la fois et le pouvoir exécutif et la législature.

» Un autre dilemme, indépendant de ce fait, peut encore facilement décider la question : ou bien la législature a montré jusqu'ici, en général, toutes les qualités nécessaires pour guérir les plaies profondes de la patrie, ou elle en a paru dépourvue. Dans le premier cas, reposons-nous absolument sur elle des destinées de la France et de l'univers, oublions tous les événemens dont nous avons été les témoins ; oublions même la déclaration qu'elle nous a faite des dangers de la patrie. Dans le second cas, la question se réduit évidemment à ces termes simples : Vaut-il mieux que l'État périsse, ou que le soin de le sauver soit confié à de nouveaux représentans ? Il s'agit d'opter entre les membres de la législature actuelle et la liberté.

» On peut encore poser la question d'une autre manière, en la liant à un fait essentiel. La Fayette, et depuis d'autres généraux, à son exemple, encouragés par l'impunité dont il jouit, lui ont dicté des lois, au mépris de la Constitution ; ils ont déclaré la guerre au peuple français, et usurpé la dictature. La majorité de l'assemblée nationale l'a souffert ; La Fayette et ses complices demeurent impunis. Elle reconnaît donc tacitement l'empire de ces généraux rebelles ; elle nous livre au despotisme militaire et aux attentats de tous les factieux ; et la question de la nécessité d'une convention nationale se réduit à savoir si la nation veut courber la tête sous le joug de La Fayette et de tous les conspirateurs assez audacieux pour l'insulter.

» D'après cela, vous conclurez peut-être qu'une convention nationale est absolument indispensable. Déjà on a mis tout en œuvre pour prévenir d'avance les esprits contre cette mesure. On la craint, ou on affecte de la craindre pour la liberté même. Il suffirait peut-être de répondre que la liberté, étant évidemment perdue, si l'état actuel des choses subsiste, il serait absurde de ne pas recourir à ce moyen de la sauver; et que des inconvéniens plus ou moins réels ne peuvent balancer la nécessité évidente de l'employer.

» Mais, si l'on examine les objections qu'on oppose à ce système, on aperçoit bientôt que ce ne sont que de vains épouvantails, tels que le machiavélisme a coutume de les imaginer, pour écarter toutes les mesures salutaires.

» Les assemblées primaires, dit-on, seront dominées par l'aristocratie. Qui pourrait le penser, lorsque leur convention même sera le signal de la guerre déclarée à l'aristocratie? Le moyen de croire qu'une si grande multitude de sections du peuple puisse être séduite ou corrompue! Si quelques-unes pouvaient être égarées, la masse serait, à coup sûr, dirigée par le sentiment du bien commun et par l'esprit de la liberté. Et où chercherez-vous donc l'amour de la patrie et la volonté générale, si ce n'est dans le peuple lui-même? Où trouverez-vous l'orgueil, l'intrigue, la corruption, si ce n'est dans les corporations puissantes, qui substituent leur volonté particulière à la volonté générale, et qui sont toujours tentées d'abuser de leur autorité contre ceux qui la leur ont confiée? Quelle témérité ou quelle ineptie dans des hommes que la nation a choisis, de lui contester à la fois le sens commun et l'incorruptibilité dans les occasions critiques où il s'agit de son salut et de sa liberté?

» Quel spectacle affligeant pour les amis de la patrie! Quel objet de risée pour nos ennemis étrangers, de voir quelques intrigans aussi absurdes qu'ambitieux, repousser le bras tout-puissant du peuple français, évidemment nécessaire, pour soutenir l'édifice de la Constitution sous lequel ils sont près d'être eux-mêmes écrasés! Ah! croyez que la seule inquiétude qui les agite c'est celle de perdre leur scandaleuse influence sur les malheurs publics; c'est la crainte de voir la nation française déconcerter le projet qu'ils ont déjà bien avancé, de l'asservir ou de la trahir!

» Les Autrichiens et les Prussiens, disent ces intrigans, maîtriseront les assemblées primaires. Se seraient-ils donc arrangés pour livrer la France aux armées de l'Autriche et de la Prusse! S'il en est ainsi, c'est une raison de plus d'assembler la nation; ce n'est que lorsqu'elle sera levée tout entière qu'elle pourra repousser ses ennemis; et c'est alors que tous les satellites du despotisme respecteront notre territoire, comme une terre sacrée et redoutable aux tyrans. Croyez-vous que ceux-ci aiment mieux avoir affaire au peuple français et à une convention digne des circonstances qui l'auront créée, qu'à une cour perfide et à des mandataires du peuple, ou ineptes, ou faibles, ou corrompus?

» Mais, disent encore nos intrigans, les aristocrates désirent aussi une convention nationale. Je les crois dignes d'être les interprètes des aristocrates, dont ils sont les plus fermes appuis. Cependant, que ce vœu soit réel ou non, que les aristocrates, soit par désespoir, soit par erreur, désirent ce que les intrigans redoutent, ou bien qu'ils ne fassent ici que renouveler le stratagème usé de paraître désirer une mesure salutaire pour la rendre suspecte, il suffit, pour les amis éclairés du bien public, de savoir que l'intérêt du peuple l'exige impérieusement.

» Bonne ou mauvaise, les aristocrates et la cour accuseront toujours la législature; bonne, parce qu'elle confondra toutes leurs espérances; mauvaise, pour lui concilier une espèce d'opinion publique qui lui donne les moyens de favoriser plus puissamment leurs complots. Au-dessus de toutes les intrigues et de toutes les factions, la nation ne doit consulter que les principes et ses droits.

» La puissance de la cour, une fois abattue, la représentation nationale régénérée, et surtout la nation assemblée, le salut public est assuré.

» Il ne reste plus qu'à adopter des règles aussi simples que justes, pour assurer le succès de ces grandes opérations.

» Dans les grands dangers de la patrie, il faut que tous les citoyens soient appelés à la défendre. Il faut par conséquent les intéresser tous à sa conservation et à sa gloire. Par quelle fatalité est-il arrivé que les seuls amis fidèles de la Constitution, que les véritables colonnes de la liberté soient précisément cette classe laborieuse et magnanime que la première législature a dépouillée du droit de cité? Expiez donc ce crime de lèse-nation et de lèse-humanité, en effaçant ces distinctions injurieuses qui mesurent les vertus et les droits de l'homme sur la quotité des impositions. Que tous les Français domiciliés dans l'arrondissement de chaque assemblée primaire, depuis un temps assez considérable pour déterminer le domicile, tel que celui d'un an, soit admis à y voter; que tous les citoyens soient éligibles à tous les emplois publics, aux termes des articles les plus sacrés de la Constitution, même sans autre privilége que celui des vertus et des talens. Par cette seule disposition, vous soutenez, vous ranimez le patriotisme et l'énergie du peuple, vous multipliez à l'infini les ressources de la patrie, vous anéantissez l'influence de l'aristocratie et de l'intrigue, et vous préparez une véritable convention nationale, la seule légitime, la seule complète que la France ait jamais vue.

» Les Français assemblés voudront, sans doute, assurer pour jamais la liberté, le bonheur de leur pays et de l'univers. Ils réformeront ou ils ordonneront à leurs nouveaux représentans de réformer certaines lois, vraiment contraires aux principes fondamentaux de la Constitution française et de toutes les constitutions possibles. Ces nouveaux points constitutionnels sont si simples, si conformes à l'intérêt général et à l'opinion publique, si faciles d'ailleurs à attacher à la Constitution actuelle, qu'il suffira de les proposer aux assemblées primaires ou à la convention nationale pour les faire universellement adopter.

» Ces articles peuvent se ranger sous deux classes. Les premiers concernent l'étendue de ce qu'on a appelé, avec trop de justesse, les prérogatives du chef du pouvoir exécutif. Il ne sera question que de diminuer les moyens immenses de corruption, que la corruption même a accumulés dans ses mains. La nation entière est déjà de cet avis, et par cela seul, ces dispositions pourraient être déjà presque considérées comme de véritables lois, d'après la

Constitution même, qui dit que la loi est l'expression de la volonté générale.

» Les autres articles sont relatifs à la représentation nationale dans ses rapports avec le souverain. Et ici, il ne sera question que de relever les bases de la Constitution française, déjà renversées par le despotisme représentatif. La source de tous nos maux, c'est l'indépendance absolue où les représentans se sont mis eux-mêmes à l'égard de la nation sans l'avoir consultée. Ils ont reconnu la souveraineté de la nation, et ils l'ont anéantie. Ils n'étaient de leur aveu même que les mandataires du peuple, et ils se sont faits souverains, c'est-à-dire despotes: car le despotisme n'est autre chose que l'usurpation du pouvoir souverain. Quels que soient les noms des fonctionnaires publics et les formes extérieures du gouvernement, dans tout État où le souverain ne conserve aucun moyen de réprimer l'abus que ses délégués font de sa puissance et d'arrêter leurs attentats contre la constitution de l'État, la nation est esclave, puisqu'elle est abandonnée absolument à la merci de ceux qui exercent l'autorité; et comme il est dans la nature des choses que les hommes préfèrent leur intérêt personnel à l'intérêt public lorsqu'ils peuvent le faire impunément, il s'ensuit que le peuple est opprimé toutes les fois que ses mandataires sont absolument indépendans de lui. Si la nation n'a point encore recueilli les fruits de la révolution, si des intrigans ont remplacé d'autres intrigans, si une tyrannie légale semble avoir succédé à l'ancien despotisme, n'en cherchez point ailleurs la cause que dans le privilége que se sont arrogé les mandataires du peuple, de se jouer impunément des droits de ceux qu'ils ont caressés bassement pendant les élections. Placez à côté d'un monarque riche et puissant une assemblée représentative qui ne doit compte à personne de sa conduite, il ne résultera jamais de cette combinaison politique que le despotisme et la corruption. Ou bien, les deux espèces de mandataires se feront la guerre, ou ils se ligueront pour élever leur puissance commune sur les ruines de la liberté publique. La nation sera donc encore d'avis que, par une loi fondamentale de l'État, à des époques déterminées et assez rapprochées pour que l'exercice de ce droit ne soit point illusoire, les assemblées primaires puissent porter leur jugement sur la conduite de leurs représentans, ou qu'elles puissent au moins révoquer, suivant les règles qui seront établies, ceux qui auront abusé de leur confiance. La nation voudra encore que, lorsqu'elle sera assemblée, nulle puissance n'ose lui interdire le droit d'exprimer son vœu sur tout ce qui intéresse le bonheur public.

» Ce peu d'articles très-simples, et puisés dans les premiers principes de la Constitution, suffiront pour l'affermir et pour assurer à jamais le bonheur et la liberté du peuple français.

» La cour prétend que la Constitution a besoin d'être modifiée pour subsister; la secte hypocrite, connue sous le sobriquet de Feuillans, répand la même doctrine. La nation, ce me semble, ne risque rien de le prendre au mot, pourvu qu'adoptant le principe diamétralement opposé à leur système, elle efface, non les principes de la Constitution, mais les contradictions de l'acte constitutionnel; pourvu qu'elle ne sacrifie pas la souveraineté à l'aristocratie, mais l'aristocratie à la souveraineté.

» Il n'est pas nécessaire d'entrer ici dans tous les détails qui seront les conséquences de ces principes, que la législature actuelle pourrait indiquer, que la convention nationale verra d'un coup d'œil.

» Je n'ai pas besoin de dire non plus que la première opération à faire est de renouveler les directoires, les tribunaux et les fonctionnaires publics, soupirant après le retour du despotisme, secrètement ligués avec la cour et avec les puissances étrangères. Car, il faut le dire, la grande crise où nous sommes arrivés n'est autre chose que la conspiration de la plupart des délégués du peuple contre le peuple; et la volonté publique est tellement prononcée sur la nécessité de cette mesure, qu'il était même superflu de la rappeler.

» Dès que la voix toute puissante de la nation aura retenti, vous verrez aussi disparaître l'audace de ces généraux perfides qui affectent si impudemment la tyrannie, et tous ces états-majors que le peuple soudoie pour l'Autriche et pour les ennemis de la France. Vous verrez l'armée dégagée des chaînes qui l'attachent à la noblesse comme un corps vivant à un cadavre, se réunir, sous des chefs patriotes, à la nation entière, pour marcher à la conquête de la liberté. Jusque-là, à quel sort devez-vous vous attendre, placés comme vous l'êtes, entre des conspirateurs et des armées étrangères disciplinées et nombreuses?

» Il faut pourtant convenir que, dans les circonstances où nous sommes, tous ces grands moyens nécessaires pour sauver la patrie ne sont pas faciles à exécuter, ni exempts de toute espèce d'inconvéniens.

» Tel est l'excès du mal auquel nous ont conduits et la profonde perfidie du gouvernement et la déplorable crédulité du peuple, que le remède est devenu nécessairement difficile et périlleux. La guerre étrangère que nos ennemis intérieurs nous ont suscitée, semble gêner tous les mouvemens de la nation, et la place continuellement entre les mesures qu'exige sa sûreté extérieure et celles que prescrit le maintien de sa liberté. La guerre semble la livrer à la discrétion de tous les traîtres qu'elle nourrit dans son sein. Tel est du moins le système de tous les vils intrigans qui la trompent pour l'asservir. Jamais nation ne se trouva dans une situation semblable à la nôtre. On a vu des peuples célèbres combattre pour la liberté, contre leurs anciens tyrans soutenus par un despote étranger; mais un spectacle nouveau pour l'univers, c'est celui d'un peuple marchant sous les ordres de ses tyrans contre ses tyrans eux-mêmes, abandonnant à ses ennemis du dedans le soin de le défendre contre ses ennemis du dehors. Dans les autres révolutions, le gouvernement nouveau qu'elles avaient créé dirigeait toutes les forces du peuple contre l'ennemi commun : souvent c'était une faction qui combattait ouvertement une autre faction, et qui l'accablait par la force et par le nombre. Ici, au contraire, le gouvernement, mélange monstrueux de l'ancien et du nouveau régime, ne s'applique qu'à punir le peuple de la révolution qui l'a fait naître, et combat contre lui avec toutes les armes de la corruption, de l'intrigue et de l'autorité publique. Le peuple français, moins heureux que les factions qui ont changé tant de gouvernemens, trouve presque autant d'ennemis qu'il a nommé de mandataires, et sa cause est indignement trahie uniquement parce qu'elle est celle du peuple et de l'égalité. On dirait qu'il est arrêté dans les décrets éternels, que le crime et la tyrannie pourront seuls trouver des appuis sur la terre.

» Ainsi abandonnés, que dis-je? proscrits par le gouvernement nouveau, il faut que nous trouvions toutes nos ressources dans nous-mêmes. Il faut que nous nous élevions à tous les prodiges que l'amour de la liberté peut enfanter. A notre sort est attaché celui de toutes les nations, et nous avons à lutter contre toutes les puissances physiques et morales qui les ont opprimées jusqu'à ce moment ; nous avons à lutter contre les traîtres nombreux et redoutables qui vivent au milieu de nous et contre nous-mêmes. Il faut que le peuple français soutienne le poids du monde et qu'il dompte en même temps tous les monstres qui le désolent. Il faut qu'il soit parmi les peuples ce qu'Hercule fut parmi les héros.

» Oui, je l'ai déjà dit dans plusieurs circonstances, et je le répète encore dans ce moment, il ne nous reste que deux alternatives, ou de périr et d'ensevelir avec nous la liberté du genre humain, ou de déployer de grandes vertus et de nous résoudre à de grands services.

» Je finirai ces réflexions en proposant, à cette occasion, aux défenseurs de la liberté, de donner à leurs concitoyens un exemple de désintéressement qui ne me paraît pas bien difficile, mais qui est aussi sage qu'utile au bien public. Qui peut douter que nous serions invincibles si, détachés de tout intérêt personnel, nous étions unis par le seul intérêt de la patrie. Du moins j'ai toujours pensé que ce qui a mis la chose publique en danger, a été l'ambition des faux patriotes, et surtout de ceux qui ont joué un rôle dans l'assemblée constituante et dans l'assemblée actuelle. Il importe plus que jamais de rompre cette chaîne d'intrigues qui partout a arrêté les mouvemens du patriotisme et accablé la liberté. Il est désormais impossible de la servir avec succès, si on ne la sert pour elle-même ; il importe encore d'en exalter le sentiment sublime et d'imprimer à sa cause un caractère sacré, en repoussant loin de ceux qui l'ont défendue, ce soupçon d'intrigue et de faction que ses ennemis se sont forcés d'accréditer.

» Si l'assemblée constituante s'est montrée digne du peuple qu'elle représentait, c'est peut-être lorsque, d'un côté, elle ferma à ses membres l'accès du ministère et des places dont le pouvoir exécutif dispose ; et que, de l'autre, elle décréta qu'ils ne pourraient être réélus à la seconde législature. Cette double disposition bien exécutée eût épargné à la France bien des maux et bien des crimes. Plût au Ciel que les membres de la législature actuelle n'eussent point éludé la première de ces lois, en briguant scandaleusement le ministère pour leurs créatures, et en sacrifiant sans cesse à ce vil intérêt et les principes et les grandes mesures qui seules pouvaient sauver l'État. L'autre n'eût pas été moins utile à la liberté. C'est en vain que l'ambition déconcertée m'a fait un crime d'avoir proposé ces deux décrets ; c'est en vain qu'elle a opposé à celui qui excluait les membres du corps constituant de la législature nouvelle la composition même de cette assemblée. Quand la première législature le porta, pouvait-elle prévoir les manœuvres de la coalition des intrigans qui la domina durant la période funeste de la division et les assassinats du Champ-de-Mars, et surtout le décret téméraire par lequel les représentans osèrent arrêter les opérations du souverain assemblé, pour élire l'assemblée nouvelle et donner aux cabales et à la calomnie les moyens et le temps de corrompre la pureté des élections ? Le moment est arrivé d'adopter des mesures semblables avec succès. Il faut absolument arracher la chose publique des mains de ces ambitieux hypocrites qui ont égaré les deux assemblées représentatives et altéré l'esprit public dans toutes les parties de l'empire ; il faut une assemblée neuve, pure, incorruptible, composée surtout des citoyens que leurs manœuvres ont écartés de la seconde législature, et que le despotisme a proscrits. S'il est quelques zélés défenseurs des droits du peuple qu'il aurait pu désirer de réélire, l'inconvénient de les exclure sera plus que compensé par la nécessité de repousser la ligue de tant de chefs de parti, qui serait toujours l'écueil de la paix et de la liberté publiques. Que l'assemblée nationale actuelle s'honore donc par un décret semblable à celui que ses prédécesseurs ont rendu. Que les membres de l'assemblée constituante s'engagent formellement à laisser à d'autres mains le soin de bâtir le temple de la liberté dont ils ont jeté les fondemens ; qu'ils s'excluent ainsi glorieusement de la convention prochaine, et renoncent à tout nouveau choix du peuple, jusqu'à ce qu'elle soit terminée ; que ceux d'entre eux qui ont montré le plus de zèle pour la défense de la liberté, donnent les premiers cet exemple, que ceux qui se refuseront à ce sacrifice soient jugés par cela même, et que cette preuve d'ambition soit pour eux, aux yeux du peuple, un titre suffisant d'exclusion.

» Et qu'on ne dise pas que les bons citoyens qui seront éloignés de la convention nouvelle, seront perdus pour la patrie. Ils la serviront puissamment dans les emplois dont la plupart d'entre eux sont actuellement revêtus ; ils la serviront dans les assemblées du peuple, comme citoyens. Il importe qu'il reste au milieu du peuple des hommes intègres et judicieux, étrangers aux fonctions publiques, pour l'éclairer et pour surveiller les dépositaires de son autorité.

» Expions donc, aux yeux des nations, cette lâche ambition de tant d'indignes fonctionnaires qui ont scandalisé l'Europe, et qui sont à la fois la honte et le fléau de notre révolution. Loin de les envier, laissons purifier ces places par une génération nouvelle de magistrats dignes du peuple français. Que nous faut-il de plus que le bonheur et la liberté de notre pays ? (1) »

Séance du 30. — Robespierre *occupe le fauteuil de président.*
— « M. Chénier communique à la société une lettre qui lui a été

(1) Ce discours n'est que cité dans le *Journal du Club* Il fut imprimé dans le *Défenseur de la Constitution*, n. XI. C'est de ce journal que nous l'avons extrait.
(*Note des auteurs.*)

adressée de Metz le 26. On y remarque les passages suivans
« M. le maréchal de camp Berthier a été à Paris prendre langue
» au comité autrichien; on l'appelle ici l'espion de la reine...
» Le roi a défendu expressément de recevoir dans les armés au-
» cun volontaire, et cet ordre a été signifié à M. de Chartres...
» On dit que Luckner démentira Guadet sur la conversation que
» celui-ci dit avoir eu avec lui, chez l'évêque de Paris. »

» M. Collot d'Herbois lit l'adresse délibérée dans les sections de Paris. Sur la demande de celle du Marché des Innocens, elles en ont arrêté l'envoi à l'armée française. Pour qu'elle parvienne plus sûrement à sa destination, la distribution en sera confiée aux municipalités frontières de la part de la commune de Paris, avec invitation de la faire tenir aux soldats par tous les moyens qui leur paraîtront les plus sûrs.

» M. Mandouze obtient la parole pour lire à la société le manifeste des puissances armées contre la France. Cette lecture, souvent interrompue par des éclats de rire, ne peut se traîner jusqu'à la fin.

» Beaucoup d'agitation se fait apercevoir dans l'assemblée et surtout parmi les fédérés présens.

» *M. Robespierre.* On donne au bureau des avis qui alarment diverses personnes; on annonce que la générale bat dans plusieurs quartiers : Eh bien, messieurs, nos frères les citoyens de Paris veillent; vous vous en apercevez au vide qui règne ici. C'est donc un motif pour vous de rester calmes et tranquilles. Dans ces momens difficiles, les vrais patriotes doivent se montrer fermes et courageux. Je déclare que, dans ce moment, je crois que notre poste est ici : j'y resterai. Un fédéré se plaint d'avoir été insulté ; sans doute, comme frères, comme patriotes nous ressentons tous son injure; mais je ne puis lui donner la parole sans consulter l'assemblée. Que ceux qui veulent que le fédéré soit entendu... etc.

» La société donne la parole au fédéré.

» *Le fédéré.* Je suis fédéré de la Côte-d'Or. Étant sorti d'ici, il y a un instant, au bruit du tambour, je passais devant Saint-

Roch, je demandai ce qu'il y avait et pourquoi on rappelait. On me répond : C'est pour ces b..gr. de fédérés qui nous donnent plus de mal... A ces mots je demande à celui qui me fait cette réponse, si c'est pour moi qu'il l'a faite. Au même instant, cinq personnes tombent sur moi, m'arrachent mes épaulettes, mon sabre, comme vous le voyez, me maltraitent malgré la résistance que je leur oppose, et s'enfuient. »

» Un rappel se fait entendre. L'agitation continue. Là M. Robespierre déclare que, vu cette agitation, il ne peut tenir la séance ; il la déclare suspendue, quitte le fauteuil, et sort de l'assemblée.

» Après quelques minutes, M. Mendouze au bureau du président représente que le 17 juillet 1791, on avait employé la même tactique pour interrompre les séances, et que le seul moyen à opposer étant la fermeté, il propose à la société de se déclarer permanente.

» Cette proposition n'est pas appuyée. On engage M. Mendouze à occuper le fauteuil ; et la séance continue.

» M. Réal, en appuyant les motifs qu'avait donnés M. Mendouze pour la permanence de la séance, insiste néanmoins pour qu'une partie des citoyens se rendent dans leurs bataillons ; car là, dit-il, un Jacobin en impose à dix, à vingt Feuillans ou modérés.

» M. Colin ajoute la remarque que beaucoup de citoyens au moment où l'on rappelle, se hâtent de sortir pour aller, disent-ils, dans leurs bataillons, tandis qu'en effet ils vont s'enfermer chez eux. Il propose que tous ceux qui sont, comme lui, visiblement hors d'état de faire le service, ou qui ne le font pas habituellement, restent dans l'assemblée. Il s'offre de s'y établir permanent et d'y passer, s'il le faut, toutes les nuits.

» Divers citoyens viennent rassurer les esprits, qui n'avaient pas besoin de l'être ; car les trembleurs étaient éloignés, en communiquant les divers prétextes sous lesquels on avait battu les rappels.

» En général, l'émotion qui se faisait sentir au-dehors paraissait être une suite de la scène qui s'était passée aux Champs-Élysées, près du lieu où les fédérés de Marseille avaient dîné. A côté de cette auberge, des grenadiers des Filles-Saint-Thomas, avec des ci-devant gardes du corps et des sergens suisses, tenaient à table des propos de Coblentz ; leur refrain était *Vive le roi, vive la reine, f.... pour la nation.* Ces propos répétés ont occasioné une rixe dans laquelle il paraît que le projet de ces messieurs était d'exciter du bruit et de fuir. Cependant l'un d'eux nommé Duhamel eut une explication plus vive avec un fédéré. Proposition faite et acceptée pour vider la querelle en braves, chemin faisant, Duhamel trouve plus simple de se débarrasser de son adversaire ; il lui lâche un coup de pistolet et le manque. Celui-ci, indigné d'une telle lâcheté, le perce, de part en part, avec son sabre et ne le manque pas...

M. Simon reprend la discussion sur la cause des maux de la France ; il les attribue en partie à la précipitation avec laquelle on a déclaré la guerre. — *M. Lanthenas* lui répond. — *Plusieurs membres* observent que cette discussion n'a aucune utilité actuelle. — On passe à l'ordre du jour. — *M. Mathieu* s'étonne que le manifeste de Brunswick soit, pour ainsi dire, notifié aux Jacobins, avant de l'être à l'assemblée nationale.

» *Un fédéré* de la Drôme annonce que, depuis quelque temps, un nombre considérable de valets, de gens attachés à la cour, se sont fait inscrire dans la garde nationale ; que leur projet est de se faire mettre tous de service le même jour, et qu'à une heure convenue ils s'empareront des canons et des postes...

» M. Barbaroux (Le journal l'appelle Barberousse) après avoir rendu compte de la tranquillité qui règne au quartier des Marseillais, lit une lettre qui donne sur Marseille les détails suivans, en date du 25.

» Il est arrivé hier dans cette ville une scène des plus tragiques. L'aristocratie, que nous croyions pour jamais expulsée de Marseille, a osé lever une tête orgueilleuse, et par un de ces complots qui en fait le caractère, elle avait décidé de se défaire de la municipalité, et autres. Mais il en fut comme de tous leurs projets :

la mine fut éventée et le chef dénoncé par son propre domestique. Il a été arrêté dans la nuit du vendredi au samedi (du 20 au 21), étant de garde à la commune. Il se nomme Royer aîné, marchand drapier. Dans la matinée du samedi, le peuple se porta en foule à l'hôtel commun, et demandait à grands cris qu'on lui livrât ce nouveau du Saillant, pour le lanterner. Ce n'est qu'avec beaucoup de peine que la municipalité et quelques notables parvinrent à le soustraire à la vindicte publique ; ce ne fut même qu'après avoir promis de le livrer après son interrogatoire, que le peuple s'apaisa. Il fut donc interrogé en présence de son domestique : il avoua tout, chargea beaucoup son frère et nomma d'autres complices. On lui fit signer sa déposition et on le conduisit de suite en prison, sans que le public s'en aperçût. Mais on sommait les officiers municipaux de tenir leur parole ; ils trouvèrent les moyens de temporiser. Ce n'est pas que leur dessein fût de sauver le coupable ; mais ils voulaient que la loi seule ordonnât de son supplice. Ils ne retardèrent que d'un jour sa mort. Le lendemain, sur les neuf ou dix heures du matin, on se porta en foule aux prisons ; on enfonça les portes, on en tira le traître Royer, et on le mit à la lanterne. — Ce Royer a donné la liste de ses complices ; ils montent à plus de deux cents, et les Marseillais ont juré de ne pas en épargner un. Déjà plus de dix personnes ont été pendues. » (*Journal des débats des Jacobins.*)

Il n'y eut pas de séance le 31. Il paraît, à en juger par leur journal, que les Jacobins continuaient à ne tenir séance que tous les deux jours.

PARIS.

HISTOIRE DES SECTIONS.

Ce qui se passa dans ces assemblées populaires n'est pas la partie la moins curieuse du mouvement révolutionnaire de juillet. Nous avons déjà vu en rendant compte des séances de l'assemblée nationale et de celles des Jacobins, qu'on s'y occupait activement de toutes les questions à l'ordre du jour, et qu'elles ne le cédaient en ardeur et en énergie à aucune des sociétés patriotiques qui couvraient alors et échauffaient le sol de la France.

Dès le 6, un arrêt du corps municipal, rendu à la sollicitation de la section du marché des Innocens, convoqua les quarante-huit sections à l'effet de délibérer sur un projet d'adresse à l'armée. « Son but, dit le *Journal général de l'Europe*, est de témoigner aux armées les sentimens d'attachement des citoyens composant la commune de Paris, leur reconnaissance des services qu'elles rendent à la patrie et des dangers auxquels elles s'exposent pour sa défense ; de les assurer, en même temps, qu'il existe assez de force et de patriotisme à Paris pour y maintenir la sûreté publique ; inviter, en conséquence, les citoyens soldats, actuellement sur les frontières, à s'occuper uniquement à repousser les ennemis étrangers, à ne pas croire trop facilement les rapports qui leur seront faits sur les événemens de la capitale, et à se confier à l'amour des Parisiens pour la patrie et le maintien de la Constitution. » (CCCLXXXV.)

On voit que cette adresse était rédigée sous l'impression des événemens de juin ; et comme elle répondait aux sentimens des deux principaux magistrats de la commune, si violemment accusés alors, ce fut sans doute à leur appui qu'elle dut la faveur qui l'accueillit. Le *Journal de Paris* réclama vivement contre cette assemblée, se fondant sur la loi même qui organisait la municipalité de Paris, et qui disposait qu'une semblable réunion ne pourrait avoir lieu que sur la demande de huit sections au moins. (CCVI.)

Le moyen et l'autorisation étaient donnés, et l'on se proposait d'en faire un large usage ; il paraît que l'on voulait en profiter pour obtenir une énergique adresse, et demander l'expulsion du directoire, l'accusation de La Fayette, la *punition* des feuillans composant le comité central, l'épuration du corps des juges de paix, enfin une enquête sur les événemens de juin ; car le bruit s'était répandu que l'ouverture des portes des Tuileries par lesquelles le peuple était entré dans le château, avait été le fait des agens secrets de Coblentz. (*Annales patriotiques*, n. CC.)

Trente-trois sections adhérèrent au vœu de celle du marché des Innocens. Leurs députés s'assemblèrent le 25 à l'Hôtel-de-Ville, et élurent trois d'entre eux pour rédiger l'adresse à l'armée. XavierAudoin fut l'un de ces commissaires. (*Chronique de Paris*, n. DCCCXXV.)

Voici cette adresse :

Les citoyens de Paris à l'armée française.

« Soldats de la patrie, nos amis et nos frères,

» Quoique éloignés de vous, un attachement fraternel, réciproque et sacré nous tient rapprochés.

» Nous soutenons la même cause, nous sommes tous dans les mêmes rangs ; ensemble nous faisons la guerre aux tyrans ; tous compagnons d'armes et de fortune, nous nous aimons, nous sommes prêts à mourir les uns pour les autres ; voilà nos sentimens ; voilà ce que nous, citoyens de Paris, sommes impatiens de vous déclarer. — C'est en resserrant ces doux liens de fraternité, que nous déjouerons les complots de nos ennemis ; car leur espoir fut toujours de nous diviser ; ils triompheraient aisément, s'ils pouvaient nous rendre mécontens les uns des autres : ils n'y réussiront pas ! Ils ont d'abord voulu vous calomnier auprès de nous ; vous le savez : des officiers de tout grade, leur démission à la main, sont venus à Paris. Il fallait, disaient-ils, des supplices pour vous faire aimer la gloire, des grands prévôts pour vous apprendre à bien servir la patrie. Ils disaient, ces lâches, que vous ne sauriez jamais combattre, que vous ne pourriez jamais vaincre : nous les avons repoussés avec indignation ; nous avons dévoué à l'infamie ces chefs indignes de vous commander ; votre gloire est restée pure, braves soldats ; elle nous est chère, et toujours nous la défendrons. — Ces vils calomniateurs, ainsi confondus, voyant notre confiance en vous toujours entière, toujours inébranlable, ont pensé que la contremarche serait plus aisée, qu'ils abuseraient plus facilement de votre crédulité sur les événemens de la capitale. — Ils ont dépêché vers vous leurs trompettes pour débiter dans vos camps les plus odieux mensonges. Ils ont sollicité vos signatures pour des adresses scandaleuses, inconstitutionnelles, injurieuses à l'assemblée nationale. Ces artisans de discordes voulaient vous soulever contre le peuple de Paris, c'est-à-dire contre vos meilleurs amis, contre les plus attachés de vos frères. — Sans doute vous les avez aussi repoussés ; car sous la tente, comme dans nos foyers, le cœur d'un homme de bien ne se laisse jamais aller facilement aux séductions des traîtres. — Comme la journée du 20 juin leur a servi de prétexte, nous allons vous retracer fidèlement et en peu de mots les événemens de cette journée, et ce qui leur a donné lieu: —

» Tous les bataillons de Paris avaient obtenu de défiler en armes dans le sein de l'assemblée nationale. Les habitans de nos faubourgs, les hommes du 14 juillet, crurent avec raison qu'on ne pouvait leur refuser le même honneur. Ils choisirent pour cela le 20 juin, parce que c'est le jour anniversaire de la séance du jeu de paume. Leurs intentions étant pures, ils les avaient annoncées à l'avance. Dans cette occasion, les contre-révolutionnaires, dont la foule grossit ici tous les jours, aperçurent un moyen sûr d'allumer la guerre civile qui leur tient à cœur, et ils s'en occupèrent sans relâche. — Mais nos dignes officiers municipaux, mais le sage Pétion, l'énergique Manuel étaient éveillés. Ils ont averti le peuple des piéges tendus par la cour. Nos concitoyens des faubourgs avaient mérité l'estime et l'approbation de l'assemblée nationale tant qu'ils furent sous ses yeux. Déjà ils délibéraient pour envoyer au château une députation, lorsque, pour les attirer, les portes de toutes les cours furent ouvertes sur un ordre donné de l'intérieur ; mais, par une singulière contradiction, les portes des appartemens étant fermées, elles durent céder à l'effort d'une multitude immense, qui se précipitait comme un torrent vers le même but, et qu'aucun pouvoir humain ne pouvait faire retourner en arrière. — Le roi vint accueillir le peuple : il affectait cette franchise, cette popularité, dont les bons effets sont assurés pour toucher le cœur des Français; aussi toutes les fautes parurent oubliées. — Il se couvrit du bonnet de la liberté; il but à plusieurs reprises à la santé de la nation : il répéta cent fois aux différentes députations de l'assemblée nationale, qui vinrent auprès de lui, que jamais il n'avait été plus heureux, plus sûr. — Pourrez-vous le croire ? tout cela n'était que dissimulation. Ce fut le seul piége dont les magistrats du peuple, trop confians, n'avaient pu le préserver. — Dès le lendemain le roi démentit par une proclamation tout ce qu'il avait dit la veille. Il disait aux citoyens de Paris qu'il ne leur fallait commettre qu'un crime de plus, comme s'ils avaient commis tous les autres. — Un tribunal illégal, vexatoire, composé d'indignes juges de paix (car la cour a compris jusqu'à cette belle institution); ce tribunal a lancé, sous la forme de mandats de véritables lettres de cachet, contre les meilleurs citoyens. — Le roi a fait hausser ses ponts-levis; il s'est entouré de canons et de grilles. — On dit que le peuple avait voulu dévorer, détruire la maison royale tout entière, parce que le panneau d'une porte, et deux carreaux de vitres avaient été brisés. — Le roi des Français n'a pas rougi d'accuser vingt mille artisans laborieux, estimables, d'avoir voulu piller ses propriétés, parce qu'un meuble de garderobe, égaré sous la main de quelque valet, manquait ce jour-là aux besoins d'une femme de la cour. C'est pour n'avoir pas empêché ces graves délits, que le directoire du département de Paris a suspendu de leurs fonctions les deux magistrats pour lesquels nous avons le plus de vénération et d'amour. Le crime que jamais la cour ne pourra leur pardonner, c'est d'avoir trouvé plus de force auprès du peuple dans la confiance qu'inspirent leurs vertus, que dans des munitions de guerre qu'ils réservent pour de meilleures occasions... Braves soldats, telle est la vérité! il fallait cependant trouver de nouveaux moyens pour assurer aux courtisans et aux contre-révolutionnaires un triomphe prêt à leur échapper. — C'est alors que La Fayette est venu proposer à Luckner de livrer les frontières, de faire marcher les armées sur Paris. Luckner a dénoncé lui-même cette odieuse proposition... La Fayette quitta son poste pour venir déclarer la guerre aux Parisiens... Est-il possible ! eux à qui l'on n'a d'autres reproches à faire que d'avoir prodigué à ce général perfide des récompenses prématurées.

» Il fallait une telle démarche pour le faire bien connaître. Il est démasqué... La Fayette n'est plus à nos yeux qu'un vil intrigant, un soldat rebelle, un général inhabile, un fonctionnaire infidèle... La Fayette est déshonoré. Nous ne craignons pas que ce langage, tenu à des hommes tels que vous, puisse avoir aucune conséquence fâcheuse pour la discipline militaire... Ce que nous avons admiré le plus particulièrement dans votre conduite, ce qui nous a le plus touchés, ce qui vous met au-dessus de tout éloge, c'est bien la résignation vraiment admirable qui vous a fait obéir souvent à des chefs que vous n'estimiez pas. Peut-être encore de rudes épreuves en ce genre vous sont réservées ; mais la patrie vous regarde et vous tient compte de ces vertueux sacrifices. Nous savons bien que ce n'est pas votre faute si nos ennemis ne sont pas réduits, si leur territoire n'est pas à votre disposition, si toutes les palmes de la victoire ne sont pas cueillies. Ce n'est pas contre les Autrichiens que La Fayette voudrait vous conduire, c'est contre nous, c'est du sang des meilleurs citoyens qu'il voudrait arroser le pavé du château royal, afin de réjouir les yeux de cette cour insatiable et corrompue. Eh ! n'est-ce donc pas assez d'avoir à pleurer tant de nos frères morts à vos côtés dans les combats ? ne reste-t-il pas assez de bons patriotes étendus sur le champ de bataille, sans que nous nous égorgions les uns les autres dans les cités ?...

» Non, non, nous ne nous égorgerons pas... les coups que nous portons ne doivent tomber que sur nos ennemis... les plus cruels peut-être nous entourent... Nous les surveillons, et nous sommes assez forts... soyez sans craintes... Amis, ne tournez plus vers la capitale des regards d'inquiétude... il n'y a pas un poste aujourd'hui, soit dans les camps, soit dans les villes, qui ne soit périlleux pour un véritable ami de la liberté, de l'égalité, mais leur courage est éprouvé... aucun de ces postes importans ne sera dégarni, et la cause du genre humain contre les tyrans ne manquera pas de défenseurs. Les nouveaux soldats

inscrits depuis deux jours à Paris pour aller aux frontières, sont au nombre de plus de vingt mille. Ils vont vous joindre, ils vous diront avec quel attendrissement nous parlons de vos belles actions; ils vous diront avec quel plaisir nos inquiétudes fraternelles seront tournées vers vos femmes et vos enfans; ils vous diront avec quel mépris nous traitons vos calomniateurs... Dites-leur que vous nous rendez justice aussi, et nos cœurs, qui s'entendent facilement, se trouveront satisfaits les uns des autres, et pour jamais inséparables. Ce qui vous fera plaisir encore, c'est d'apprendre que le vertueux Pétion et le courageux Manuel sont rendus à nos vœux. La cour voulait perdre ces magistrats par le peuple, et le peuple par ces magistrats; mais, en dépit de la cour, les magistrats ont sauvé le peuple, et l'assemblée nationale a vengé les magistrats. Leur conduite a été irréprochable... Vous voyez bien, chers camarades, que nous vous avons dit la vérité. Reprenons donc tous avec eux nos postes différens. Ici nous avons à sauver la liberté des atteintes de ses plus cruels ennemis. Oui, nos destinées sont communes, et bientôt un grand triomphe sera partagé entre tous les enfans de la patrie qui auront fait leur devoir; ceux qui sont morts glorieusement en auront aussi leur part; car la destinée des hommes libres est immortelle... Nous ne craignons pas les traîtres, et nous saurons les réduire à l'impuissance. Mais si leurs vœux impies étaient exaucés, si la victoire des lâches pouvait réjouir un instant les mauvais citoyens, leur succès serait court... Soldats de la patrie, hommes vraiment libres, si jamais l'ennemi s'approche de nos murs, nous serons certains que vous n'existez plus... Eh bien! alors ce sera notre tour, et nous vous jurons qu'au moment où les traîtres croiront pouvoir livrer nos cités, où l'ennemi croira les envahir; elles auront disparu, nous serons ensevelis sous elles... . C'est là notre dernier serment, c'est lui qui doit nous survivre. »
(*Journal général de l'Europe*, n. CCCCI.)

—Les sections ne s'arrêtèrent pas à cette démarche en quelque sorte légale. Elles multiplièrent les réunions qu'elles avaient commencées, et donnèrent ainsi un centre à l'opinion révolutionnaire qui les animait la plupart. Les discours les plus énergiques étaient alors ceux qui obtenaient le plus de faveur. Voici entre autres un de ceux qui eut le plus de succès, et dont l'effet fut encore augmenté par la publicité que lui donna la presse :

« *Demande.* — Français, vous avez voulu être libres, vous avez fait une révolution : contre qui?

» *Réponse.* — Le roi, la cour, les nobles et leurs partisans.

» *D.* — Vous avez fait une Constitution qui consacre vos droits, la liberté et l'égalité : à qui en avez-vous confié l'exécution?

» *R.* — Au roi, à la cour, aux nobles, aux intrigans de tout genre.

» *D.* — Vous avez cru trouver la fin de vos maux dans une guerre franche et prompte : contre qui?

» *R.* — Des rois, des princes, des cours, des nobles, des intrigans.

» *D.* — Qui sont ceux que vous avez chargé de vous défendre? qui avez-vous mis à la tête de vos armées?

» *R.* — Le roi, la cour, les nobles et les intrigans.

» Et voulez être libres!

» Ou le roi, les nobles et les intrigans de toute espèce, qui sont à la tête de vos armées, sont des Brutus qui sacrifient leurs frères, leurs pères, leurs fils, contre lesquels ils se battent, pour le salut de la patrie, ou ils nous trahissent.

» Voilà la vérité! » (*Extrait d'un discours prononcé à la section du Luxembourg, le 24 juillet.* — *Patriote Français*, n. MLXXXIII.)

Le 28, les *Annales patriotiques* annoncèrent que sur quarante-huit sections, quarante-sept avaient voté la déchéance de Louis XVI.

Ainsi fut constatée, sur la question la plus révolutionnaire du moment, une unanimité telle qu'il ne s'en rencontra peut-être jamais dans une grande population et dans une affaire difficile et dangereuse. Mais il fallait aller plus loin; il fallait obtenir la déchéance. Ce fut la section Mauconseil qui donna le signal de l'action.

Extrait des registres de la section Mauconseil.

« L'an quatrième de la liberté, le 31 juillet, l'assemblée réunie au nombre de plus six cents citoyens, délibérant sur les dangers de la patrie.

» Considérant que ce danger s'aggrave tous les jours par l'insigne perfidie du pouvoir exécutif et de tous ses agens;

» Considérant que la nation ne peut sortir de la crise dangereuse où elle est que par un grand effort;

» Considérant qu'il est impossible de sauver la liberté par la Constitution;

» Considérant, à cet égard, qu'on ne peut reconnaître la Constitution comme l'expression de la volonté générale;

» Considérant que Louis XVI a perdu la confiance de la nation; que les pouvoirs constitués n'ont de force que par l'opinion, et qu'alors la manifestation de cette opinion est un devoir rigoureux et sacré pour tous les citoyens;

» Déclare, en conséquence, de la manière la plus authentique et la plus solennelle à tous ses frères, qu'elle ne reconnaît plus Louis XVI pour roi des Français; déclare qu'en renouvelant le serment si cher à son cœur, de vivre et de mourir libre et d'être fidèle à la nation, elle abjure le surplus de ses sermens, comme surpris à la foi publique.

» Arrête, en conséquence, que, dimanche prochain, 5 août, elle se portera tout entière dans le sein du corps législatif pour lui notifier la présente déclaration, et lui demander s'il veut enfin sauver la patrie, se réservant, sur la réponse qui lui sera faite, de prendre telle détermination ultérieure qu'il appartiendra, se promettant d'avance qu'elle s'ensevelira plutôt sous les ruines de la liberté, que de souscrire au despotisme des rois.

» Arrête, en outre, en regrettant de ne pouvoir étendre cette mesure à toutes les sections de l'empire, qu'il sera fait une adresse aux quarante-sept autres sections et à toutes les communes du département de Paris, portant invitation d'adhérer au présent arrêté, et de se réunir à elle, ledit jour, dimanche,

5 août prochain, onze heures du matin, pour se présenter au corps législatif, aux fins portées dans cet arrêté.

» Arrête définitivement que le présent sera porté à la municipalité et envoyé à toutes les sociétés populaires de la capitale (1).

» Collationné. LECHENARD, *président*; BERGOT, *secrétaire*; » (*Journal général de l'Europe*, n. CCCCVI, page 60. — *Annales Patriotiques*, n. CCXVII.)

» A TOUS LES CITOYENS DU DÉPARTEMENT DE PARIS.

Le devoir le plus saint, la loi la plus chérie,
Est d'oublier la loi pour sauver la patrie.

» Citoyens de toutes les sections, l'assemblée nationale délibère; mais l'ennemi s'approche, et bientôt Louis XVI va livrer nos cités aux fers ensanglantés des despotes de l'Europe.

» Citoyens, levez-vous, et venez avec nous demander au sénat s'il se croit capable ou non de sauver la patrie; et, sans quitter la barre, obtenons enfin le droit d'oublier la loi pour sauver la patrie.

» Les citoyens de la section Mauconseil ont conçu le noble dessein de reprendre leurs droits, de faire triompher la liberté, ou de s'ensevelir sous ses ruines; et sans doute, cet exemple généreux sera imité de toutes les sections de l'empire.

» Que Paris soit encore l'étonnement de l'univers et l'effroi du despotisme.

» Déjà, depuis trop long-temps, un tyran méprisable se joue de nos destinées; gardons-nous d'attendre pour le punir qu'il ait assuré son triomphe : Citoyens, levez-vous, et songez qu'un tyran ne pardonne jamais.

» Sans nous amuser encore à calculer ses erreurs, ses crimes et ses parjures, frappons le colosse effrayant du despotisme; qu'il

(1) La très-grande majorité des sections a déjà adhéré à cette délibération. Citoyens des quatre-vingt-deux autres départemens, hâtez-vous d'imiter cet exemple.
(*Note des* Annales patriotiques.)

tombe ; qu'il se brise en éclats, et que le bruit de sa chute fasse pâlir les tyrans jusqu'aux extrémités du monde.

» Unissons-nous tous pour *prononcer* la déchéance de ce roi cruel. Disons, d'un accord commun, *Louis XVI n'est plus roi des Français.*

» L'opinion seule, fait la force des rois : Eh bien ! citoyens, employons l'opinion pour le déchoir ; car l'opinion fait et défait les rois.

» Louis XVI est livré à la réprobation la plus avilissante : toutes les parties de l'empire le rejettent avec indignation ; mais aucune d'elles n'a suffisamment exprimé son opinion.

» La section Mauconseil déclare donc à toutes les parties du souverain, qu'en présentant le vœu général, *elle ne reconnaît plus Louis XVI pour roi des Français*, qu'elle abjure le serment qu'elle a fait de lui être fidèle, comme surpris à sa foi.

Le parjure est vertu quand on promit un crime.

» Citoyens, imitez notre exemple ; la tyrannie s'écroule et la France est sauvée pour jamais.

» Signé, LECHENARD, président ; BERGOT, secrétaire.

» *Le rendez-vous général est boulevart de la Madeleine Saint-Honoré.* » (*Annales patriotiques*, n. CCXVII.)

Vers le même moment, la section du Théâtre-Français, les anciens Cordeliers, prenaient une mesure moins révolutionnaire, mais non moins illégale, très-propre d'ailleurs à donner une grande force au mouvement projeté. La voici :

« *Déclaration politique de la section du Théâtre-Français.* — Les citoyens dits actifs de la section du Théâtre-Français, considérant que tous les hommes qui sont nés ou qui ont leur domicile en France, sont Français ;

» Que l'assemblée nationale constituante a remis le dépôt et la garde de la liberté et de la Constitution, au *courage de tous les Français* ;

» Que, conséquemment, tous les Français sont admis par la

Constitution elle-même, et à porter les armes pour leur patrie, et à délibérer sur tous les objets qui l'intéressent;

» Considérant que jamais le courage et les lumières des citoyens ne sont aussi nécessaires que dans les dangers publics ;

» Considérant que les dangers publics sont tels que le corps des représentans du peuple a cru devoir en faire la déclaration solennelle ;

» Considérant qu'après que la patrie a été déclarée en danger par les représentans du peuple, le peuple se trouve tout naturellement ressaisi de l'exercice de la souveraine surveillance ;

» Que le décret qui déclare les sections permanentes n'est qu'une conséquence nécessaire de ce principe éternel ;

» Considérant qu'une classe particulière de citoyens n'a pas même la faculté de s'arroger le droit exclusif de sauver la patrie ;

» Déclare que, la patrie étant en danger, tous les hommes français sont de fait appelés à la défendre ; que les citoyens, vulgairement et aristocratiquement connus sous le nom de citoyens passifs, sont des *hommes français* ; partant qu'ils doivent être, et qu'ils sont appelés, tant dans le service de la garde nationale pour y porter les armes, que dans les sections et les assemblées primaires, pour y délibérer : en conséquence, les citoyens, qui ci-devant composaient exclusivement la section du Théâtre-Français, déclarent hautement leur répugnance pour leur ancien privilége, appellent à eux tous les hommes français qui ont un domicile quelconque dans l'étendue de la section, leur promettent de partager avec eux l'exercice de la portion de souveraineté qui appartient à la section, de les regarder comme frères, concitoyens co-intéressés à la même cause, et co-défenseurs nécessaires de la Constitution, de la déclaration des droits, de la liberté, de l'égalité et de tous les droits imprescriptibles du peuple et de chaque individu en particulier.

» Signé, Danton, *président*; Anaxagoras Chaumette et Momoro, *secrétaires.* » (*Révolutions de Paris*, n. CLX.) — Il est probable que cet exemple ne fut pas sans imitateurs.

Nous verrons dans le mois d'août ce qui arriva de la démarche de la section Mauconseil; tout annonçait une insurrection prochaine. Des précautions non moins menaçantes, instruisaient d'ailleurs la ville de ce qui se préparait, quand elle ne l'eût pas été déjà par la publicité des discussions. On affichait des placards, sous le titre d'*avis aux Parisiens*, dans lesquels on menaçait de la vengeance du peuple ceux qui tireraient sur lui, et l'on garantissait la sûreté des personnes et des propriétés à ceux qui maintiendraient ses droits et se rangeraient au nombre de ses défenseurs; cette affiche fut dénoncée, le 28 juillet, par un commissaire de police à l'assemblée nationale.

Voyons maintenant comment agissait la municipalité de Paris, en face de ce mouvement, et comment la dirigeait ce Pétion, auquel déjà Anacharsis Clootz, dans les *Annales patriotiques*, reprochait sa tiédeur.

D'abord, dès le milieu du mois, on chercha à organiser, entre les sections, ce centre d'unité et d'action, indépendant du corps municipal, que nous avons vu tant de fois et si inutilement demandé pendant la durée de la magistrature de Bailly et dans l'unique but de créer un point commun d'opposition.

Arrêté de la municipalité de Paris, du 17 juillet.

« Le procureur de la commune ayant exposé que les sections désirent depuis long-temps l'établissement d'un bureau central de correspondance qui serait, pour elles, un moyen de communication active et rapide; qu'un établissement de cette nature, utile dans tous les temps, devenait nécessaire au moment où la loi constituait les fonctions en état de permanence, et qu'il convenait qu'il fût placé dans la maison commune et sous les yeux du ministère public spécialement chargé de veiller à l'intérêt commun.

» Le corps municipal a arrêté qu'il serait établi, sous la direction et la surveillance immédiate du procureur de la commune, un bureau central de correspondance entre les quarante-huit sections, et il a chargé le procureur de la commune de proposer le nombre de commis qui devra être attaché à ce bureau, et la détermination de leur traitement.

» Signé, Pétion, maire; Royer, secrétaire-greffier. »

Lettre du procureur de la commune aux quarante-huit sections.
(*Sans date.*)

« Le corps municipal, messieurs, vient d'arrêter qu'il serait établi au parquet de la commune un bureau central de correspondance entre les sections de Paris; je m'empresse de vous faire part de cette résolution.

» Dans le moment où la permanence des sections vient d'être décrétée par l'assemblée nationale, il est important qu'elles aient un centre de réunion où elles puissent faire parvenir promptement, et d'une manière sûre, le résultat de leurs délibérations et arrêtés.

» La nécessité de l'établissement de ce bureau central se fera facilement sentir; plusieurs sections l'ont depuis long-temps réclamé; les communications seront, par ce moyen, promptes et assurées; la malveillance, l'incivisme ou la négligence, ne pourront par ce moyen rien soustraire à la connaissance des citoyens. Il en résultera pour la commune une grande économie; car alors les sections pourront se dispenser de faire imprimer leurs arrêtés, lorsqu'elles seront assurées qu'ils parviendront exactement aux autres sections.

» Chaque section pourra, en nommant un commissaire, soit par semaine, soit par mois, avoir tous les jours connaissance de ce qui aura été fait dans les quarante-sept sections, et leur faire également connaître ses arrêtés.

» Un préposé sera chargé du soin d'enregistrer toutes les pièces que l'on fera parvenir dans ce bureau, d'en donner un reçu aux commissaires des sections, et d'en faire des copies pour être remises à chacun d'eux.

» Les citoyens, qui auront quelques écrits, concernant les affaires publiques ou même relatives à des intérêts particuliers, à faire passer aux sections, pourront les remettre à ce bureau qui les leur fera parvenir d'une manière certaine. *Signé*. P. Manuel. »

« *Nota.* Ce bureau sera ouvert tous les jours, depuis neuf heures du matin jusqu'à trois heures après midi, et le soir, depuis sept heures jusqu'à neuf. Il sera établi dans les bâtimens du Saint-Esprit, au deuxième étage, par le premier escalier, près le passage qui communique à la maison commune. »

— Ensuite, la commune prit des mesures pour mettre la force armée en quelque sorte au pouvoir des sections. En procédant de cette manière, elle semblait n'exécuter qu'une loi : n'avait-elle pas d'intention secrète, ou, sous le but légal avoué, voulait-elle mettre les sections en puissance d'agir, et les officiers de la garde nationale dans l'impossibilité de leur faire de l'opposition ? Nous l'ignorons, et nous laissons, pour le moment, au lecteur à décider.

Arrêté de la municipalité de Paris sur le licenciement de l'état-major, du 31 juillet.

« Les corps municipaux, pour pourvoir à l'exécution de la loi qui a licencié l'état-major de la garde nationale, le procureur de la commune entendu, arrêtent que les quarante-huit sections s'assembleront jeudi prochain, 2 août, 5 heures du soir, à l'effet de délibérer sur une adresse à l'assemblée nationale, portant sur les quatre bases suivantes :

» 1° La réorganisation d'un nouvel état-major ;

» 2° La peine à infliger à ceux des officiers de cet état-major qui contreviendraient à la loi qui leur défend de donner aucun ordre sans qu'il soit émané de l'autorité civile, attendu que cette peine n'a été prononcée par aucune loi.

» On prendra les mesures nécessaires pour que les canons des soixante bataillons soient répartis entre les quarante-huit.

» 3° La réduction des bataillons au nombre des sections, réduction déjà implicitement prononcée par le décret qui porte que les citoyens de chaque section se réuniront pour nommer leurs officiers ;

» 4° La suppression de toutes prérogatives et distinctions accordées exclusivement à certaines compagnies, comme étant contraires au droit de l'égalité qui appartient à tous les citoyens, et susceptible d'inspirer un esprit de corps qui les isole et les détruit.

» Les commissaires qui auront été nommés par les sections, pour recenser leur vœu, s'assembleront à la maison commune, le samedi quatre août prochain, neuf heures du matin.

» Signé, Pétion, maire; Lemoine, secrétaire-greffier-adjoint. »

— Voilà ce que la presse révélait au public sur le travail révolutionnaire qui s'opérait dans le sein des divers corps qui constituaient la commune de Paris. Instruits, comme nous le sommes, de ce qui devait succéder, nous y voyons clairement les préparatifs d'une insurrection, les préparatifs du 10 août; mais, il ne paraît pas que ce mouvement présentât un caractère semblable aux hommes de l'époque et de l'opinion contraire. Leurs journaux ne s'occupent qu'en passant des assemblées sectionnaires; ils les déclarent illégales; ils relèvent avec blâme quelques-uns des projets qui leur servaient de prétexte, et telle est la formation d'un camp sous les murs de Paris dont on avait beaucoup parlé *aux Lombards*. Une circonstance, au reste, pouvait les aveugler sur la portée de toutes ces délibérations et de toutes ces démarches. La déclaration du danger de la patrie avait profondément remué toutes les ames énergiques. Si l'on s'occupait par moment de la question générale, de celle qui touchait le gouvernement lui-même, presque toute la journée, on travaillait à l'œuvre patriotique de recruter et d'armer des volontaires. On formait des collectes pour les frais de route de ceux qui devaient partir; les gardes nationaux faisaient don de leurs uniformes et de leurs armes à ceux auxquels leur position permettait de remplir leur devoir de soldat; on allait plus loin, on sollicitait des inscriptions sur le rôle de l'armée. Nous trouvons dans les annales de Carra une note sur une séance de la section de l'Observatoire, qui confirme ce que la tradition nous a appris sous ce rapport. Une telle activité, dans le sens même que la loi avait ouvert, autorisait peut-être aux yeux de beaucoup de gens un excès d'exaltation et quelques désordres passionnés qui, devaient-ils se dire, disparaîtraient probablement, lorsque les circonstances qui les avaient provoqués, auraient cessé. Ce n'est qu'à de sembables espérances et de pareils raisonnemens que l'on peut, il nous semble, attribuer le silence presque absolu des journaux feuillans ou royalistes, si vétilleux ordinairement et si attentifs aux plus petites démarches de Brissot et de ses amis. Il n'est, à notre connaissance, question que deux fois de ce qui se passait dans le sein de la Cité, et d'une manière très-légère, et cependant les choses étaient arrivées à ce point que des sections correspondaient même avec des communes étrangères, envoyaient et recevaient des adresses ; ce qui était arrivé autrefois à la municipalité de Paris. Ainsi, nous trouvons encore dans les annales patriotiques une adresse des citoyens de Narbonne à la section des Quinze-Vingts.

« Citoyens, disait-elle, nous n'avons rien à vous prescrire, vous êtes près du gouvernail ; c'est à vous de surveiller le pilote. Il vaudrait mieux le jeter à la mer que de submerger l'équipage. Le dix-neuvième siècle approche ; puissent, à cette époque de 1800, tous les habitans de la terre, éclairés et affranchis, adresser à Dieu une hymne de reconnaissance et de liberté. Demandez encore à Louis XVI s'il veut être de cette fête universelle ; nous lui réserverons encore la première place au banquet. — S'il s'y refuse ! adieu ; nous sommes debout, et nos sacs sont prêts.... Notre lettre est l'éclair qui précède la foudre. » (*Annales Patriotiques*, n. CCIX.)

La commune de Paris, non plus que les sections, ne se faisait faute d'agir comme l'un des pouvoirs de l'état. Ainsi, le 26 juillet, elle prit, sur la proposition de M. Sergent, l'arrêté suivant :

« Le corps municipal considérant qu'après l'enrôlement d'une très-grande quantité de citoyens, des pères de famille, des épouses, se séparent de ce qu'ils ont de plus cher pour les envoyer à la défense de la patrie, combattre sous le drapeau de la liberté ; que ses soins doivent, répondant à la confiance publique, s'étendre au-delà des murs de cette ville, et pouvoir assurer leurs généreux parens de toutes les mesures employés pour leur subsistance et leur séjour au camp ;

» Arrête, en conséquence, que six citoyens, en qualité de

commissaires de la commune, seront chargés de se transporter, la semaine prochaine, à Soissons ; qu'ils seront autorisés à se concerter avec la municipalité de cette ville, pour obtenir tous les renseignemens qui pourront les assurer que les ordres qui ont été donnés pour recevoir les citoyens qui doivent former le camp de Soissons, ont été exécutés, et que ceux qui se dévouent avec tant d'empressement, y trouvent tout ce que l'assemblée nationale a ordonné au ministre de la guerre de faire fournir ; que les frais du voyage seront réglés par le corps municipal. »

D'ailleurs, il ne se passait guère de jours où il n'y eût dans Paris quelque tumulte, surtout dans les lieux où le plaisir et l'oisiveté amenaient un concours de citoyens. Tantôt on brûlait des journaux ; tantôt on se disputait, et les querelles se terminaient quelquefois par des duels, plus souvent par des batailles à coups de cannes : partout on retrouvait des signes de la fermentation qui remuait la capitale.

Nous ne pouvons mieux achever cette narration qu'en racontant la cérémonie par laquelle la municipalité chercha à fermer la liste des enrôlemens civiques. Nous empruntons la narration du *Moniteur*.

[*Paris, le 29 juillet.* Le conseil général de la commune, ayant M. le maire à sa tête, est descendu sur la place où l'on avait élevé un amphithéâtre pour recevoir la municipalité. Quatre tribunes de forme antique avaient été disposées aux quatre extrémités de la place. On avait placé dans chacune de ces tribunes quatre bannières portant les mots *liberté, patrie, égalité, constitution.* Un détachement nombreux de garde nationale formait, au milieu de la place, un cercle, dans lequel étaient placés les citoyens qui, s'étant fait inscrire pour voler sur les frontières, ne sont pas encore partis pour le camp de Soissons.

M. le maire a prononcé le discours suivant, dont l'impression a été ordonnée, ainsi que la distribution à tous les volontaires.

« Braves citoyens, vous vous enrôlez sous les drapeaux de la liberté ; c'est pour la défendre, c'est pour combattre la tyrannie. Votre famille est maintenant au milieu des camps ; votre famille est là la patrie : nous devons tout sacrifier à cette mère commune. Toutes nos affections particulières doivent se fondre dans ce grand intérêt général. Périssons plutôt que de souffrir que notre sol soit souillé par l'esclavage. Mais non : les despotes seront vaincus; volez à la victoire......... La postérité vous désignera comme les premiers soutiens de nos droits. Recevez, avant votre glorieux départ, les témoignages d'amitié et les bénédictions de vos concitoyens, de vos amis, de vos frères, et les félicitations des magistrats du peuple. »

Ensuite les noms de chacun des généreux défenseurs de la patrie ont été proclamés à haute voix par un officier municipal. La musique de la garde nationale exécutait, à certains intervalles, des morceaux d'un genre guerrier. Les cris de *vive la nation! vive la liberté!* interrompaient souvent cet appel nominal. Les citoyens enrôlés ont été successivement embrassés par le maire de Paris, et ils ne sortaient des bras de leurs magistrats que pour passer dans ceux de leurs concitoyens.

Ces scènes intéressantes se sont renouvelées pendant plus de deux heures. Une pluie très-forte, survenue pendant la cérémonie, n'a fait qu'augmenter la joie des citoyens, et cette circonstance rappelait l'époque de la fédération de 1790 : alors, comme aujourd'hui, les défenseurs de la liberté, bravant l'intempérie des saisons, faisaient retentir l'air des cris de liberté et d'amour de l'égalité.

Près de dix mille citoyens se sont déjà fait inscrire, et parmi eux il en est un très-grand nombre *d'anciens soldats ayant plusieurs années de service*, et qui nous font concevoir l'espérance fondée de trouver de bons officiers, qui, sans être *nés nobles*, n'en commanderont pas moins bien nos légions civiques.]

Le nombre des fédérés des départemens, arrivés à Paris le 30 au soir, était en outre de cinq mille trois cent quatorze.

PROVINCES.

L'opinion publique n'était pas moins animée dans les provinces qu'à Paris; les divers partis étaient également en présence avec les mêmes caractères, les mêmes moyens dans les mêmes positions, mais avec des différences de forces en rapport avec l'état de l'opinion chez ce que l'on appelait alors le petit peuple, ou les citoyens passifs. Dans quelques parties du midi, dans les campagnes de la Bretagne et de la Vendée, cette classe, négligée par les constituans de 89, était à la disposition de l'opposition royaliste; dans les grandes villes, au contraire, elle n'était pas moins révolutionnaire qu'à Paris. Nous avons parlé de l'exécution faite par la main du peuple à Marseille; ce fait seul suffirait pour prouver l'état de l'opinion dans cette ville; mais nous savons de plus que les sections ne s'y remuaient pas moins qu'à Paris : dès le commencement de juillet elles avaient voté pour un roi électif, et pendant que les gens graves s'occupaient de la question gouvernementale, les jeunes gens faisaient la guerre aux partisans de La Fayette, et aux insignes royalistes et feuillans. Ils pendaient ce général en effigie. Il est inutile de dire que la fête de la fédération s'y fit avec pompe et enthousiasme. L'évêque du département officia, et ensuite le maire fit prêter le serment de *vivre libre ou mourir.* — À Bordeaux il y eut une scène de sang semblable à celle de Marseille, et qui prouve une pareille exaltation : trois prêtres non assermentés, qui se faisaient remarquer par leur activité contre-révolutionnaire, furent arrêtés à Cauderan, par les habitans eux-mêmes. On les amena à Bordeaux pour y être écroués; ils furent saisis par le peuple; deux d'entre eux furent frappés, et leurs têtes promenées au bout d'une pique.

La colère contre les prêtres, qu'on appelait réfractaires, était extrême. A Angers et à Laval, on en arrêta et on en emprisonna huit cents. A Dijon, à Grenoble on en fit autant. Ainsi la loi étant impuissante, le peuple, abandonné à lui-même, pourvoyait à son salut par les moyens de violence qui seuls étaient à sa disposition. Le conseil du département du Calvados prit l'initiative de cette mesure; son arrêté sur les prêtres réfractaires est une pièce trop curieuse pour que nous ne la reproduisions pas ici.

Arrêté du conseil général du département du Calvados contre les prêtres réfractaires, perturbateurs du repos public.

« Art. Ier. Les ecclésiastiques insermentés qui auront agité le peuple, troublé la tranquillité publique, ou dont la présence est dangereuse dans le canton qu'ils habitent, seront arrêtés et conduits au chef-lieu du département où ils seront détenus dans un lieu qui sera désigné.

» II. Ne pourront, lesdits ecclésiastiques, être saisis ou arrêtés que lorsque le conseil ou le directoire du département aura prononcé la détention.

» III. La détention pourra être or donnée par le département sur la demande d'un conseil ou d'un directoire de district, après avoir pris l'avis de la municipalité dans laquelle l'ecclésiastique sera domicilié; mais, sur la même demande formée par une municipalité ou un conseil général de la commune, la peine de détention ne pourra être prononcée par l'administration qu'après avoir préalablement pris l'avis du district.

» IV. Lorsque huit citoyens actifs d'un canton formeront la demande de détention contre un ecclésiastique non assermenté, le conseil ou le directoire du département pourra prononcer la même peine, après avoir pris l'avis du conseil général de la commune ou du district.

» V. L'administration du département ayant renvoyé la demande au district, il sera tenu de la faire passer, dans les vingt-quatre heures, à la municipalité ou au conseil général de la commune.

» VI. Le conseil général donnera son avis dans trois jours, non compris celui de la réception et de l'envoi.

» VII. Dès que le district aura reçu l'avis de la municipalité, il sera tenu, après avoir donné le sien, d'expédier le tout au département, au plus tard dans les trois jours qui suivront la réception.

» VIII. La garde nationale, ou la gendarmerie nationale, sera chargée d'arrêter les ecclésiastiques dont la détention aura été ordonnée; ils seront, dès l'instant, sous leur sauvegarde jusqu'à ce qu'ils soient rendus dans le lieu désigné.

» IX. Les traitemens des ecclésiastiques détenus seront réunis en masse pour fournir à leur subsistance, à raison de vingt sous par jour, ainsi qu'à celle des autres détenus qui n'auront point de traitement.

» X. Si on ne peut saisir les ecclésiastiques contre lesquels la détention aura été prononcée, leur traitement sera arrêté et entrera dans la masse destinée à la nourriture des détenus; et, si la masse était insuffisante, l'administration du département pourvoirait à l'excédant.

» Le conseil général du département recommande expressément aux conseils et aux directoires de district, aux municipalités, aux conseils généraux des communes, à la garde nationale et à la gendarmerie nationale, de tenir la main à l'exécution du présent arrêté; charge le directoire de le faire imprimer et de l'envoyer au district, pour être par lui adressé aux municipalités de leur ressort et affiché dans le plus bref délai. *Certifié conforme au registre.* Signé GUSTAVE DOULCET, président; BOUGON, secrétaire-général. »

A quoi donc avait servi à Louis XVI son *veto* apposé à la loi que lui avait présentée l'assemblée législative? Voici des fractions de l'administration qui se font législateurs. Mais n'est-il pas merveilleux, au milieu d'une telle anarchie, que la nationalité française se soit conservée? Et n'est-ce pas là une grande preuve que les unités nationales résultent plutôt de la communauté de sentiment et de but d'activité, que de la centralisation apparente du gouvernement et de l'administration?

Dans le Morbihan, le conseil général arrêtait la circulation des journaux royalistes. Marseille, ainsi que nous le verrons annoncer le mois prochain à la tribune de l'assemblée, se saisissait des caisses publiques pour solder ses propres armemens.

Les nouvelles de l'armée n'annonçaient pas de moindres dispositions patriotiques ; tout montrait qu'il s'opérait chez elle un changement analogue à celui qui s'était fait en 89. Elle s'était alors successivement tournée du côté de la bourgeoisie, contre la cour, et pour la Constitution ; maintenant, elle tournait du côté du peuple, prête à défendre toutes ses décisions quelles qu'elles fussent. Pour des yeux attentifs, il était évident qu'on pouvait compter sur son obéissance, autant que sur son courage à défendre la France. Quelques corps prenaient déjà les devans ; voici, par exemple, un ordre du jour, en date du 15 juillet, du général Kellerman, commandant au camp de Wissembourg.

« L'intention du général Kellerman est, monsieur, que vous fassiez connaître le prix qu'il attache au bonnet de la liberté, et que vous fassiez lire à chaque compagnie les quatre articles suivans qui y sont relatifs.

» Art. Ier. Le bonnet de la liberté restera constamment placé au centre de l'armée.

» II. Il sera gardé comme le symbole précieux de la liberté française.

» III. Dans les marches, il sera porté par le plus ancien sous-officier de l'armée.

» IV. Destiné à l'avenir à être la récompense des belles actions, les corps ou les individus qui auront eu le bonheur d'être à portée d'en faire, acquerront le droit de le porter, comme le signe éclatant de la vertu guerrière et civique.

» Le général Kellerman me charge, monsieur, de vous annoncer qu'il défend, à qui que ce soit, de porter le bonnet de la liberté. »

Quel que fût le but que se proposait le général par cet ordre du jour, il prouve au moins, que les corps qui étaient sous son commandement, attachaient une grande importance à cette distinction révolutionnaire, et affichaient l'opinion dont il était le signe. En général, tous les commandans militaires de la frontière du Rhin et des Alpes étaient obligés pour parler à leurs troupes de se servir du langage le plus exalté. C'est de là que le général Montesquiou avait tiré une sorte de réputation qui l'avait précédé à Paris; il passait presque pour un Jacobin; on ne changea d'opinion que lorsqu'on connut une lettre qu'il avait écrite, le 12, à la société des amis de la Constitution de Marseille. Bien qu'il s'y déclarât l'ami des sociétés populaires, il s'y montrait en même temps incrédule sur les projets qu'on prêtait à La Fayette; il s'évait contre tous les partis quel que fût leur nom, même celui des Jacobins, en un mot il se montrait de ce parti qu'on avait déjà flétri du nom de *modéré*.

On n'apercevait pas aussi clairement quelle était l'opinion des masses de l'armée du côté du nord. Là, en effet, les généraux et les états-majors tenaient un tout autre langage. Mais, les soldats se plaignaient et les lettres de récrimination abondaient dans les journaux. Il en était, dans ces armées, de même que dans les départemens. Les autorités tenaient souvent un tout autre langage que leurs administrés. Soixante-douze départemens, directoires ou conseils généraux (nous empruntons ce chiffre à un journal du temps), avaient protesté contre le 20 juin, et avaient signé des adresses au roi. Leur exemple avait été imité par un grand nombre de conseils de districts, de municipalités, d'états-majors de la garde nationale; des citoyens même à Orléans, à Nantes, etc., avaient signé de pareilles protestations. Ailleurs, les pouvoirs étaient en opposition; la municipalité de Chartres était suspendue par le directoire du département, comme entachée de jacobinisme. A Langres, le directoire dénonçait à l'assemblée qui passa, il est vrai à l'ordre du jour, il dénonçait la société populaire pour avoir travaillé à former, équiper et armer un petit corps de fédérés pour Paris. — Mille contradictions de ce genre tourmentaient l'opinion publique. Mais si ces choses montraient, comme disaient les Jacobins, qu'il fallait renouveler toutes les autorités constituées, tous les états-majors, cela ne prouvait rien pour l'opinion des masses. Cette sorte d'unanimité entre tous les pouvoirs, pouvait en imposer aux hommes du temps, mais, pour nous, il est clair que la population était disposée à accepter tout ce que l'on méditait aux Jacobins, à Paris.

Nous terminerons ce coup d'œil sur l'état des départemens en transcrivant la partie la plus importante des pièces relatives à l'affaire de Jalès et que nous avons promises.

Du Saillant était parvenu à réunir un corps d'insurgés qui s'éleva jusqu'à trois mille hommes. Il avait été assiéger la garnison du château de Bannes, qui se rendit après une courte résistance. Il occupait en même temps Jalès et Saint-André. La garde nationale du département, celle du Gard, formant un total de 1,500 hommes environ, la gendarmerie et quelques compagnies de ligne, furent dirigées sur les rebelles. Le village Saint-André fut brûlé; Jalès fut repris. Effrayé de cette attaque et craignant d'être entouré dans Bannes, il évacua ce poste. Il fut poursuivi et saisi; les châteaux de Bannes et Jalès furent incendiés. Nous n'avons rien trouvé de plus sur la manière dont se termina cette insurrection. Nous avons vu seulement que du Saillant fut tué et avec lui plusieurs prêtres qui s'étaient joints à sa révolte. Voici, au reste, les pièces qui furent lues, le 18, au corps législatif. Nous n'en retirerons que la liste de cinquante-huit individus faits prisonniers, et qui furent sur-le-champ décrétés d'accusation, par l'assemblée nationale. Il y avait parmi eux, sept prêtres.

Lettre du directoire du département de l'Ardèche au président de l'assembée nationale.

[« Nous avons eu l'honneur de vous rendre compte des événemens qui se sont succédé, de l'arrestation et de la mort du rebelle du Saillant (on applaudit), et nous avons annoncé que plusieurs papiers avaient été pris sur sa personne. Le juge de paix du canton de Bannes a pris toutes les précautions pour la conservation de ces papiers, dont l'importance nous empêche de vous envoyer les originaux. Ils contiennent les plans d'un grand complot et la désignation des personnes qui l'ont favorisé. Nous avons cru que le salut public étant, dans cette occasion, la suprême loi, il devait nous dispenser de la longueur des formes qui auraient pu mettre à couvert les prévenus. En conséquence, nous avons pris l'arrêté ci-joint. Il n'existe plus de rebelles ; ils sont morts ou en fuite ; la garnison établie à Jalès et à Bannes a brûlé les deux châteaux. On a fait plusieurs prisonniers; les plus coupables ont été tués par ceux qui les ont saisis. Les abbés Labastide, Lamolette et un autre, viennent de l'être à l'instant. Nous sommes bien affligés de ces malheurs ; mais nous n'avons pu les empêcher. »

Un de MM. les secrétaires fait lecture des pièces dont l'extrait suit :

1° Copie figurative d'une note signée des princes français émigrés, datée de Coblentz, le 1er mars 1792, adressée à M. le comte du Saillant, pour l'autoriser à prévenir MM. Portalis, Borel, etc.

2° Réponse des princes, frères du roi, à la délibération prise par l'armée de Jalès. Les princes, frères du roi, envoient le comte de Conwai pour prendre le commandement en chef de l'armée du midi. Ils s'occupent aussi de pourvoir à la défense de la ville d'Arles. — *Coblentz*, *4 mars* 1792.

3° Instructions et pouvoirs donnés à M. le comte de Conwai par *Monsieur* et *monseigneur comte d'Artois*, frères du roi. Ils l'autorisent à recevoir les sommes que les citoyens zélés pour le service du roi voudront offrir, à en donner des quittances, à prendre des arrangemens, soit pour le remboursement des capitaux, soit pour le paiement des intérêts ; le tout sous la condition que ces sommes n'excéderont pas 500,000 liv. ; et comme ces fournitures auront pour objet le rétablissement de la monarchie, le comte de Conwai affectera et hypothèquera non-seulement les biens et revenus des princes, mais même ceux de l'état.

4° Autorisation donnée par les princes à M. le comte du Saillant, pour se servir d'une ampliation des pouvoirs adressés à M. le comte de Conwai, et sous ses ordres.

5° Lettre des princes à M. le comte du Saillant, — *Coblentz*, 8 *mai* 1792. — « Nous avons été surpris de voir arriver un officier de votre part, sans la participation du général Conwai. Nous vous engageons à réparer cette erreur, en ne vous écartant jamais des ordres qu'il pourra vous donner.

6° Assemblée des confédérés de Jalès au village de la Bastide, où M. du Saillant leur a exhibé ses pouvoirs, et où les confédérés lui ont témoigné leur satifaction du choix d'un officier aussi distingué par son mérite que par sa naissance, et leur espoir pour le rétablissement de la religion et de la manarchie.

7° Lettre sans adresse, signée *Modène*, qui annonce qu'il a reçu de M. d'Esparbès les ordres que.... lui a donnés. Il demande de l'argent.

8° Mémoire des membres du comité central de Jalès, en faveur de M. du Saillant, contre les menées employées par MM. Conwai, Borel et autres, pour traverser ses vues héroïques.

9° Lettre de Pierre Seran, qui accuse la réception de douze louis en or, de la part du chevalier Melon, pour sa route.

10° Lettre de Lalose, qui annonce qu'il est allé à Lyon chercher de l'argent que ses tantes lui ont donné. Il attend les ordres, et ajoute que la vente générale des effets ne doit commencer qu'en août prochain.

11° Lettre de Pérat, 4 juillet. — Il annonce dans le *post-scriptum* que les nouvelles du jour sont on ne peut meilleures. Partout on offre des secours au roi. Le seul département de la Somme offre deux cents bataillons. La Fayette a reçu un petit échec près Mons. Les ennemis lui ont tué onze cents personnes. Beaulieu tient Luckner enfermé dans Courtrai, il l'a menacé, s'il ne se rend, de tout passer au fil de l'épée. (On rit.)

12° Diverses pièces relatives à la capitulation de Bannes, dont l'assemblée a déjà eu connaissance.

13° Deux lettres de M. Guinhoux; dans l'une il demande à M. Saillant un renfort de cinquante hommes; dans l'autre il lui envoie de la poudre.

14° Procès-verbal du juge de paix de la commune d'Évan, jeudi 12 juillet 1792, huit heures du soir. « Par-devant nous s'est présenté Hyacinthe Laurent, vétéran du régiment ci-devant Hainaut, lequel a dit qu'étant avec quatre personnes qu'il commandait en station au-delà d'Hézédoux, paroisse de Villefort, il a aperçu cinq particuliers auxquels il a crié: *Arrête*. L'un d'eux, interpellé, s'est dit curé de Barjac. Il lui a demandé à sortir pour un besoin. Il l'a conduit dans une écurie, et là, il l'a vu jeter dans la paille un portefeuille. Sans rien faire connaître, il l'a reconduit dans sa chambre et est revenu prendre ce portefeuille, dont les papiers et les notes lui ont prouvé que le prétendu curé était M. Saillant. Celui-ci se voyant découvert, lui offre sa croix de Saint-Louis et soixante-quinze louis en or pour obtenir sa liberté. Hyacinthe Laurent fait battre la générale; fait choix de quinze hommes, et conduit les cinq arrêtés à Chambonas. L'armée ayant découvert que c'étaient les chefs de l'attroupement de Bannes, une voix unanime a demandé qu'ils fussent passés au fil de l'épée. Ils ont subi le jugement. »

15° Ordre du secrétaire du général de ne laisser personne s'écarter du poste.

16° Demande d'un renfort à M. Saillant.

17° Lettre de M. Allier à M. Saillant : « Monsieur le comte, personne ne vous est plus attaché que moi. Je partage toutes vos peines. Votre magnanimité vous couvrira de gloire sous peu de jours. Avec de la fermeté et de la patience, nous viendrons à bout de nos ennemis.

18° Lettre de M. Perrochon à mademoiselle Delbos, pour la prier de mettre tous les effets en sûreté.

19° Diverses lettres sans signature, sans adresse.

20° Lettre dans laquelle on accuse M. Conwai de fourberie, et on lui reproche d'avoir voulu que rien ne s'opérât. Conwai est Anglais, il aime le gouvernement anglais. Saillant est Français, il aime le roi.

21° Lettre de M. Leblond qui annonce à M. Saillant qu'il a donné ordre aux villages arrêtés de fournir leur monde. On ne se porte pas comme il le désirait.

22° Lettre signée *Pagès*, à M. Saillant. Le signataire annonce qu'il va agir pour lui procurer tous les secours qui dépendront de lui, mais qui ne seront pas aussi considérables qu'il le voudrait, parce qu'étant sur la frontière de la Lozère, ils sont menacés des protestans de ce pays-là.

23° État des sommes avancées à diverses personnes, tant pour appointemens que pour frais de voyage, relativement à l'armée contre-révolutionnaire.

24° Lettre du général Conwai à M. Saillant, pour l'autoriser à se servir de l'ampliation de ses pouvoirs, et à se faire aider par M. Perrochon, dont le zèle et les principes sont connus. — *Coblentz*, 7 *mars* 1792.

25° État des villes et villages avec le nombre d'hommes qu'ils doivent fournir et les noms de ceux qui les commandent. Rayon de Saint-Ambroix, qui peut fournir mille hommes; rayon de Barjac, rayon de Villefort, rayon d'Évan, rayon de Joyeuse, rayon de Vallon.

26° Autres pièces relatives à la capitulation de Bannes.

M. Gamon fait lecture d'une lettre à lui adressée le 14 juillet par le directoire du département de l'Ardèche. Elle est ainsi conçue :

« L'événement de la prise du château de Bannes a été un événement heureux pour la patrie, puisqu'il en est résulté que la majeure partie des brigands se sont réunis à ce poste contre lequel nous avons dirigé nos forces, et que du Saillant et plus de deux cents de ses complices y ont péri. Je vous annonce que la fureur des gardes nationales est telle, que je doute qu'il nous reste quelqu'un pour la haute cour nationale. (Les tribunes applaudissent. — L'assemblée murmure.) M. Dalbignac nous a promis trois bataillons, avec lesquels nous pourrons contenir les mécontens. Nous partons pour Privas accablés de fatigue. Mais nous emportons les bénédictions du peuple. (On applaudit.) Les châteaux de Bannes et de Jalès ont été incendiés, et nos troupes ont prêté sur leurs décombres le serment du 14 Juillet. Voilà une nouvelle Bastille prise, et une nouvelle fédération. (Nouveaux applaudissemens.]

— Il nous reste, pour terminer l'histoire de ce mois, à donner la note de quelques actes parlementaires qui n'ont pu trouver place dans notre narration. — Le 18 juillet, sur le rapport de Tronchon, le maximum des cotisations pour la contribution foncière fut fixé au cinquième du revenu. — Le 27, un décret établit une retenue du quart sur les rentes foncières, et du huitième sur les rentes viagères. — Le 28, l'assemblée décréta quelques rectifications au tarif des douanes. — Le 31, sur un rapport de Fouquet, elle autorisa une création de trois cent millions d'assignats. — D'après une lettre d'Amelot, commissaire à la caisse de l'extraordinaire, six millions d'assignats venaient d'être brûlés, en sorte que le total des brûlemens s'élevait à cinq cent quatre vingt millions. Il en restait donc en ce moment en circulation pour un milliard sept cent soixante millions, et il s'en fallait de quarante millions que la caisse de l'extraordinaire eût atteint les dix-huit cent millions qu'elle avait autorisé à émettre. — Le 12, l'assemblée fit un appel nominal pour constater le nombre des membres présens. Il se trouva que sur sept cent quarante-six qui en formaient le complet, six cent soixante-treize répondaient à l'appel, seize étaient absens par congé, six morts et non encore remplacés, seize malades, six à la fabrication des assignats, deux près la haute cour, vingt-sept non répondans.

AOUT 1792.

— *Ministère.* — Bigot de Sainte-Croix, ministre des affaires étrangères le 1ᵉʳ août.

L'histoire parlementaire du mois d'août doit être divisée en deux époques, celle qui précède la journée du 10, et celle qui la suit. Dans la première, l'assemblée législative maîtresse encore d'elle-même et de la France, ne cherche qu'à gagner du temps. Plus occupée du danger qui menace la Constitution, que de celui qui assiége les frontières et touche l'indépendance nationale, plus royaliste enfin qu'elle n'ose le montrer, elle résiste autant qu'il lui est possible, au mouvement révolutionnaire qui la presse et l'effraie. Elle semble croire qu'en retardant la crise, elle réussira à l'empêcher. Dans la seconde période, au contraire, l'assemblée réduite à un rôle purement passif, se hâte afin de se débarrasser du fardeau d'une énorme responsabilité et d'une impuissance pénible.

Au dehors de la législative, nous trouverons une similitude entière entre les premiers jours d'août et les derniers de juillet. Pendant que les Jacobins, les sections, le comité central des fédérés et la commune elle-même provoquent ou préparent la déchéance, Brissot et ses amis intriguent pour tirer parti de ce mouvement, soit qu'il réusisse, soit qu'il échoue. Leurs actes publics diffèrent de leurs actes secrets, ainsi que nous le verrons annoncer à la tribune des Jacobins. Leurs sentimens percent dans leurs journaux autant par leur silence, que par leur langage même. Ainsi lorsque la presse vraiment patriote s'épuise en accusations de toute sorte contre le pouvoir exécutif, se passionne, appelle aux armes par tous les motifs, montre l'étranger nombreux et menaçant, nos armées incomplètes, découragées, trahies; la presse girondine, au contraire, se tait sur ce qui pourrait irriter et se garde de prononcer un mot provoquant; elle blâme la démarche *inconstitutionnelle* de la section Mauconseil; mais elle se garde de se compromettre dans un sens ou dans l'autre; aussi elle applaudit à la pétition *constitutionnelle* de la commune que nous mettrons bientôt sous les yeux de nos lecteurs. C'est ainsi que sont rédigés les dix premiers numéros d'août de la *Chronique*, et du *Patriote Français*. La première est souvent signée Condorcet; le second appartenait à Brissot. En les lisant, on ne se douterait pas qu'on touche au 10 août. Nous recueillons avec soin ces remarques parce que ce fut là l'origine des haines personnelles et profondes qui séparèrent plus tard les Jacobins des Girondins.

Pendant ce temps, deux conspirations, l'une royaliste, l'autre insurrectionnelle travaillaient en sens contraire. Voici les renseignemens que nous avons pu recueillir sur l'une et sur l'autre.

Le comité révolutionnaire n'était autre que celui que nous avons vu réuni, le 26 juillet dernier, au Soleil-d'Or. Le récit de Pétion nous a déjà fait connaître les noms de quelques-uns de ceux qui le composaient, des plus ardens, des plus énergiques sans doute; mais il nous reste à dire comment il avait été formé et comment il agit. Nous emprunterons ces renseignemens à l'un de ces récits que firent naître plus tard les querelles qui s'élevèrent entre les vainqueurs du 10 août, lorsqu'il vinrent à discuter la part qu'ils avaient prise à ce grand événement afin de s'en faire un droit à l'administration de la révolution. Nous les tirons d'un *Précis historique et très-exact sur l'origine et les véritables auteurs de la célèbre insurrection du 10 août, par Carra.* Cet écrit est cité dans l'histoire de M. Thiers, tom. 2, pag. 366.

« Les hommes, » dit Jérôme Pétion dans son excellent discours sur l'accusation intentée contre Maximilien Robespierre, « qui
» se sont attribué la gloire de cette journée, sont les hommes à
» qui elle appartient le moins. Elle est due à ceux qui l'ont préparée, elle est due à la nature impérieuse des choses; elle est
» due aux braves fédérés, et *à leur directoire secret qui concertait depuis long-temps le plan de l'insurrection;* elle est due
» enfin au génie tutélaire qui préside constamment aux destins
» de la France, depuis la première assemblée de ses représentans. »

« C'est de ce directoire secret, dont parle Jérôme Pétion, que je vais parler à mon tour, et comme membre de ce directoire, et comme acteur dans toutes ses opérations. Ce directoire secret fut formé par le comité central des fédérés, établi dans la salle de correspondance aux Jacobins Saint-Honoré. Ce fut de quarante-trois membres qui s'assemblaient journellement depuis le commencement de juillet dans cette salle, qu'on en tira cinq pour le directoire d'insurrection. Ces cinq membres étaient Vaugeois, grand-vicaire de l'évêque de Blois; Debessé, du département de la Drôme; Guillaume, professeur à Caen; Simon, journaliste de Strasbourg; et Galissot, de Langres. Je fus adjoint à ces cinq membres, à l'instant même de la formation du directoire; et quelques jours après on y invita Fournier l'Américain; Westermann; Kienlin, de Strasbourg; Santerre; Alexandre, commandant du faubourg Saint-Marceau; Lazouski, capitaine des canonniers de Saint-Marceau; Antoine, de Metz, l'ex-constituant; Lagrey; et Garin, électeur de 1789.

» La première séance de ce directoire se tint dans un petit cabaret, au Soleil-d'Or, rue Saint-Antoine, près la Bastille, dans la nuit du jeudi au vendredi 26 juillet, après la fête civique donnée aux fédérés, sur l'emplacement de la Bastille. Le patriote Gorsas parut dans le cabaret, d'où nous sortîmes à deux heures du matin, pour nous porter près de la colonne de la liberté, sur l'emplacement de la Bastille, et y mourir s'il fallait pour la patrie. Ce fut dans ce cabaret du Soleil-d'Or, que Fournier l'Américain nous apporta le drapeau rouge, dont j'avais proposé l'invention, et sur lequel j'avais fait écrire ces mots : *Loi martiale du peuple souverain, contre la rébellion du pouvoir exécutif.* Ce fut aussi dans ce même cabaret que j'apportai cinq cents exemplaires d'une affiche où étaient ces mots : *Ceux qui tireront sur les colonnes du peuple, seront mis à mort sur-le-champ.* Cette affiche, imprimée chez le libraire Buisson, avait été apportée chez Santerre, où j'allai la chercher à minuit. Notre projet manqua cette fois par la prudence du maire, qui sentit vraisemblablement que nous n'étions pas assez en mesure dans ce moment; et la seconde séance active du directoire fut renvoyée au 4 août suivant.

» Les mêmes personnes à peu près se trouvèrent dans cette séance, et en outre Camille Desmoulins : elle se tint au Cadran-Bleu, sur le boulevart; et sur les huit heures du soir, elle se transporta dans la chambre d'Antoine, l'ex-constituant, rue Saint-Honoré, vis-à-vis l'Assomption, juste dans la maison où demeure Robespierre. L'hôtesse de Robespierre fut tellement effrayée de ce conciliabule, qu'elle vint, sur les onze heures du soir, demander à Antoine s'il voulait faire égorger Robespierre : *Si quelqu'un doit être égorgé,* dit Antoine, *ce sera nous sans doute. Il ne s'agit pas de Robespierre, il n'a qu'à se cacher.*

» Ce fut dans cette seconde séance active que j'écrivis de ma main tout le plan de l'insurrection, la marche des colonnes et l'attaque du château. Simon fit une copie de ce plan, et nous l'envoyâmes à Santerre et à Alexandre, vers minuit; mais une seconde fois notre projet manqua, parce qu'Alexandre et Santerre n'étaient pas encore assez en mesure, et plusieurs voulaient attendre la discussion renvoyée au 10 août, sur la suspension du roi.

» Enfin la troisième séance active de ce directoire se tint dans la nuit du 9 au 10 août dernier, au moment où le tocsin sonna, et dans trois endroits différens en même temps; savoir : Fournier l'Américain avec quelques autres, au faubourg Saint-Marceau; Westermann, Santerre et deux autres, au faubourg Saint-Antoine: Garin, journaliste de Strasbourg, et moi, dans ma caserne des Marseillais, et dans la chambre même du commandant, où nous avons été vus par tout le bataillon. »

— Cette pièce confirme tous ce que nous avions déjà dit sur le comité central des fédérés; mais nous sommes loin de croire qu'elle nous donne des renseignemens complets sur la conspiration révolutionnaire. Ainsi Carra insinue que Robespierre y était entièrement étranger; car d'après ce que nos lecteurs ont vu, il est impossible de douter que cet ex-constituant n'y prît une part active, tout au moins par ses conseils, et par sa plume. La réunion dont il est question nous paraît particulièrement une société d'action, chargée plus spécialement de combiner les moyens d'insurrection. Au reste Carra se vantait partout après le succès, de la part qu'il y avait prise. Il se plaisait à raconter, qu'une réunion royaliste s'assemblait dans un hôtel voisin, rue Saint-Honoré; qu'un jour un courrier venant de Coblentz se trompa de porte, et tomba parmi ses amis; qu'on s'empara de ses dépêches; et que lui même proposa de le tuer afin de conserver le secret du conciliabule républicain. Nous tenons cette anedocte de personnes dignes de foi, qui l'ont entendu plusieurs fois, raconter à Carra. Ainsi royalistes et révolutionnaires, tous étaient instruits des projets de leurs adversaires.

Pendant que les Jacobins s'efforçaient ainsi par des efforts secrets de hâter le mouvement qui se préparait dans les sections de Paris, les Girondins cherchaient à s'emparer du pouvoir, en déterminant Louis XVI à remettre le ministère entre les mains de Rolland, Servan et Clavières.

Il ne peut rester aucun doute sur cette négociation, dans laquelle Vergniaud, Guadet et Gensonné prirent la principale part. On en trouve les preuves irrécusables dans les mémoires de Bertrand de Molleville et dans la Correspondance politique et inédite de Louis XVI publiée par mademoiselle William (1). Les renseignemens sont si nombreux qu'il est impossible de les faire entrer dans ce récit, à moins de lui ôter tout caractère historique. Dans la correspondance inédite (T. 2.), on trouve une lettre du roi à son frère le comte d'Artois, en date du 27 juillet, dans laquelle il lui rend compte d'une conversation avec Vergniaud, et lui apprend que celui-ci lui promet l'appui des Girondins. Mais, il ne parle point des conditions qu'on lui imposait. Dans une autre lettre, Louis XVI donne avis d'une proposition qui lui a été faite d'abdiquer en faveur de son fils. — Les revélations de Bertrand de Molleville ne sont pas moins précises. D'après lui, une note signée Vergniaud, Guadet et Gensonné fut remise au roi d'abord par l'intermédiaire d'un M. Boze peintre du roi et de Thierry son valet de chambre, sur les moyens de sauver et d'assurer le trône. (Cette note fera partie des *documens supplémentaires sur le 10 août.*) M. de Malesherbes fut ensuite chargé de suivre cette négociation, pour laquelle, d'après une lettre que nous citerons tout à l'heure, le roi était assez bien disposé, mais que l'incertitude de ce prince et la rapidité des événemens rendirent inutile.

D'un autre côté, il existait plusieurs autres conspirations royalistes, qui toutes avaient pour but de tirer Louis XVI de Paris. Les pièces saisies, après le 10 août, aux Tuileries chez l'intendant de la liste civile, et dans l'armoire de fer, suffiraient pour en prou-

(1) L'authenticité de la correspondance inédite a été mise en doute. Mademoiselle William explique ainsi, *dans ses Souvenirs de la révolution*, la possession de ce précieux manuscrit : « En 1800, j'achetai cent louis la plupart de ces lettres qui furent trouvées dans l'armoire de fer au Château, et quelques-unes me furent données par M. Desmarets, alors secrétaire de la police générale..... La police a saisi (plus tard) chez moi toute cette correspondance et les originaux doivent se trouver à la préfecture. » Nous ajouterons qu'il existe, en ce moment, entre les mains de M. Charles Coquerel, une lettre autographe de Desmarets, qui parle de cette correspondance en termes qui ne permettent point de douter de son opinion sur la vérité de la collection dont il s'agit. (*Note des auteurs.*)

ver l'existence, ainsi que nos lecteurs le verront dans l'analyse de ces pièces, lorsque le moment sera venu de la donner. Mais d'autres révélations, dont, plus tard, nous ne trouverons plus l'occasion de parler, en racontent des détails assez circonstanciés. On trouvera dans une lettre de Lally-Tolendal au roi de Prusse que nous insérons dans les documens supplémentaires sur le 10 août, une copie de la minute d'une séance tenue le 4 août, dont faisaient partie MM. de Montmorin, Bertrand, Clermont-Tonnerre, Lally-Tolendal, Malouet, Gouvernet, de Gilliers et Malesherbes. On y traita du départ du roi, de sa retraite en Normandie, ou dans l'armée de La Fayette. Une partie de ce projet est racontée fort au long dans les Mémoires de Bertrand de Molleville, qui en était l'auteur. Dans le mois de juillet, il avait fait proposer au roi de se retirer au château de Gaillon en Normandie. Ce séjour n'était distant de Paris que de vingt lieues; et cette proximité même fut un motif déterminant pour le choix du prince; car, même en quittant la capitale, il désirait conserver une apparence de respect pour la Constitution en obéissant à l'article qui ne lui permettait pas de s'éloigner davantage du lieu où séjournait le corps législatif. En conséquence, le général Lefort fut envoyé pour reconnaître les lieux, et s'assurer de la disposition de la population. En même temps, on s'occupa de trouver de l'argent, car la caisse de la liste civile était épuisée. Le duc du Châtelet offrait un million; M. de Liancourt toute sa fortune. Sous ce rapport, les royalistes montrèrent le plus grand dévouement. Rien ne manquait. Le général Lefort revint satisfait de son inspection. Le château était prêt à recevoir ses illustres hôtes; on lui avait répondu des bonnes dispositions de la garde nationale de Rouen et de la population de l'ancienne Normandie. Tout donc fut, dès le 5 août, disposé pour la fuite. Nous passons sur le minutieux détail des moyens à l'aide desquels la famille royale devait franchir les murs des Tuileries et les barrières de Paris. Arrivée à Saint-Denis elle devait trouver les bataillons suisses qui étaient casernés à Courbevoye; six cents gardes devaient ensuite venir de Versailles la rejoindre sur la route. L'escorte enfin devait être accrue de divers détachemens suisses disséminés sur la route,sous prétexte de surveiller l'arrivage des grains. Ainsi le succès semblait assuré : toutes les précautions que la prudence humaine peut désirer, étaient réunies. L'évasion devait avoir lieu dans la nuit du 7 au 8. Mais le roi hésita au dernier moment; le soir il dit d'attendre; et bientôt il fut trop tard. — Nous avons trouvé dans *la correspondance inédite,* la lettre suivante qui semble expliquer ce retard, par la confiance de Louis XVI dans les projets des Girondins.

A M. Montmorin. — 1er août 1792.

« Vous voulez me consoler, ranimer mon courage, et me faire envisager un doux espoir!... Non, il m'est impossible de croire à un avenir heureux! j'avais tout fait pour l'espérer; mes ennemis avaient pour eux l'audace et le crime : ils ont jusqu'à ce jour réussi. Ils n'ont plus qu'une tentative à faire, ils réussiront... Ma position est d'autant plus cruelle, que je suis trahi par tous ceux qui se disent mes amis, qui devraient m'être attachés, et que j'ai appelés aux fonctions publiques; je les vois tous les jours me parler de leur attachement, me jurer qu'ils sont prêts de se sacrifier pour moi; le moment arrive et je les trouve de glace pour mon service, ou ils se rangent du côté de mes ennemis.

» Vous me parlez de quelques rassemblemens de royalistes, de quelques amis qui m'offrent leur fortune et leurs bras; ce n'est plus à moi d'exiger des sacrifices. Un roi malheureux craint d'occasioner la perte de ses amis. Remerciez pour moi ces fidèles sujets; mais voyez mes ennemis; ceux qui peuvent être gagnés par l'intérêt ou par des promesses. Agissez s'il en est temps encore; je m'abandonne à vous. *Signé* Louis. » (*Correspondance politique et inédite de Louis XVI.* T. II, p. 125.)

Peut-être aussi, l'hésitation du roi vint-elle moins de l'espoir que lui donnait une négociation entamée avec les Girondins, que du nombre des projets qui lui étaient présentés : il n'y eut pas jusqu'à madame de Staël qui ne fît le sien.

Pour terminer ce que nous avons à dire des arrangemens de

la cour, nous ajouterons qu'elle avait un système d'espionnage organisé ; que l'on payait des écrivains et des faiseurs de placards ; que l'on soldait des motionnaires qui se répandaient dans les lieux publics, dans les sections, et jusqu'aux Jacobins ; que plusieurs prétendus patriotes étaient aux appointemens de la liste civile. Nous trouverons les preuves de toutes ces choses dans l'analyse des pièces saisies aux Tuileries. Bertand de Molleville, rend compte d'un établissement assez singulier formé par son conseil. On avait fondé, sous le nom de Club National, un cercle destiné à servir de centre de ralliement aux gardes nationaux attachés à la cour, et aux royalistes disposés à porter secours au château dans un cas d'alerte. On attacha à cette réunion un corps de six à sept cents auxiliaires choisis parmi les ouvriers d'un sieur Périer : les chefs de ceux-ci étaient payés 5 liv. par jour : quant aux simples auxiliaires, ils recevaient 2 liv. les jours où ils étaient employés, et 10 sous tous les autres ; leur uniforme était une pique et un bonnet rouge. Ainsi la cour se préparait à tout événement. Mais combien étaient faibles ses moyens, en face de ceux de ses terribles adversaires !

Maintenant, rentrons dans la narration des événemens dont la publicité est la garantie. Nous la commencerons par la citation des actes qui furent comme le but de tous les mouvemens qui occupèrent les mois d'août et de septembre. Nous voulons parler des manifestes des puissances étrangères. Celui du duc de Brunswick daté du 25, fut connu le 28 à Paris, fait que le journal de Prudhomme remarque avec étonnement. Le président de l'assemblée nationale en eut connaissance le 1er ; mais il attendit pour en donner communication, qu'il lui fût parvenu par une voie officielle : il fut obligé d'attendre jusqu'au 3. Nous rendrons compte de cette séance importante à d'autres titres.

DÉCLARATION *de S. A. S. le duc régnant de Brunswick-Lunebourg, commandant les armées combinées de LL. MM. l'empereur et le roi de Prusse, adressée aux habitans de la France.*

« Leurs majestées l'empereur et le roi de Prusse m'ayant

confié le commandement des armées combinées qu'ils ont fait rassembler sur les frontières de France, j'ai voulu annoncer aux habitans de ce royaume les motifs qui ont déterminé les mesures des deux souverains, et les intentions qui les guident.

» Après avoir supprimé arbitrairement les droits et possessions des princes allemands en Alsace et en Lorraine, troublé et renversé dans l'intérieur le bon ordre et le gouvernement légitime, exercé contre la personne sacrée du roi et contre son auguste famille des attentats et des violences qui se sont encore perpétués et renouvelés de jour en jour, ceux qui ont usurpé les rênes de l'administration ont enfin comblé la mesure en faisant déclarer une guerre injuste à sa majesté l'empereur, et en attaquant ses provinces situées en Pays-Bas : quelques-unes des possessions de l'empire germanique ont été enveloppées dans cette oppression ; et plusieurs autres n'ont échappé au même danger qu'en cédant aux menaces impérieuses du parti dominant et de ses émissaires.

» Sa majesté le roi de Prusse, unie avec sa majesté impériale par les liens d'une alliance étroite et défensive, et membre prépondérant elle-même du corps germanique, n'a donc pu se dispenser de marcher au secours de son allié et de ses co-états ; et c'est sous ce double rapport qu'elle prend la défense de ce monarque et de l'Allemagne.

» A ces grands intérêts se joint encore un but également important, et qui tient à cœur aux deux souverains, c'est de faire cesser l'anarchie dans l'intérieur de la France, d'arrêter les attaques portées au trône et à l'autel, de rétablir le pouvoir légal, de rendre au roi la sûreté et la liberté dont il est privé, et de le mettre en état d'exercer l'autorité légitime qui lui est due.

» Convaincus que la partie saine de la nation française abhorre les excès d'une faction qui la subjugue, et que le plus grand nombre des habitans attend avec impatience le moment du secours pour se déclarer ouvertement contre les entreprises odieuses de leurs opresseurs, sa majesté l'empereur et sa majesté le roi de Prusse les appellent et les invitent à retourner sans délai aux voies de la raison et de la justice, de l'ordre et la paix. C'est dans ces vues que moi, soussigné, général commandant en chef les deux armées, déclare :

» 1° Qu'entraînées dans la guerre présente par des circonstances irrésistibles, les deux cours alliées ne se proposent d'autre but que le bonheur de la France, sans prétendre s'enrichir par des conquêtes.

» 2° Qu'elles n'entendent point s'immiscer dans le gouvernement intérieur de la France, mais qu'elles veulent uniquement délivrer le roi, la reine et la famille royale, de leur captivité, et procurer à sa majesté très-chrétienne la sûreté nécessaire pour qu'elle puisse faire sans danger, sans obstacle, les convocations qu'elle jugera à propos, et travailler à assurer le bonheur de ses sujets, suivant ses promesses et autant qu'il dépendra d'elle.

» 3° Que les armées combinées protégeront les villes, bourgs et villages, et les personnes et les biens de tous ceux qui se soumettront au roi, et qu'elles concourront au rétablissement instantané de l'ordre et de la police dans toute la France.

» 4° Que les gardes nationales sont sommées de veiller provisoirement à la tranquillité des villes et des campagnes, à la sûreté des personnes et des biens de tous les Français, jusqu'à l'arrivée des troupes de leurs majestés impériale et royale, ou jusqu'à ce qu'il en soit autrement ordonné, sous peine d'en être personnellement responsables ; qu'au contraire ceux des gardes nationaux qui auront combattu contre les troupes des deux cours alliées, et qui seront pris les armes à la main, seront traités en ennemis, et punis comme rebelles à leur roi et comme perturbateurs du repos public.

» 5° Que les généraux, officiers, bas-officiers et soldats des troupes de ligne françaises sont également sommés de revenir à leur ancienne fidélité, et de se soumettre sur-le-champ au roi leur légitime souverain.

» 6° Que les membres des départemens, des districts et des municipalités seront également responsables, sur leur tête et sur leurs biens, de tous les délits, incendies, assassinats, pillages et voies de fait qu'ils laisseront commettre ou qu'il ne se seront pas notoirement efforcés d'empêcher dans leur territoire; qu'ils seront également tenus de continuer provisoirement leurs fonctions jusqu'à ce que sa majesté très-chrétienne, remise en pleine liberté, y ait pourvu ultérieurement, ou qu'il en ait été autrement ordonné en son nom dans l'intervalle.

» 7° Que les habitans des villes, bourgs et villages qui oseraient se défendre contre les troupes de leurs majestés impériale et royale, et tirer sur elles soit en rase campagne, soit par les fenêtres, portes et ouvertures de leurs maisons, seront punis sur-le-champ suivant la rigueur du droit de la guerre, et leurs maisons démolies ou brûlées. Tous les habitans au contraire desdites villes, bourgs et villages qui s'empresseront de se soumettre à leur roi, en ouvrant leurs portes aux troupes de leurs majestés, seront à l'instant sous leur sauve garde immédiate; leurs personnes, leurs biens, leurs effets seront sous la protection des lois, et il sera pourvu à la sûreté générale de tous et chacun d'eux.

» 8° La ville de Paris et tous ses habitans sans distinction seront tenus de se soumettre sur-le-champ et sans délai au roi, de mettre ce prince en pleine et entière liberté, et de lui assurer, ainsi qu'à toutes les personnes royales, l'inviolabilité et le respect auxquels le droit de la nature et des gens oblige les sujets envers les souverains; leurs majestés impériale et royale rendant personnellement responsables de tous les événemens, sur leur tête, pour être jugés militairement, sans espoir de pardon, tous les membres de l'assemblée nationale, du département, du district, de la municipalité et de la garde nationale de Paris, les juges de paix et tous autres qu'il appartiendra; déclarant en outre leursdites majestés, sur leur foi et parole d'empereur et de roi, que si le château des Tuileries est forcé ou insulté, que s'il est fait la moindre violence, le moindre outrage à leurs majestés le roi, la reine et à la famille royale, s'il n'est pas pourvu immédiatement à leur sûreté, à leur conservation et à leur liberté, elles en tireront une vengeance exemplaire et à jamais mémorable, en livrant la ville de Paris à une exécution militaire et à une subversion totale, et les révoltés coupables d'attentats aux supplices qu'ils auront mérités. Leurs majestés impériale et royale promettent au contraire aux habitans de la ville de Paris d'employer leurs bons offices auprès de sa majesté très-chrétienne pour obtenir le pardon de leurs torts et de leurs erreurs, et de prendre les mesures les plus rigoureuses pour assurer leurs personnes et leurs biens s'ils obéissent promptement et exactement à l'injonction ci-dessus.

» Enfin leurs majestés, ne pouvant reconnaître pour lois en France que celles qui émaneront du roi jouissant d'une liberté parfaite, protestent d'avance contre l'authenticité de toutes les déclarations qui pourraient être faites au nom de sa majesté très-chrétienne tant que sa personne sacrée, celle de la reine et de toute la famille royale ne seront pas réellement en sûreté; à l'effet de quoi leurs majestés impériale et royale invitent et sollicitent sa majesté très-chrétienne de désigner la ville de son royaume la plus voisine de ses frontières dans laquelle elle jugera à propos de se retirer avec la reine et sa famille, sous une bonne et sûre escorte qui lui sera envoyée pour cet effet, afin que sa majesté très-chrétienne puisse en toute sûreté appeler auprès d'elle les ministres et les conseillers qu'il lui plaira de désigner, faire telles convocations qui lui paraîtront convenables, pourvoir au rétablissement du bon ordre, et régler l'administration de son royaume.

» Enfin je déclare et m'engage encore, en mon propre et privé nom, et en ma qualité susdite, de faire observer partout aux troupes confiées à mon commandement une bonne et exacte discipline, promettant de traiter avec douceur et modération les sujets bien intentionnés qui se montreront paisibles et soumis, et de n'employer la force qu'envers ceux qui se rendront coupables de résistance ou de mauvaise volonté.

» C'est par ces raisons que je requiers et exhorte tous les habitans du royaume, de la manière la plus forte et la plus instante, de ne pas s'opposer à la marche et aux opérations des troupes que je commande, mais de leur accorder plutôt partout une libre entrée et toute bonne volonté, aide et assistance que les circonstances pourront exiger.

» Donné au quartier-général de Coblentz, le 25 juillet 1792.

» *Signé* Charles-Guillaume-Ferdinand, duc de
» Brunswick-Lunebourg. »

Déclaration additionnelle de S. A. S. le duc régnant de Brunswick-Lunebourg à celle que S. A. S. a adressée le 25 de ce mois aux habitans de la France.

« La déclaration que j'ai adressée aux habitans de la France, datée du quartier-général de Coblentz, le 25 de ce mois, a dû faire connaître suffisamment les intentions fermement arrêtées de leurs majestés l'empereur et le roi de Prusse en me confiant le commandement de leurs armées combinées. La liberté et la sûreté de la personne sacrée du roi, de la reine et de toute la famille royale, étant un des principaux motifs qui ont déterminé l'accord de leurs majestés impériale et royale, j'ai fait connaître par ma déclaration susdite à la ville de Paris et à ses habitans la résolution de leur faire subir la punition la plus terrible dans le cas où il serait porté la moindre atteinte à la sûreté de sa majesté très-chrétienne, dont la ville de Paris est rendue particulièrement responsable.

» Sans déroger en aucun point à l'article 8 de la susdite déclaration du 25 de ce mois, je déclare en outre que si, contre toute attente, par la perfidie ou la lâcheté de quelques habitans de Paris, le roi, la reine et toute autre personne de la famille royale étaient enlevés de cette ville, tous les lieux et villes quelconques qui ne seront pas opposés à leur passage et n'auront pas arrêté leur marche subiront le même sort qui aura été infligé à la ville de Paris, et que la route qui aurait été suivie par les ravisseurs du roi et de la famille royale sera marquée par une continuité d'exemples des châtimens dus à tous les fauteurs ainsi qu'aux auteurs d'attentats irrémissibles.

» Tous les habitans de la France en général doivent se tenir pour avertis du danger qui les menace, et auquel ils ne sauraient échapper s'ils ne s'opposent pas de toutes leurs forces et par tous les moyens au passage du roi et de la famille royale, en quelque lieu que les factieux tenteraient de les emmener. Leurs majestés impériale et royale ne reconnaîtront la liberté du choix de sa majesté très-chrétienne pour le lieu de sa retraite, dans le cas où elle aurait jugé à propos de se rendre à l'invitation qui lui a été faite par elles, qu'autant que cette retraite serait effectuée sous l'escorte qu'elles lui ont offerte : toutes déclarations quelconques, au nom de sa majesté très-chrétienne, contraires à l'objet exigé par leurs majestés impériale et royale, seront en conséquence regardées comme nulles et sans effet.

» Donné au quartier-général de Coblentz, le 27 juillet 1792.

» *Signé* Charles-Guillaume-Ferdinand, duc de

« Brunswick-Lunebourg. »

[*Exposé succinct des raisons qui ont déterminé sa majesté le roi de Prusse à prendre les armes contre la France.*

Berlin, le 26 juin 1792.

Sa majesté prussienne croit pouvoir se flatter que les puissances de l'Europe, et le public en général, n'auront pas attendu cet exposé pour fixer leur opinion sur la justice de la cause qu'elle va défendre. En effet, à moins de vouloir méconnaître les obligations que les engagemens du roi et ses relations politiques lui imposent, dénaturer les faits les mieux constatés, et fermer les yeux sur la conduite du gouvernement actuel de France, personne sans doute ne pourra disconvenir que les mesures guerrières, auxquelles sa majesté s'est décidée à regret, ne soient la suite naturelle des résolutions violentes que la fougue du parti qui domine dans ce royaume lui a fait adopter, et dont il était aisé de prévoir les conséquences funestes.

Non contens d'avoir violé ouvertement, par la suppression notoire des droits et possessions des princes allemands en Alsace et Lorraine, les traités qui lient la France à l'empire germanique; d'avoir donné cours à des principes subversifs de toute subordination sociale, et par là même du repos et de la félicité des nations, et cherché à répandre en d'autres pays, par la propagation de ces principes, les germes de la licence et de l'anarchie qui ont bouleversé la France; d'avoir toléré, accueilli, débité même, les discours et les écrits les plus outrageans contre la personne sacrée et l'autorité légale des souverains; ceux qui se sont emparés des rênes de l'administration française ont enfin comblé la mesure, en faisant déclarer une guerre injuste à sa majesté le roi de Hongrie et de Bohême, et suivre immédiatement cette déclaration des hostilités effectives, commises contre les provinces belgiques de ce monarque.

L'empire germanique, dont les Pays-Bas autrichiens font partie, comme cercle de Bourgogne, s'est trouvé nécessairement compris dans cette aggression. Mais d'autres faits encore n'ont que trop justifié la crainte des invasions hostiles, que les préparatifs menaçans des Français aux frontières avaient depuis longtemps fait naître en Allemagne. Les terres de l'évêché de Bâle, partie incontestable de l'empire, ont été occupées par un détachement de l'armée française, et se trouvent encore en son pouvoir et à sa discrétion. Des incursions des troupes de la même nation, ou des corps de rebelles rassemblés sous leurs auspices, ont désolé le pays de Liége. Il est à prévoir avec certitude qu'aussitôt que les convenances de la guerre paraîtraient le conseiller, les autres provinces de l'Allemagne éprouveraient le même sort; et il suffit de connaître leur position locale, pour sentir le danger imminent auquel elles sont sans cesse exposées.

Il serait superflu d'entrer dans le détail des faits qu'on vient d'alléguer. Ils sont notoires, et l'Europe entière en a été et en est encore journellement témoin. On se dispense également de discuter ici l'injustice évidente de l'agression des Français. S'il était possible qu'il restât quelques doutes à ce sujet, ils seront entièrement levés pour quiconque voudra peser avec impartialité les argumens victorieux renfermés sur ce point dans les pièces diplomatiques du cabinet de Vienne.

S. M. prussienne s'est plue à conserver pendant long-temps l'espoir qu'enfin, après tant d'agitations et d'inconséquences, les personnes qui dirigeaient l'administration française reviendraient à des principes de modération et de sagesse, et écarteraient ainsi les extrémités auxquelles les choses en sont malheureusement venues. C'est dans cette vue salutaire qu'elle chargea, dès le commencement des préparatifs militaires de la France aux frontières de l'empire, fondés sur l'asile accordé par quelques états aux émigrés français, son ministre à Paris, le comte de Goltz, de déclarer au ministre de S. M. très-chrétienne, comme le chargé d'affaires de S. M. l'empereur alors régnant, avait également eu ordre de le faire : « Qu'elle envisagerait une invasion de troupes françaises sur le territoire de l'empire germanique, comme une déclaration de guerre, et s'y opposerait de toutes ses forces ». Le même ministre, d'après les ordres qu'il en avait reçus, se joignit à plusieurs reprises aux représentations du susdit chargé d'affaires, en donnant à connaître, de la façon la plus expresse, que le roi marcherait invariablement, à l'égard des affaires de France, sur la même ligne avec S. M. apostolique. L'événement a fait voir combien peu l'attente du roi, quant à l'effet qu'il se promettait de ces déclarations énergiques, était fondée ; mais, au moins le parti, dont les déterminations fougueuses ont amené les hostilités, ne pourra-t-il jamais prétexter cause d'ignorance sur les intentions de S. M., et c'est à lui plus particulièrement, mais généralement aux principes manifestés publiquement par les deux assemblées nationales, principes qui attaquent tous les gouvernemens et voudraient les ébranler dans leurs bases, que la France aura à s'en prendre de l'effusion du sang humain et des malheurs que les circonstances actuelles ont déjà attirés et pourront attirer encore sur elle. Unie avec S. M. apostolique par les liens d'une alliance étroite et défensive, S. M. prussienne aurait agi d'une façon contraire à ses engagemens en demeurant spectatrice tranquille de la guerre déclarée à ce souverain. Elle n'a donc pas hésité de rappeler son ministre de Paris, et de se porter avec vigueur à la défense de son allié. Membre prépondérant du corps germanique, elle doit encore à ses relations en cette qualité, de marcher au secours de ses co-états contre les attaques qu'ils ont déjà éprouvées, et dont ils sont encore journellement menacés. C'est ainsi, sous le double rapport d'allié de S. M. apostolique et d'état puissant de l'empire, que S. M. prend les armes; et c'est la défense des états de ce monarque et de l'Allemagne qui forme le premier but de ses armemens.

Mais le roi ne remplirait qu'imparfaitement les principes qu'il vient de professer, s'ils n'étendait les efforts de ses armes à une autre sorte de défense, dont ses sentimens patriotiques lui imposent également le devoir. Chacun sait comment l'assemblée nationale de France, au mépris des lois les plus sacrées du droit des gens, et contre la teneur expresse des traités, a dépouillé les princes allemands de leurs droits et possessions incontestables en Alsace et Lorraine; et les déductions que plusieurs de ces princes ont eux-mêmes fait publier, ainsi que les délibérations et les arrêtés de la diète de Ratisbonne sur cette importante matière, fourniront, à tous ceux qui voudront en prendre connaissance, les preuves les plus convaincantes de l'injustice des procédés du gouvernement français à cet égard, lequel n'a proposé jusqu'à présent, pour en dédommager les parties lésées, le tout en adoptant un langage péremptoire et des mesures menaçantes, que des indemnités entièrement insuffisantes et inadmissibles. Il est digne du roi et de son auguste allié de faire rendre justice à ces princes opprimés, et de maintenir ainsi la foi des traités, base unique de l'union et de la confiance réciproque des peuples, et fondement essentiel de leur tranquillité et de leur bonheur.

Il est enfin un dernier but des armemens du roi, plus étendu encore que le précédent, et non moins digne des vues sages et bienfaisantes des cours alliées. Il tend à prévenir les maux incalculables qui pourraient résulter encore pour la France, pour l'Europe, pour l'humanité entière, de ce funeste esprit d'insubordination générale, de subversion de tous les pouvoirs, de licence et d'anarchie; dont il semble qu'une malheureuse expérience aurait déjà dû arrêter les progrès. Il n'est aucune puissance intéressée au maintien de l'équilibre de l'Europe, à laquelle il puisse être indifférent de voir le royaume de France, qui formait jadis un poids si considérable dans cette grande balance, livré plus long-temps aux agitations intérieures et aux horreurs du désordre et de l'anarchie, qui ont, pour ainsi dire, anéanti son existence politique; il n'est aucun Français, aimant véritablement sa patrie, qui ne doive désirer ardemment de les voir terminées; aucun homme enfin, sincèrement ami de l'humanité, qui puisse ne pas aspirer à voir mettre des bornes, soit à ce prestige d'une liberté mal entendue, dont le fantôme éblouissant égare les peuples loin de la route de leur vrai bonheur, en altérant les heureux liens de l'attachement et de la confiance qui doivent les unir à des princes, leurs pères et leurs défenseurs, soit surtout à la fougue effrénée des méchans, qui ne cherchent à détruire le respect dû aux gouvernemens, que pour sacrifier sur les débris des trônes, à l'idole de leur insatiable ambition ou d'une vile cupidité. — Faire cesser l'anarchie en France, y rétablir pour cet effet un pouvoir légal sur les bases essentielles d'une forme monarchique, assurer par-là même les autres gouvernemens contre les attentats et les efforts incendiaires d'une troupe frénétique, tel est le grand objet que le roi, conjointement avec son allié, se propose encore, assuré dans cette noble entreprise, non-seulement de l'aveu de toutes les puissances de l'Europe, qui en reconnaissent la justice et la nécessité, mais en général du suffrage et des vœux de quiconque s'intéresse sincèrement au bonheur du genre humain.

S. M. est bien éloigné de vouloir rejeter sur la nation française en entier la faute des circonstances fâcheuses qui la forcent à prendre les armes. Elle est persuadée que la partie sans doute la plus nombreuse de cette nation estimable abhorre les excès d'une faction trop puissante, reconnaît les dangers auxquels ses intrigues l'exposent, et désire vivement le retour de la justice, de l'ordre et de la paix. Malheureusement l'expérience fait voir que l'influence momentanée de ce parti n'est encore que trop réelle; quoique l'événement ait déjà démontré le néant de ses coupables projets, fondés sur des insurrections que lui seul cherchait à fomenter. La différence de sentimens des personnes bien intentionnées, quelque certaine qu'elle soit, n'est ainsi pour le moment encore que peu sensible dans ses effets. Mais S. M. espère qu'ouvrant enfin les yeux sur la situation effrayante de leur patrie, elles montreront toute l'énergie qu'une cause aussi juste doit inspirer; et qu'envisageant les troupes alliées, rassemblées sur leurs frontières, comme des protecteurs et de vrais amis, dont la Providence favorisera les armes, elles sauront réduire à leur juste valeur les factieux qui ont mis la France en combustion, et qui seront seuls responsables du sang que leurs entreprises criminelles auront fait verser.]

[*Contre-déclaration de la cour de Vienne.*

L'événement n'a que trop justifié ce que la cour de Vienne avait prévu, et les factieux qui gouvernent actuellement la France, après avoir mis la nation sous les armes, et l'avoir excitée à une rupture avec le feu empereur, sous le prétexte ridicule de rassemblemens dans l'électorat de Trèves, ont encore trouvé pour mettre leur détestable projet à exécution, un prétexte non moins absurde dans les réponses qu'ils ont forcé S. M. I. de leur faire. En vain la cour de Vienne s'est-elle, par une conduite franche et loyale, par des réponses claires et précises à toutes les demandes illégales qui lui ont été faites successivement, efforcée de les détourner de leurs vues hostiles, ils n'en ont pas moins allégué pour justifier la guerre qu'ils viennent de déclarer au nom du roi très-chrétien et de la nation, à S. M. le roi de Hongrie et de Bohême, ces mêmes efforts de la cour de Vienne pour prévenir une rupture.

Le premier de ces motifs est la protection publique accordée aux émigrés français. Lorsqu'on allégua cette protection pour donner un prétexte aux préparatifs que faisait la France au mois de décembre dernier, on ne désignait alors comme ennemis que quelques états de l'empire et les émigrés armés; loin d'attribuer les démarches de ces derniers à la cour de Vienne, le gouvernement de France lui avait adressé des remerciemens que sa conduite lui avait mérités. Les hostilités qui les ont suivis de si près, offrent un contraste si frappant qu'elle se croit dispensée de toutes réflexions à cet égard.

La cour de Vienne a fait tous ses efforts pour engager les autres princes d'Allemagne, voisins de la France, à tenir une pareille conduite. Ces procédés devaient faire suspendre tous préparatifs menaçans de la part de cette puissance. Il lui fallait un autre prétexte pour les continuer : elle ne tarda pas à le trouver dans une ligue entre l'empereur mon prédécesseur et plusieurs autres puissances, dont le but était de maintenir la tranquillité publique et l'honneur des couronnes.

Toute l'Europe connaît les cirsonstances qui ont donné lieu à cette alliance : le monde entier sait que les violences exercées contre S. M. très-chrétienne, suivies de l'emprisonnement de ce monarque, furent les seules causes de ce concert. Personne n'ignore enfin que dès qu'on fut à peu-près assuré que le roi avait recouvré le degré de liberté, de pouvoir et de sûreté personnelles nécessaires pour donner une sanction légale aux lois constitutionnelles d'un état monarchique, cette ligue, grace aux représentations de la cour de Vienne, devint passive et dut rester telle, à moins que la France, par les désordres et les excès où se sont portés ses habitans, ne l'eût forcée à adopter d'autres mesures. La modération des puissances égalait donc l'équité de leurs principes. Les notions les plus simples de la nature d'un état monarchique les autorisaient à se coaliser pour secourir le roi de France, et préserver d'une ruine totale un gouvernement dont la base reconnue inviolable par la nouvelle Constitution, ne pouvait être ébranlée que par une insurrection manifeste.

D'un autre côté, ces puissances furent obligées, pour leur propre sûreté, de s'opposer à l'introduction d'un principe d'anarchie, pour la propagation duquel on employait les moyens les plus dangereux et les plus perfides. Bref, le maintien de la tranquillité publique exigeait leur union éventuelle, en cas que l'une d'entre elles fût attaquée. La cour de Vienne attentive avec raison aux préparatifs hostiles de la France, et craignant qu'elle ne réalisât ses menaces d'invasion, jugea à propos de lui rappeler l'existence de ce concert, et de l'inviter à ne pas provoquer tous les princes confédérés en agissant hostilement contre quelques-uns d'entre eux.

Rien n'est donc plus évidemment injuste, que le reproche que fait la nation française aux puissances les plus considérables de l'Europe, d'avoir, par leur coalition, porté atteinte à sa sûreté et à son indépendance. Ces puissances ne craindront cependant pas de rendre publics les motifs de cette ligue, quoique la déclaration de la cour de Vienne eût dû lever toute équivoque à cet égard.

Il suffira de jeter les yeux sur cette pièce, pour se convaincre qu'il ne dépendait que des hommes qui gouvernent actuellement la France de faire cesser ce concert, en respectant la tranquillité et les droits des autres puissances, et en protégeant la forme de gouvernement monarchique, que la France avait adoptée, contre les partisans de l'anarchie. Toute mésintelligence eût dès-lors cessé, si la France avait adopté de pareils procédés, et la cour de Vienne aurait donné des preuves de sa modération, au lieu d'être réduite à justifier les mesures qu'elle a prises.

Sur l'invitation du ministère de France, les prétentions des princes d'Allemagne possessionnés en Alsace avaient été supprimées dans la déclaration. L'impossibilité où se trouva le souverain de l'Autriche de remplir comme empereur les devoirs que cette dignité lui imposait, ne prouve pas qu'il eût dessein de s'opposer à ce qu'on employât des voies de conciliation, qui n'étaient ni insuffisantes, ni incompatibles avec la Constitution de l'empire germanique, sur des objets qui ne concernaient pas directement l'Autriche. C'est cependant de cette conduite irréprochable qu'on tire aujourd'hui les motifs de la guerre injuste qu'on vient de lui déclarer, quoique son souverain n'eût pas pris plus de part à cette affaire, qu'aucun autre membre du corps germanique.

D'un autre côté, tandis que la France accompagnait ses questions d'armemens formidables, la cour de Vienne, pour prouver sa bonne foi, s'est abstenue de faire suivre ses déclarations de préparatifs considérables, comme semblaient l'exiger ceux de cette nation. Lorsque cette dernière rassemblait cent cinquante mille hommes sur les frontières des Pays-Bas et de l'Allemagne, la cour de Vienne n'augmenta pas ses forces dans ses provinces belgiques, d'un seul bataillon, et les renforts qu'elle y a envoyés depuis 1790 n'ont pas en général excédé trois à quatre mille hommes; elle a borné toutes ses mesures à augmenter de quatre mille hommes ses troupes dans l'Autriche intérieure, ce qui portait leur nombre à dix mille hommes. Ce ne fut donc que le 14 avril qu'elle se disposa à y en envoyer davantage, lorsque l'interprétation offensive que la France fit des déclarations pacifiques de la cour de Vienne, et les événemens qui ne tardèrent pas à en être la suite, ne purent plus permettre de douter des projets hostiles.

La proposition de désarmer réciproquement, faite par l'ambassadeur de France à Vienne, le 11 de mars, à une époque où la France seule avait armé, la demande de renoncer au concert des autres puissances, au moment où la position de ce royaume donnait des inquiétudes qui croissaient de jour en jour, ne pouvaient être considérées que comme les préliminaires des hostilités qui ont commencé presque aussitôt que l'ambassadeur eût délivré la déclaration de guerre.

Ainsi, tous les griefs non prouvés que contient cette déclaration portent l'empreinte de la mauvaise foi; et, pour surcroît d'injustice, la cour de Vienne a vu s'évanouir l'espérance de voir la raison, l'honneur et l'équité, qui distinguent la saine partie de la nation, triompher de la rage des factieux, et de tirer aucun fruit des peines qu'elle s'était données pour dissiper les injustes préjugés qu'on avait élevés sur la nature du concert.

Les sujets de plaintes allégués contre la cour de Vienne, loin de fournir la plus légère apparence de motifs pour l'attaquer, sont évidemment des preuves de l'injuste agression des factieux qui gouvernent la France.

Ces hommes pervers, qui ont mis en usage toutes sortes de moyens pour fomenter et protéger la révolte dans les Pays-Bas autrichiens, blâment sans pudeur la cour de Vienne qui a refusé sa protection aux Français émigrés, et empêché qu'on ne favorisât nulle part leurs entreprises. Leurs propres aveux, et les mesures publiques qu'ils ont prises depuis l'attaque, prouvent qu'ils plaçaient toute leur confiance dans ces vils procédés tendant à corrompre la fidélité des troupes autrichiennes.

Ce sont eux qui ont semé la mésintelligence entre la France et l'empire germanique, en portant atteinte aux droits dont jouissaient plusieurs princes allemands, droits fondés sur des traités solennels, et qu'une possession de plus d'un siècle semblait devoir leur assurer. Ils opposent à la force obligatoire de ces traités, leur incompatibilité prétendue avec les lois nouvelles que l'une des parties contractantes vient de se donner, lois fondées sur un principe qui annule tous les traités. Le décret du 14 janvier, par lequel l'assemblée nationale s'est constituée juge et partie dans cette affaire, n'est qu'une atteinte de plus portée par elle aux droits des nations.

Comment ceux qui s'occupent depuis six mois de préparatifs de guerre, dirigés contre les frontières des Pays-Bas autrichiens et de l'Allemagne, peuvent-ils se plaindre des précautions modérées prises par la cour de Vienne pour la sûreté de ses provinces situées à plus de deux cents lieues du centre de ses possessions.

Ils prétendent que l'établissement d'un concert dont le premier but était de sauver le souverain légitime de la France, est une insulte faite à la souveraineté du peuple français, tandis qu'ils lancent eux-mêmes les invectives les plus atroces contre tous les souverains de l'Europe. Enfin, ils disputent à toutes les couronnes le droit de se mêler de leur nouvelle Constitution, quand ils s'efforcent de renverser tous les gouvernemens, en déployant sur l'Europe entière l'étendard de l'insurrection.

Le roi de Hongrie et de Bohême se croit donc autorisé à réclamer le secours de toutes les puissances de l'Europe, dans une cause où l'honneur et la sûreté de tous les gouvernemens sont compromis, et à traduire devant le tribunal de l'univers et de la postérité les auteurs d'une attaque aussi injuste. Puissent tous les maux, suites inévitables de cette guerre, retomber sur eux!]

— Il est facile à nos lecteurs de se figurer les sentimens que fit naître la lecture de ces pièces dans un public déjà si irrité. Nous devions les citer, sans abbréviation, parce que ce sont des renseignemens diplomatiques de la première importance ; mais nous croyons inutile d'en accroître le volume en y ajoutant les commentaires auxquels elles donnèrent lieu de la part de la presse. Nous dirons seulement que si le but du duc de Brunswick était d'effrayer les uns et de calmer les autres, il le manqua complétement. Sa proclamation n'inspira au peuple que de la colère, et une volonté, une impatience de résistance inflexible qui allait jusqu'à la férocité.

ASSEMBLÉE NATIONALE. — SÉANCE DU 1ᵉʳ AOUT.

[Le ministre de la justice adresse à l'assemblée une proclamation du roi, et différentes lettres écrites par les ordres du roi, soit au commissaire près du tribunal criminel, soit à des officiers de police, relatives à l'événement d'une rixe particulière aux Champs-Élysées.

On lit une lettre de l'administration du département de la Corrèze, qui dénonce les retards ou même les omissions qu'éprouve l'envoi des lois, tandis que le pouvoir exécutif s'est empressé de publier avec la plus grande profusion les proclamations nouvelles, les arrêtés inconstitutionnels de quelques directoires, les lettres et pétitions de M. La Fayette, et autres productions de ce genre.

On fait lecture d'une lettre du conseil-général du département des Bouches-du-Rhône :

« Le danger imminent où se trouvent nos contrées, nous a fait prendre l'arrêté suivant. Nous le soumettons à la sagesse de l'assemblée nationale, et nous espérons qu'elle voudra bien lui donner son approbation. »

Extrait de la délibération prise le 26 juillet, par les corps administratifs réunis d'Aix et de Marseille.

Le conseil-général du département, vu la délibération prise, le 23, dans l'assemblée générale des corps administratifs et judiciaires, commandant de bataillons, évêque métropolitain, vice-président de la société de Marseille ; vu les lettres du département des Basses-Alpes et de M. Dubois-Crancé, les délibérations du conseil de la commune d'Aix, de l'administration du district, ainsi que les lettres du département de la Drôme et de l'état-major de l'armée du Midi à l'assemblée nationale; considérant que le rassemblement de soixante-dix mille hommes, formé dans les états du roi sarde, vers les frontières de nos départemens ; que les préparatifs de cette armée ne laissent plus de doute sur l'invasion dont nous sommes menacés ; que les avis du département des Basses-Alpes, qui réclame avec instance des secours, comme étant le plus exposé, ne permettent plus le moindre délai; que la ville de Marseille est surtout désignée comme le théâtre du pillage, des meurtres, des incendies ; que si, dans un péril aussi imminent, les administrateurs ne prenaient pas tous les moyens qui sont en leur pouvoir pour prévenir ces malheurs, ils en deviendraient responsables à la nation entière; considérant, d'ailleurs, que l'état délabré des chemins exige de grandes avances, pour que le commerce ni les transports militaires ne soient interrompus, arrête : 1° de faire dans le département des Bouches-du-Rhône une levée de six mille volontaires nationaux, conformément à la loi du 8 de ce mois, pour renforcer l'armée du Midi ; et que, pour fournir à leur paiement, les avances seront faites, sur les ordonnances du conseil de département, par les caisses publiques ; à l'effet de quoi, défenses sont faites à tous caissiers, trésoriers, receveurs de districts, de se dessaisir des revenus nationaux qui sont entre leurs mains, sous peine d'en devenir responsables, et ce, conformément au vœu des pouvoirs constitués et administratifs réunis de la ville de Marseille ; 2° que cet arrêté soit envoyé aux départemens voisins, pour les inviter à prendre les mêmes mesures, et qu'il sera envoyé au corps législatif et au roi par un courrier extraordinaire. »

M. *Cambon.* Des arrêtés d'administrations de département, qui arrêteraient le versement des fonds dans les caisses publiques, mettraient véritablement la patrie en danger ; il est essentiel que l'assemblée réprime un pareil abus d'autorité. Si l'assemblée nationale négligeait le soin urgent de défendre la patrie, le peuple, sans doute, devrait la sauver lui-même ; mais ici elle a pris d'avance toutes les mesures propres à éloigner les dangers dont nous sommes menacés. Tout est réglé et déterminé, puisque vous avez donné aux généraux la réquisition des gardes nationales sédentaires. Si la mesure prise par le département des Bouches-du-Rhône pouvait être imitée par les autres, il en résulterait le renversement de la monarchie et de la Constitution, car bientôt la France serait divisée en quatre-vingt-trois républiques fédératives. Je demande donc que cet arrêté soit improuvé.

La proposition de M. Cambon est appuyée par plusieurs membres. — D'autres observent que cet arrêté n'a été pris que sous la réserve de l'approbation du corps législatif.

L'assemblée renvoie cette arrêté à la commission extraordinaire, pour en être fait un rapport dans le jour.

On lit une adresse du département de la Marne, qui est ainsi conçue :

« Législateurs, une lutte violente s'est établie entre le pouvoir exécutif et les représentans du peuple ; quelle sera l'issue de ce combat qui met la chose publique en péril ? Si vous connaissez les traîtres, pourquoi ne frappez-vous pas leurs têtes coupables. Le pouvoir exécutif a tous les moyens de nuire ; vous n'êtes forts que de la confiance publique, aussi ne néglige-t-il rien pour vous la ravir. Des libelles incendiaires sont répandus à pleines mains dans les départemens, tous les arrêtés inconstitutionnels qui tendent à désapprouver vos décrets, de nombreux journaux qui ne respirent que la guerre civile, sont gratuitement distribués ; et cependant rien de ce qui pourrait contrebalancer l'effet de ce poison ne nous arrive. La plupart des lois ne sont point officiellement connues ; par exemple, l'honorable décret que vous avez rendu pour un ministre patriote, et que nous espérions consigner dans nos registres, ne nous est pas encore arrivé ; il en est de même de votre adresse au peuple, de la lettre énergique du vertueux Roland ; enfin, de tous les discours dont vous ordonnez l'impression et l'envoi dans les départemens. Le pouvoir exécutif met une négligence plus coupable encore dans les approvisionnemens de l'armée.

» Législateurs, reconnaissez enfin les ennemis dont vous êtes environnés ; quant à nous, si nous sommes obligés de faire un choix, le parti de nos représentans sera toujours le nôtre. »

MM. Cambon et Lacroix ajoutent quelque développement aux chefs d'accusation énoncés dans les adresses des administrations de la Meurthe et de la Corrèze, et demandent que M. Terrier (de Montciel) soit décrété d'accusation.

L'assemblée ajourne cette proposition, en ordonnant au comité des décrets de vérifier si les pièces dont la non publication est dénoncée, ont été remises au pouvoir exécutif.

Sur la proposition de M. Jean Debry, au nom de la commission extraordinaire, le décret suivant est rendu :

« L'assemblée nationale, considérant que les officiers et soldats gardes nationales volontaires, et les gardes nationaux sédentaires des différentes communes sont, comme les officiers et les soldats des troupes de ligne, armés en vertu de la loi, pour la défense de la liberté ; considérant qu'ils doivent en conséquence, dans le cas où ils seraient pris les armes à la main, être traités suivant les règles établies entre les nations policées à l'égard des prisonniers de guerre ; et voulant à la fois veiller à la sûreté des citoyens français, maintenir l'égalité des droits entre les hommes, et ne pas s'écarter des lois sacrées de l'humanité, décrète qu'il y a urgence.

L'assemblée nationale, après avoir décrété l'urgence, décrète ce qui suit :

Art. Ier. Tout noble étranger, tout officier, tout général, quelle que soit sa dignité ou son titre, qui sera pris les armes à la main contre la nation française, sera traité de la même manière que l'auront été les citoyens français, les officiers ou soldats des bataillons volontaires, les officiers ou soldats des troupes de ligne pris les armes à la main.

II. On suivra, envers tous les étrangers pris les armes à la main, les règles établies.

III. Dans le cas où les lois ordinaires de la guerre seraient violées par les puissances étrangères, on suivra, à l'égard des soldats des troupes ennemies, les règles ordinaires de la guerre. »]

La séance fut terminée par un rapport de Carnot le jeune, au nom de la commission extraordinaire et du comité militaire réunis. « Nous ne devons plus avoir, dit le rapporteur, d'autre politique que celle du plus fort. Il faut que, selon J.-J. Rousseau, chaque citoyen devienne soldat par état et non par métier. Il faut que pendant la guerre tout le peuple se lève armé, et qu'à la paix nos troupes de ligne rentrent dans l'ordre civil ; une nation libre ne doit point avoir de troupes de ligne, quand il n'y a plus de danger pour la patrie ; car, du moment où le danger existe, tous les citoyens sont soldats. Aujourd'hui c'est le peuple qui fait la guerre pour lui ; trop long-temps il l'a faite pour les despotes. »

Carnot conclut à autoriser les municipalités à faire fabriquer, sans délai, aux frais du trésor public, pour armer tous les citoyens en état de porter les armes, des piques sur le modèle donné par le maréchal de Saxe. Leur longueur devait être de huit pieds, et ne pouvait en excéder dix. Les vagabonds, gens sans aveu, et les personnes notoirement connues par leur incivisme, devaient être privés de cette arme. Les municipalités étaient juges de l'application de ces cas d'exception.

Séance du soir. — Décret sur le rapport de Tardiveau, qui casse l'arrêté des Bouches-du-Rhône mentionné dans la séance de ce matin. — Ducoz annonce que la société des Amis de la Constitution, de Bordeaux, a nommé vingt-quatre commissaires qui, munis de l'approbation du département, en parcourent le territoire en son nom et au nom des Amis de la Constitution, réveillent l'énergie, font partout des soldats, et donnent à chacun de ceux qu'ils enrégimentent 50 livres de gratification aux dépens de la société. (On applaudit.) —Une députation du bataillon des Filles-Saint-Thomas vient se disculper de l'accusation d'avoir été assaillant dans sa dispute avec les Marseillais. (Huées de la part des tribunes; quelques applaudissemens dans l'assemblée.)

SÉANCE DU CLUB DES JACOBINS. 1er AOUT.

Robespierre occupe le fauteuil.

N... « La patrie est, dit-on, en danger, et de tous côtés, dans cette ville, on ne s'occupe que de plaisirs, de fêtes et de bals. Parmi ces derniers, il en est un qui devrait être plus particulièrement proscrit dans ces jours de surveillance, c'est celui qui a lieu tous les jours, depuis dix heures jusqu'à minuit, au Palais-Royal; c'est le rassemblement de tout ce qu'il y a d'hommes pervers et de femmes corrompues. Un tel rassemblement ne peut avoir que les suites les plus dangereuses dans les circonstances où nous sommes. »

M. Loys communique une lettre adressée à la Société populaire de Nîmes, par le comité central des sociétés patriotiques réuni à Châlons-sur-Saône, dans laquelle ce comité fait part des mesures qu'ont arrêtées les municipalités de ce département. Ces mesures sont de désarmer toutes les personnes dont les principes ne sont pas très-prononcés en faveur de la révolution, dans le cas où le roi viendrait à s'éloigner de Paris, où une défaite sur les frontières permettrait à l'ennemi de mettre le pied sur le territoire français, ou bien si une insurrection se manifestait soit à Paris, soit dans Lyon, soit dans toute autre grande ville du royaume; dans l'un des cas ci-dessus, de mettre sur-le-champ les aristocrates en état d'arrestation, pour servir d'ôtages en cas de besoin.

« Que tous les bons citoyens, ajoute Loys, mettent donc la plus grande énergie pour sauver la chose publique; ou le sort du peuple, s'il retombait dans l'esclavage, serait pire mille fois que celui qu'il éprouvait sous l'ancien régime. Que l'assemblée nationale se lève donc, ou que les patriotes déclarent qu'elle ne peut pas sauver la patrie qu'elle a mise en danger, et alors la nation se sauvera elle-même. »

M. Desfieux. « Je propose à la société d'ouvrir une souscription pour imprimer cette lettre, et faire connaître à toutes les sociétés les mesures qu'elle contient; il me semble de la dernière importance que les sections de Paris et des départemens en soient instruites pour être à même de les adopter.

» Parmi celles qu'a ajoutées le préopinant, il a demandé que l'assemblée nationale se lève, ou qu'elle déclare qu'elle ne peut pas sauver la patrie. Mais, cette déclaration, elle n'a pas besoin de la faire, elle est toute faite; car si elle eût cru pouvoir sauver la patrie, elle ne l'eût pas déclarée en danger. Il n'y a pas lieu non plus d'espérer qu'elle veuille se lever, puisqu'au lieu de s'occuper des moyens par lesquels elle pourrait se lever utilement avec toute la nation, des membres, qui ont quelque influence dans cette assemblée, s'occupent de trouver des moyens d'envoyer les patriotes à Orléans.

» Oui, messieurs, avant-hier, au club nommé de la Réunion, club formé des députés qu'on ne voit plus ici; deux députés, et, pour ne pas les nommer, ce sont MM. Isnard et Brissot, s'y trouvaient lorsqu'on y vint rendre compte des opinions qu'avaient énoncées, dans cette société, MM. Robespierre et Antoine. On y raconta aussi que j'avais dit que, tout bien compté, il n'y avait dans l'assemblée nationale que quarante-cinq à quarante-six députés sur lesquels on pût compter; alors M. Isnard monta à la tribune et y prit l'engagement sacré de dénoncer MM. Antoine, Robespierre et quelques autres à l'assemblée nationale, et de faire tout ce qui dépendrait de lui pour les envoyer à Orléans. M. Brissot lui a succédé et a renchéri sur ces engagemens et ces menaces. Deux des quarante-cinq députés que j'avais désignés comme des patriotes purs, et dont l'un est M. de Bellegarde, étant indignés d'un pareil projet, leur ont dit la vérité, toute la vérité, ont déchiré leurs cartes d'entrée, et ont déclaré qu'ils ne remettraient plus les pieds dans cette société.

» Si ceux qui étant à Paris ont pu suivre les travaux de l'assemblée nationale, y ont fait quelque attention, il leur aura été facile de remarquer que les meneurs de cette assemblée suivent précisément la même route qu'avaient prise les meneurs de l'assemblée constituante; il ne leur manque qu'un Bailly et un La Fayette pour avoir un 17 juillet au Champ-de-Mars. Une différence encore qui se trouve entre eux, c'est que ceux-ci ne sont que de petits intrigans en comparaison des autres, qui avaient un grand talent en ce genre; de sorte que la cour, qui s'est bientôt aperçue de la faiblesse de leurs mérites, n'a pas voulu de leur secours et les a chassés. »

M. Merlin. « Je suis appelé à répondre au préopinant. J'atteste donc que MM. Monteau du Gers et Ruhams m'ont dit que les rôles avaient été distribués pour faire mettre MM. Robespierre et Antoine en état d'accusation; que MM. Brissot et Isnard devaient demander le décret à l'assemblée. Je me félicite, messieurs, n'ayant jamais mis le pied à cette réunion, de n'avoir pas eu besoin de remettre ma carte. Quoi qu'il en soit, je déclare que mon opinion, sur les circonstances actuelles, est celle qui a mérité l'improbation de MM. Brissot et Isnard. »

N... « Ce que viennent de vous dire les préopinans est de la plus exacte vérité; mais je vais achever de vous dévoiler les complots de cette réunion.

» Quelques membres du côté gauche, et qui ont la réputation de patriotes, sont entièrement contre la déchéance du roi; ils voudraient des mesures partielles, telles qu'une simple suspension du pouvoir exécutif tant que dureraient les dangers de la patrie; ils voudraient que pendant ce temps-là l'exercice de ce pouvoir fût remis entre les mains de la commission des vingt-etun, qui alors nommerait les ministres, aurait le maniement du trésor public, choisirait les généraux, enfin exercerait toutes les fonctions attribuées au pouvoir exécutif.

» Parfaitement instruit de ce projet, qui est le seul but vers lequel tendent toutes leurs intrigues, et qui d'ailleurs plaît assez aux Feuillans, j'ai cru devoir en instruire la société; et vous voyez, messieurs, que le projet est parfaitement d'accord avec la conduite qu'on voit tenir à M. Vergniaud dans les circonstances actuelles, lorsqu'on lui entend dire que la déchéance amènerait la guerre civile, tandis que ce ne pourrait être que le refus de prendre cette mesure, sollicitée de tous les points de l'empire, qui pourrait peut-être l'amener, chacun voulant soutenir son opinion par tous les moyens possibles.

» Hier au soir encore, M. Vergniaud a semblé chercher à pallier les dénonciations faites contre le ministre Lajard; nouvelle preuve de la fausseté du caractère de ce député, qu'il porte empreinte sur sa physionomie.

» Quant à M. Brissot, il a fait ici un serment solennel; il a promis de démontrer à l'assemblée nationale la nécessité d'un décret d'accusation contre La Fayette. A-t-il tenu parole? Non. C'est donc aussi un trompeur, et comment pouvons-nous souffrir le nom d'un traître sur nos registres. Rayons-le. » (Applaudissemens; tumulte.)

M. Merlin. « Le membre qui vous préside dans ce moment étant en quelque sorte compromis dans cette discussion, il est impossible qu'il mette cette proposition aux voix. Je demande donc que le premier secrétaire prenne sa place.

M. Robespierre quitte le fauteuil et le cède à M. de Sutières.

M. Antoine. « Je vous demande la parole, Messieurs, non pour un fait, mais pour plusieurs faits; car si je suis destiné à être bientôt enfermé dans les cachots d'Orléans, je dois vous dire auparavant toute la vérité.

» Je n'aurais jamais cru que J. P. Brissot pût se mettre dans l'esprit de dénoncer Auguste P. Antoine. Je n'aurais jamais cru, si le fait n'était attesté par plusieurs citoyens recommandables, que Pierre Brissot se portât jamais à cet excès d'audace; lui qui a introduit dans une société, dont se sont retirés pour cela, Robespierre et Antoine, un Noailles qui, après avoir joué le patriotisme, a déserté son poste; lui qui, ayant eu le crédit de faire nommer des ministres, n'a pas eu le crédit d'obtenir de l'assemblée nationale un décret d'accusation, qu'il dit lui-même être indispensable, contre La Fayette.

» Je dénonce, moi, non pas aux tribunaux, mais au peuple, à la France entière, à la nation, J. P. Brissot, et la compagnie qui l'entoure, qui a fait déclarer la guerre avant que rien ne fût prêt pour la guerre; lui, qui a constamment persécuté les patriotes, et détaché M. Vergniaud de leur parti. Je dénonce à la nation entière l'homme qui, ayant pris ici l'engagement formel de perdre La Fayette, n'a pas même ouvert la bouche sur son compte; qui, ayant assez de crédit dans l'assemblée nationale pour obtenir la parole quand il le croit nécessaire à ses vues, s'est fait inscrire le dernier dans l'ordre de la parole contre La Fayette, afin que son tour de parler n'arrivât pas. Je dénonce à la nation l'homme qui, après la proclamation du danger de la patrie, veut nous boucher les yeux au point de nous faire croire que le rappel des ministres, patriotes sans doute, soit la seule mesure suffisante pour faire cesser ces dangers et sauver la patrie.

» Sans m'arrêter à toutes les preuves que je pourrais tirer de sa conduite dans mille circonstances, je ne me fixerai qu'à son dernier discours à l'assemblée nationale, discours qui a reçu du peuple l'accueil réservé jusque-là aux opinions des Maury et des Cazalès. Il vient dire à l'assemblée que l'opinion publique n'est pas assez formée; n'est-ce pas montrer à tous les yeux, tant soit peu clairvoyans, que son projet et ses vues ne tendent qu'à épouvanter la cour pour la forcer, s'il est possible, au rappel des trois ministres? Il faut être, sinon un intrigant criminel, au moins un politique bien stupide, pour oser dire que le salut de la patrie tienne à cette seule mesure. Certes, malgré toute l'estime que peuvent inspirer ces ministres, on ne persuadera à personne que, si le prince de Brunswick était aux portes de Paris, ce ne serait ni Rolland, ni Servant, ni Clavières, qui le feraient reculer.

» Mais les intrigans de cette assemblée suivent exactement la même marche que ceux de l'assemblée constituante : ils ont pris le masque qu'a laissé sur la porte des Feuillans, cette minorité hypocrite de la noblesse, en partant pour la frontière ; ils n'emploient comme eux l'apparence du patriotisme que pour parvenir à fonder les bases de leur élévation et de leur fortune particulière. J'appuie donc la motion qui vous a été faite de rayer M. Brissot de la liste de vos membres ; et je demande que nous rejetions de notre sein toute cette écume impure. »

M. Goupilleau demande qu'on ne décide rien avant d'avoir entendu ceux qu'on accuse. (Applaudissemens.)

M. Simon démontre que c'est attacher trop d'importance à ce que pensent ou disent des membres quels qu'ils soient, Robespierre ou Brissot, que de s'en occuper aussi long-temps et avec autant d'intérêt : il conclut à l'ordre du jour.

M. Robespierre, après avoir appuyé la motion de passer à l'ordre du jour, expose de nouveau les mesures qu'il croit propres à sauver la patrie. Ces mesures sont de convoquer une convention nationale, dont les membres seraient élus directement par les assemblées primaires, et *ne pourraient être choisis parmi ceux de l'assemblée constituante ni de la première législature.* La durée de la session de cette convention nationale serait fixée à un an. Ce moyen, efficace pour éloigner de cette assemblée constituante tous les intrigans, paraît suffisant à cet orateur pour sauver la patrie des dangers qu'elle ne doit qu'à la faiblesse et à l'intrigue.

La séance est terminée par des communications apportées par des sections de Paris. Celle de Mauconseil fait part de la pétition qu'elle se propose de présenter à l'assemblée nationale. Celle de la Fontaine de Grenelle communique une adresse aux Marseillais sur la rixe du 30 juillet. (*Journal du Club*, n. CCXLII.)

AOUT (1792). 303

ASSEMBLÉE NATIONALE. — SÉANCE DU 2 AOUT.

Le ministre de la guerre, Dabancourt, annonce le choix de Custine, Charton, Servan et Beauharnais, pour commander au camp de Soissons; et dénonce un crime abominable qui s'est commis dans la manipulation du pain, où des malveillans avaient mis du verre. — Louis-Philippe-Joseph, prince français, se plaint de la défense qui lui a été faite par le roi, de servir comme volontaire dans l'armée de Luckner, et du refus de l'employer dans son grade d'amiral. — La municipalité de Paris transmet son arrêté proscrivant toute autre cocarde que celle militaire. Lacroix fait sentir le danger qui résulterait si chaque municipalité s'arrogeait le droit de faire des réglemens sur cet objet; il fait rendre un décret portant l'autorisation de porter toute espèce de cocarde, pourvu qu'elle soit aux couleurs nationales. — Guadet fait décréter, en faveur des militaires étrangers qui abandonneront leurs drapeaux, une pension viagère de 100 liv., l'admission au titre de citoyen, et la liberté de prendre ou de refuser du service dans les armées françaises.

SÉANCE DU 2 AOUT AU SOIR.

[*Des grenadiers de la section de Saint-Jacques-l'Hôpital sont admis à la barre*. Législateurs, les sections de la capitale s'assemblent pour demander la suppression des grenadiers de la garde nationale parisienne. Le conseil-général de la commune doit se réunir pour prendre un arrêté à cet égard. Mais c'est par une loi que nous devons être supprimés; et nous venons vous la demander cette loi qui nous supprime nous, et tous les grenadiers de l'empire. Nous avons toujours rempli nos devoirs avec exactitude, et nous jurons tous de nous soumettre à la loi que vous porterez, parce que nous sommes esclaves de la loi. (On applaudit.)

Une députation des volontaires de la ville de Marseille est admise à la barre.

L'orateur de la députation. Nous venons, au nombre de cinq cents, acquitter le serment des citoyens de Marseille, de combattre pour la liberté. (On applaudit.) Mais la liberté n'est pas le roi, et lorsque nous allons verser notre sang, il nous importe de savoir si c'est pour la défense de la liberté, ou pour les intérêts de Louis XVI. La vie des hommes n'est jamais comptée pour rien dans les cabinets des cours ; nous le savons, les despotes ont une autre manière de combattre que par la force des armes. Mais le genre de guerre qui convient aux despotes ne convient pas au peuple français. (La partie gauche applaudit.)

Législateurs, si nous sommes trahis, nous espérons que vous aurez la bonne foi de nous le dire, pour que, exerçant les droits que lui donne sa souveraineté, la nation se délivre du roi par la manifestation éclatante de la volonté nationale. (Les applaudissemens recommencent.) Le nom de Louis XVI ne nous rappelle plus que des idées de trahison. Hâtez-vous donc d'en prononcer la déchéance, et lorsque le peuple est égorgé par la cour, sauvez-le par la Constitution. Les ministres vous ont trompés dans le rapport qu'ils vous ont fait de l'état de nos forces et approvisionnemens, et il n'y a pas encore contre eux de décret d'accusation ! Terrier a envoyé dans les départemens des libelles inconstitutionnels, et Terrier n'est pas en état d'accusation ! Champion a fait aussi une proclamation où il provoque les citoyens de s'armer contre les citoyens. Jamais le patriotisme ne fut bien accueilli à la cour, qui fut toujours le refuge des amis du despotisme. Lorsque des citoyens furent assassinés sous le guichet du Louvre, les dames d'honneur ne vinrent pas leur essuyer le visage ; le roi ne leur demanda pas de quel district ils étaient. (On applaudit dans la partie gauche.) Le ministre de la justice n'écrivit pas à l'accusateur public pour lui enjoindre de venger la liberté individuelle outragée. Cependant les hommes qui furent alors assassinés étaient des Français ; mais des Français patriotes. (Mêmes applaudissemens.) Ici ce sont de ci-devant gardes du roi, et les maris des dames de la cour.

Et qu'importe qu'ils aient tenu des discours indécens contre la Constitution ! qu'importe qu'ils aient frappé une femme et des citoyens sans armes, auxquels les Marseillais s'efforçaient de porter des secours ! qu'importe que ceux-ci, dînant paisiblement aux Champs-Élysées, aient été insultés, provoqués, attaqués ! C'est alors que le roi, jouant le rôle de défenseur officieux des grenadiers des Filles-Saint-Thomas (On applaudit dans une grande partie de la salle et dans les tribunes.), s'efforce de poursuivre les Marseillais par-devant les tribunaux. Eh bien ! nous voulons qu'elle soit instruite cette terrible procédure, et en attendant que les tribunaux aient prononcé, nous resterons en otage à Paris; et comme nous avons autant de droit que les grenadiers des Filles-Saint-Thomas à garder l'assemblée nationale, nous demandons que votre garde de sûreté soit composée de trois cents hommes de chaque département. Au reste, nous sommes loin de nous plaindre de l'accueil que nous ont fait les citoyens de Paris; et si l'on en excepte les ci-devant gardes du roi, transformés en gardes nationaux, nous avons vu que nous n'avions ici que des frères. Nous vous prions de pourvoir à notre subsistance. (On applaudit.)

M. Bellegarde. Je demande l'impression et l'envoi aux quatre-vingt-trois départemens.

M. Mazuryer. J'appuie la demande de l'impression, afin que Paris et la nation entière connaissent les circonstances de l'événement du 30 juillet dernier. Il s'agit de savoir si les Marseillais se sont rendus aux Champs-Élysées pour se rendre coupables de l'assassinat qu'on leur reproche, ou si les chevaliers de Coblentz y sont venus avec des intentions hostiles pour attaquer les volontaires de Marseille. Nous n'avons entendu encore que les plaintes amères des citoyens de la section des Filles-Saint-Thomas; nous n'avons encore entendu que la déclaration des gardes nationaux, alors en faction aux portes de la reine. Il importe que cette adresse soit imprimée pour que l'on connaisse la vérité; car les déclarations qui ont été faites en faveur des Marseillais, entre autres la déclaration d'un membre de l'assemblée, ont été dénaturées par les journalistes, et notamment par le *Moniteur*, qui a fait une réticence infâme (1). Les journalistes, dont nous sommes entourés, presque tous vendus à la cour, n'ont point rendu compte de la déclaration énergique des Marseillais.

Il importe que tout le monde sache quels sont ceux qui ont attaqué, et ceux qui n'ont fait que se défendre ; je demande que la pétition des Marseillais soit imprimée et répandue dans Paris seulement : il faut prouver combien il est dangereux de s'en rapporter avec tant de confiance à certains juges-de-paix qui se permettent d'instruire des procédures avec une partialité qu'on ne se serait pas même permise dans l'ancien régime.

M. *Merlin.* Les grenadiers des Filles-Saint-Thomas m'ont déjà rendu justice : j'étais présent à cette malheureuse affaire, et j'en ai sauvé plusieurs du carnage, entre autres, MM. Renaud de Saint-Jean-d'Angély, et Moreau de Saint-Méry ; ainsi je ne dois pas leur paraître suspect. Je déclare donc que le narré fait par les Marseillais est exact dans tout son contenu.

L'assemblée décrète l'impression de la pétition des Marseillais.

M. *Laporte.* La liste civile a payé le dîner des grenadiers des Filles-Saint-Thomas ; ils ont invité un chasseur à aller avec eux, en lui disant qu'il ne lui coûterait rien.

M. *Girardin.* M. Duhamel n'a jamais été garde du roi. Ce malheureux jeune homme laisse une femme enceinte et deux enfans. Il me semble qu'il appartient aux amis de la liberté, de l'humanité, de regretter la perte de citoyens tels que M. Duhamel, qui, depuis le commencement de la révolution, n'a cessé de donner des preuves de civisme. (On murmure.) Je demande donc que la pétition ne soit imprimée qu'après avoir été examinée par vos co-

---

(1) *Note du rédacteur de la séance du 30 juillet au soir.*—ERRATA. N. CCXIV, page 904, première colonne, opinion de M. Gaston, après ces mots : « un homme qui avait l'air d'un fort à bras les provoque de nouveau, » lisez : *et tire sur l'un d'eux un coup de pistolet dont l'amorce brûle sans que le coup parte.*

Le tumulte de cette séance, le sentiment pénible dont il était impossible de se défendre au récit d'une scène aussi affligeante, suffiront peut-être pour excuser l'omission d'un fait échappé à la plupart des journalistes, même à MM. Condorcet et Brissot, que M. Mazuyer ne soupçonne pas sans doute d'être aux gages de la liste civile.   CHARLES HIS.

mités, et que le rapport en aura été fait; autrement ce serait préjuger la question.

N... M. Girardin, qui nous a tant parlé du civisme de M. Duhamel, ignore sans doute que ce même M. Duhamel entretenait des correspondances avec Coblentz; qu'on lui a trouvé dans ses poches des papiers qui attestent la vérité de ce que j'avance. Un grenadier de la garde nationale parisienne m'a dit avoir pris connaissance de ces pièces; si l'assemblée l'exige, je le nommerai.

M. Girardin. J'ignorais en effet que M. Duhamel entretînt des correspondances avec Coblentz. Il suffit que M. Duhamel ait été indignement assassiné, pour que je sois sensible à son malheur. Je demande que le préopinant dépose sur le bureau, et signe les pièces qu'il dit avoir été trouvées sur M. Duhamel.

L'assemblée passe à l'ordre du jour.

La séance est levée à onze heures.

Un grand nombre de citoyens de la section des Quatre-Nations se précipitent à la barre.

M. Duhem. Je demande que les députés reprennent leurs places, et qu'on écoute les pétitionnaires.

N... Comme une grande partie des députés s'est déjà retirée, et qu'il n'y a pas de président dans la salle, je demande qu'on aille dans les comités pour en chercher un.

Les citoyens des deux sexes entrent en foule dans la salle en criant: *Vengeance! vengeance! on empoisonne nos frères!*

N... Comme on ne trouve pas de président dans le comité, je demande que M. Dussaulx, président d'âge, occupe le fauteuil.

M. Lasource. Les citoyens qui sont dans l'enceinte de la salle doivent rester calmes. (Les citoyens s'asseyent et font un grand silence.) Citoyens, tous les membres qui sont ici partagent votre indignation; ils demandent vengeance, comme vous, de l'attentat abominable commis contre nos malheureux frères qui volent à la défense de la patrie. Mais prenez garde, citoyens, les ennemis du bien public vous agitent; plusieurs de vous se sont même permis contre les députés des propos peu mesurés. Pensez-donc qu'ici sont ceux qui veulent vous sauver ; soyez persuadés que nous sommes prêts à mourir ici avec vous. Nous vous invitons à attendre dans le calme qu'un président soit arrivé, afin que nous puissions rouvrir légalement la séance.

M. Vergniaud arrive et occupe le fauteuil.

M. le président aux citoyens à la barre. L'assemblée est prête à entendre votre pétition.

Un des citoyens à la barre. Législateurs, ce n'est point une pétition que nous venons vous faire ; nous sommes des citoyens qui venons, le cœur navré de douleur, vous dénoncer un crime atroce, horrible, l'empoisonnement de nos défenseurs, de nos frères, de nos pères, de nos enfans, de nos amis ; les uns sont morts, les autres sont dans les hôpitaux, malades. Pouvez-vous ne pas frémir d'indignation. Ce ne sont point des plaintes, ce sont des cris, des hurlemens que nous poussons vers vous. Si du moins ces malheureux étaient morts pour la patrie, nous dirions, comme les Spartiates : la patrie est sauvée. Mais en se sacrifiant pour nous tous, pour prix de leur patriotisme, ils meurent par le poison ! Qu'ils se déclarent donc, ces lâches homicides, et nous les combattrons. Ah ! si nous n'avions pas eu tant de patience, si dès le commencement de la révolution nous les eussions exterminés jusqu'au dernier, la révolution serait achevée, et la patrie ne serait pas en danger.

Mais vous, représentans du peuple, vous en qui seuls nous pouvons encore avoir confiance, nous abandonnerez-vous ? (*L'assemblée entière* : Non, non.) Si nous ne comptions pas sur vous, je ne vous réponds pas des excès où notre désespoir pourrait nous porter, nous péririons dans les horreurs de la guerre civile, pourvu qu'en mourant nous entraînions avec nous quelques-uns des lâches qui nous assassinent... C'est donc à vous que nous demandons vengeance, et nous l'attendons de vous. (*Toute l'assemblée* : Oui, oui, vous l'aurez.)

M. le président. Citoyens, l'assemblée partage votre douleur. Les expressions de votre désespoir ont été jusqu'à son cœur. Elle a envoyé des commissaires dont le patriotisme est connu ;

ils nous feront connaître les attentats que vous nous dénoncez. Comme l'assemblée n'est pas assez nombreuse pour délibérer, en ce moment, elle renvoie la délibération sur l'objet de votre dénonciation.

M. Thuriot. Le crime est atroce, il faut que la vengeance soit prompte; je demande que l'on envoie sur le champ un courrier aux trois commissaires pour avoir une connaissance précise de ce fait.

L'on décide qu'on enverra un courrier sur le champ avec une lettre du président.

M. le président invite les citoyens à se retirer paisiblement. — Ils se retirent. — Il est minuit.

SÉANCE DU VENDREDI 3 AOUT.

[On lit une lettre des trois commissaires de l'assemblée nationale, envoyés au camp de Soissons; elle contient les détails suivans :

« En arrivant à Soissons, notre première démarche a été de nous rendre à la municipalité. Instruits que dans une cuite de pain de munition il s'était trouvé du verre écrasé, nous nous sommes transportés au magasin à farine et à l'endroit où on manipule le pain de munition, afin de prendre toutes les informations nécessaires pour découvrir la cause de cet événement. Après les recherches que nous avons faites, conjointement avec des députés de la municipalité, des gardes nationaux et des citoyens, nous nous sommes convaincus qu'il n'y avait pas de dessein prémédité de malveillance. Le pain a été fait dans les bas côtés de l'église Saint-Jean, dont les murs et les vitraux sont dans un état de dégradation qui paraît avoir été la seule cause de cet événement, la commotion de la manipulation du pain ayant fait tomber quelques parties de vitraux. Nous pouvons donc vous assurer qu'il n'y a pas eu dans ce fait de crime médité, mais une grande négligence, et que ce n'est pas la seule que nous avons à vous dénoncer. Au reste, cet événement n'a eu aucune suite fâcheuse.

L'assemblée ordonne l'impression de cette lettre.

M. Lasource. On ne croit point au système adopté pour agiter le peuple ; cependant, ce qui s'est passé hier à la fin de votre séance, ne prouve que trop que ce système se suit avec activité. Ceux qui ont persuadé au peuple que cent soixante-dix volontaires nationaux étaient morts empoisonnés, que sept cents autres étaient à l'hôpital, sont manifestement des factieux, des brigands, des séditieux ; c'était un coup monté pour exciter une rumeur dans Paris, faire sonner le tocsin, répandre une alarme générale ; enfin, pour exciter un mouvement que l'on attend depuis long-temps. Je demande que l'assemblée charge le pouvoir exécutif, et spécialement le maire de Paris, de faire rechercher les auteurs de ces faux bruits.

M. Tronchon. La conduite du peuple, dans la soirée d'hier, a prouvé qu'il saurait déjouer les manœuvres des agitateurs ; la voix d'un seul de vos membres a suffi pour rétablir le calme.

La proposition de M. Lasource est adoptée.]

Sur le rapport de M. Jean-Debry, l'assemblée rend un décret dont voici le principal article.

Art. Ier. « Tout Français qui, soit dans les bataillons de volontaires, soit dans les troupes de ligne, soit dans les légions, soit dans les compagnies franches, ou tout autre corps, aura fait la guerre de la liberté, depuis la campagne actuelle, et sera resté sous les drapeaux, ou en activité de service, jusqu'à la paix, jouira du droit de citoyen actif, comme s'il avait servi pendant seize ans.

» Ceux qui auront été blessés, et ne pourront servir jusqu'à la fin de la guerre, jouiront des mêmes droits. »

[On lit une lettre signée par une députation de fédérés, qui demandent à soumettre à l'assemblée quelques observations.

Après quelques débats, et sur l'observation qu'ils doivent partir demain pour le camp de Soissons, l'assemblée décide qu'ils seront admis à l'instant.

L'orateur de la députation. Un grand attentat a été commis dans les murs de Soissons; plusieurs de nos frères ont péri par le poison...

M. le président fait lire aux députés la lettre des commissaires de l'assemblée, qui dément ce fait.

Il continue. Mais il est d'autres crimes bien plus atroces, puisqu'ils tendent à assassiner le peuple entier. Nous vous dénonçons le pouvoir exécutif, le perfide Lajard, les factieux, les conspirateurs qui vous entourent, et qui ont pris le masque du patriotisme pour tromper le peuple. Nous vous demandons une réponse catégorique; pouvez-vous nous sauver, oui ou non? Le peuple est levé, il veut sauver la chose publique et vous sauver avec elle.

M. le président répond aux pétitionnaires, que l'assemblée trouvera dans la Constitution des moyens suffisans de salut. — Ils sont admis à la séance.

Les ministres presentent un méssage du roi. Il est ainsi conçu :

Du 3 août 1792, l'an IV de la liberté.

Il circule, monsieur le président, depuis quelques jours, un écrit intitulé : *Déclaration de S. A. S. le duc regnant de Brunswick-Lunebourg, commandant les armées combinées de LL. MM. l'empereur et le roi de Prusse, adressée aux habitans de la France.* Cet écrit ne présente aucun des caractères qui pourraient en garantir l'authenticité. Il n'a été envoyé par aucun de mes ministres dans les diverses cours d'Allemagne qui avoisinent le plus nos frontières. Cependant sa publicité me paraît exiger une nouvelle déclaration de mes sentimens et de mes principes.

La France se voit menacée par une grande réunion de forces. Reconnaissons tous le besoin de nous réunir. La calomnie aura peine à croire la tristesse de mon cœur, à la vue des dissensions qui existent et des malheurs qui se préparent; mais ceux qui savent ce que valent à mes yeux le sang et la fortune du peuple, croiront à mes inquiétudes et à mes chagrins.

J'ai porté sur le trône des sentimens pacifiques, parce que la paix, le premier besoin des peuples, est le premier devoir des rois. Mes anciens ministres savent quels efforts j'ai faits pour éviter la guerre. Je sentais combien la paix était nécessaire; elle seule pouvait éclairer la nation sur la nouvelle forme de son gouvernement; elle seule, en épargnant des malheurs au peuple, pouvait me faire soutenir le caractère que j'ai voulu prendre dans cette révolution. Mais j'ai cédé à l'avis unanime de mon conseil, au vœu manifesté d'une grande partie de la nation, et plusieurs fois exprimé par l'assemblée nationale.

La guerre déclarée, je n'ai négligé aucun des moyens d'en assurer le succès. (Des murmures s'élèvent dans une partie de l'assemblée, et un assez violent tumulte dans les tribunes.) Mes ministres ont reçu ordre de se concerter avec les comités de l'assemblée nationale et avec les généraux. Si l'événement n'a pas encore répondu aux espérances de la nation, ne devons-nous pas en accuser nos divisions intestines, les progrès de l'esprit de parti, et surtout l'état de nos armées qui avaient besoin d'être encore exercées avant de les mener au combat. Mais la nation verra croître mes efforts avec ceux des puissances ennemies; je prendrai, de concert avec l'assemblée nationale, tous les moyens pour que les malheurs inévitables de la guerre soient profitables à sa liberté et à sa gloire.

J'ai accepté la Constitution : la majorité de la nation la désirait; j'ai vu qu'elle y plaçait son bonheur, et ce bonheur fait l'unique occupation de ma vie. Depuis ce moment, je me suis fait une loi d'y être fidèle (Mêmes rumeurs.), et j'ai donné ordre à mes ministres de la prendre pour seule règle de leur conduite. Seul je n'ai pas voulu mettre mes lumières à la place de l'expérience, ni ma volonté à la place de mon serment. J'ai dû travailler au bonheur du peuple; j'ai fait ce que j'ai dû, c'est assez pour le cœur d'un homme de bien. Jamais on ne me verra composer sur la gloire ou les intérêts de la nation, recevoir la loi des étrangers ou celle d'un parti : c'est à la nation que je me dois; je ne fais qu'un avec elle : aucun intérêt ne saurait m'en séparer; elle seule sera écoutée : je maintiendrai jusqu'à mon dernier soupir l'indépendance nationale. Les dangers personnels ne sont rien auprès des malheurs publics. Eh! qu'est-ce que des dangers personnels pour un roi à qui on veut enlever l'amour du peuple! C'est là qu'est la véritable plaie de mon cœur. Un jour, peut-être, le peuple saura combien son bonheur m'est cher, combien il fut toujours et mon seul intérêt et mon premier besoin. Que de chagrins pourraient être effacés par la plus légère marque de son retour!

Signé Louis. *Et plus bas*, Bigot Sainte-Croix.

Plusieurs membres demandent l'impression de ce message.

M. Lacroix. Je demande le renvoi à la commission, et l'ordre du jour sur l'impression; mes motifs sont que l'imprimerie-royale s'en occupe déjà sûrement, et qu'il est inutile d'en faire deux éditions; enfin, qu'il importe qu'on ne fasse de l'argent de la nation que de bons usages.

M. Ducos. Ce n'est pas pour épargner des misérables frais d'impression que j'appuie la question préalable demandée par M. Lacroix; mais c'est parce qu'elle exprime des sentimens dont le roi n'a pas donné de gages ni de garantie suffisans; parce que si nous disions aujourd'hui à la nation : vous pouvez compter sur le roi, peut-être, quelques temps après, nous serions forcés à un douloureux désaveu. Ce n'est pas par des lettres, c'est par des actions que le roi doit faire l'acte formel de résistance que la Constitution lui prescrit contre des ennemis qui ne nous font la guerre que pour lui et en son nom. (On applaudit.)

M. Isnard. Le langage du roi fut toujours constitutionnel; mais je n'apprécie que les faits, et rien que les faits constatés : or, qu'a fait le roi pour arrêter le plan de contre-révolution qui couvre la France, et se ramifie dans les cours étrangères? Rien. Je le prouve. (Il s'élève des murmures dans le ci-devant côté droit.) Je ne sais pas, messieurs, par quel aimant vous êtes attirés sans cesse vers la cour.

M. Champion. Et vous, messieurs, êtes vendus aux Anglais.

M. Isnard. Monsieur le président, je denonce à l'assemblee, à à la nation entière, M. Champion l'exécrable, qui me dit que je suis vendu aux Anglais. Malheureux! ouvre mon cœur, et tu verras s'il est Français!... Je continue.

Le roi aurait dû sévir contre une noblesse factieuse, et il lui a prodigué les places dont il dispose.

Ce sont les prêtres les plus rebelles à la Constitution qui sont fonctionnaires dans son église.

Des émigrés s'arment contre la patrie, des fanatiques tentent d'allumer la guerre civile; des malveillans parcourent le royaume pour fomenter des troubles; nous proposons des lois répressives, il les refuse, ou en retarde deux mois la sanction.

Le roi s'était entouré d'une garde dont l'organisation était illégale, et l'esprit contre-révolutionnaire; nous l'avons licenciée; il a connu ses délits, et il lui a témoigné de la reconnaissance.

Des corps administratifs ont violé la Constitution; au lieu de sévir contre eux, il a publié leurs arrêtés, et propagé leurs principes.

Une armée délibère; le général le permet, il quitte son poste, et le roi ne le désapprouve pas.

Tous ses ministres devaient être d'un civisme irréprochable; et cependant, ceux que l'on accuse *lui ont paru* (d'après sa lettre au corps législatif) *les plus estimables*. Ceux qui ont emporté les regrets de la nation ont mérité sa haine; et depuis son règne constitutionnel, le ministère est livré à une fluctuation qui suffirait seule pour désorganiser le gouvernement.

Il doit avoir de l'ascendant sur l'esprit des princes, ses parens; et ce sont eux qui ont provoqué contre nous le concert des puissances.

Pour qui s'arment ces cours? Pour lui. Que nous demandent-elles? De le rétablir despote. C'est même en son nom que tous nos ennemis agissent. S'est-il, d'après la Constitution, opposé à leurs entreprises par des actes formels? C'est, messieurs, ce que vous devriez juger, au lieu de crier.

Depuis plus d'un année il a connaissance du traité des puissances contre la France, et il n'a pas fait tout ce qui était en lui pour le rompre, pour nous procurer des alliés, pour mettre l'empire en état de défense.

A la veille de la guerre, plus de cinquante mille hommes manquaient dans les troupes de ligne; ses ministres nous dirent que, le 10 février, cent cinquante mille hommes pourraient attaquer l'ennemi, et au mois de mai rien ne fut prêt.

Après la guerre déclarée, la nation s'est presque trouvée sans armes, sans munitions, sans chevaux, sans approvisionnemens.

Au lieu de faciliter la nouvelle levée de troupes, l'achat et la fabrication des armes, on a tout entravé.

Un camp devait être formé à Soissons, et rien n'est préparé pour son organisation.

Le plan de guerre jusqu'à ce jour a été combiné de manière que nos braves soldats ont toujours combattu contre des forces supérieures.

Le Brabant nous appelait, et déjà victorieux nous l'avons évacué; en abandonnant le malheureux Belge, nos avons incendié le toit de ses pères; enfin, on dirait que le roi des Français venge par la flamme la cour de Vienne de l'insurrection belgique; et que le roi de Hongrie venge par le fer la cour des Tuileries de l'insurrection française.

Voilà, messieurs, des faits qui contrastent entièrement avec la lettre du roi, et s'opposent à son impression.

— L'assemblée décide qu'il n'y a pas lieu à délibérer sur l'impression.

Une députation de la commune, ayant M. Pétion à sa tête, est introduite à la barre.

M. Pétion. Législateurs, c'est lorsque la patrie est en danger que tous ses enfans doivent se presser autour d'elle; et jamais un si grand péril n'a menacé la patrie. La commune de Paris nous envoie vers vous; nous venons apporter dans le sanctuaire des lois le vœu d'une ville immense. Pénétrée de respect pour les représentans de la nation, pleine de confiance en leur courageux patriotisme, elle n'a point désespéré du salut public; mais elle croit que, pour guérir les maux de la France, il faut les attaquer dans leur source et ne pas perdre un moment. C'est avec douleur qu'elle vous dénonce par notre organe le chef du pouvoir exécutif. Le peuple a sans doute le droit d'être indigné contre lui; mais le langage de la colère ne convient point aux hommes forts. Contraints par Louis XVI à l'accuser devant vous et devant la France entière, nous l'accuserons sans amertume comme sans ménagemens pusillanimes. Il n'est plus temps d'écouter cette longue indulgence qui sied bien aux peuples généreux, mais qui encourage les rois au parjure; et les passions les plus respectables doivent se taire quand il s'agit de sauver l'État.

Nous ne vous retracerons pas la conduite entière de Louis XVI depuis les premiers jours de la révolution, ses projets sanguinaires contre la ville de Paris, sa prédilection pour les nobles et les prêtres, l'aversion qu'il témoignait au corps du peuple, l'assemblée nationale constituante outragée par des valets de cour, investie par des hommes armés, errante au milieu d'une ville royale, et ne trouvant d'asyle que dans un jeu de paume. Nous ne vous retracerons pas des sermens tant de fois violés, des protestations renouvelées sans cesse, et sans cesse démenties par les actions, jusqu'au moment où une fuite perfide vint ouvrir les yeux aux citoyens les plus aveuglés par le fanatisme de l'esclavage. Nous laisserons à l'écart tout ce qui est couvert du pardon du peuple; mais le pardon n'est pas l'oubli. Vainement d'ailleurs nous pourrions oublier tous ces délits; ils souilleront les pages de l'histoire, et la postérité s'en souviendra.

Cependant, législateurs, il est de notre devoir de vous rappeler en traits rapides, les bienfaits de la nation envers Louis XVI, et l'ingratitude de ce prince. Que de raisons pouvaient l'écarter du trône au moment où le peuple a reconquis la souveraineté! La mémoire d'une dynastie impérieuse et dévorante, où l'on compte un roi contre vingt tyrans, le despotisme héréditaire s'accroissant de règne en règne avec la misère du peuple, les finances publiques entièrement ruinées par Louis XVI et par ses deux prédécesseurs, des traités infâmes perdant l'honneur national, les éternels ennemis de la France devenant ses alliés et ses maîtres: voilà quels étaient les droits de Louis XVI au sceptre constitutionnel. La nation, fidèle à son caractère, a mieux aimé être généreuse que prudente: le despote d'une terre esclave est devenu le roi d'un peuple libre ; après avoir tenté de fuir la France, pour régner sur Coblentz, il a été replacé sur le trône, peut-être contre le vœu de la nation qu'il aurait fallu consulter.

Des bienfaits sans nombre ont suivi ce grand bienfait. Nous avons vu, dans les derniers temps de l'assemblée constituante, les droits du peuple affaiblis, pour renforcer le pouvoir royal ; le premier fonctionnaire public devenu représentant héréditaire, une maison militaire créée pour la splendeur de son trône, et son autorité légale soutenue par une liste qui n'a d'autres limites que celles qu'il a bien voulu lui prescrire.

Et bientôt nous avons vu tous les bienfaits de la nation tournés contre elle. Le pouvoir délégué à Louis XVI pour maintenir la liberté s'est armé pour la renverser. Nous jetons un coup-d'œil sur l'intérieur de l'empire. Des ministres pervers sont éloignés par la force irrésistible du mépris public ; ce sont eux que Louis XVI regrette. Leurs successeurs avertissent la nation et le roi du danger qui environne la patrie ; ils sont chassés par Louis XVI, pour s'être montrés citoyens. L'inviolabilité royale et la fluctuation perpétuelle du ministère éludent chaque jour la responsabilité des agens du pouvoir exécutif. Une garde conspiratrice est dissoute en apparence ; mais elle existe encore : elle est encore soudoyée par Louis XVI, elle sème le trouble et mûrit la guerre civile. Des prêtres perturbateurs, abusant de leur pouvoir sur les consciences timides, arment les enfans contre les pères ; et, de la terre sacrée de la liberté, ils envoient de nouveaux soldats sous les drapeaux de la servitude. Ces ennemis *du peuple* sont protégés par l'appel *au peuple*, et Louis XVI leur maintient le droit de conspirer. Des directoires de départemens coalisés osent se constituer arbitres entre l'assemblée nationale et le roi. Ils forment une espèce de chambre haute éparse au sein de l'empire ; quelques-uns même usurpent l'autorité législatrice ; et, par l'effet d'une ignorance profonde, en déclamant contre les républicains, ils semblent vouloir organiser la France en république fédérative. C'est au nom du roi qu'ils allument les divisions intestines ; et le roi n'a point désavoué avec indignation deux cents administrateurs stupides ou coupables, démentis, d'un bout de la France à l'autre, par l'immense majorité des administrés !

Au dehors ; des armées ennemies menacent notre territoire. Deux despotes publient contre la nation française un manifeste aussi insolent qu'absurde. Des Français parricides, conduits par les frères, les parens, les alliés du roi, se préparent à déchirer le sein de leur patrie. Déjà l'ennemi, sur nos frontières, oppose des bourreaux à nos guerriers. Et c'est pour venger Louis XVI que la souveraineté nationale est impudemment outragée ; c'est pour venger Louis XVI que l'exécrable maison d'Autriche ajoute un nouveau chapitre à l'histoire de ses cruautés ; c'est pour venger Louis XVI que des tyrans ont renouvelé le souhait de Caligula, et qu'ils voudraient anéantir, d'un seul coup, tous les citoyens de la France !

Les promesses flatteuses d'un ministre ont fait déclarer la guerre, et nous l'avons commencée avec des armées incomplètes et dénuées de tout.

En vain la Belgique nous appelle ; des ordres pervers ont enchaîné l'ardeur de nos soldats ; nos premiers pas dans ces belles contrées ont été marqués par l'incendie ; et l'incendiaire est encore au milieu du camp des Français ! Tous les décrets que l'assemblée nationale a rendus pour renforcer nos troupes sont annulés par le refus de sanction, ou par des lenteurs perfides. Et l'ennemi s'avance à grands pas ; tandis que des patriciens commandent les armées de l'égalité ; tandis que nos généraux quittent leur poste en face de l'ennemi, laissent délibérer la force armée, viennent présenter aux législateurs son vœu qu'elle n'a pu légalement énoncer, et calomnient un peuple libre, que leur devoir est de défendre.

Le chef du pouvoir exécutif est le premier anneau de la chaîne contre-révolutionnaire. Il semble participer aux complots de Pilnitz, qu'il a fait connaître si tard. Son nom lutte chaque jour contre celui de la nation ; son nom est un signal de discorde entre le peuple et ses magistrats, entre les soldats et les généraux. Il a séparé ses intérêts de ceux de la nation. Nous les séparons comme lui. Loin de s'être opposé par aucun acte formel aux ennemis du dehors et de l'intérieur, sa conduite est un acte formel et perpétuel de désobéissance à la Constitution. Tant que nous aurons un roi semblable, la liberté ne peut s'affermir ; et nous voulons demeurer libres. Par un reste d'indulgence, nous aurions désiré pouvoir vous demander la suspension de Louis XVI, tant qu'existera le danger de la patrie ; mais la Constitution s'y oppose. Louis XVI invoque sans cesse la Constitution ; nous l'invoquons à notre tour, et nous demandons sa déchéance.

Cette grande mesure une fois portée, comme il est très-douteux que la nation puisse avoir confiance en la dynastie actuelle, nous demandons que des ministres, solidairement responsables, nommés par l'assemblée nationale, mais hors de son sein, suivant la loi constitutionnelle, nommés par le scrutin des hommes libres, à haute voix, exercent provisoirement le pouvoir exécutif, en attendant que la volonté du peuple, notre souverain et le vôtre, soit légalement prononcée dans une convention nationale, aussitôt que la sûreté de l'état pourra le permettre. Cependant, que nos ennemis, quels qu'ils soient, se rangent tous au-delà de nos frontières ; que des lâches et des parjures abandonnent le sol de la liberté ; que trois cent mille esclaves s'avancent ; ils trouveront devant eux dix millions d'hommes libres, prêts à la mort comme à la victoire, combattant pour l'égalité, pour le toit paternel, pour leurs femmes, leurs enfans et leurs vieillards. Que chacun de nous soit soldat tour à tour ; et, s'il faut avoir l'honneur de mourir pour la patrie, qu'avant de rendre le dernier soupir, chacun de nous illustre sa mémoire par la mort d'un esclave ou d'un tyran.

Cette pétition est renvoyée au comité de l'extraordinaire.

La séance est levée à quatre heures.]

SÉANCE DU 3 AU SOIR.

Une communication ministérielle vient apprendre à l'assemblée que l'électeur de Cologne et le duc de Wurtemberg se rangent parmi les ennemis de la France. Aussitôt MM. Thuriot et Grangeneuve demandent que l'assemblée mette enfin à l'ordre du jour la question de la déchéance. — *M. Delmas.* Le rapport sera prêt pour jeudi au plus tôt.

L'assemblée ajourne en conséquence cette question au 9 août.

CLUB DES JACOBINS, SÉANCE DU 3 AOUT.

M. Pepin se plaint avec aigreur d'un outrage qu'il estime avoir été fait à la commune de Paris, en la personne de ses commissaires, par le président de l'assemblée nationale qui, après avoir accordé les honneurs de la séance à la députation, a levé la séance, sans un décret formel, avant que la totalité de la députation fût introduite; il annonce le projet qu'il a de se présenter, dans la soirée, à l'assemblée nationale, pour lui demander vengeance par la destitution du président.

M. Thuriot. « Je crois qu'il est important de rétablir les faits dans leur exacte vérité, pour mettre à même de juger sainement de leur plus ou moins grande valeur.

» Le roi était instruit que la commune de Paris délibérait sur l'importante question de la déchéance; il savait que la majorité ne lui était pas favorable : il crut ne pas devoir perdre un moment pour prévenir le coup qui lui allait être porté, et prendre une mesure qui pût au moins suspendre, pour quelques instans, l'opinion des représentans du peuple.

» Il envoya donc à l'assemblée nationale un message formé des six ministres, dont le but était d'annoncer à toute la France que la machine politique était, à la vérité, entravée dans quelques points; mais que, si elle n'avait pas tout le mouvement qui lui était nécessaire, ce n'était pas de la faute du roi; qu'il pouvait encore mériter la confiance de la nation. Il imaginait que la circonstance exigerait que l'assemblée nationale décrétât l'impres-

AOUT (1792). 321

sion du message royal, et l'envoi aux quatre-vingt-trois départemens.

« Nous n'avons pas donné, heureusement, dans ce piége; et un membre, ayant pris la parole pour exposer un précis de la conduite du roi, éloigna un peu l'idée de proposer l'impression du message du roi.

» Pendant que ce membre était à la tribune, j'avais appris que le maire de Paris était près de l'assemblée nationale pour lui présenter le vœu de la commune. Je sentis qu'il était important de faire rejeter toute idée de cette impression; j'achevai de démontrer en peu de mots que, depuis la révolution, la conduite du roi n'était qu'un tissu de crimes, et j'invoquai l'ordre du jour.

» L'ordre du jour fut décrété, ainsi que l'admission du maire à la barre. Il fut écouté avec toute l'attention possible : les honneurs de la séance lui furent accordés, ainsi qu'aux commissaires qui l'accompagnaient; mais les commissaires étaient très-nombreux, au point que la très-grande partie de la salle se trouva remplie, et qu'il devenait par conséquent impossible de délibérer. Il était quatre heures, le président leva la séance, et ne prit pas pour cela un décret, parce qu'il n'est pas d'usage de lever la séance par un décret..... Il est probable qu'il sera ce soir question de la pétition de la commune, et que nous pourrons faire décréter son envoi aux départemens..... (1). Il est plus important que jamais, dans ce moment-ci, d'éviter les écarts où pourrait entraîner un patriotisme ardent; je puis assurer qu'à l'assemblée nationale, la très-grande majorité est patriote..... Il est important que cette vérité soit connue, parce que, dans la crise où nous sommes, cette majorité patriote offre, dans l'assemblée nationale, un centre de ralliement bien important à conserver.....»

N.... « J'aurais désiré que M. Thuriot eût dit que M. Isnard, que l'on a peut-être calomnié ces jours derniers, s'est com-

(1) Nous avons vu qu'il n'en fut pas même question. (*Note des auteurs.*)

T. XVI.

porté ce matin, à l'assemblée nationale, en vrai héros de la liberté. »

M. *Fabre-d'Églantine.* « Les deux préopinans ont raison..... J'observerai que la finesse du président s'est trouvée bien d'accord avec les intentions de quelques membres de l'assemblée, dont le but était aussi de s'opposer à l'impression de la pétition de la commune. J'ai vu plusieurs membres, parmi les grands orateurs, qui ont paru être parfaitement mis à l'aise par cette impossibilité de délibérer.....

» M. Thuriot nous dit qu'on doit revenir sur l'impression : je crois que cette question est de la plus haute importance; car un décret qui ordonnerait cette impression et l'envoi aux quatre-vingt-trois départemens, décréterait presqu'en même temps les propositions contenues dans cette proposition..... »

M. Billaud-Varennes prononce un discours sur le danger imminent de la capitale..... Il propose, comme mesure efficace pour les prévenir, la formation instantanée d'un camp dans les Champs-Elysées. (L'impression du discours est arrêtée.)

M. Antoine demande des secours pour la subsistance des Marseillais. — On nomme aussitôt un comité pour veiller à ce soin, et une souscription ouverte produit à l'instant même 862 livres 13 sous.

Plusieurs citoyens rendent compte de divers mouvemens dont ils ont été témoins, qui leur font soupçonner que le château des Tuileries machine une nouvelle fuite du roi. Ils proposent de veiller autour du château pour s'y opposer.

M. le président engage ces citoyens à aller faire à la mairie toutes les dépositions qu'ils croiront être utiles à la tranquillité et à la sûreté générales, et de s'en rapporter, pour les précautions à prendre, à la prudence et aux lumières des autorités constituées.

M. Montaut est élu président: Fabre-d'Églantine, vice-président; Duhem, Lafaye et Crone, secrétaires. (*Journal du Club*, n° CCXI.)

ASSEMBLÉE NATIONALE. SÉANCE DU 4 AOUT.

Dès le commencement de la séance, M. Brissot demanda que le rapport sur l'affaire La Fayette fût fait dans deux jours. Cette proposition fut décrétée. — Un secrétaire donna ensuite lecture des arrêtés de la section Mauconseil, que nous avons insérés dans la narration du mois précédent. — « Quand vous avez proclamé le danger de la patrie, s'écria Rouyer, vous avez voulu jeter un cri de ralliement et non de désespoir. Vous avez à examiner la question de la déchéance ; mais, jusqu'à ce que votre jugement soit rendu, toute autre puissance doit se taire. Je demande donc que l'assemblée improuve et annulle l'arrêté pris par cette section. » Ensuite Cambon parla au nom de la loi. Il fit ordonner un rapport de la commission des douze, destiné à rappeler le peuple aux vrais principes, et à l'éclairer sur les intrigans qui le poussent à sa ruine. — Cette commission s'en occupa sur-le-champ, et Vergniaud, en son nom, vint, séance tenante, proposer d'annuler, comme inconstitutionnel, l'acte de la section Mauconseil ; et cela fut décrété aussitôt sans autre discussion.

« La section Mauconseil, dit Condorcet dans la *Chronique de Paris*, qui certainement veut le bien de la patrie, verra que cet arrêté n'est pas moins hors des circonstances, en ce que le vœu des quarante-huit sections de Paris, légalement exprimé sur la déchéance, tend bien plus efficacement au résultat qu'elle se propose, que contraire à l'intérêt public, en ce que d'après son exemple il n'est aucune section du royaume qui ne pût se croire autorisée à abjurer telle autre partie du serment constitutionnel qu'il lui plairait, et qu'alors la désorganisation de l'empire serait la suite infaillible de ces mouvemens irréguliers et contraires.

» L'insurrection est la dernière ressource des peuples opprimés. Elle est un devoir sacré, quand il n'y a pas pour eux d'autre moyen de se sauver ; mais un peuple qui a des représentans demeurés fidèles, et qui, par leur organe, peut toujours proposer, ou même déterminer les mesures de salut que les circonstances exigent, court lui-même à sa ruine, s'il préfère à ces moyens d'action tempérés par la loi, des moyens dont l'illégalité seule serait capable de faire avorter tout le fruit. » (*Chronique*, n° CCXIX.)

Ce ne fut cependant ni la décision de l'assemblée, ni l'improbation de quelques journaux, qui empêcha la section Mauconseil d'agir, ainsi qu'elle l'avait résolu, le lendemain dimanche. Elle suspendit sa démarche par d'autres motifs que nous ferons bientôt connaître, lorsque nous rendrons compte de ce qui se passait dans Paris.

Au reste, une autre occasion de blâme se présenta dans la même séance. Mais laissons parler le *Moniteur*.

[La section des Gravilliers est admise à la barre.

L'orateur de la députation. Le maire de Paris vous a exposé hier à la barre les crimes de Louis XVI. Les trente mille citoyens de la section des Gravilliers ont voté en connaissance de cause, à trois reprises différentes, toujours à l'unanimité, la déchéance du roi. Déjà ce vœu a été répété par quarante-six sections de la capitale. Les cas de déchéance sont renfermés dans la Constitution; mais elle ne s'est pas expliquée sur la forme dans laquelle elle sera déclarée. Aux termes de cette même Constitution, aucune peine ne peut être prononcée que par un juré de jugement, et il ne peut être mis en accusation que par un juré d'accusation. C'est vous qui êtes ce juré; et nous vous demandons de déclarer sur-le-champ qu'il y a lieu à accusation contre Louis XVI. Nous vous laissons encore, législateurs, l'honneur de sauver la patrie; mais si vous refusez de le faire, il faudra bien que nous prenions le parti de la sauver nous-même. (Une partie de l'assemblée et les tribunes applaudissent.)

La section traverse la salle au milieu des applaudissemens.

M. Girardin à la tribune. Je demande l'impression et l'envoi aux quatre-vingt-trois départemens. Il est utile que nos commettans sachent qu'une section de la capitale veut bien permettre au corps-législatif de sauver l'empire. Il faut que l'assemblée fasse respecter la souveraineté du peuple, ou qu'elle s'ensevelisse sous les coups des factieux. (Les tribunes poussent des huées.)]

L'assemblée passe à l'ordre du jour.

La séance du soir fut en grande partie occupée par une discussion sur une communication du ministre de la guerre. Il annonçait que les deux bataillons des gardes suisses, qui avaient quitté Paris, avaient été casernés à Cambrai, sauf trois cents hommes détachés, dans le département de l'Eure, pour surveiller la libre circulation des grains. — Pourquoi ce corps n'est-il pas licencié, disait Thuriot; pourquoi, disait Guadet, n'est-il pas sur les frontières. On proposa de mander le ministre. Enfin on passa à l'ordre du jour.

SÉANCE DU 5 AOUT.

[M. Guadet notifie les adresses des communes d'Alençon, de Briançon, qui ont pour objet la déchéance du roi.

N..... présente, au nom du comité des pétitions, la notice des adresses envoyées par un très-grand nombre de corps administratifs et de communes. Toutes ont pour objet de fixer l'attention de l'assemblée sur les trahisons multipliées du pouvoir exécutif, et de demander la déchéance du roi ou sa suspension, motivée sur ce qu'il ne peut pas diriger une guerre dont il est le principal objet.

Ces adresses contiennent encore l'énonciation d'un très-grand nombre de dons patriotiques. On remarque celui de M. Brann, négociant étranger, qui a envoyé au général Broglie deux mille florins pour une fabrication de piques.

Des citoyens de la section de la Bibliothèque, admis à la barre, désavouent l'adresse relative à la déchéance du roi; ils annoncent avoir consigné ce désaveu dans un arrêté pris dans une assemblée légalement convoquée, et composée de cent soixante-dix-huit personnes, et le fondent sur ce qu'ils n'ont pas trouvé des traces de la nomination des commissaires qui ont concouru, au nom de cette section, à la rédaction de l'adresse de la commune de Paris. — Ils sont fréquemment interrompus par les murmures des tribunes.

M. Vaublanc. Souffrir que toutes les fois que la Constitution est invoquée, cette sainte invocation soit à l'instant couverte par des clameurs forcenées, c'est être parjure. (Mêmes rumeurs.) L'assemblée nationale ne peut souffrir plus long-temps de telles indignités sans se rendre complice. (Les murmures se prolongent et couvrent la voix de l'orateur. — Les membres du côté droit quittent leurs places, et demandent à grands cris l'évacuation des tribunes. — Plusieurs sortent de la salle.)

M. le président donne des ordres au commandant de garde. — Les cris de la partie droite continuent.

M. *Vaublanc.* Je vous prie, monsieur le président, de rappeler sévèrement à leurs devoirs les membres de l'assemblée qui répondent à des clameurs par d'autres clameurs plus indécentes encore; ce n'est pas ainsi qu'on se fait respecter... Je disais qu'il était temps que l'on connût la ferme résolution où vous êtes de maintenir la Constitution, et que si vous souffriez encore les indignités qui trop souvent jusqu'ici ont fait retentir cette voûte sacrée, bientôt la France se demanderait avec effroi : quel est le but secret de tant de faiblesse ? Ce n'est pas en cédant aux clameurs des tribunes et en trahissant ainsi lâchement nos devoirs, que nous donnerons aux braves défenseurs de la patrie l'exemple du courage qui doit animer les citoyens combattant pour la liberté. Pour moi, je le déclare, si je ne puis énoncer ici librement mon opinion, j'irai mourir libre aux frontières ; je déclare que tant que la liberté la plus entière ne régnera pas dans cette enceinte, je ne verrai nulle part la liberté publique. L'exercice de la souveraineté nationale est confié à des délégués du peuple ; il faut qu'ils aient la liberté de voter, ou la souveraineté nationale est anéantie. Si donc ces vociférations continuent, je ferai, non pas avec des clameurs, mais froidement, la motion de quitter Paris. (Il s'élève quelques applaudissemens et quelques murmures.) Ce parti ne sera pas celui de la crainte ; le courage d'un représentant du peuple doit être calculé sur ses devoirs, il diffère de celui du soldat ; celui-ci s'expose à tous les périls ; le représentant du peuple, au contraire, doit avant tout conserver sa liberté, parce que sans elle la liberté du peuple n'existe pas. Ainsi, je soutiens que ce sera par un acte de courage que vous quitterez Paris, si vous vous apercevez que le peuple de cette ville veut vous maîtriser, et si les tribunes continuent à insulter, par leurs clameurs, et à la souveraineté nationale et aux lois constitutionnelles, sans lesquelles vous ne seriez rien, et la liberté qu'une chimère. Je demande que le rapport préparé par la commission extraordinaire sur les tribunes, sur l'ordre de vos séances, soit fait demain.

M. Boistard. Les législateurs ne quitteront pas Paris, parce qu'il y aurait une lâcheté de leur part à abandonner une ville où ils ne manqueront pas de moyens de faire respecter leur caractère, et de maintenir leur indépendance. Les législateurs ne déserteront pas leurs postes sous le prétexte de se rendre à l'armée. Il serait trop beau de périr sur la brèche. Ils doivent rester ici pour défendre avec toute la fermeté dont ils sont susceptibles, les droits dont le peuple leur a confié l'exercice; et si nous devons mourir pour la liberté, notre mort sera plus belle ici qu'aux frontières. (On applaudit.) J'appuie du reste la proposition de M. Vaublanc, en ce qui concerne le rapport sur l'ordre de vos séances.

La proposition de M. Vaublanc est adoptée.

M. Brissot. Je demande la parole pour un fait. La section de la Bibliothéque, autrement dite des Filles-Saint-Thomas, à laquelle j'appartiens, renferme deux parties, l'une respectable offre un grand nombre de patriotes, de ces hommes que l'on désigne sous le nom de *Sans-Culottes ;* l'autre, qui est la partie gangrenée de la section, est composée de financiers, d'agens de change, d'agioteurs, qui, depuis le commencement de la révolution, ont plus nui aux succès de la liberté que les armes prussiennes et autrichiennes. C'est de ce foyer de contre-révolution de la rue Vivienne qu'est sortie la réclamation qu'on vient de lire. On a avancé que les commissaires qui ont concouru, au nom de cette section, à la rédaction de l'adresse de la commune de Paris, n'avaient pas de pouvoirs. Ils sont présens et demandent à être admis à la barre pour démentir cette inculpation. L'assemblée jugera sans doute convenable de les entendre à l'instant. (On applaudit.)

Les commissaires de la section de la Bibliothéque, parmi lesquels se trouvent MM. André Chenier et Collot-Herbois, sont introduits.

M. *Collot-Herbois.* Législateurs, des faits particuliers ne sont dignes de votre attention, qu'autant qu'ils peuvent regarder une mesure d'utilité générale. Ce n'est pas de nous que nous venons vous occuper, c'est de tous les citoyens de la capitale. Pour que les assemblées de commune soient utiles, il faut qu'elles se tiennent avec une entière publicité. Tous les citoyens étant appelés à défendre la patrie, doivent au moins avoir le droit de présence aux assemblées publiques, pour n'être point tout-à-fait étrangers aux mesures prises pour le salut de tous. La liberté ne peut mûrir chez un peuple que par l'instruction. Les conspirateurs et les traîtres seuls fuient le grand jour. Une assemblée de citoyens qui se renferme et délibère sans les tribunes est par cela même suspecte. Depuis deux jours, plusieurs de nos assemblées de section sont agitées par un horrible désordre, et ce sont précisément celles qui n'ont pas encore consenti à donner de la publicité à leurs séances. Le vœu qui vient d'être émis par une majorité incontestable, composée de plus de quarante sections, fait le désespoir d'une minorité rebelle et tumultueuse. Non-seulement elle s'agite en tous sens et prépare obscurément dans de petits conciliabules d'odieuses contestations contre le vœu pressenti de la nation entière pour la déchéance du roi;

Elle pousse le délire et l'audace jusqu'à maltraiter tous ceux qui, dans cette circonstance, ont rempli avec courage la mission qui leur avait été déléguée par l'assemblée générale de leurs sections. Avant-hier, dans l'église de Saint-Thomas, où nous tenons nos assemblées, nous avons été en butte à toutes sortes d'injures. Des hommes qui dédaignent ordinairement d'assister à nos séances, s'y étaient rendus en grand nombre; ils nous contestèrent nos pouvoirs, nous allons les déposer sur le bureau; nous y déposerions les procès-verbaux qui constatent que c'est en vertu du vœu de la section, légalement recueilli, que nous avons concouru à l'adresse de la commune ; mais le secrétaire vient de nous instruire que ces procès-verbaux avaient été soustraits des archives. C'est ainsi que nos calomniateurs ajoutent aux mauvais traitemens les armes de la perfidie. Cependant, ne désirant que de vivre en paix avec eux, nous nous imposons un sacrifice, en ne demandant que la seule publicité de nos assemblées, lorsque nous devrions réclamer, dans ce moment de danger, pour tous les citoyens, sans distinction de fortune, le droit de délibérer sur leurs intérêts ; car toute barrière nous gêne ; nous voudrions toucher de plus près nos frères, parce que l'égalité la plus parfaite est la base de nos principes politiques. Tandis que les honnêtes gens se rendront dans les assemblées délibérantes, l'injure à la bouche et la violence dans leurs actions, nous autres, bonnes gens, nous n'y apporterons que les principes de la raison et de la justice, et la publicité seule peut les faire triompher. (On applaudit.)

—Des citoyens de la section dite de l'Arsenal lisent une pétition dans laquelle ils repoussent comme inconstitutionnelle la proposition de la déchéance du roi, si elle devait être suivie de la suspension provisoire du pouvoir royal.—Ils désavouent encore comme injurieuse au patriotisme et aux lumières des citoyens de la capitale, et comme renfermant des principes destructifs de la discipline, l'adresse de la commune de Paris à l'armée française.

Des citoyens députés par plusieurs sections de Paris réunies manifestent leur adhésion à la déclaration de la section de Mauconseil. — Ils demandent, au nom des citoyens de ces sections, la permission de défiler dans la salle.

L'assemblée décide que les vingt députés seulement seront introduits.]

Ici, la narration du *Moniteur* manque d'exactitude : ce journal semble avoir voulu montrer l'assemblée plus favorable qu'elle ne l'était réellement aux demandes révolutionnaires des Parisiens. Nous allons donc compléter ce compte rendu, en empruntant à quelques autres journaux, au *Journal de Paris* et au *Patriote Français*.

Lorsque les députés des sections eurent achevé de lire leur discours d'adhésion à la déclaration de Mauconseil, le président les rappela au respect qu'ils devaient à la Constitution et à la loi; puis il consulta l'assemblée sur leur admission aux honneurs dits de la séance. Il y eut deux épreuves successives dans lesquelles la majorité fut douteuse. Carnot monta à la tribune: « Plaignons, dit-il, leur erreur, mais excusons-la après tant de provocations. » On consentit donc à admettre la députation, en refusant de recevoir son nombreux cortége.

Ensuite, Antoine, maire de Metz, et ex-constituant, que nous avons vu si souvent parler aux Jacobins, vint se plaindre d'un mandat d'arrêt qu'un juge de paix de sa ville natale avait lancé contre lui, attendu ses motions incendiaires. Le rapport de cette affaire fut indiqué au lendemain.

Nous terminerons cette addition par la transcription de l'adresse de la section de l'Arsenal. De cette manière, le lecteur aura une idée du style des deux partis qui se disputaient Paris.

Extrait de l'adresse de la section de l'Arsenal.

« Législateurs, deux projets d'adresses ont été envoyés aux sections de Paris pour en délibérer : l'une était destinée pour l'armée, l'autre pour le corps législatif.

» Les citoyens de l'Arsenal, toujours fidèles à leurs principes, toujours constans dans leur amour pour la Constitution et les lois qu'ils ont juré de maintenir, ont lu ces projets et les ont voués au mépris qu'ils leur ont paru mériter.

» Mais leur silence passerait pour un acquiescement, dans un temps surtout où l'opinion de quelques citoyens réunis, soit dans une ville, soit dans une section, est indiquée proclamée par l'esprit de parti, comme le vœu unanime de tous les citoyens de cette section, de cette ville, quelquefois même d'un département.

» C'est à la faveur de cet abus qu'on cherche journellement

à vous tromper sur l'opinion publique, que le caprice d'une poignée de citoyens devient le vœu d'une immense population; et c'est contre cet abus que la section de l'Arsenal veut vous prémunir à son égard.

» Une pétition adroitement, insidieusement tournée, est répandue dans toutes les sections de Paris : elle a pour but de vous proposer, au nom de cette capitale, la subversion de la Constitution, par la création d'une dictature ministérielle que vous éliriez en attendant ou la déchéance du roi ou la convention nationale...

» Une adresse à l'armée a été rédigée et arrêtée de cette manière; déjà un assemblage ridicule de flagorneries, de mensonges impudens et d'absurdités, a été envoyé à l'armée, comme l'émission du vœu combiné des citoyens de Paris; tandis que la majeure partie rougit peut-être de voir les lumières et le patriotisme distingué de cette ville compromis par un ouvrage aussi méprisable que contraire aux lois.

» Les citoyens de l'Arsenal apprennent à l'instant, et non sans surprise, que la seconde de ces deux adresses vous a été offerte avec autant d'impudeur que d'irrégularité;

» Avec impudeur, car elle est présentée au nom des quarante-huit sections, sans attendre leur vœu, puisqu'elles délibéraient encore. (Un acte d'incivisme, et qui outrage la Constitution, vous a été lu comme l'opinion des citoyens réunis dans toutes les sections.)

» Avec irrégularité, car la commune de Paris, consultée dans ses sections, n'a point émis son vœu sur la *rédaction* de l'adresse; et cependant elle se trouve rédigée, lue et publiée en leur nom collectif.

» La section de l'Arsenal désavoue cette adresse parce qu'elle contient des principes erronés, des faits faux, hasardés ou calomnieux; parce que de si dangereux principes, professés hautement dans un moment de danger, n'ont d'autre but, ou au moins d'autre effet, que de diviser les citoyens de l'empire, d'allumer, s'il se peut, la guerre civile, et de substituer à la Constitution que vous avez jurée, la plus horrible anarchie.

» La section que nous représentons désavoue l'adresse à l'armée, parce qu'elle tend à semer, parmi les soldats de la liberté, la défiance et l'indiscipline qui la suit; à les tromper sur les faits d'une journée qui sera le désespoir des vrais citoyens, tant que vous n'aurez pas dirigé le bras vengeur des lois sur ses fauteurs et ses instigateurs...

» Législateurs, la patrie est en danger!...

» La Constitution est notre seul point de ralliement, et l'on ose vous proposer de l'altérer, à vous qui avez juré de la maintenir, à vous qui avez déclaré infâme quiconque vous proposerait une modification. Maintenez-la dans sa pureté; vous serez secondés par les vrais citoyens; maintenez-la en suivant la marche qu'elle vous trace. Prononcez en législateurs sur cette question importante de la déchéance du roi, s'il est dans un cas prévu par la Constitution; prononcez, nous vous en conjurons, et d'avance nous respectons votre décision : mais jusqu'à ce qu'elle soit rendue, nous proscrivons toute atteinte à un pouvoir constitué; nous le respecterons, parce nous avons juré de le maintenir, et que nous sommes fidèles à nos sermens. Nous le respecterons, et nous vous dénoncerons les clameurs, les voies de fait, les écrits scandaleux, les propositions incendiaires qui ne tendent qu'à désorganiser l'empire et le précipiter vers sa ruine.

» Vous, nos frères d'armes; vous, dont les bras victorieux combattent au-dehors pour notre liberté, volez au champ de l'honneur et de la victoire : nous, amis fidèles et vrais de la Constitution et des lois, nous veillerons à ces dépôts précieux; nous combattrons avec le courage des hommes libres, et les tyrans et les ennemis presque aussi dangereux qui, se parant du manteau de la Constitution, ne cherchent qu'à la détruire et à nous rendre parjures. » (*Journal de Paris*, n. CCXXI. Supplément.)

CLUB DES JACOBINS. — 6 AOUT.

Lecture du procès-verbal. — Présentation des candidats. —

Les sections de la Croix-Rouge et de la Place-Royale déposent le montant de leurs souscriptions pour les fédérés.

N..... annonce que les fédérés ont pris l'arrêté de cerner le château des Tuileries jusqu'à ce que l'assemblée nationale ait décidé la question de la déchéance.

N... » Il est impossible que MM. les fédérés aient pris cet arrêté; car il est impossible qu'ils l'exécutent sans violer la loi, qui défend tous rassemblemens armés excepté ceux de la force publique. Je crois donc qu'il y a erreur. »

— Un de MM. les commissaires des fédérés explique qu'il y a eu erreur dans ce qu'on vient de dire. Ils ont bien pris l'arrêté de surveiller le château, mais c'est en se rangeant chacun dans les bataillons respectifs des sections dans lesquelles ils sont logés, et beaucoup sont incorporés dans les bataillons du faubourg Saint-Antoine.

On annonce que la section du Marché des Innocens, qui envoie une offrande pour les fédérés, a arrêté de nommer des commissaires pour faire une collecte à leur profit.

Un fédéré déclare que l'un de ses camarades lui a assuré qu'il était entré dans le château plus de trois mille Suisses cette nuit.

Un de MM. les secrétaires communique deux lettres; l'une de Toulon, en date du 28, l'autre de Perthuis, datée du 25 : elles annoncent que dans ces deux villes, une insurrection populaire, causée par les attaques des aristocrates, a fait justice de quelques-uns d'eux. A Toulon, quatre ont été pendus, parmi lesquels se trouvent le président et le procureur-syndic du département.

M. Antoine. « Dimanche dernier, le vœu de mes concitoyens m'a appelé à la place pénible et dangereuse de maire de la ville de Metz... Le directoire, après avoir eu le crédit de faire faire un libelle diffamatoire contre moi, a engagé un juge de paix à m'adresser un mandat d'arrêt... L'assemblée nationale a pris ma cause en considération. »

M. Barbaroux communique à la société une adresse aux citoyens de Paris par la municipalité de Marseille, et une pétition signée par les négocians présens à la foire de Beaucaire, qui demandent la déchéance du roi. — L'impression, l'envoi et l'affiche de cette dernière pièce sont arrêtées.

M. Robespierre. « L'attention que nous donnons ici à la discussion des mesures générales propres à sauver l'État, ne doit pas empêcher qu'on ne prenne les précautions nécessaires pour déjouer les conspirations les plus prochaines. Il en est une qui, depuis quelque temps, ne paraît qu'ajournée, c'est le départ du roi. Des témoins qui sont autour de moi attestent qu'ils ont vu dans la cour des Tuileries une armée de Suisses, qu'on les a fait boire largement, qu'on leur a distribué à chacun quinze cartouches, en leur disant que ce n'était que pour repousser ceux qui pourraient les attaquer.

» Toutes ces mesures annoncent une conspiration prochaine, contre laquelle il faut employer autant d'énergie que de prudence.

» Il est quelques bons citoyens qui regardent ce départ, s'il avait lieu, comme une chose assez indifférente : je crains même que cette opinion ne soit celle de plusieurs députés. Quant à moi, je ne puis partager cette opinion et je crois qu'il est important, sinon au salut public, au moins à la conservation de beaucoup d'individus.

» Le fait du départ du roi me paraît certain ; si ce n'est pas pour aujourd'hui, ce sera pour demain. Je conclus donc à ce que deux choses étant indispensablement nécessaires : l'une d'empêcher que le roi ne parte, l'autre de veiller à ce qu'il ne lui arrive aucun mal, ni à aucun individu de sa famille. Il est du devoir de tout bon citoyen, de tout vrai patriote, de toutes les autorités constituées de veiller et de surveiller le château. »

N..... « Étant logé dans la rue Mauconseil, j'ai vu cette nuit, à onze heures trois quarts, défiler un régiment sans tambour et avec des canons ; vraisemblablement ils allaient au château. »

N..... « Les Marseillais ont quitté cette nuit leur caserne pour venir occuper celle des Cordeliers. Il est vraisemblable que ce sont eux que le préopinant a vus passer. »

N... « Les soldats que j'ai vus étaient habillés en blanc ; ce n'étaient donc pas les Marseillais. »

M. Beaumier fait de nouvelles observations sur l'utilité dont il est de conserver le roi au milieu de nous, et communique l'arrêté suivant qu'il propose à toutes les sections dans la circonstance actuelle.

» La commune de Paris, considérant que l'art. VIII de la déclaration du prince de Brunswich contient des menaces désastreuses contre la ville de Paris en particulier, etc., arrête ce qui suit :

» 1° Qu'il sera adressé une pétition au corps législatif pour lui demander de décréter, comme mesure de précaution et de sûreté générale, l'*otage* de Louis XVI et de la famille royale.

» 2° Que, vu l'urgence du péril, la commune de Paris emploiera, provisoirement et sans délai, tous les moyens qui sont en sa puissance pour empêcher l'évasion du roi et de sa famille. »

M. Antoine. « Sans doute, messieurs, parmi les mesures à prendre qui vous ont été présentées, celle de vous rendre à vos sections, où chacun de vous pourra délibérer utilement, est une des plus pressantes. Je fais donc la motion de lever la séance et que chacun se retire dans ses sections. »

— Aussitôt cette motion faite, M. Antoine sort de l'assemblée ; il est suivi d'un très-grand nombre de membres.

M. Merlin demande que, si la société juge à propos d'interrompre sa séance, elle forme au moins un comité qui soit permanent, et auquel on pourra apporter tous les renseignemens auxquels les circonstances pourraient donner lieu.

M. Réal. « Puisque le roi doit partir, je crois important de nous occuper de ce qui a trait au départ du roi. Si, comme on vous l'a dit, il y a 3,600 Suisses dans le château, il faut qu'il y ait 1,200 personnes vêtues en suisses ; car, ce régiment, porté au complet, n'est que de 2,400 hommes : mais, en outre, il n'est pas au complet, et, d'après les renseignemens certains que je me suis procurés, en défalquant les malades, il n'y a d'effectif que douze à treize cents hommes. Le surplus de ce qui porte l'uniforme suisse sont, sans doute, les gardes du roi, qui sont toujours stationnaires à l'École militaire ; il serait donc très-important, je crois, de jeter les yeux sur ces rassemblemens, et la première demande faite par les sections de Paris, c'est que le maire ou la police s'occupassent, dans la journée, du désarmement réel de l'École militaire, et la seconde, que l'assemblée nationale s'occupât du départ des Suisses hors de Paris. »

— Les fédérés marseillais, réunis à une troupe de canonniers de Paris, défilent dans la salle au milieu des acclamations de l'assemblée et des citoyens des tribunes.

N.... « Rien de plus certain, messieurs, qu'il ne s'ourdisse une trame contre les patriotes. M. Petit-Bois, député de la ville de Rennes, et qui tenait un assez grand train, a renvoyé ses domestiques, vendu ses chevaux et ses malles sont faites pour partir, Beaucoup d'autres députés du même bord font les mêmes dispositions. Leur projet semble être de faire en sorte que, jeudi prochain, jour de la grande discussion, l'assemblée nationale ne se trouvant pas assez nombreuse, ne puisse pas être compétente. »

M. Duhem. « Il y a long-temps que l'assemblée nationale est instruite que les députés se disposent à partir ; mais, sur cela, je pense que nous devons passer à l'ordre du jour et leur souhaiter un bon voyage, parce qu'il restera toujours un assez grand nombre de bons députés pour sauver la patrie. »

M. Bourdon de la Crosnière reproduit la motion faite d'établir un comité permanent, et annonce que la section des Gravilliers a arrêté que cent de ses citoyens formeront une patrouille toutes les nuits autour du château, de sorte que si les autres sections en font autant, il se trouvera cerné par une armée de 4,800 hommes. Il demande que chaque citoyen communique cet arrêté à sa section.

— On applaudit à cet arrêté, et on passe à l'ordre du jour sur la motion du comité permanent.

Les citoyens qui ont signé, sur l'autel de la patrie, une pétition qu'ils se disposent à porter à l'assemblé nationale, sont admis à lire leur pétition.

M. *Chabot.* « Depuis trop long-temps le peuple français fait la guerre au despotisme avec des armes que le despotisme détruit. Il fait la guerre par des pétitions et ce sont des coups qu'il faut porter.

» Il est un grand mot que je crois devoir vous dire : vous demandez la déchéance ; eh bien ! la déchéance n'est pas dans la Constitution. La Constitution veut que le roi soit censé avoir abdiqué. Or, sur ce point, ce n'est point l'assemblée nationale seule, ce sont tous les citoyens qui sont juges de la question de savoir si le roi est censé avoir abdiqué...

» Quelque forme que l'assemblée nationale emploie, elle vous donnera toujours un roi, un régent, et, de tout cela, le meilleur n'en vaut rien.

» Ainsi, plus de pétition : que les Parisiens envoient leur adresse à toutes les communes, à toutes les sociétés populaires ; qu'elle revienne couverte de signatures et, avant un mois, vous aurez le vœu unanime des Français. Alors vous direz à ceux qui sont entichés d'un roi, qu'ils passent à Coblentz et nous les combattrons ouvertement. »

M. *Merlin.* « Plus d'adresses, plus de pétitions ! il faut que les Français s'appuient sur leurs armes, leurs canons et qu'ils fassent la loi ! »

La séance est levée.

Aspect de Paris, dimanche 5 août.

On peut déjà, d'après ce que nous avons vu, juger de l'émotion qui régnait dans les quartiers qui avoisinent les Tuileries. Le long cortége des députés des sections stationnant dans le voisinage de l'assemblée nationale, la promenade armée des canonniers et des Marseillais, tout manifestait de l'agitation dans la ville. En même temps, des réunions tumultueuses continuaient dans les sections. Ainsi, ce jour de fête fut un jour tout occupé de mouvemens et de travaux politiques.

L'insurrection méditée par la section Mauconseil n'eut point lieu ; nous verrons bientôt, par suite de quelles démarches. Mais tout le monde néanmoins était dans l'attente, le Château comme la population.

Les Tuileries avaient été dans l'éveil toute la nuit : deux ministres, de Joly et Dubouchage ne les avaient pas quittées. Voulant sans doute, dans le cas d'une attaque, avoir la garantie de magistrats du peuple, ils avaient écrit à deux officiers municipaux de Passy, de venir avec leurs écharpes. Mais la lettre ne parvint pas ; elle fut arrêtée aux Champs-Élysées par une patrouille, portée à la commune, et bientôt rendue publique par toutes les voies de la presse. Ce fut l'occasion de commentaires nombreux, et une preuve à l'appui du projet de fuite que l'on attribuait au roi.

Les journaux, au reste, n'eurent aucune part à toute cette agitation ; à peine même en firent-ils mention le lendemain. On comprend facilement le motif de ce silence inaccoutumé : les patriotes étaient occupés de préparatifs d'action ; Brissot et ses amis se gardaient d'exciter un mouvement qui menaçait d'éclater ; loin de là, ils entretenaient le public de petits succès sur les frontières, ou d'espérances du même genre. On venait, disaient-ils, de reprendre Bavay sur les Autrichiens ; on venait de leur enlever, par surprise, un corps de chasseurs tyroliens ; en un seul jour, plus de sept cents déserteurs autrichiens s'étaient rendus aux Français. Dans la grande question, la voix des clubs et celle des sectionnaires avaient remplacé la presse.

Les royalistes, au contraire, faisaient vendre dans les rues des contrefaçons du *Père Duchêne* et de *la Sentinelle*. Le *Journal de Paris* publiait un de ses supplémens, où F. de Pange calomniait réellement, d'une manière absurde, la société des Jacobins. En voici quelques passages :

« Tantôt vous voyez la société occupée de nommer des défenseurs officieux à un *meurtrier patriote*... Ici, c'est *Roberspierre* qui s'avance, confiant à ses *frères et amis* combien il lui serait doux de faire assassiner M. de La Fayette.... L'un d'eux, désignant, selon l'usage de cette secte, ses adversaires, par le nom de conspirateurs, dit : La cour conspire; les généraux conspirent; les directoires conspirent; les tribunaux conspirent; TOUT CONSPIRE. — Quand les tyrans craignent des conspirations, ils s'entourent de gardes. Il est donc très-naturel que les Jacobins pensent à s'en donner. Depuis long-temps cette idée paraît les avoir occupés. *Robespierre* avait senti cette difficulté, quand il proposait de faire une armée de tous les soldats chassés de leur corps avec des cartouches infamantes. Il aurait composé, sur ce principe, une troupe bien digne de sa destination. Il se flattait de trouver ainsi jusqu'à soixante mille hommes flétris... La société a fait bien des avances au maréchal Luckner; mais ce vieux guerrier n'y répond que par son mépris, et l'on conçoit aisément qu'il se trouve peu sensible aux marques d'une estime qu'il faudrait partager avec *monsieur* Jourdan, etc. »

A la suite de cette diatribe, le *Journal de Paris* avait imprimé le manifeste de Brunswick.

Il fallait ignorer bien complétement le rôle du club des Jacobins, ses rapports avec les fédérés, avec les sections, pour croire que de telles choses auraient la moindre influence sur la partie agissante du peuple. La cour s'abusait aussi, mais dans un autre sens : elle se croyait encore quelque puissance; en voici la preuve :

Lettre du ministre de l'intérieur à M. Rœderer, procureur-syndic du département de Paris, du 6 août.

« On répand, monsieur, avec profusion et on crie avec affectation dans Paris, un écrit ayant pour titre : *Pétition de la commune de Paris à l'assemblée nationale*, suivi d'une note portant :
« Ce matin, sur les deux heures, le roi, en habit de paysan, est
» sorti du château. Il s'est acheminé vers le Pont-Tournant, en
» suivant la grande allée des Tuileries. La stature du monarque
» ne permet guère de le méconnaître, pour peu qu'on l'ait vu.

» La sentinelle l'a reconnu sur-le-champ; elle a crié aux armes,
» et le prince fugitif est retourné à toutes jambes vers le château.
» Il a écrit aussitôt au maire, qui s'est rendu à l'instant aux Tui-
» leries, où le roi lui a raconté l'événement à sa manière. Sui-
» vant lui, il n'avait projeté qu'une simple promenade. On dit
» que M. La Rochefoucault l'attendait à Chaillot, pour le con-
» duire en lieu de sûreté. »

» Dans des circonstances ordinaires, monsieur, cette note ne mériterait aucune réponse; mais comme déjà le peuple a été agité hier sous le prétexte de la fuite du roi, je crois devoir un démenti formel à l'anecdote répandue; le roi n'a point quitté son appartement dans la nuit du 4 au 5, ni dans celle d'hier à aujourd'hui. Tous les ministres qui s'étaient portés auprès de sa personne, sur un bruit qui leur était parvenu, et qui était en effet fondé sur la marche, pendant la nuit, et sans avis préalable, d'une troupe armée, peuvent l'attester; et à leur témoignage se joindra celui de toute la garde de service au château dans la première nuit; pour la seconde, il paraît qu'un officier munici-pal s'est assuré par lui-même de la présence du roi et de ses dis-positions, et qu'il a dressé un procès-verbal, que probablement on rendra public.

» Je crois cependant devoir vous dénoncer l'écrit, afin que le département et vous, monsieur, avisiez aux mesures convenables pour prévenir l'effet des impressions que la malveillance se plaît à inspirer au peuple pour le porter à des excès. Signé CHAMPION. (*Journal de Paris*, n. CCXX.)

ASSEMBLÉE NATIONALE. — SÉANCE DU 6 AOUT.

— Varlet, rédacteur d'une pétition signée dans le champ de Mars par des fédérés, se présente à la barre : il demande qu'on jette un voile sur la Déclaration des droits de l'homme; que Louis XVI soit censé avoir abdiqué la couronne; que les assem-blées primaires soient convoquées; que tout Français payant une contribution ait le droit d'y voter ; que tous les états-majors des armées soient licenciés ; qu'aucun noble ne puisse commander en chef dans la guerre de la liberté ; que La Fayette soit envoyé à la haute cour ; que les ministres patriotes soient réintégrés et chargés du pouvoir exécutif, par *intérim*; que tous les directoires de département soient renouvelés ; tous les ambassadeurs dans les cours souveraines rappelés ; tous les rapports de politique ou de diplomatie rompus ; qu'il soit fait des lois sévères contre toute espèce d'accaparement, et que tous les commandans des places fortes ou villes frontières, nommés par le roi, reçoivent leur démission. — Malgré l'opposition de Boulanger et d'une partie de l'assemblée, les pétitionnaires reçoivent les honneurs de la séance, aux applaudissemens des tribunes. — Les commissaires envoyés à Soissons font leur rapport sur ce qu'ils ont vu. Ils font le plus grand éloge des bataillons de volontaires qui y sont réunis.

SÉANCE DU SOIR.

Des grenadiers de différentes sections de Paris offrent, aux applaudissemens unanimes de l'assemblée, leurs bras et leurs armes pour la défense de la patrie. Ils demandent la suppression des compagnies de grenadiers et de chasseurs.

SÉANCE DU 7 AOUT AU SOIR.

(Dans la séance du matin, il ne se passa rien d'important. Sur la proposition de Beauvais, on décréta que quatre commissaires, choisis par le peuple, seraient chargés de maintenir la police dans les tribunes publiques.)

[Une députation extraordinaire de Toulon, introduite à la barre, annonce les événemens désastreux qui ont affligé cette ville, où des séditieux ont massacré le procureur-général syndic du département, quatre administrateurs, l'accusateur public, un membre du conseil du district, et deux autres citoyens. — Elle dépose sur le bureau, sans les lire, les pièces qui constatent ces calamités.

La députation, invitée aux honneurs de la séance, traverse la salle au milieu des mouvemens d'indignation de l'assemblée.

Les pièces sont renvoyées à la commission des vingt-un.

Sur la proposition de M. Granet, de Marseille, l'assemblée renvoie à la même commission un procès-verbal qui constate les troubles arrivés dans cette ville, et dans lesquels M. Boyer, connu par ses projets contre-révolutionnaires, a été victime de la fureur du peuple. Il annonce en même-temps que jamais la ville n'a été plus tranquille, l'union jamais plus forte entre les citoyens.

M. le président annonce que plusieurs pétitionnaires demandent à être admis à la barre.

M. Reboul. L'assemblée, en déclarant le danger de la patrie, s'est imposé le devoir de consacrer tous ses soins, tous ses momens, à les conjurer. Je demande qu'une fois pour toutes, il soit décrété que l'assemblée n'admettra, sous aucun prétexte, aucun pétitionnaire, un autre jour que le dimanche. Je demande en outre que le président ne puisse jamais, que le dimanche, proposer d'en admettre.

La première proposition est adoptée.

M. Chabot. Je m'oppose à la seconde proposition de M. Reboul, et je demande à la combattre.....

L'assemblée consultée décide que M. Chabot ne sera pas entendu.

On réclame la question préalable.

Après quelques débats, la question préalable est adoptée.]

CLUB DES JACOBINS. — SÉANCE DU 6 AOUT.

Cette séance n'offre aucun intérêt. Elle fut occupée presque tout entière par un discours de Réal, dans lequel nous n'avons rien trouvé de remarquable, sauf un passage qui exprime le profond dissentiment qui séparait déjà les Montagnards des futurs Girondins. L'orateur, après avoir décrit les dangers de toute espèce qui menaçaient la France, se demande quels sont les moyens qu'on a proposés pour les dissiper. « Dois-je, dit-il, parler des mesures préparatoires proposées par MM. Vergniaud et Brissot ? Dois-je prouver combien est ridicule, dans les circonstances terribles où nous nous trouvons, cette adresse au roi, proposée par M. Vergniaud? combien est impolitique cette adresse au peuple français, pour le prémunir contre les mesures qui paraissaient à M. Brissot devoir causer la ruine de la liberté?..... Mais, si je suis dispensé de prouver le danger de cet ajournement, je dois dire mon opinion sur quelques bases de la théorie de M. Brissot; je la dirai franchement, parce que j'aime, parce que j'estime M. Brissot, parce qu'il rendra de grands services à la chose publique, parce qu'il est digne d'entendre la vérité.

» Lors du retour de Louis XVI, au mois de juin 1791, lorsqu'on agitait à l'assemblée constituante la question de savoir si Louis XVI serait jugé; un homme, bien connu aujourd'hui, Dandré, soutenait qu'*un voile de pudeur politique*, ce sont ses termes, s'opposait à cette mesure; et l'assemblée constituante, noyée dans l'or de la liste civile, sacrifia sans pudeur la raison, les principes, la liberté, à cette *pudeur politique* qui tourmentait M. Dandré. Quel a été mon étonnement d'entendre M. Brissot, le 26 juillet dernier, parler dans le même sens et presque dans les mêmes termes que ce Dandré, noyé depuis long-temps dans le ridicule et le mépris. « Vous devez, dit-il, non pas seulement
» vous abstenir de toute violation de la Constitution, mais écar-
» ter jusqu'au soupçon de cette violation; or, continue-t-il, vous
» exciteriez ce soupçon si vous décrétiez avec précipitation, sans
» une discussion solennelle, la déchéance du roi; car, quoique la
» Constitution vous délègue le droit de la prononcer, cependant
» tant de personnes l'ignorent encore, un si grand nombre,
» effrayé de ce pouvoir, nous en verrons toujours user avec ef-
» froi, parce qu'ils attachent au titre de roi *une vertu magique*
» qui préserve leurs propriétés, qu'il sera toujours nécessaire de
» prendre les plus grandes précautions, etc. » Certes, cette *vertu magique* de M. Brissot vaut bien la *pudeur politique* de M. Dandré.

» Je réponds, moi, qu'il faut déchirer la loi, déchirer la Constitution, déchirer la déclaration des droits, si, lorsque la loi a prononcé, il faut, pour son application, plus de précautions quand il s'agit d'un roi, que quand il s'agit d'un simple citoyen. Je dis que la contre-révolution est faite, si de pareilles idées, d'aussi vieux préjugés conduisent encore nos législateurs. Je suis loin de demander de la *précipitation*, mais je demande de la *promptitude;* car, pour me servir d'une expression de M. Brissot, *le feu est à la maison*, et s'il est instant, comme il en convient, d'éteindre l'*incendie*, il est également instant d'écarter l'*incendiaire*, d'arracher de ses mains la torche qu'il agite pour embraser l'empire ». (*Journal du Club*, n° CCXLV.)

ASSEMBLÉE NATIONALE. — SÉANCE DU MERCREDI, 6 AOUT.

[M. Charles Brunot, citoyen de la section de Mauconseil, écrit que l'adresse de cette section pour la déchéance du roi, a été briguée par l'intrigue. Il dit, qu'initié dans un comité particulier d'une société populaire, il a la certitude de ce fait, il ajoute qu'il sait que beaucoup de signatures, qui sont au bas de la pétition signée au Champ-de-Mars, sont fausses. Il en cite particulièrement deux, l'une de M. Malin, tabletier, demeurant rue des Arcis; l'autre de M. Coussin, tapissier, rue Coquillère. Il prend l'engagement de ne plus aller dans aucune société populaire.

M. Vaublanc. Je demande qu'il soit ordonné une information sur ce fait et sur tous les moyens qu'on emploie pour égarer l'opinion publique. Le moment de la lumière arrive, le faible sera bientôt désabusé; bientôt le peuple saura distinguer ses amis et ses ennemis. Le voile ne tardera pas à être déchiré. (Il s'élève quelques applaudissemens dans différentes parties de l'assemblée.)

M. Gamont. Je suis d'accord avec M. Vaublanc, que le voile sera bientôt déchiré; que bientôt le peuple saura distinguer ses amis et ses ennemis. Mais je réclame l'exécution du décret qui interdit toute discussion sur les pétitions.

—Plusieurs membres insistent avec chaleur sur la proposition de M. Vaublanc, et demandent qu'un comité soit chargé de la vérification des faits dénoncés.

M. Lacroix. Je m'oppose à cette proposition parce que, 1° vos comités n'ont aucun moyen de vérifier des faits semblables ; 2° parce que ce fait est indifférent en lui-même : car sans doute l'assemblée ne se déterminera pas, pour juger du mérite de la pétition dont il s'agit, sur le nombre des signataires. Je demande donc le renvoi pur et simple à la commission extraordinaire.

M. Vaublanc demande le renvoi au pouvoir exécutif.

Cette proposition est rejetée ; celle de M. Lacroix est adoptée.

Sur le rapport de M. Coustard, au nom du comité militaire, l'assemblée rend un décret pour la formation d'une légion d'Allobroges ou de Savoisiens.

Cette légion sera composée comme celle des Belges. Il y aura quatorze compagnies légères de cent vingt hommes chacune ; dont sept de fusiliers et sept de carabiniers, un bataillon de cavalerie légère et une compagnie d'artillerie ; au total elle sera de deux mille cent cinquante-neuf hommes. La paie et l'engagement seront les mêmes que dans les autres troupes françaises. Les Savoisiens, Piémontais et habitans du Valais seront seuls admis dans ce corps ; ils choisiront leurs officiers.

La parole est accordée au rapporteur de la commission extraordinaire sur l'affaire de M. La Fayette.

Quelques membres demandent que le rapport n'ait pas lieu, attendu que trois membres qui sont parties dans l'affaire comme accusateurs, ont voté dans la commission.

M. Merlin. Le fait en lui même n'est pas exact ; mais, quand il le serait, je n'en demanderais pas moins que les préopinans fussent rappelés à l'ordre, parce que des législateurs qui n'ont que l'intérêt public en vue quand ils dénoncent les traîtres, font leur devoir et ne sont jamais parties.

L'assemblée passe à l'ordre du jour.

M. Debry, au nom de la commission extraordinaire. Vous avez renvoyé à votre commission l'examen des nouvelles pièces relatives à M. La Fayette et déposées sur le bureau par M. Puzy, lors de sa comparution à votre barre. La gravité de l'inculpation, la place qu'occupe le citoyen accusé, la dangereuse influence d'une indulgence coupable, la nature des circonstances, tout nous fait un devoir de mettre au plus grand jour les faits qui ont donné lieu à cette accusation. Nous n'avons pu voir avec indifférence un homme investi d'un grade de haute confiance, dont le devoir, comme militaire, était uniquement de vaincre les ennemis; comme citoyen armé, de s'interdire toutes délibérations; comme général, de maintenir la discipline et le respect pour les organes de la volonté nationale, provoquer un concert avec le maréchal Luckner, et l'engager à joindre à son armée les troupes qu'il a à ses ordres pour combattre non les Prussiens, les Autrichiens, mais les prétendus factieux du dedans, qui, dit-il, font sortir l'assemblée de la ligne constitutionnelle et menacent l'existence civile et politique du roi d'une destruction prochaine. Nous vous rappellerons les faits et les diverses démarches qui ont précédé le fait particulier qui a déterminé l'ajournement de cette discussion; vous verrez que sans vous charger d'une responsabilité terrible aux yeux de la nation, vous ne pouviez vous empêcher d'être justes et sévères.

L'exposé textuel des faits joint à quelques réflexions qui en dérivent naturellement, vont justifier la mesure de rigueur que nous vous proposons.

(M. le rapporteur fait lecture de la lettre adressée le 22 juin par M. La Fayette au maréchal Luckner, et des explications données sur l'objet de cette lettre par M. Bureaux-Puzy.) Vous vous rappelez la dénonciation qui vous fut faite par six de vos membres d'un propos dont M. Luckner accusa M. La Fayette dans une conférence qu'il eut avec plusieurs députés chez l'évêque de Paris. Aucun homme fait pour apprécier la véracité des représentans du peuple ne peut révoquer en doute que ce propos n'ait été effectivement tenu par le maréchal aux six députés qui l'ont attesté par leurs signatures. Si M. Luckner l'a désavoué dans une lettre du 25 juillet, l'inconsidération qu'on reproche à ce vieux général et qu'il faut attribuer à la difficulté qu'il a de se faire entendre dans la langue nationale, ne doit-elle pas atténuer le poids de cette dénégation?..... Mais toute incertitude cesse et bientôt la lettre de M. La Fayette au maréchal Luckner et la déposition de M. Bureaux-Puzy jettent un jour effrayant sur cette affaire...

On est forcé de se dire à soi-même : celui qui abandonna son armée pour venir à la barre faire des pétitions impératives ; celui qui fit délibérer son armée ou du moins qui le toléra ; celui qui souffrit que des soldats abusés lui déclarassent dans des adresses, qu'il pouvait les conduire avec confiance contre les factieux du dedans ; celui qui écrivit de Ténières au maréchal Luckner, et qui chargea un agent de négocier un concert entre les deux généraux; qui vint une seconde fois à votre barre usurper la faculté de délibérer ; celui qui osa faire croire aux troupes que ce n'était pas pour la Constitution qu'elles combattaient ; celui-là peut-il vous faire oublier par un simple désaveu qui ne prouve rien, les nombreuses traces du projet d'avoir voulu marcher avec son armée contre la capitale. Ce projet est exécrable sans doute ; mais l'ambition ne calcule pas les moyens et on n'avoue un pareil crime que quand le succès l'a couvert. La lettre du 22 juin, elle seule, est un véritable crime, elle dévoile La Fayette : « Je ne puis me soumettre en silence, dit-il, à la tyrannie que des factieux exercent sur l'assemblée nationale et le roi, en faisant sortir l'une de la Constitution que nous avons tous jurée, en mettant l'autre en danger de sa destruction politique et physique. Voilà ma profession de foi ; c'est celle des dix-neuf vingtièmes du royaume... »

On se demande : où donc est la faction qui vous conduit ? Depuis quand est-il vrai de dire que vous soyez sortis de la ligne constitutionnelle ? Le roi est-il en danger lorsque soixante mille citoyens se dévouent à la défense de sa personne ? Est-il permis de calomnier jusqu'à un tel point et le peuple et ses représentans ? Quelle preuve a-t-on de la non liberté du roi ? Quel est le décret qu'il ait été obligé de sanctionner sans sa volonté ? Quel ministre patriote a-t-il été obligé de conserver ? A quel général réfractaire l'a-t-on forcé de retirer le commandement ? Certes, c'est moins du défaut de liberté du roi que de l'exercice de sa liberté que nous avons à gémir. Les émigrés ne parlent pas autrement dans leurs lamentations sur la captivité du roi et sur l'influence des factieux. Ils disent aussi que des factions vous tyrannisent et qu'ils viennent en armes pour vous en délivrer. Ils cherchent à mettre tous les citoyens faibles dans leur parti, en disant que ce parti est celui des dix-neuf vingtièmes du royaume. Ils s'écrient que le roi n'est pas en sûreté, que l'assemblée sort de la Constitution; cette identité de langage n'a-t-elle donc pas de quoi surprendre? Mais quand on examine les ordres à l'armée dont il avait d'abord toléré l'égarement, à l'étonnement succèdent l'indignation et le désir de venger les lois outragées. On y voit ce général suivre avec ardeur le projet d'avilir le pouvoir législatif au profit du représentant héréditaire, d'exciter les citoyens armés contre le peuple, de déprécier même l'indigence, comme si elle pouvait être quelque chose de vil aux yeux des défenseurs de l'égalité; de représenter sans cesse l'amour de la liberté sous les traits de l'esprit de faction, comme s'il y avait d'autres factieux que ceux qui prostituent à des hommes la vénération qui n'est due qu'aux principes. (Une partie de l'assemblée applaudit.)

Le véritable délit de M. La Fayette est non-seulement d'avoir violé la Constitution en délibérant et en permettant à son armée de délibérer, mais d'avoir voulu opposer une minorité orgueilleuse, qu'il appelle la classe des honnêtes gens, à la majorité de la nation. Ce fait résulte des pièces qui vont être lues. Il s'est donc rendu coupable d'avoir fomenté une guerre civile. A l'égard de ce délit la loi est claire. C'est à vous à l'appliquer. Je ne vous parlerai pas des actions personnelles de M. La Fayette. Mais est-il vrai qu'il a refusé de donner la liberté aux malheureux Belges? Rien n'excuserait auprès de la sévère justice ce crime, de l'accusation duquel il doit se purger devant la haute cour nationale. A l'instant où toutes les tyrannies s'agitent pour étouffer la liberté, où les trahisons se multiplient, gardez-vous que trop de faiblesse n'encourage les auteurs de ces désordres, et ne brise pour longtemps peut-être le ressort des lois. Votre commission extraordinaire vous propose de décréter qu'il y a lieu à accusation contre le général La Fayette. (Des applaudissemens s'élèvent dans les tribunes.)

M. *Pastoret*. Avant que la discussion s'engage, je demande la parole pour un fait que plusieurs membres de la commission extraordinaire m'ont chargé de vous soumettre sans aucune réflexion. C'est que, lorsque la commission délibéra sur cette affaire, elle n'était composée que de quinze membres, dont huit seulement votèrent pour le décret d'accusation.

M. Vaublanc. Des législateurs doivent s'attacher à juger les choses et les hommes avec le calme de la raison. Ils doivent, en examinant les motifs et les conséquences d'une action, écarter soigneusement toute influence de parti, ne voir que les intentions évidentes et non les intentions cachées, quand l'action elle-même est innocente; en un mot, ils doivent juger et non supposer. Dans cette impassibilité seule est la justice. C'est avec cette froide méditation que j'ai examiné la cause que je vais discuter, mais attaquée avec fureur et animosité, cette cause peut être défendue avec chaleur. Quoique deux fois j'aie été insulté, menacé de la manière la plus indigne dans l'intérieur même de vos séances, j'exprimerai mon opinion telle que le sentiment de ma conscience me l'a dictée. Nous devons tous démontrer que d'insolentes menaces ne peuvent ni captiver nos pensées, ni faire fléchir nos principes; cependant, je l'avouerai par respect pour l'assemblée, par considération pour l'homme que je défends, j'adoucirai l'expression de l'indignation que m'ont fait éprouver les traits envenimés que l'on a lancés dans cette tribune contre toute bienséance. L'assemblée ayant entendu avec silence ses accusateurs, on doit entendre avec plus de silence encore ses défenseurs; car du moment où la liberté d'opinions n'existera plus dans cette enceinte, la liberté publique n'existera plus nulle part. Vous avez annoncé le danger de la patrie, le moment est donc venu de mettre à l'épreuve l'inflexibilité de votre caractère. Celui qui ne fléchit pas devant la multitude, ne fléchira pas devant les Autrichiens.

La Fayette a présenté une pétition. Existait-il une loi qui le lui défendait? Non, et nul ne peut être jugé que d'après une loi antérieure au délit. Que renfermait cette pétition? Des plaintes contre des ministres, une dénonciation contre un club (ominateur. Il vous a fait les mêmes demandes à la barre. Je ne réfuterai pas les sophismes par lesquels on a cherché à transformer ses demandes en ordres, à assimiler sa conduite à celle de Cromwel. Ces emphatiques déclamations ne sont qu'une preuve d'impuissance. Est-il venu vous dicter des lois? Non ; mais vous prier d'en faire une. Vous a-t-il demandé la destruction des sociétés populaires? Non ; mais l'anéantissement du règne des clubs. Demander des lois a-t-il rien de commun avec l'absurde prétention d'en dicter. Un général n'a-t-il pas le droit d'être entendu quand la discipline de son armée est menacée. Or, les délibérations des clubs influaient si puissamment sur les armées, qu'elles les menaçaient de désorganisation ; elles contribueront bien plus à faire perdre une bataille que tous les efforts des ennemis extérieurs. Une loi défend-elle aux généraux de se rendre auprès des ministres? Non ; nous avons été témoins dans les guerres des derniers règnes de plus de vingt généraux qui ont quitté l'armée en présence de l'ennemi pour se concerter avec les ministres, et leur demander les secours dont ils avaient besoin. Les militaires savent qu'il est bien des moyens d'être en présence de l'ennemi et qu'un général peut être certain qu'il ne sera pas attaqué.

M. Luckner n'a-t-il pas aussi quitté son armée? Il a plus fait dans son court séjour à Paris, qu'il n'eût obtenu par une longue et pénible correspondance. C'est ainsi que vous avez vu un Montesquiou venir, précisément parce qu'il craignait d'être attaqué. Dirai-je que dans une société célèbre, on a pris l'engagement de faire décréter M. La Fayette d'accusation ; mais qu'on a voulu laisser aux pétitions le temps de faire leur effet. C'est depuis ce temps que vous avez entendu quelques centaines de pétitionnaires venir périodiquement faire retentir cette enceinte de leurs déclamations effrénées. Toujours ce sont les mêmes orateurs, le même style, le même langage. Certes, il faut que votre patience soit bien grande pour tolérer ces manœuvres qui déshonorent le droit de pétition, pour souffrir que l'on fasse de votre barre une arène dont s'emparent quelques orateurs à gages, qui, mêlant à leurs fureurs le nom sacré de liberté, enflamment tous les esprits, font passer parmi vous (car vous n'êtes que des hommes) les passions qui les animent, et troublent vos séances. Si la loi ordonne de respecter tous les citoyens qui sont sous une accusation légale, de quel œil doit-on voir la tolérance dont vous couvrez les injures les plus grossières? Je le dis enfin sans détour, c'est en souffrant de tels abus qu'on affaiblit dans l'esprit du peuple l'amour de la liberté. Qu'on ne me parle donc plus de comité autrichien pour avilir l'assemblée, ou que l'on convienne que ce sont les hommes qu'il soudoie qui viennent déclamer à votre barre.

Mais, dit-on dans cette pétition signée individuellement, le général a parlé au nom de son armée. Je réponds que, dans la première de ses lettres, il n'est pas un seul mot qui indique qu'il ait entendu se rendre devant vous l'organe de son armée. « Je déclare, dit-il, qu'ayant reçu des différens corps que je commande des adresses pleines de leur amour pour la Constitution, de respect pour les autorités qu'elle a établies et de leur patriotique haine contre les factieux de tous les partis, j'ai cru devoir arrêter sur-le-champ ces adresses par l'ordre que je dépose sur le bureau. Vous y verrez que j'ai pris, avec mes braves compagnons d'armes, l'engagement d'exprimer nos sentimens communs; et le second ordre que je joins également ici les a confirmés dans cette juste attente. » Dans ces ordres, le général blâme formellement la manifestation collective d'un vœu quelconque dans l'armée. « Il suffit, dit-il, quant à présent, à l'assemblée nationale et au roi d'être convaincus des sentimens constitutionnels des troupes. Il doit suffire aux troupes de pouvoir compter sur le patriotisme, sur la loyauté de leurs frères d'armes de la garde nationale parisienne qui saura triompher de tous les obstacles, de toutes les trahisons dont on l'environne. Le général croit donc devoir mettre des bornes *à l'expression des sentimens de l'armée*, qui ne sont qu'un témoignage de plus de son dévouement à la Constitution. Il lui promet que, dans toutes les démarches personnelles qui pourront contribuer au succès de notre cause et au maintien de la Constitution, il brave *seul* toutes les calomnies comme tous les dangers. »

On a voulu empoisonner le sens de la première phrase de cet ordre, en observant un but caché dans les mots *quant à présent*. On a prétendu qu'ils signifiaient : je ne veux pas encore vous conduire contre les factieux du dedans; il suffit, quant à présent, de faire des pétitions préparatoires. Tant de factions s'élèvent contre la Constitution; est-il étonnant que M. La Fayette ait dit à son armée qu'il suffisait, quant à présent, que l'on sût qu'elle ne combattrait jamais que sous les ordres de l'assemblée nationale et du roi, les ennemis de tout genre de la Constitution. Cette phrase est d'autant moins coupable, que le nom de l'assemblée nationale se trouve avant celui du roi. Au reste, cette dégoûtante recherche de toutes les expressions d'une pétition me rappelle ce que disait l'agent et le complice d'un ministre despote. L'infâme Laubardemont disait un jour : « Qu'on me donne six lignes écrites de la main du plus honnête homme de France, et j'y trouverai de quoi le faire pendre. »

Mais, comment se fait-il donc que des hommes si sévères envers les ministres, si prompts à relever leurs fautes, n'aient pas vu la phrase la plus remarquable de la lettre de M. La Fayette?

« C'est après avoir opposé à tous les obstacles, à tous les piéges, le courageux et persévérant patriotisme d'une armée sacrifiée peut-être à des combinaisons contre son chef, que je puis aujourd'hui opposer à cette faction la correspondance d'un ministère, digne produit de son club; cette correspondance dont tous les calculs sont faux, les promesses vaines, les renseignemens trompeurs ou frivoles, les conseils perfides ou contradictoires, ou après m'avoir pressé de m'avancer sans précautions, d'attaquer sans moyens, on commençait à me dire *que la résistance allait.* »

Trois de vos comités ont entendu dans le temps ces instructions qui semblaient être dictées par l'ignorance en délire. Le général vous dit qu'elles ont été suivies de cet indigne mot : « La résistance va devenir impossible; » et aucune voix ne s'est élevée! et les accusateurs journaliers ont gardé le silence! Ah! messieurs, convenons-en, les mêmes font alternativement de glace et de feu pour les fautes du ministère. Tout est favorablement interprété pour le ministre protégé; tout est supposé crime dans le ministre qu'on veut perdre.

Les corps de l'armée ont commis une faute en adressant à leur général des pétitions collectives. Plusieurs de ces adresses, je l'avouerai, joignent à cette faute une faute plus grande encore. Plusieurs sont écrites d'un style qui ne fut jamais celui des hommes libres, et unissent à des vœux contraires à la loi, des pensées contraires à la dignité des défenseurs de la liberté. Elles doivent nous inspirer des réflexions sur l'étrange abus que l'on fait partout et sans cesse du droit de pétition, que nos ennemis sauront bien tourner contre la Constitution même, dans les circonstances orageuses qui se préparent. Ces adresses cependant, quoiqu'elles soient blâmables dans la forme, s'accordent, quant au fond, avec celles des directoires, des municipalités d'un grand nombre de communes; et cet accord nous apprend quels serait l'agitation et le mouvement de l'empire, si la moindre infraction était faite à l'acte constitutionnel, si nous étions assez insensés pour joindre à la faute déjà trop grande, d'écouter des vœux parjures, le crime plus grand de les exaucer. Quelles que soient ces adresses, le général a rempli son devoir en les défendant par deux ordres consécutifs.

On l'accuse de n'être venu à Paris que pour dénoncer les Jacobins. On a affecté de ne pas voir que dans l'ordre du 25, il annonce qu'il vient « demander en même temps qu'on pourvoie aux différens besoins des troupes. » La nécessité de hâter ces secours pour son armée n'étonnera pas ceux qui se rappellent les expressions de la lettre du département de l'Aisne, qui a déclaré à l'assemblée nationale, qu'il avait été obligé de fournir à l'armée du centre une partie des choses qui lui étaient les plus nécessaires.

Une plus étrange accusation a été faite, celle d'avoir violé la Constitution en demandant l'abolition des sociétés populaires garanties par elle. Je répondrai d'abord en répétant encore les mots de sa pétition : « Anéantissez le règne des clubs. » Ce qui n'est pas leur existence, mais l'abus de leur existence. La Constitution garantit aux citoyens « la liberté de s'assembler paisiblement et sans armes, *en satisfaisant aux lois de police.* » Le législateur a donc le droit de faire des lois de police pour empêcher les abus dangereux qui peuvent naître de ces réunions. Ce sont ces lois de police que tout citoyen peut demander, qu'a sollicitées M. La Fayette, qu'exige l'intérêt public, que réclament les plaintes qui vous ont été portées par des administrateurs, et des faits que vous ont dénoncés des sociétés populaires même. Car c'est par deux de ces sociétés que vous avez appris l'existence inconstitutionnelle, illégale d'un club central formé de députés, élus dans chaque société, réunis dans plusieurs départemens, dont on a provoqué la naissance dans toute la France, et avec lesquelles devait correspondre et correspond peut-être un directoire général, résidant à Paris, et formé de députés nommés par chaque club central. Si une telle fédération, ayant un but secret n'est pas la chose la plus contraire à l'acte constitutionnel qui abolit toute corporation ; si elle ne tend pas visiblement à détruire une de ses bases, l'unité ; si elle n'oppose pas une représentation illégale à la représentation nationale ; si elle ne peut former des projets funestes au repos public, conduire des entreprises dangereuses à la liberté, sous prétexte de la servir ; si elle ne peut être un instrument terrible entre les mains d'hommes hardis et entreprenans, le général La Fayette a commis une erreur en la dénonçant ; mais il n'a rien demandé de contraire à la Constitution.

Ce sont ces abus que le général La Fayette a dénoncés. Ce sont eux dont a parlé le général Montesquiou dans une lettre publique : « Les Jacobins de Paris, écrit-il, perdent le royaume, parce qu'ils sont influencés par quelques hommes pervers qui les gouvernent, et qu'ils sont les artisans de la division qui a ôté à la nation les trois quarts de sa force, au moment où elle en avait besoin. »

On accuse le général d'avoir parlé avec arrogance à l'assemblée nationale, de lui avoir parlé de ses devoirs ; comme si c'étai à lui de les lui apprendre, et de faire ainsi de la conduite de l'assemblée une critique indirecte. Pour juger cette accusation, il faudrait avoir posé des principes sur le degré de hardiesse qui peut caractériser les représentations d'un citoyen au corps législatif ; car, sans doute, vous ne pensez pas que le droit de pétition sur les objets politiques se réduise à des cris forcenés contre les rois et le pouvoir exécutif, à des calomnies atroces contre les généraux, à des demandes inconstitutionnelles, à la répétition fastidieuse des phrases du jour sur la présence du peuple, sur son attitude. Vous croyez qu'on peut dire ce qu'on croit la vérité ; vous pensez, vous qui savez qu'un des attributs de la tyrannie est d'être blessée de toute critique, même indirecte, de sa conduite ; vous pensez qu'une critique, fût-elle injuste, honore ceux qui l'écoutent, flétrit ceux dont l'oreille en est importunée ? La vérité doit être dite aux assemblées comme aux rois. Dès long-temps on a remarqué que la flatterie les corrompait, comme elle corrompt les rois. Je suis étonné de l'absurde inconséquence qui condamne un citoyen, parce qu'il reproche à l'assemblée de blesser la Constitution, et qui tous les jours couvre d'applaudissemens ceux qui viennent l'outrager à cette barre. Au reste ; la lettre du général La Fayette au maréchal Luckner, dans laquelle il dit qu'il ne peut se soumettre en silence à la tyrannie que des factions usurpent sur l'assemblée nationale, est une lettre confidentielle. Il faut renvoyer au code de la tyrannie la plus barbare ceux qui prétendent faire un crime des expressions d'une lettre. C'est violer jusqu'à l'asile du cœur et de la pensée. Ceux-là ne sont pas faits pour défendre la liberté, mais pour être assis à la cour des Tibère et des Néron ; et s'ils persistent à reprocher ce prétendu crime au général La Fayette, je leur demanderai quel jugement ils porteront de cette phrase d'une lettre publique du général Montesquiou, dans laquelle il a exprimé sa pensée sans détour. « Le corps législatif même n'est pas libre dans ses fonctions ; les Jacobins de Paris et les tribunes y font la majeure partie des décrets. » Si on est coupable pour penser et dire une telle chose, qu'on fasse donc le procès à la moitié de la France.

J'ai peine à croire comment ceux qui ont fait cette accusation en y joignant celle de se frayer ainsi un chemin à la dictature, n'ont pas senti que c'était à la fois dégrader l'assemblée nationale, que de lui inspirer des craintes sur les entreprises d'un seul homme ; et injurier l'armée, que de l'associer aux entreprises de l'homme dont on veut faire un objet de terreur. S'il avait eu des projets ambitieux et criminels, il n'aurait songé d'abord, comme César, Sylla, Cromwel, qu'à fonder sa puissance sur des victoires avant de se déclarer ouvertement ; ce qui serait une imprudence absurde dans un ambitieux conspirateur, prouve que le général La Fayette ne forma point un projet coupable. La précipitation de sa démarche en prouve l'innocence. Cromwel a marché à la tyrannie en s'étayant de la faction dominante ; La Fayette la combat : Cromwel forma un club d'agitateurs, et le chargea de présenter au parlement les griefs de l'armée ; La Fayette déteste et poursuit les agitateurs : Cromwel, ennemi de la royauté, fit périr son roi ; La Fayette se plaint des atteintes portées à la royauté constitutionnelle, et demande la punition des attentats commis envers le roi des Français.

Six membres de l'assemblée assurent avoir entendu dire au maréchal Luckner, que M. La Fayette lui a fait proposer par M. Bureaux-Puzy, de marcher sur Paris avec son armée. Ils citent ses propres paroles, qui finissent par cette phrase : *Ils m'ont fait d'autres propositions, qui sont bien plus horribles.* Il ne paraît pas que, sur ces *horribles propositions,* ils aient interrogé M. le maréchal. M. Hérault, présent à cet entretien, a dit, dans sa déclaration, qu'il ne prétend point révoquer en doute le propos attesté par six représentans du peuple ; mais que les seuls mots qu'il puisse affirmer positivement avoir entendu proférer à M. le maréchal, sont ceux-ci : *M. La Fayette m'a envoyé M. Bureaux-Puzy, qui m'a fait de sa part des propositions horribles.*

Le scrupule de M. Hérault à ne rapporter que les paroles qu'il est certain d'avoir entendues, doit faire croire à la vérité de sa déclaration ; et alors, je suis forcé de remarquer qu'elle ne s'accorde pas avec celle des autres députés. D'abord, suivant les six dénonciateurs, le récit fait par le maréchal, de la proposition de marcher sur Paris, a été suivi immédiatement de cette phrase : *Voilà ce qu'ils m'ont dit, et ils m'ont fait des propositions bien plus horribles.*

Cette phrase, qui conclut un récit, aurait dû rester dans la mémoire de M. Hérault, qui ne rapporte que ce qu'il est certain d'avoir entendu. Il devait être bien plus frappé d'entendre dire qu'on avait fait au maréchal des propositions *encore plus horribles* que celles qui venaient d'être énoncées, et qu'il n'avait pas bien entendues, que d'entendre dire simplement que M. La Fayette avait envoyé M. Bureaux-Puzy, qui lui a fait, de sa part, des propositions horribles. Ces deux phrases sont bien loin d'avoir le même sens.

Quoi qu'il en soit, ou les six représentans du peuple ont extrêmement mal entendu; ou le maréchal Luckner est bien coupable. Non-seulement il n'a dénoncé, ni au roi, ni à l'assemblée nationale la proposition faite de marcher sur Paris; mais il n'a rien dit de ces propositions *bien plus horribles* qui lui ont été faites. Il était impossible d'ajouter foi à son discours, sans lui demander de s'expliquer sur ces propositions; et il peut paraître étrange que les six députés ne l'aient pas fait.

L'entretien a eu lieu le 17 au soir. Il n'a été dénoncé que le 21 à l'assemblée nationale; et le 19, le maréchal, en passant par Châlons, écrit à M. La Fayette : « La cabale doit nous traiter également, et je suis prévenu que vous et moi, nous devons être dénoncés, et que nous l'avons déjà été l'un contre l'autre. » Le 25, il lui écrit : « Je suis pressé de vous témoigner combien les calomnies dont vous me parlez m'ont affecté. Vous me connaissez assez pour que je doive compter que vous n'avez reconnu qu'une intrigue dans les propos aussi faux qu'impossibles qu'on m'a prêtés. » Il faut convenir, en lisant ces deux lettres, que les six députés ont extrêmement mal entendu les paroles du maréchal, ou que ce vieux guerrier a toute la fausseté d'un vieux courtisan. Il faut croire qu'ils ont mal entendu; ou, en déclarant La Fayette coupable, couvrir Luckner d'une tache infamante,

Quoi! la proposition de marcher sur Paris est transformée à l'instant même par le maréchal, dans sa réponse, en la demande de s'absenter pour quelques jours de l'armée! Sur cette proposition et sur les autres choses bien plus horribles, le maréchal déclare qu'il ne peut avoir aucune opinion! Il comble de marques d'amitié l'auteur de ces projets horribles! Il ajoute froidement : « Ce que j'ai à vous demander, c'est le concert de vos opérations avec les miennes. Je suis bien persuadé que vous prendrez dans toute hypothèse, des mesures telles, que le service et le bien de la chose publique n'en souffrent pas. » Et pas un mot du projet de marcher sur Paris! pas un mot des choses *bien plus horribles!*

Maintenant vous pouvez juger. Vous ne perdrez pas de vue la phrase dans laquelle le général, après avoir fait sa profession de foi politique sur les factions intérieures, ajoute ces mots : « Ainsi pensent les dix-neuf vingtièmes du royaume, mais on a peur; moi, qui ne connaissais pas ce mal-là, je dirai la vérité. » Il est impossible que les hommes de bonne foi ne soient pas convaincus par cette phrase que l'intention du général était de venir seul. *Je dirai la vérité* n'est pas l'expression d'un homme qui veut agir à la tête d'une armée. Un foule de réflexions se présente à l'esprit, je me bornerai à une seule : C'est qu'en cherchant les preuves de la prétendue proposition de conduire une armée à Paris, on a heureusement constaté d'une manière certaine une circonstance glorieuse pour notre armée, qui avait inspiré au général la confiance de la présenter à l'ennemi; glorieuse pour le général qui avait cette confiance, et désespérante pour ses ennemis, qui l'ont accusé d'avoir voulu conserver le Brabant à l'Autriche; de s'être opposé à la guerre offensive. Il faut rappeler ici les expressions de la lettre que le général La Fayette avait chargé M. Bureaux-Puzy de remettre au maréchal Luckner, et qui contenait un plan d'attaque.

Voilà une proposition vraie, constatée par des lettres authentiques; et les hommes de bonne foi ne balanceront pas entre le projet certain de combattre l'ennemi, et l'absurde accusation d'avoir voulu marcher sur Paris.

Si nos ennemis secrets ont formé le dessein de se servir de nous pour jeter la discorde dans l'armée et parmi les généraux, ils ont merveilleusement réussi; et ces misérables détails qui ont occupé l'assemblée, et dans lesquels je suis forcé d'entrer, cette pénible recherche des paroles d'un vieux général qui comprend à peine notre langue, tout cela est-il bien digne d'une assemblée chargée des plus grands intérêts, et qui doit prévoir les plus grands périls? Ah! ce n'est pas ainsi qu'on sauve un empire, et le moindre inconvénient de ces petitesses est de jeter du ridicule sur l'assemblée nationale, et de réjouir nos ennemis.

Voulez-vous faire la guerre avec succès? Que vos généraux ne soient pas gênés dans leurs opérations, qu'ils aient le choix illimité de leurs mouvemens. C'était l'usage constant du peuple romain; il ne s'en est jamais écarté.

Rome était persuadée, dit un célèbre publiciste, qu'il importait que ses généraux eussent l'esprit libre et dégagé de toute inquiétude, que nulle espèce de considérations ne pût gêner leurs opérations. Elle ne voulait pas ajouter de nouveaux embarras, de nouveaux périls à une chose qui de soi-même en est remplie. Elle croyait enfin qu'une maladresse de cette nature l'empêcherait de trouver jamais des généraux qui se portassent vigoureusement à une expédition.

Telle doit être la conduite des Français, s'ils veulent triompher. Que les oisifs de la capitale, au lieu de critiquer bêtement la conduite des généraux, aillent augmenter le nombre de nos guerriers. Voyez cette foule de citoyens des Vosges, du Haut et Bas-Rhin, du Jura, de la Moselle et de la Meurthe, qui courent sous les drapeaux à la voix des généraux de l'armée du Rhin; ils ne s'occupent pas à discourir, ils agissent en gens courageux; ils ne font pas des pétitions, ils prennent les armes. Ils ne veulent pas commander, ils obéissent; ils ne demandent pas au corps législatif une réponse catégorique, un oui ou un non, ils courent aux combats. Voilà l'exemple que vous devez imiter, braves fédérés. Méprisez des conseils indignes de vous, et suivez l'impulsion de votre courage. Tremblez que l'ennemi ne soit vaincu sans vous; craignez que nos guerriers ne puissent vous dire, comme Henri IV à Crillon : *Nous avons combattu, et vous n'y étiez pas.*

M. Brissot. C'est un des plus grands malheurs des révolutions, que les hommes qui s'y dévouent aient souvent à condamner leurs propres amis; c'est ce que j'éprouve aujourd'hui. J'ai été lié avec La Fayette, je l'ai vu un des plus ardens amis de la liberté; mais une coalition infernale l'a arraché à ses principes et à sa gloire : il n'est plus rien pour moi. L'impassibilité que je vous recommande, je l'ai revêtue moi-même. Est-ce en effet dans le moment où des ennemis nombreux marchent contre nos frontières, et où la patrie est véritablement en danger, qu'on peut se livrer à de petites passions, à de misérables vengeances? Ah! malheur à celui qui ne verrait, dans une cause de cette importance, qu'un ennemi à punir, qu'un parti à ridiculiser.

Quel est le crime de La Fayette? Je ne l'accuserai pas d'être de concert avec l'Autriche. Cependant je ne puis me refuser à une seule réflexion. Si un général eût voulu favoriser la maison d'Autriche, il aurait refusé d'entrer dans le Brabant, quoique il ne fût alors gardé que par un petit nombre de troupes, il se serait retranché, n'aurait rien tenté; il aurait placé en avant un camp qui pouvait être enlevé, il l'aurait conservé malgré les remontrances d'un général expérimenté; il aurait annoncé des renforts du côté des ennemis, lorsqu'il est vrai qu'ils n'en recevaient aucun; il aurait calomnié les intentions des Belges, parce qu'ils étaient assez faibles pour ne pas tenter une insurrection avant que les Français fussent entrés chez eux; il aurait fait faire une promenade à son armée; il l'aurait employée à des manœuvres de camp, à des caravanes inutiles; il se serait amusé à faire des pétitions pour donner aux ennemis le temps de se renforcer. Comparez ce tableau aux manœuvres brillantes de La Fayette, devant lesquelles M. Bureaux-Puzy feint de se prosterner, quoique il ne soit pas novice. Je n'en conclurai pas néanmoins que La Fayette ait agi de concert avec la maison d'Autriche; car je n'en ai pas de preuves écrites. Mais avouez qu'un général qui eût été notre ennemi, n'eût pas agi autrement, et qu'il y a incapacité de sa part, s'il n'y a pas perfidie. Dans la guerre de 1756, une cour martiale déclara que l'amiral Binck n'avait pas fait son devoir pour vaincre. Les juges le condamnèrent à mort, d'après le code militaire anglais qui condamne à mort le général qui aurait manqué de vaincre par ignorance, par négligence, comme par mauvaise volonté. Cette loi serait injuste, sans doute, et barbare envers le commun des hommes; mais Washington s'y fût soumis, et l'élève de Washington ne doit pas ignorer que la responsabilité doit augmenter en raison de l'importance des fonctions et des talens qu'on se suppose à soi-même, en les acceptant; j'accuse M. La Fayette d'avoir abusé des forces mises dans ses mains, d'avoir violé la Constitution, soit pour avoir provoqué les délibérations de son armée, soit pour avoir cherché à avilir la législature, soit pour avoir tenté d'allumer une guerre civile, soit pour s'être arrogé une autorité supérieure aux autorités constituées. Et, je dirai le mot, au risque de faire parjure M. Dumoslard qui a promis d'expirer dans cette tribune, si on le répétait, toutes ses démarches tendent à un but unique, celui de devenir le modérateur de la France. C'est par là que s'expliquent, et l'histoire des 5 et 6 octobre, et ses persécutions contre la faction orléanique à laquelle il a seul donné de l'existence, et sa démission du 18 février, et sa coalition avec des hommes qu'il détestait, et son jeu double lors de la fuite du roi, et son apparition aux Jacobins qu'il dénonce, parce qu'il n'en a pu faire l'instrument de ses intrigues, parce que ces cent mille fanaux l'éclairent de trop près, et que ce n'est pas à leur lumière qu'on peut monter à la dictature. Je ne m'attacherai à répondre qu'à M. Dumoslard, qui l'a défendu dans une des dernières séances; car M. Vaublanc n'a fait que répéter les mêmes choses, en y ajoutant seulement une pompe d'expression qui ne cache pas aux yeux des patriotes éclairés le vide des argumens. Je ne m'arrêterai pas à la partie de la plaidoirie de M. Dumoslard qui contient de grandes déclamations sur le peuple, qu'il respecte dans sa masse, parce qu'elle n'est nulle part; mais qu'il déchire dans ses sections, parce qu'elles se reproduisent partout. Je ne m'arrêterai pas à sa diatribe contre les factieux qui osent voir dans La Fayette un chef de faction, lorsque lui-même se dit l'organe et le chef du parti des honnêtes gens.

M. Dumoslard a nié d'abord que M. La Fayette a compromis la sûreté de l'État, en quittant son armée; mais lorsque cette armée était en face de l'ennemi, qu'à chaque instant elle pouvait être attaquée, ou attaquer elle-même, le général ne devait-il donc par rester à son poste pour suivre les mouvemens de l'ennemi, pour profiter de ses fautes ; pour aider le maréchal Luckner à s'avancer dans le Brabant afin de décider l'insurrection ? Dira-t-il, à moins qu'il ne convienne qu'il n'entendait pas faire une guerre sérieuse, qu'il n'y eût alors rien à espérer ni à imaginer pour un général qui se trouvait en présence d'une armée beaucoup plus faible que la sienne. Je dis plus faible, car ces vingt-cinq mille hommes dont a parlé M. Bureaux-Puzy, peuvent être très-commodes pour justifier l'inaction de nos troupes : mais il aurait été bien difficile de les trouver à Mons.

Mais je vais plus loin, et je dis : ou les Autrichiens n'étaient point en force ; pourquoi donc votre inaction ? elle est un crime : ou ils avaient la supériorité du nombre ; et, en ce cas, abandonner votre armée, c'était trahir l'État. Il paraît, d'après M. Bureaux-Puzy, que M. La Fayette s'est trouvé dans ce dernier cas; que le camp de Teniers était très-faible; qu'il n'avait que dix-huit mille hommes à opposer à vingt-cinq mille hommes ; qu'il ignorait les projets des ennemis; qu'il pouvait être attaqué à chaque instant. Comment donc, après cet aveu, a-t-il pu justifier le voyage de M. La Fayette, et son séjour à Paris ? Il est venu, dit-il, pour exciter l'activité des ministres; mais quoi ! a-t-on besoin d'exciter l'activité de ses créatures? M. La Fayette vient ici avec une foule d'aides de camp ; ne peut-il donc les employer que pour intriguer sous ses yeux, soit à la cour, soit dans les armées ? et ne pouvait-il pas les envoyer auprès des ministres pour presser les approvisionnemens ?

On a dit qu'aucune loi n'empêchait un général de s'absenter

sans congé : cette loi se trouve dans le titre II du décret du 30 décembre 1791, qui porte : « Que tout soldat, sous-officier ou officier, qui aura quitté son poste sans permission du commandant, sera puni d'une peine de discipline, à moins que des circonstances aggravantes n'engagent le commissaire-auditeur à le traduire devant la cour martiale. » Certes on ne veut pas qu'un coupable ne puisse être puni, par cela seul qu'il est général. L'éminence du grade n'est-elle pas une circonstance aggravante du délit?

Second chef de la violation de la Constitution. « La Constitution défend à la force armée de délibérer. Le général La Fayette n'a donc pu, sans crime, se rendre l'organe du vœu de son armée. En vain M. Dumoslard vous a dit que ce vœu était individuel ; les adresses qui ont été remises sur votre bureau prouvent qu'elles étaient le résultat d'une délibération commune. M. La Fayette vous dit dans sa pétition : « Les violences commises le 20 juin aux Tuileries ont excité l'indignation et les alarmes de tous les bons citoyens, et particulièrement de l'armée. Dans celle que je commande, où les officiers, sous-officiers et soldats ne font qu'un, j'ai reçu, *des différens corps*, des adresses pleines de leur amour pour la Constitution, de leur patriotique haine contre les factieux, etc. » Plus bas il ajoute : « J'ai pris l'engagement de venir vous exprimer seul *leur vœu commun.* » Ces expressions n'indiquent-elles pas assez un vœu collectif? Dira-t-il que c'est comme citoyen et non comme général, qu'il vous a parlé? Mais dans ce cas ce n'est donc pas le vœu commun de son armée qu'il vous a apporté? M. Dumoslard vous dit qu'il ne se détermine à vous faire cette pétition que pour arrêter le vœu de son armée ; c'est-à-dire, que, pour empêcher l'expression d'un vœu, il s'en est rendu l'organe ; que pour empêcher la violation de la loi, il a concouru deux fois à cette violation, et s'en est rendu l'instrument. Quelle cause, grands dieux! que celle qui ne peut être défendue que par des jeux de mots aussi misérables!... *Il craignait pour les jours du roi* ; le corps législatif n'était-il donc pas là pour s'ensevelir avec lui? La tranquillité publique n'a-t-elle pas été promptement rétablie? Dès le 22 tout était calme à Paris, excepté dans l'esprit séditieux des ministres et du directoire. N'était-il pas du devoir du général de calmer les inquiétudes que pouvaient concevoir les soldats, plutôt que de les augmenter; leur observer que ces quarante mille gardes nationaux, et même ces piques, dont il avait appris à connaître l'esprit dans les journées des 5 et 6 octobre, formeraient un rempart autour du roi; mais il a mieux aimé calomnier, dans sa pétition, et l'assemblée nationale, et le peuple, et l'armée.

L'avilissement du corps législatif est donc le troisième délit dont il s'est rendu coupable. Ce seul fait suffirait pour condamner M. La Fayette, s'il ne tombait pas dans le cas prévu par une loi formelle, celle du 29 septembre 1791, comme ayant violé la Constitution. C'est le quatrième délit.

Cette loi, art. IV de la IIIme section, s'exprime ainsi : « Toute délibération prise par des gardes nationales sur les affaires de l'État, du département, du district, de la commune même de la garde nationale, à l'exception des affaires expressément renvoyées au conseil de discipline, est une atteinte à la liberté publique et un délit contre la Constitution, dont la responsabilié sera encourue par ceux qui auront provoqué l'assemblée, et par ceux qui l'auront présidée. » Cette loi, si impérative à l'égard des gardes nationales, doit l'être à plus forte raison à l'égard des troupes de ligne. Ici le délit s'aggrave d'autant plus que la pétition de M. La Fayette est non-seulement inconstitutionnelle dans la forme ; elle porte sur des demandes inconstitutionnelles ; savoir, la dissolution des sociétés populaires. On vous a dit qu'il ne voulait que la répression de ces sociétés. C'est encore là un de ces misérables subterfuges, une de ces tergiversations de l'impuissance. Car, n'est-il pas des lois et des tribunaux? Pourquoi ne pas diriger vers ce but, et ce ministère judiciaire, et cet accusateur public dont on dispose ? C'est sans doute parce qu'on sait bien que la loi absoudrait bientôt des sociétés dont le patriotisme est le seul crime. On veut les dissoudre pour se défaire de leur surveillance. Au reste, quel que soit le mérite de cette pétition, on pourrait demander si Washington s'amusait à pétitionner. Non, il combattait, et écrivait respectueusement au congrès. M. La Fayette, au contraire, ne vous a-t-il pas ordonné, au nom de son armée, plutôt que demandé la dissolution des sociétés populaires ? N'est-il pas évident qu'il a voulu appuyer sa pétition de l'influence du vœu de son armée, lorsqu'il vous dit : « Je devais peut-être me présenter seul, et sortir de cet *honorable rempart* que l'affection des troupes formait autour de moi. »

N'a-t-il pas répandu avec profusion dans son armée des récits faux, des insinuations perfides contre l'assemblée nationale ; n'a-t-il pas provoqué les délibérations des différens corps par les moyens les plus vils ? Partout on voit qu'elles sont le fruit de l'intrigue des chefs qui sont à sa dévotion. Est-il un seul des écrits distribués par ses ordres où l'on ne trouve quelque tournure insidieuse, pour faire croire aux troupes que ce n'était plus pour la Constitution ni pour la liberté qu'elles combattaient, mais pour des factieux de l'assemblée nationale ? Ne devait-il pas résulter à la fois de cette accusation, et mépris pour le corps législatif, et révolte contre les lois ? Donc il a commis le plus grand des crimes, puisqu'il a provoqué, autant qu'il était en lui, la guerre civile ; et c'est ici le cinquième délit dont j'accuse M. La Fayette. Il tendait à la guerre civile en soulevant contre les clubs et ce qu'il appelle les factieux, c'est-à-dire la grande majorité des citoyens, les honnêtes gens et son armée. N'est-ce pas pour cela que, d'un côté, il calomniait Paris auprès de l'armée ; et que, de l'autre côté, il jetait des doutes sur les sentimens de ses troupes ? N'a-t-il pas fait entendre encore clairement le vœu de guerre civile, lorsqu'il leur dit qu'il suffit, *quant à présent*, que l'assemblée nationale et le roi soient convaincus de vos sentimens constitutionnels ? c'est-à-dire qu'il leur disait : Il suffit que vous fassiez des pétitions et des lettres ; si on les rejète, nous aurons recours à des moyens plus efficaces. Il rappelle même insidieusement aux troupes que la déclaration des droits, dont ils se dit l'auteur, établit le principe que la résistance à l'oppression est un devoir ; c'est-à-dire qu'il indique aux troupes que le moment de cette résistance n'est pas loin.

Ce projet n'est-il pas certain depuis la déclaration de six de vos membres! La triple dénégation qu'on lui oppose n'est pas étonnante; l'intérêt a dicté les deux premières, la complaisance a dicté la troisième. Est-il un homme sensé qui puisse croire que six membres, qui ont donné quelques preuves de véracité, aient voulu vous tromper sur un fait aussi grave, ou qu'ils n'aient pas eu plus de mémoire que le vieux maréchal sur un fait qu'ils ont rédigé, par écrit, au moment même qu'il a été prononcé. La proposition, par elle-même, est accompagnée de circonstances qui lui donnent la plus grande vraisemblance. La calomnie de six membres qui s'accorderaient sur le même fait, a toutes les probabilités contre elle.

S'il restait quelque doute, les aveux de M. La Fayette et de M. Bureaux-Puzy suffiraient pour se convaincre.

« M. La Fayette, dit ce dernier, voyait que dans son armée un grand nombre d'hommes, non suspects du côté du patriotisme ni de celui du courage, étaient déjà venus plusieurs fois lui demander *s'ils allaient combattre pour la défense de la Constitution française, ou pour l'intérêt de l'un des partis dont la rivalité déchire l'état*; que cette incertitude funeste tendait à la désorganisation absolue de la force publique; qu'il lui paraissait que le plus pressant des intérêts de la nation était d'*arrêter promptement les excès de l'anarchie.....* »

« Je ne puis me soumettre, dit La Fayette, dans sa lettre à M. Luckner, à la tyrannie que des factieux exercent sur l'assemblée nationale et sur le roi. » Or, si d'un côté il ne pouvait se soumettre à l'assemblée nationale égarée par des factieux; si de l'autre il avait le plus pressant intérêt à faire cesser l'anarchie, ne s'ensuit-il pas évidemment qu'il voulait concerter avec le maréchal Luckner les moyens de parvenir à ce but, c'est-à-dire faire marcher, contre Paris, ses officiers et ses soldats pétitionnaires qui brûlaient de tomber sur les factieux? C'est par-là qu'on explique pourquoi il a mieux aimé exposer son armée à des fatigues inutiles que de s'en séparer.

Cromwel avait aussi son armée, et je crois bien avec M. Dumoslard que s'il ne s'est pas encore montré en France, ce n'est pas la scélératesse qui lui manque, c'est le caractère et les moyens.

Il n'y a en France ni Cromwel ni soldats de Cromwel ; mais la majesté du peuple a été violée, la sûreté de l'état a été compromise, la liberté menacée ; ces attentats exigent une vengeance éclatante, ou le décret d'accusation, ou votre propre ignominie ; il faut opter, ou ce décret, ou bien vous prouverez qu'il y a deux poids et deux mesures, qu'il y a des hommes privilégiés pour le crime.

M. Dumoslard s'est humblement rejeté sur la considération des services de M. La Fayette ; il sait que le chapitre des considérations est celui que suivent tous les hommes faibles ; mais des législateurs ne doivent connaître aucunes considérations particulières.

Le sort de la France ne dépend pas des talens d'un seul homme ; sa force est dans sa Constitution ; la Constitution est dans ce mot égalité ; et l'égalité n'existe plus si un homme, parce qu'il est revêtu d'un grand caractère, peut braver les lois et s'assurer l'impunité. S'il y avait dans l'armée un corps prêt à désobéir, dans le cas où vous frapperiez leur chef, cette considération ne devrait pas vous arrêter ; là où domine le régime militaire, là il n'y a plus de liberté, et ce n'est pas avec le secours de tels hommes qu'une Constitution libre s'établit. Mieux vaut avoir dix ennemis déclarés qu'un seul ennemi caché. Je ne sais qui a fait plus de mal à la France, Coblentz ou les faux patriotes qui se sont fait nommer dans nos administrations et dans nos armées. Mais, dit-on, on remplacera difficilement ces officiers-généraux, car ils sont expérimentés. C'est avec cette crainte éternelle qu'on nous a empêchés d'avoir une armée patriotique. Plût au ciel que dès l'origine le génie de la France nous eût délivrés de ces officiers avilis par des préjugés. A quoi nous ont-ils servi jusqu'ici ? Ils se paralysent volontairement, ou ils quittent leur poste au moment du combat. Avec du patriotisme, du courage, du bon sens, on forme en peu de temps de bons officiers, non à la prussienne, mais à la française, etc. Ces considérations ne peuvent donc pas nous empêcher d'être justes. « Dans un gouvernement quel qu'il soit, dit Rousseau, où un individu est au-dessus de la loi, tous les autres sont soumis à celui-là, et il n'y a plus de liberté. »

Je demande qu'il soit décrété qu'il y a lieu à accusation contre le général La Fayette.

L'assemblée ordonne l'impression du discours de M. Brissot.

M. Baignoux demande à le combattre.

M. Lagrevole. Je demande que la discussion soit fermée; car c'est sur les faits que nous devons juger, non sur les raisonnemens; et les faits me paraissent assez constatés.

M. Mayerne. J'appuie la proposition de fermer la discussion; car, quelque déclamation qu'on fasse encore contre M. La Fayette, notre opinion est faite.

L'assemblé ferme la discussion.

Il se fait un grand silence.

M. le président met aux voix le décret d'accusation. Il prononce qu'il n'y a pas lieu à accusation contre le général La Fayette.

Les tribunes gardent un morne silence.

Une partie de l'assemblée élève des réclamations contre la prononciation de ce décret, et demande l'appel nominal, soit à cause du doute de l'épreuve, soit à cause de la nécessité que chaque membre prononce hautement et publiquement son opinion dans une affaire de cette importance.

Le président lève la séance.

Les réclamations se renouvellent avec plus de force.

Le président reprend le fauteuil.

Après une assez longue opposition, l'appel nominal a lieu.

Le décret d'accusation est rejeté à une majorité de 406 voix contre 224.

La séance est levée à 6 heures.]

CLUB DES JACOBINS. 8 AOUT.

Plusieurs membres prennent successivement la parole pour

rendre compte de la séance de l'assemblée nationale (celle du 8) et exprimer leurs sentimens sur le décret par lequel on a déclaré qu'il n'y avait pas lieu à accusation contre La Fayette. Il faut, dit un orateur, que le peuple entier cerne Paris, que, dès ce soir, tous les patriotes se portent aux barrières et que demain le peuple se conduise envers l'assemblée comme, depuis huit jours, il se conduit à l'égard du pouvoir exécutif ; qu'il la laisse à son gré se rouler dans la fange et qu'une barrière de ruban assure aux législateurs la liberté de décréter tout ce qu'il leur plaira.

M. « *Goupilleau*. Depuis long-temps, messieurs, j'avais beaucoup de doutes sur le salut public ; ce n'est que d'aujourd'hui que je commence à en désespérer. Jusqu'à ce jour la fluctuation des sentimens des membres de l'assemblée nationale m'avait fait espérer qu'il pouvait y avoir des momens où leur énergie pourrait se réunir pour sauver la patrie en danger ; mais, aujourd'hui, la majorité s'est montrée d'une manière trop prononcée pour qu'il n'y ait pas de la folie à espérer encore.

» Je vous ai dit, il y a quelques jours, que M. Brissot avait un discours contre M. La Fayette ; il l'a prononcé avec le courage d'un vrai patriote, et c'est après son opinion que, plusieurs personnes ayant encore à parler sur la question, la discussion a été fermée par une de ces tactiques employées à défaut de bonnes raisons, pour faire réussir une mauvaise cause.

» Si la discussion n'eût pas été fermée par ce moyen, il eût été possible que le décret eût été différent ; car, alors, on aurait pu savoir les faits qui nous étaient venus à la commission des douze ; on aurait pu savoir qu'au moment où La Fayette écrit, que pour avoir mis plus de lenteur dans ses préparatifs, M. de Brunswick n'agirait qu'avec plus de rapidité et de force, ce même La Fayette n'a plus de camp : toute l'armée qu'il commandait est cantonnée et dispersée dans les villages, de sorte qu'elle occupe un espace de sept lieues de terrain et que si, comme il a l'air de le craindre, il se faisait une trouée, il lui serait difficile, pour ne pas dire impossible, de réunir ses forces pour opposer quelque résistance.

» Sans doute ces faits eussent donné matière à quelques réflexions et il n'en eût pas fallu beaucoup pour convaincre les plus incrédules, que La Fayette est un traître.

» Quoique je regarde le décret qui le déclare innocent, comme une chose très-fâcheuse, je ne crois pas que ce soit cependant le cas de nous désespérer et de perdre courage. C'est dans l'extrême danger qu'il faut montrer une extrême énergie. (*Applaudissemens.*) Je ne puis pas croire d'ailleurs que La Fayette, instruit du vœu bien prononcé contre lui par la majorité de la nation, malgré le décret qui le blanchit, s'obstine à rester en place. (*Murmures.*) Mais, quand cela serait encore, j'augure trop bien du courage et du génie de la nation française pour croire qu'elle abandonne la patrie dans ses plus grands dangers.

» Il faut en appeler au peuple, lui bien montrer que l'assemblée nationale ne peut pas le sauver. Il n'y a qu'une insurrection générale qui puisse le faire.

» Puisqu'il est bien démontré que Louis XVI est l'ennemi le plus déclaré de la France, qu'il veut la perdre, la morceler, pour régner en despote sur une portion de ce royaume; puisqu'il est démontré que les listes de proscription courent dans les camps et jusque chez les ennemis, n'avons-nous pas le droit de traiter Louis XVI en ennemi; le peuple, aussi, n'a-t-il pas le droit de former des listes de proscription contre les lâches ennemis qui usent de ce moyen infâme?

» Mais il faut bien prendre garde qu'il ne puisse confondre ses ennemis; il faut qu'il puisse rendre à chacun ce qui lui est dû. Je demande que, pour fixer l'opinion publique sur le compte de chaque individu, on fasse imprimer et publier la liste des députés qui, dans l'affaire de M. La Fayette, ont voté pour ou contre lui. »

— Après une assez longue discussion, pendant laquelle on rejette l'amendement proposé de faire afficher cette liste, on arrête la proposition de l'impression et on nomme six commissaires pour procéder à la confection de la liste, en suivre et en veiller l'impression.

« N... Témoin d'un fait qui vient de se passer au Palais-Royal il y a environ une heure, — je vous demande la parole.

» Je venais à votre séance ; je rencontre une grande foule qui entraînait un député. Ce député était M. Vaublanc que l'on poussait vers le corps de garde. Je suis la foule et j'entre, presque malgré moi, dans le corps de garde où entrent aussi six députés. J'aperçois deux personnes en état d'arrestation. Je m'informe, et on me dit que ces deux personnes sont arrêtés pour des propos tenus au Palais-Royal. J'aperçois un capitaine qui donne un ordre à un commissionnaire ; je cours après ce commissionnaire que je force à me dire l'ordre dont il est chargé ; c'était d'aller chercher du renfort. Le peuple aussi amène son renfort, de sorte que j'ai cru bien faire, en rentrant, de faire esquiver, par une fenêtre M. Vaublanc, les six députés et les deux personnes arrêtées. Effectivement, lorsqu'on les a sus partis, tout est redevenu tranquille. »

M. Merlin. « La société connaît les événemens du jour ; mais ils peuvent conduire à un résultat plus fâcheux encore que celui qu'ils présentent au premier abord, et je préviens ceux de mes collègues qui m'entendent que demain on fera à l'assemblée nationale des propositions sur des objets fort importans.

» Vous avez entendu dire qu'on n'a pas ménagé les épaules de M. Vaublanc et de quelques autres députés du côté droit. Demain, ces messieurs doivent se présenter à l'assemblée, porter plainte des traitemens horribles qu'ils auront éprouvés, dire qu'il n'est pas possible de conserver la liberté d'opiner dans une ville où on est ainsi exposé, et enfin faire la proposition de transporter l'assemblée nationale à Rouen.

» Ce n'est pas, selon moi, ce que nous avons le plus à craindre ; car, aux termes de la Constitution, ceux qui aujourd'hui ont voté contre La Fayette, peuvent faire des lois, et je compte assez sur leur patriotisme pour croire qu'ils verront partir les autres de sang-froid et qu'ils resteront sur leurs siéges. Nous verrons alors si la majorité de la nation est patriote, ou si elle veut tenir à des députés qui auront si ouvertement vendu ses droits et trahi ses intérêts.

» Je vous invoque donc, Feuillans de l'assemblée, allez trahir la nation plus à votre aise, si toutefois le peuple qui vous a confié ses droits veut bien consentir à vous en laisser le dépôt.

» J'invite mes collègues en patriotisme à laisser partir cette horde de scélérats et à attendre que le peuple se décide et choisisse des mandataires auxquels il aura confiance. »

M. *Chabot.* « Il y a long-temps que j'ai dit que les mesures partielles n'étaient plus de saison, que l'assemblée nationale était trop faible pour sauver la patrie. On s'attendait, dit-on, à un décret d'accusation. Le fait a prouvé combien on avait droit de s'y attendre.

» Il n'y a plus qu'un mot. L'assemblée nationale a déclaré la patrie en danger; c'est donc elle qui l'y a mise; ou bien il faut qu'elle dise quelles mesures elle a à proposer pour la sauver. On a décrété que le peuple serait armé; qu'il le soit donc tout entier : nous n'en demandons pas davantage. Du reste, l'assemblée décrétera ou ne décrétera pas sa translation dans une ville gangrénée d'aristocratie. Nous espérons bien que des deux cent vingt membres qui ont voté contre le général conspirateur, pas un ne quittera son poste. Je ne dis pas cependant comme M. Merlin que cet événement puisse être indifférent ou même avantageux; car quoique je suis sûr que la grandissime majorité de la France soit patriote, il pourrait se faire que des patriotes timorés se laissassent ébranler.

» J'ai dit le mot; il faut que le peuple se sauve lui-même et que Paris donne l'exemple. Je le répète et je sonne le tocsin dès ce moment. Si l'on décrète le départ de l'assemblée nationale, il faut que le peuple arrête avec des baïonnettes les députés qui voudraient s'éloigner. »

Les tribunes. Aux barrières! aux barrières!

N. — « M. Chabot parle dans la supposition où ils viendront faire à l'assemblée la proposition de la translation; mais je pense que s'ils ont le projet d'effectuer la translation, ils commenceront par partir, et, une fois réunis, ils se déclareront la majorité. Peut-être partiront-ils cette nuit. »

M. *Saladin*. « J'ai à vous communiquer un fait qui tient essentiellement à la question que vous traitez dans ce moment. Vous connaissez l'incivisme du département de la Somme. La ville d'Amiens est en général dans l'esprit de ce département ; le roi y est attendu ; les dispositions les plus précises sont faites pour l'y recevoir. Il s'y trouve en ce moment un régiment de chasseurs commandé par M. Alexandre Lameth. Le cent quatrième régiment y est aussi, et les Suisses y sont attendus de moment en moment. Les membres du directoire étaient logés à l'intendance avec leurs ménages. Ils en sont délogés depuis quelques jours et ont remeublé cet hôtel à neuf.

» Il serait possible que la translation fût demandée pour Amiens. M. La Fayette n'en est éloigné que de vingt-deux lieues, et cette circonstance pourrait bien entrer dans le plan de la cour. »

M. *Robespierre* démontre qu'il est bien difficile de croire à ce projet de translation. Il est plus probable, selon lui, que si la proposition en est faite, si les Maury de la législature viennent se plaindre de mauvais traitemens, ce sera pour détourner l'assemblée de la grande question qui est à l'ordre du jour. Il engage les patriotes à ne pas être dupes de cette manœuvre, à renvoyer toute discussion qui aurait pour objet les prétendues insultes faites à des députés, comme on passait à l'ordre du jour à l'assemblée constituante sur les plaintes des Maury, et enfin à aborder avec courage la grande question de la déchéance du roi.

La séance est levée à onze heures. (*Journal du club*, n. CCXXXXVI.)

ASSEMBLÉE NATIONALE ; SÉANCE DU JEUDI 9 AOUT.

[Le conseil permanent de la commune de Strasbourg envoie à l'assemblé deux lettres qu'il a découvertes, adressées par un émigré servant dans l'armée de Condé, à un membre du directoire du Bas-Rhin, que l'assemblée nationale a cassé. Il résulte de ces lettres que les émigrés ne sont point, comme on l'a dit, à l'arrière-garde; six mille gentilshommes au contraire marchent à l'avant-garde. Les différentes colonnes de l'armée de Condé sont parties. Le signataire annonce qu'il a fait neuf lieues en un jour, qu'il est rendu de fatigue. Il est armé pour Dieu, son roi et sa dame. Dans peu de jours il sera sur la terre de France. Quel doux moment pour son cœur!

Ces deux lettres sont envoyées au comité de surveillance.

Les administrateurs du département du Loiret envoient à l'assemblée une adresse, dans laquelle ils s'élèvent contre les parjures qui veulent attenter à la Constitution; ils jurent d'y mourir fidèles.

Le renvoi à la commission extraordinaire est décrété.

La section des Thermes de Julien proteste contre la pétition présentée par le maire de Paris, et jure de rester fidèle à la nation, à la loi et au roi.

Un membre demande la mention honorable.

Les tribunes. A bas!

N..... Il faut faire descendre les tribunes dans la salle pour rendre les décrets.

La section de Henri IV désavoue la même pétition.

M. Bazire. Je déclare que j'ai déposé sur le bureau plus de vingt adresses de mon département, qui toutes demandent la déchéance. (Les tribunes applaudissent.)

On commence la lecture de l'adresse du directoire de la Seine-Inférieure.

Cette lecture est interrompue par des membres qui demandent le renvoi de l'adresse à la commission.

M. Tarbé. On entend ici tous les jours les pétitions de la municipalité de Paris. Je demande, au nom du département de la Seine-Inférieure, qu'on lise l'adresse.

M. Bazire. Je prie M. Tarbé de ne pas confondre les citoyens de son département avec le directoire.

MM. Thuriot, Albitte, Goupilleau, Monteau du Gers s'élèvent contre la lecture.

Le renvoi à la commission est décrété.

Une lettre du commandant général de la garde nationale parisienne, offre à l'assemblée l'hommage de la garde nationale, et l'assure qu'elle veillera au maintien des propriétés et à la sûreté des personnes.

M. *Lamarque.* Depuis le commencement de la session le pouvoir exécutif nous trahit; c'est une vérité sentie par tous les membres de l'assemblée. (Quelques murmures et des applaudissemens.) Il cherche tous les moyens de nous avilir pour nous faire perdre la confiance de la nation; et nous l'aurions bientôt perdue, si nous avions perdu celle de la capitale. Pour perdre la confiance de la nation, il ne nous faudrait qu'un petit nombre de décrets contradictoires avec l'opinion publique. (Les tribunes et une partie de l'assemblée applaudissent.) A cet égard, je n'ai nulle crainte; si l'assemblée n'est pas infaillible, elle est incorruptible. Mais un grand danger environne la chose publique. Le pouvoir exécutif, après avoir insinué qu'on ne doit pas compter sur l'assemblée, jettera dans la foule quelques-uns de ces hommes qui sont toujours à ses ordres, pour agiter le peuple déjà trop indigné des trahisons dont il est la victime. Quand le trouble sera bien excité, ce même pouvoir exécutif, au lieu de faire marcher la vraie garde nationale, rassemblera autour de lui les chevaliers du poignard, les correspondans de Coblentz, tous ces hommes affreux qui brûlent de rougir leurs armes atroces du sang du peuple. On corrompra l'armée, on fera agiter simultanément les ennemis étrangers; c'est à vous de prévenir ou d'arrêter ces désordres, et cette situation avilissante dont nous sommes menacés. Parmi les moyens d'y réussir, je regarde comme indispensables les mesures suivantes que je propose à l'assemblée de renvoyer à l'examen de sa commission :

1° L'assemblée sera en séance permanente jusqu'à ce que la grande question de la déchéance ait été décidée.

2° Tous les citoyens qui ne sont point domiciliés à Paris depuis un an, les fédérés exceptés (On rit et on murmure.), seront tenus d'exhiber, devant les juges de paix ou autres officiers de police, des certificats de civisme de leurs municipalités; faute de quoi ils seront tenus de se retirer dans le lieu de leur domicile.

3° Ceux qui refuseront de satisfaire aux dispositions de l'article précédent, seront arrêtés comme suspects de trahison, et détenus jusqu'à la fin de la guerre.

4° Les municipalités seront autorisées à prohiber les journaux connus pour prêcher l'incivisme (*Plusieurs voix :* Et l'insurrection), à la charge d'en donner avis à l'assemblée nationale et au pouvoir exécutif.

5° Il sera nommé par l'assemblée quatre commissaires chargés d'extraire des procès-verbaux de ses séances, toutes les réquisitions faites depuis le commencement de la guerre au pouvoir exécutif, pour le complétement et l'approvisionnement des armées, les réponses des ministres, et leurs promesses. Les commissaires seront chargés de tirer un résultat et de le présenter à l'assemblée.

6° L'assemblée ayant jugé avantageux l'envoi des commissaires à Soissons, décrète que ces mêmes commissaires, auxquels il en sera joint quatre autres élus de la même manière, c'est-à-dire à haute voix, seront envoyés aux armées du Nord et du Rhin, pour rendre compte à l'assemblée de leur position. (Quelques applaudissemens.)

Ces propositions sont renvoyées à la commission extraordinaire.

M. *Lamarque.* Je dois annoncer que je suis informé que les ci-devant gardes du roi qu'on retenait à Paris avec 40 sous par jour, ont encore reçu aujourd'hui une augmentation.

M. *le président.* Il y a au bureau de MM. les secrétaires plusieurs lettres de différens membres de l'assemblée. On va en donner connaissance.

Plusieurs voix. Oui, la lecture.

Un de MM. les secrétaires lit les lettres suivantes :

Paris, ce 9 août 1792.

« Monsieur le président, sortant hier de l'assemblée par la porte du Manége, j'ai été poursuivi jusqu'à l'entrée de la rue du

Dauphin. Une femme, armée d'un couteau, a voulu m'en frapper. J'ai été assez heureux pour le faire tomber d'un coup de canne. Alors un individu, en habit de garde national, m'a pris au collet ; ce n'est qu'avec beaucoup de peine et en me débattant que je me suis arraché à sa fureur. Je suis un représentant du peuple français. Je sortais de mon poste. J'ai eu, sur plusieurs de mes collègues, l'avantage de savoir me taire. Je suis et je serai toujours un homme du peuple. Mais je demande qu'on m'assure l'inviolabilité de mon caractère et la liberté de mes opinions. »

Signé Mézières, *du département de l'Aube.*

« Monsieur le président, je sortais hier avec M. Lacuée. Arrivé à la porte de la rue Saint-Honoré, je me suis vu environné d'une multitude d'hommes en uniforme national avec des bonnets rouges sur la tête. Là j'ai entendu distinctement délibérer qu'on me mettrait à la lanterne. (Il s'élève de longs murmures d'indignation.) Alors j'ai réclamé mon inviolabilité et mis en évidence mon cordon de député. On m'a répondu que c'était pour cela qu'il fallait me pendre. En cet instant un homme en veste m'a pris par derrière et m'a soulevé. (Un mouvement d'horreur se manifeste dans l'assemblée.) Alors est survenu un grenadier du bataillon de Sainte-Opportune, nommé Lavilette, qui, le sabre à la main, et secondé de quelques-uns de ses braves camarades, m'a dégagé, m'a conduit au département, d'où un détachement m'a ramené chez moi. Je supprime toute réflexion. Je ne puis plus assister aux séances de l'assemblée. J'instruirai mes commettans de ma conduite. *Signé*, Regnault-Beaucaron. »

« Monsieur le président, après le décret rendu hier sur l'accusation de M. La Fayette, lorsque nous sortions de la salle, les citoyens qui occupent la tribune de l'extrémité gauche répandirent un torrent d'injures et nous menacèrent des gestes les plus affreux. M. Dumoslard et moi nous nous tenions par le bras, dans la cour du Manége. Ils reconnurent M. Dumoslard pour un des orateurs qui avaient parlé en faveur de M. La Fayette. Alors il devint l'objet particulier de leurs insultes. Après avoir répété plusieurs fois :

ce sont des gueux, des coquins, des traîtres payés par la liste civile, il faut les pendre, il faut les tuer, ils ramassèrent dans la rue Saint-Honoré, du mortier, des moellons, de la boue, et nous les lancèrent. Un grand nombre de citoyens sortant de leurs boutiques, s'écriaient : « Comment peut-on insulter ainsi des députés ? sauvez-vous, sauvez-vous ! » Un tel parti n'eût fait qu'accroître le danger. Nous arrivâmes au corps de garde du Palais-Royal; un fédéré nous y suivit. Là, l'œil étincelant de rage, frappant en forcené sur une table, il dit à M. Dumoslard que s'il avait le malheur de remettre les pieds dans l'assemblée, il lui couperait la tête d'un coup de sabre... (Il part un applaudissement de la tribune située à l'extrémité gauche du président. — L'assemblée tout entière est dans la plus tumultueuse agitation.)

Plusieurs membres se précipitent dans le milieu de la salle, en proposant un comité général.

M. Larivière. Je demande la parole sur cette proposition.

M. Lacroix. Avant de rien décider, je demande que la lecture des lettres soit continuée.

M. le président. On m'instruit qu'il y a autour de la salle un grand nombre de citoyens armés, et que la garde n'est pas suffisante pour les contenir. (Le tumulte recommence.)

M. Galon. Je viens de sortir du côté de la cour du Manége, il n'y a point de rassemblement armé.

Quatre officiers municipaux entrent à la barre, et assurent qu'il n'y a personne en armes.

Ils sont admis aux honneurs de la séance.

M. Gossuin. Je demande la punition de la personne qui a répandu un bruit si calomnieux; que M. le président la désigne.

M. le président. On demande que je nomme les personnes qui m'ont instruit du prétendu rassemblement. Ce sont deux députés.

Plusieurs voix. Nommez-les.

Un membre se lève, et dit qu'il n'a point parlé de rassemblement, mais qu'il a vu dans les corridors des hommes armés de sabres.

On demande que ce membre soit envoyé à l'Abbaye pour avoir voulu jeter le trouble dans l'assemblée.

M. Merlin. Comme c'est le président qui a dit que la garde n'était pas suffisante, et que c'est lui qui par-là a causé le trouble, je demande qu'il soit lui-même envoyé à l'Abbaye. (De longs murmures éclatent dans plusieurs parties de la salle.)

M. le président. Un citoyen m'ayant annoncé, il y a une heure, qu'il n'y avait pas assez de garde pour contenir les troubles, je n'ai pas jugé ce rapport suffisant pour en occuper l'assemblée. Mais deux députés m'ont dit que l'assemblée n'était pas libre, qu'il y avait autour de la salle des hommes armés. Quinze personnes l'ont entendu comme moi. J'ai dû en instruire l'assemblée. J'ai fait venir le commandant du poste, je lui ai demandé si la garde était suffisante, il m'a répondu qu'oui. J'ai rempli mon devoir. (*Plusieurs voix :* Oui, oui.) Il est douloureux pour un président d'entendre demander qu'il soit envoyé à l'Abbaye pour avoir fait son devoir.

On réclame l'ordre du jour.

Après quelques débats, l'assemblée passe à l'ordre du jour.

M. le secrétaire reprend la lecture de la troisième lettre, interrompue au moment où elle annonce qu'un fédéré qui a suivi M. Dumoslard au corps de garde du Palais-Royal, lui a dit, en frappant sur un table comme un forcené, que s'il avait le malheur de retourner à l'assemblée, il lui couperait la tête d'un coup de sabre. « Sept à huit de mes collègues peuvent attester la vérité de ces faits dont ils ont été témoins comme moi. Nous attendions dans le corps de garde une force suffisante pour protéger notre retraite. Cette force n'arrivant pas, et le corps de garde allant être forcé, nous avons pris le parti de sauter par une fenêtre de derrière. Sans doute nous devons mourir à notre poste; mais il serait aussi inutile que contraire à notre devoir de nous laisser égorger à la porte de l'assemblée par les émissaires d'une faction dont nos décrets déconcertent quelquefois les projets. »

Signé, FROUDIÈRES.

« Monsieur le président, n'ayant eu qu'une part commune dans les outrages faits à mes collègues, je ne dois porter aucune plainte personnelle. Mais ayant été témoin des insultes et des violences commises envers M. Dumoslard, je dois les dénoncer et en demander vengeance. La ville de Paris est menacée du sort d'Avignon, si un maire et une municipalité ne s'occupent qu'à légaliser des attroupemens. »   Signé, Lacretelle.

« Monsieur le président, je sortais hier de l'assemblée, après la séance levée. Je partageais avec mes collègues les honorables huées d'une multitude forcenée; quoique j'aie la gloire de ne m'être jamais écarté de la ligne constitutionnelle, j'espérais de mon obscurité que je sortirais inviolé. Mais entendant nommer et insulter M. Dumoslard, je l'ai pris par le bras; je l'ai conduit ainsi jusqu'au corps de garde du Palais-Royal, en rendant grace à mon étoile de ce que mon zèle ne m'avait attiré que de la boue, des platras et des coups de poing. Je suis sorti par une fenêtre, après m'être assuré que M. Dumoslard était échappé d'un poste trop légèrement défendu, et qui allait être forcé, malgré le zèle de la garde nationale et du commandant. Je déclare à l'assemblée que, si elle ne prend les mesures les plus efficaces pour protéger au-dedans la liberté des opinions, et au-dehors la sûreté des personnes de ses membres, je m'abstiendrai d'aller à ses séances, en instruisant mes commettans de ma conduite. »

Signé, Soret, *du département de Seine-et-Oise.*

« Monsieur le président, en sortant hier de la séance, j'ai été insulté, menacé; dussé-je être victime de mon attachement à la Constitution, je continuerai de voter selon ma conscience, comme j'ai toujours fait. »   Signé, Calvet.

« Monsieur le président, ayant juré de maintenir de tout mon pouvoir la Constitution, je croirais manquer à mon devoir, si je ne dénonçais pas les outrages faits à plusieurs de mes collègues. J'ai été moi-même assez long-temps l'objet de ces violences. »

Signé, Quatremère.

« Injurié hier, menacé par une multitude effrénée, provoqué par les plus graves insultes, parce que j'avais voté selon ma conscience, j'ai bientôt aperçu en avant un grand nombre de mes collègues qui m'ont paru menacés du danger le plus imminent. Je n'ai pu me réunir à eux que dans le corps de garde du Palais-Royal : j'ai reconnu pour les plus molestés MM. Dumoslard et Fournier. Nous avons sauté par une fenêtre. Il est affreux que des députés n'aient eu que cette ressource pour éviter aux habitans de Paris la honte d'un crime. Le vœu de mes commettans est que je puisse librement énoncer mon opinion et émettre mon vœu. J'ai l'honneur de prévenir l'assemblée que, tant qu'elle n'aura pas pris les moyens nécessaires pour contenir les tribunes, pour purger les couloirs ; tant qu'elle n'aura pas enjoint à la municipalité de dissiper les rassemblemens qui se forment chaque jour autour de la salle, je dois m'abstenir d'assister à ses séances. »

Signé, CHAPRON.

On fait lecture d'une lettre du ministre de la justice. En voici la substance : « Le mal est à son comble. J'ai eu l'honneur d'écrire huit lettres à l'assemblée, pour la prier de décider les moyens de réprimer ceux qui provoquent la multitude au crime ; elle n'a rien statué. Chaque jour il arrive de nouveaux malheurs.

» Hier encore des citoyens ont été poursuivis ; des membres mêmes de l'assemblée ont été insultés, menacés, à la place Vendôme, au Carrousel, aux environs du Palais-Royal. Le soir, des députés ont été outragés sur la terrasse des Feuillans, malgré le zèle et les efforts de la gendarmerie nationale. Le commandant de la garde nationale, descendant de son poste, a été attaqué et sabré ; ainsi ces attentats demeureront impunis ! Je les ai pourtant dénoncés au tribunal criminel par ordre exprès du roi. (Les tribunes murmurent.) Mais les lois son impuissantes. Dans ces circonstances, l'honneur, la probité, le devoir m'obligent de vous déclarer que, sans le secours le plus prompt du corps législatif, le gouvernement ne peut plus encourir de responsabilité. »

Signé, DEJOLY.

On lit une déclaration de M. Jolivet, député de Seine-et-Marne, qui annonce qu'informé du danger qu'avaient couru MM. Casamajor, Vienot (Vaublanc) le Josne, Dumoslard, etc., il s'est transporté le soir au lieu des séances de l'assemblée; que, n'y ayant rien appris, il a pensé trouver plus d'éclaircissemens dans la société des Jacobins. Malgré sa répugnance pour tout ce qui est club, il s'est déterminé à entrer dans une des tribunes. Il a entendu dans les couloirs vouer à l'exécration la majorité de l'assemblée, pour avoir innocenté M. La Fayette. Arrivé à l'une des tribunes, il a vu la société agiter la question de publier et faire afficher la liste des députés vendus à la liste civile, qui ont opiné en faveur du général. Il a vu M. Montaut, député de l'assemblée, et présidant alors la société, mettre aux voix l'ordre du jour sur cette proposition, l'ordre du jour écarté, et la proposition adoptée. Il a vu un membre prendre la parole, rendre compte du zèle qu'il avait mis à molester plusieurs députés, raconter comment ils avaient été obligés de se réfugier dans un corps de garde; comment il avait arrêté un savoyard qu'il accusait aussi d'être payé par la liste civile, parce qu'il portait un message de ces députés pour demander une escorte. Il a entendu vanter son zèle à déchirer les proclamations du roi. Ce membre aurait vraisemblablement éclairé davantage la société, si l'on n'eût fait observer qu'il était plus prudent de faire sa déclaration au comité des correspondances de la société. On s'est ensuite élevé contre les juges de paix, contre les comités centraux. Le déclarant n'a pu rester plus long-temps; mais il doit à la vérité de dire que les tribunes étaient loin de partager ce délire; qu'il a entendu un particulier dans ces tribunes s'écrier, lorsqu'on proposait de mettre sur la liste la demeure des députés, que c'était une horreur.

(Cette déclaration est interrompue par les clameurs des tribunes, et les murmures de l'extrémité ci-devant gauche de l'assemblée.)

M. *Kersaint.* Je demande la parole pour une motion d'ordre. Lorsqu'un décret appelle sur vous l'attention de la France entière;

lorsqu'il a été décidé qu'aujourd'hui s'ouvrirait la discussion solennelle qui enfin doit fixer l'opinion des Français, sur ce qu'ils doivent penser du premier fonctionnaire public, peut-être la France verra-t-elle avec indignation que nous occupions une séance, qui devrait être si solennelle, par de méprisables délations. (Il s'élève un violent murmure dans une grande partie de l'assemblée, quelques applaudissemens dans l'autre et dans les tribunes.) Je suis bien loin, sans doute, de vouloir applaudir, de vouloir excuser des citoyens égarés qui oublient ce qu'ils doivent eux-mêmes dans la personne de leurs représentans; mais que l'assemblée s'occupe constamment des grands intérêts du peuple, et jamais il ne sortira du respect et de la confiance qu'il leur doit. (Les tribunes applaudissent.) Je demande le renvoi des dénonciations au comité de législation, pour qu'il soit chargé de présenter un projet de loi répressive contre ceux qui troublent la liberté de nos séances, qui excitent du trouble dans les tribunes; enfin, contre ces misérables moyens employés par les ennemis, pour discréditer l'assemblée nationale et perdre la chose publique.

M. Girardin. Je demande la parole pour un fait; je déclare qu'hier en sortant de l'assemblée nationale, dans l'enceinte même de la salle, j'ai été frappé.....

Un membre de l'extrémité gauche. En quel endroit ?..... (De violens murmures et des cris plusieurs fois répété : *C'est indigne! à l'Abbaye!* rappellent l'interlocuteur à l'ordre.)

M. Girardin. On me demande en quel endroit j'ai été frappé; c'est par derrière; les assassins ne font jamais autrement. Je déclare donc que sans M. Juéry, un de nos collègues, à qui je dois la vie, notre enceinte aurait été souillée du plus horrible des crimes. M. Ducoz pourrait rendre compte de la manière dont un député de l'Alsace a été traité, ainsi que l'évêque du département de la Saône; je dis qu'il ne peut s'établir de discussion dans le corps législatif, et surtout sur une question aussi importante que celle dont vous a parlé M. Kersaint, à moins que tous les membres ne soient libres; qu'ils aient la libre et entière faculté de délibérer d'après leur conscience. Or, nous ne pouvons délibérer en ce moment que sous l'impression d'une faction. Je déclare donc à la nation, de qui je tiens mes pouvoirs, que je ne puis voter sans que le corps législatif m'assure liberté et sûreté...

(Tous les membres de la partie droite et un grand nombre de ceux de la partie gauche se lèvent simultanément en criant : *Oui, oui! nous ne délibérerons pas avant d'être libres.*)

M. *Girardin.* Mon amour pour la vérité me force cependant à dire que je n'ai point à me plaindre des citoyens de Paris; je déclare que j'ai la certitude que la plupart de ceux qui m'insultaient étaient des étrangers. (On applaudit.)

On fait lecture de plusieurs lettres de différens membres de l'assemblée; la première est de M. Deuzi.

« Je crois qu'il est de mon devoir de rendre compte à l'assemblée des mauvais traitemens que j'ai reçus hier au sortir de la séance. Après avoir essuyé de la part d'une foule d'hommes apostés à chaque coin de rue, les injures et les menaces les plus atroces, parvenu à la rue Saint-Louis, je fus frappé par derrière par un homme qui me dit qu'il me reconnaissait pour avoir fait une motion contre les tribunes; aussitôt je fus assailli de pierres, dont plusieurs m'atteignirent dans les reins; deux fois un sabre fut levé sur ma tête, mais il fut écarté par un homme qui me protégeait; enfin, je suis arrivé au corps de garde du Palais-Royal, où j'ai trouvé plusieurs de mes collègues. Voyant bientôt que la garde allait être forcée, nous nous échappâmes par une fenêtre. Si l'assemblée ne prend pas des mesures efficaces pour assurer notre liberté, je m'abstiendrai de ses séances jusqu'à ce que je puisse voter librement et sans compromettre la dignité de la représentation nationale. »

La seconde lettre est de M. Desbois, député du département de la Somme.

« Hier après la séance, passant par la galerie des Feuillans, je fus investi par un nombre assez considérable de citoyens, après avoir été long-temps exposé à leurs insultes, j'ai été meurtri de coups; on m'a volé une boîte, ma canne et mon portefeuille;

cependant il s'est trouvé dans la foule quelques hommes honnêtes qui ont facilité ma retraite ou ma fuite. »

On lit une troisième lettre contenant à peu près les mêmes détails.

M. Véron. Monsieur le président, je demande qu'on lève la séance et que nous sortions de ces murs, où nous ne sommes pas libres.

M. Vaublanc. Non, il n'est pas possible de faire croire à la France qu'elle a une assemblée nationale et que cette assemblée est libre. Nous ne pouvons pas nous dissimuler que les factions s'agitent avec plus d'audace que jamais. L'Europe le sait, la France l'atteste, cette misérable opinion qu'on appelle opinion publique, et qui ne l'est pas, cette misérable opinion qui nous conduit vers l'abîme, est démentie par la presque universalité des citoyens ; si vous vous faisiez lire les lettres que nous adressent tous nos concitoyens, les nombreuses représentations qui nous arrivent de tous les départemens, vous connaîtriez la véritable opinion publique. Mais on écarte avec soin ce qui pourrait vous éclairer ; et l'on ne fait retentir que cette opinion mensongère qui est bien loin d'être le vœu du peuple français. Et moi aussi, monsieur le président, j'ai été insulté, menacé, et sans doute mon sort eût été funeste, sans l'avertissement que je reçus d'un citoyen qui vint à l'endroit où je dînais, me dire qu'une foule d'hommes armés, revêtus de l'habit de garde national, investissaient ma maison, et qu'ils criaient hautement que quatre-vingts citoyens devaient périr par leur main, et moi le premier.

Je n'entrerai point dans les détails affreux et horribles qu'on m'a rapportés, je dirai seulement que, quelques instans après, douze hommes sont entrés chez moi, m'ont demandé ; et que, sur ce qu'on leur a répondu je n'y étais pas, ils ont visité toute la maison, et insulté ceux qui s'y trouvaient ; ils ont fait les mêmes perquisitions et commis les mêmes insultes dans la maison voisine. Le soir, j'ai fait des tentatives pour rentrer chez moi ; mais on m'a averti que je risquais d'être massacré. Certes, je crois qu'il ne se trouvera pas dans l'assemblée beaucoup d'ames de la trempe de celle de M. de Kersaint, qui trouve que l'assemblée a tort de s'occuper de pareilles choses. (Il s'élève un violent murmure.)

M. *Kersaint.* J'en appelle à tous ceux qui m'ont entendu; loin d'avoir tenu le propos que me prête M. Vaublanc, j'ai demandé au contraire que le comité de législation fût chargé de vous présenter un projet de loi répressive contre tous les genres de moyens qui peuvent être employés pour troubler nos séances et la liberté des opinions.

M. *Vaublanc.* Sans doute les injures, les menaces, les mauvais traitemens sont d'excellens moyens pour préparer la discussion sur la déchéance; mais ces moyens ne nous rendront pas plus parjures dans quelques jours que nous n'avons été injustes hier. (Une partie de l'assemblée applaudit.) L'assemblée n'outrepassera jamais ses pouvoirs, elle a un mandat du souverain; la Constitution lui a tracé les limites de sa puissance. Je n'ai pas besoin, je crois, de développer plus long-temps tous ces principes pour faire voir que ce n'est pas seulement la dignité individuelle de vos membres, comme Français, comme citoyens, qui a été avilie, mais la dignité de l'assemblée nationale, et celle de la nation tout entière.

Eh quoi! quand le caractère de quelque ambassadeur était avili dans une cour étrangère, vous pensiez qu'il était digne de la nation française de tirer l'épée et de déclarer la guerre aux despotes qui osaient insulter au représentant d'un peuple libre, et ce serait cette même assemblée qui souffrirait que les représentans immédiats du peuple soient traités, dans le sein de la capitale et sur une terre libre, comme ils ne le seraient pas par les Autrichiens et les Prussiens. Je défie à l'imagination la plus barbare de se figurer les traitemens dont plusieurs de vos membres ont été l'objet. Non-seulement on a attenté à nos jours, mais je vous dirai que les menaces de ces hommes qui assaillaient ma maison furent aussi dirigées contre ma famille, et qu'on fit des perquisitions pour la trouver; ainsi, le comble a été mis aux attentats dans la journée d'hier, et je dis qu'il faut absolument que l'assemblée prenne les mesures les plus fortes pour que la loi soit respectée. Je demande qu'elle fasse venir à la barre le procureur-général-syndic du département, qu'elle lui ordonne, sous sa responsabilité, de prendre les mesures les plus sévères pour que la tranquillité de Paris soit assurée, et que les membres de l'assemblée puissent voter en sûreté. Je les prie d'observer qu'il est impossible d'opiner ici plus long-temps, si toutes les fois qu'on parle suivant sa conscience et suivant la Constitution.... (De violens murmures s'élèvent dans les tribunes. — M. le président donne des ordres pour rétablir le silence. — M. Vaublanc veut continuer. — De nouvelles rumeurs l'interrompent.)

J'entends sans cesse invoquer contre les tribunes l'autorité de l'assemblée, et cette autorité est sans force. N'est-il pas ridicule d'entendre le président rappeler vingt fois les tribunes à l'ordre, et sa voix être toujours couverte par des murmures.

Il vaut mieux qu'une bonne fois nous déclarions que nous sortirons d'ici....... (Tous les membres du parti droit se lèvent en criant : *Oui, oui, nous n'y pouvons rester.*—De violens murmures se font entendre dans la partie opposée.)

M. *Rouyer*. Je dis que l'assemblée ne trouvera dans aucune autre ville autant de moyens d'assurer la liberté de ses séances qu'à Paris; il suffit de vouloir prendre une mesure ferme, ce serait donc une lâcheté inutile que de transférer ailleurs nos séances.

M. *Vaublanc*. Si l'on ne m'eût point interrompu au milieu de ma phrase, on aurait vu que je n'ai point fait la motion formelle de quitter Paris, je voulais ajouter, plutôt que de souffrir plus long-temps que nous soyons avilis par les huées des tribunes; j'ai moi-même proposé des mesures, puisque j'ai proposé de mander à la barre le procureur-général-syndic du département. Je demande aussi que l'assemblée décrète que les fédérés qui sont à Paris n'y resteront pas plus long-temps, et qu'ils rejoindront sur-le-champ le camp de Soissons. (Une partie de l'assemblée applaudit.)

M. *Kersaint*. J'ai déjà répondu à la supposition calomnieuse de M. Vaublanc; mais comme les échos de nos séances font retentir plus souvent les calomnies que les justifications, je suis bien aise de m'exprimer d'une manière qui ne laisse aucun doute sur mes intentions, et j'appuie la proposition faite par M. Vaublanc, de mander le procureur-général, afin de s'assurer par lui que le caractère et l'inviolabilité des représentans du peuple seront respectés.

M. Lagrévolle. Comme d'après l'organisation particulière de la municipalité de Paris, la force publique est sous les ordres immédiats du maire, je demande qu'il soit appelé à la barre pour déclarer oui ou non s'il répond de la sûreté des représentans de la nation.

M. Grangeneuve. Il ne dépend pas du maire de Paris de se charger d'une responsabilité autre que celle à laquelle il est assujetti par la loi ; l'assemblée nationale elle-même n'y peut rien ajouter.

M. Lagrévolle. Je n'entends pas que le maire de Paris soit responsable des événemens qu'il n'aurait pu empêcher ; mais je demande qu'il soit tenu de déclarer s'il y a des moyens suffisans pour assurer votre liberté et votre sûreté ; cette mesure est d'autant plus importante, que MM. Dussaulx et Isnard ont rapporté à la commission extraordinaire, que le maire avait déclaré qu'il avait eu dimanche dernier toutes les peines du monde à contenir les faubourgs ; mais que si la déchéance du roi n'était pas décrétée, c'en était fait de l'assemblée.

Plusieurs voix. Il n'a pas dit cela, monsieur, c'est une calomnie.

M. Dussaulx. J'atteste à l'assemblée qu'elle peut se fier à la vigilance du maire de Paris. La seule chose qui soit vraie dans ce que M. Lagrévolle vous a dit, c'est que c'est à lui que nous devons la sécurité dont on a joui dimanche dernier.

M. Isnard. Il importe de rétablir les faits ; et si l'assemblée me le permet, je vais rapporter ce que j'ai dit à la commission extraordinaire sur les circonstances actuelles. Je lui ai dit qu'elle devait accélérer la discussion du grand objet qui est réclamé par le peuple presque entier, et qui doit décider du sort de l'empire ; qu'il paraissait au contraire que, depuis deux mois qu'on lui avait renvoyé l'examen de cette grande question, elle ne s'en était pas encore sérieusement occupée ; je lui ai dit que le maire s'était rendu à la commission dans un moment où il se trouvait très-peu de membres, et qu'il rapporta que dimanche 5 août, après-midi, ayant appris qu'il y avait du bruit dans les faubourgs Saint-Antoine et Saint-Marceau, il y envoya les deux officiers municipaux qui ont le plus d'ascendant sur le peuple, et qui savent le mieux manier la parole; qu'en effet ils parvinrent à calmer les esprits, mais qu'il paraissait que le moyen le plus efficace, pour calmer les inquiétudes du peuple, était de s'occuper de son salut.

Le peuple est en fermentation; certes, je suis bien loin de l'approuver, quand il se livre à des mouvemens irréguliers. S'il est quelqu'un qui gémisse des événemens d'hier, c'est moi; et je dois dire à ce peuple qu'on l'égare; que le moyen le plus sûr de perdre sa liberté, c'est de se livrer à de pareilles effervescences, et de souffrir que l'on commette, en son nom, de pareils attentats; je dois lui dire que s'il maltraite aujourd'hui les députés d'un côté, demain les traîtres, les scélérats attenteront à la liberté de ceux qui lui sont le plus dévoués. (Les tribunes applaudissent.) La liberté du peuple est toujours placée entre deux écueils; d'un côté, c'est le despotisme qui fait sans cesse des efforts pour l'asservir; de l'autre côté, c'est l'anarchie dont le gouffre est toujours ouvert pour l'engloutir. (Plusieurs applaudissemens dans l'assemblée et dans les tribunes.) Il faut marcher dans un temps de révolution entre ces deux écueils, et c'est le corps législatif qui, par sa sagesse, doit préserver le peuple de l'un et de l'autre. Tous ces mouvemens irréguliers en quelque sens qu'ils soient dirigés, si on remontait à la véritable source, on verrait qu'il sont excités par l'aristocratie elle-même. (Les applaudissemens des communes recommencent.) On verrait que tel homme qui se mêle dans les groupes pour dire qu'il faut assassiner des membres du corps législatif, est peut-être à la solde des princes de Condé et d'Artois. Oui, la France est perdue, si elle se laisse désunir par de pareilles manœuvres, parce que nos ennemis qui ne pourront nous vaincre quand nous combattrons en masse, pourront nous détruire l'un après l'autre. (Applaudissemens réitérés.) Mais après avoir acquitté ainsi ma conscience, j'ai dit aussi à la commission : je vous entends depuis huit jours vous occuper des moyens de sauver le roi des insurrections populaires ; vous faites hérisser le château des Tuileries de canons et de baïonnettes, abandonnez tous ces moyens odieux et inutiles. Il en est un bien plus simple de tout calmer, de tout faire rentrer dans le devoir, c'est de sauver le peuple des manœuvres du roi ; c'est de vous occuper enfin sérieusement de son salut. (Il s'élève de nombreux applaudissemens.) Un moment ; qu'on se taise. J'ai dit à la commission : les peuples sont en général tranquilles et bons. Lorsque les malveillans parviennent à les irriter contre leurs représentans, contre les lois, c'est qu'ils ont eu à souffrir de quelque grande injustice. Que ceux qui les gouvernent descendent alors dans le fond de leurs consciences, ils y trouveront la cause première des écarts qu'ils veulent réprimer. (On applaudit.) Dans cette occasion, par exemple, le peuple est aigri, agité ; vous voulez parer à tous ces inconvéniens, et vous blanchissez ceux qui ont été la cause première de ces malheurs ; vous voulez réprimer le peuple. Ah ! si le Ciel, qui connaît le secret des consciences, se chargeait de punir les coupables, c'est sur La Fayette, c'est sur le département de Paris, c'est sur la cour que tomberaient les premières vengeances. (De violens murmures s'élèvent dans une partie de l'assemblée ; l'autre partie et les tribunes applaudissent.)

On entend plusieurs membres crier : *Vous êtes un agitateur du peuple* ; d'autres, *vous prêchez l'insurrection.*

M. *Isnard.* J'étais assuré de déplaire successivement à tous les partis, parce que tel est au milieu du choc des passions le sort d'un homme qui ne veut que le bien. (Les cris et les rumeurs de la partie droite continuent.)

M. *Merlin.* Je demande à ces messieurs qui murmurent, s'ils croient que M. La Fayette soit inviolable.

M. *Dumas.* Vous avez décrété qu'il n'y avait pas lieu à accusation contre M. La Fayette, pouvez-vous souffrir que dans votre enceinte on prêche l'insurrection contre les lois ?

M. *Isnard.* Je respecte votre décision sur M. La Fayette ; je ne faisais que répéter ici le propos que je tenais à la commission extraordinaire, avant que votre décret eût été rendu. Je suis loin de vouloir parler contre aucun de vos décrets ; je déclare au contraire que si un décret me condamnait à mort, et que personne ne voulût me conduire au supplice, j'irais moi-même. Je dis donc que le meilleur moyen de calmer toutes les inquiétudes, c'est d'aller tous d'un commun accord et avec cet enthousiasme du bien qu'inspire l'amour de la liberté vers le bonheur public. J'appuie les mesures qui vous ont été proposées pour vous assurer et de la tranquillité de la capitale et de la liberté de vos membres.

M. Guadet. Je demande à faire un amendement. Comme la sûreté de l'empire entier ne doit pas moins intéresser les représentans du peuple que la sûreté et la tranquillité de la ville de Paris, je demande que puisque le corps législatif veut demander au maire s'il a des moyens suffisans pour maintenir la tranquillité de la capitale, il soit aussi demandé au roi s'il a des moyens suffisans pour maintenir la sûreté de l'empire. (Une grande partie de l'assemblée applaudit ; une assez vive agitation se manifeste dans la partie droite.)

M. Choudieu. J'appuie la proposition de M. Guadet, mais j'en ajoute une qui rentre dans les mêmes principes, c'est mon département entier qui m'a chargé de vous la faire, et je suis porteur de son vœu individuel exprimé dans les adresses que je vais déposer sur le bureau.

Je demande que le corps législatif déclare s'il a des moyens suffisans de sauver la patrie. (Une partie du ci-devant côté gauche applaudit à plusieurs reprises.) Moi je déclare que les dangers de la patrie sont tout entiers dans votre faiblesse, dans la faiblesse dont vous avez donné hier un si fâcheux exemple, qu'il n'y a de parti en France que parce que la majorité de l'assemblée nationale n'est pas bien prononcée, et qu'il s'y trouve des hommes qui n'ont pas le courage d'avoir une opinion. (Quelques réclamations s'élèvent dans la partie droite ; de nombreux applaudissemens dans la gauche.) Je dis que ceux-là qui n'ont pas eu le courage de regarder en face un soldat factieux ne sont pas faits pour s'occuper des grandes mesures qu'exige dans ce moment le salut de l'état. Je dis que ceux qui ont craint le pouvoir d'un homme parce qu'il disposait d'une armée..... (Un violent tumulte s'élève dans la partie droite. — Il est couvert par les applaudissemens de l'extrémité gauche et des tribunes.)

M. Girardin. Ou la majorité de l'assemblée avoue ce que vient de dire M. Choudieu, ou elle doit l'envoyer à l'Abbaye.

M. Choudieu. J'irai à l'Abbaye, s'il le faut, pour le salut de la patrie; mais je n'irai qu'après avoir usé du droit de dire des vérités. Oui, puisqu'il m'est permis de demander le rapport d'un de vos décrets, à plus forte raison m'est-il permis de dire qu'il est mauvais. Je dis donc que ceux qui ont craint d'énoncer une opinion contre un homme, parce qu'ils croient qu'il a une armée à sa disposition, que ceux-là n'oseront jamais se traîner jusques sur les marches du trône, et que cependant c'est là qu'existe le foyer des conspirations ; en un mot, une assemblée qui a donné un si dangereux exemple de faiblesse est incapable de sauver la patrie.

M. Girardin. Il attaque la majesté du corps législatif, il tient les mêmes discours que les Cazalès et les Mauri tenaient naguère à cette tribune.

M. Choudieu. Je pourrais répondre que ce que les Cazalès et les Mauri demandaient, c'était la translation de l'assemblée nationale ; mais je suis bien aise qu'on sache que la comparaison de M. Girardin ne pourrait m'offenser qu'autant qu'elle serait sortie de la bouche d'un ami de la liberté. (Des applaudissemens s'élèvent dans la partie gauche.)

M. Girardin. Je vous demande vengeance, monsieur le président, ce sont les amis de la licence qui applaudissent ; il n'ont jamais connu la liberté.

M. Choudieu. Je me résume, et je demande que l'assemblée déclare qu'elle ne peut sauver la patrie.

Le procureur-général-syndic du département de Paris est introduit à la barre.

M. le président. L'assemblée a décrété que vous seriez entendu pour lui rendre compte des mesures prises et à prendre pour le maintien de la tranquillité de la capitale.

M. Rœderer. Comme c'est un compte que l'assemblée me demande, l'exactitude doit en faire le caractère, et pour ne pas manquer à cette exactitude, je vais vous faire lecture des pièces de la correspondance du directoire du département avec le maire de Paris.

Deux objets depuis hier ont dû fixer particulièrement l'attention du département et de la municipalité, le premier est l'insulte faite à plusieurs membres du corps législatif, à la sortie de la séance. Le second est le bruit très-répandu, confirmé par des actes positifs, que ce soir, à minuit, le tocsin doit sonner, pour rassembler tout le peuple, à l'effet de se porter sur le château des Tuileries. Hier, à peine étais-je instruit que des membres de l'assemblée avaient été poursuivis par des hommes armés que j'écrivis sur-le-champ au maire, et pour l'intelligence de cette lettre, je dois vous dire que ce matin le ministre de l'intérieur m'avait écrit qu'il était instruit que neuf cents hommes armés devaient entrer, hier au soir ou ce matin, dans la capitale, et que la municipalité avait fait disposer des casernes pour les recevoir ; j'ai interrogé le maire sur ce fait, comme vous le verrez dans la lettre ci-jointe, il m'a répondu qu'effectivement des commissaires de la municipalité avaient fait préparer des logemens ; mais qu'il ne les connaissait pas autrement que par leur inscription sur le registre, et j'invitai le maire à venir au conseil de département pour concerter les mesures à prendre. Vers les neuf heures du soir, le conseil voyant que le maire ne venait point, me chargea d'écrire une seconde lettre. Nous venions d'ailleurs d'acquérir les preuves du bruit répandu, que le tocsin devait sonner cette nuit. La section des Quinze-Vingts, avait pris un arrêté portant que si le corps législatif ne prononçait pas, dans la journée du jeudi, la déchéance du roi, à minuit on sonnerait le tocsin et on battrait la générale pour que le peuple se levât tout entier.

Cet arrêté avait été envoyé aux quarante-sept autres sections avec invitation d'y adhérer, ainsi qu'aux fédérés qui se trouvent à Paris. Nous devons dire que cet arrêté a été improuvé par la section du Roi-de-Sicile.

Le conseil arrêta que la municipalité l'instruirait des mesures prises pour prévenir le tocsin, et qu'elle lui ferait parvenir jour par jour les délibérations des sections. Il invita les citoyens à se tenir prêts à se réunir au premier instant pour maintenir la tranquillité publique. L'assemblée trouvera sans doute, dans notre conduite, que nous avons strictement exercé la surveillance qui nous est prescrite, et que nous avons fait tout ce que la nature de nos fonctions nous permet d'actif. Il ne nous appartient point d'exercer la police immédiate; non-seulement nous manquerions à la loi, mais nous atténuerions la responsabilité de la municipalité, et nous risquerions de croiser ses mesures. Ce n'est que dans le cas où le maire aurait voulu concerter avec nous les mesures à prendre, que nous aurions pu, par cette considération, sortir des bornes de la surveillance; mais il s'est borné à répondre par écrit à la première de mes lettres. Cependant nous avons mandé le commandant-général de la garde nationale. Les renseignemens qu'il nous a donnés ne sont pas plus rassurans. La plus importante des mesures, celle qui a pour objet d'assurer la pleine et entière liberté de vos séances, appartient au corps législatif même. Nous ne pouvons que faire des vœux pour qu'il pourvoie à son indépendance. En vertu d'une réquisition du maire, le commandant-général a pris toutes les mesures de précaution convenables, telles que celle de placer deux réserves nombreuses, l'une au Carrousel, l'autre à la place Louis XV, en un mot, nous croyons qu'il y a sur pied une force suffisante pour en imposer peut-être à ceux qui, par un faux zèle, ou par mauvaise intention, voudraient troubler la tranquillité publique. Je ne compte pas au nombre de nos moyens de force, le zèle des administrateurs et le mien en particulier. Mais ce que j'assure à l'assemblée c'est que nous sommes tous dévoués à la chose publique et que j'exposerai ma tête pour m'opposer à toute entreprise qui ne serait pas autorisée par vos décrets. (On applaudit.)

M. Vaublanc. J'insiste sur la motion que j'ai faite d'ordonner aux fédérés de quitter Paris.

M. Lecointre-Puyravaux. Il y a un décret qui autorise les fédérés à Paris, jusqu'à ce que tout soit disposé à Soissons pour les recevoir. La proposition de M. Vaublanc est dangereuse ; et tendrait à faire croire que l'assemblée attribue aux fédérés, et aux fédérés seuls, les désordres de la journée d'hier. (Des cris: *Qui, oui,* s'élèvent dans la partie droite. — Ils sont couverts par les murmures d'indignation de la très-grande majorité.)

M. Dubayet. Je suis convaincu que les fédérés, qui sont Français, ne veulent que le triomphe de la liberté. Mais je suis convaincu aussi qu'il y a parmi eux un très-grand nombre d'hommes malintentionnés qui cherchent à abuser de leur crédulité. J'ai vu des hommes, revêtus de l'habit de garde national, qui avaient sur la physionomie tout ce que la scélératesse offre de plus horrible ; j'en ai vu tirer leur sabre contre des hommes sans armes, contre des représentans de la nation. Je demande à l'assemblée si, dans sa sollicitude paternelle, elle doit laisser les fédérés qui sont venus à Paris pour servir la patrie en butte à la calomnie et à la séduction. (Il s'élève quelques murmures.) Je déclare que telle est ma confiance dans les fédérés que, si l'assemblée veut m'accorder un congé, j'irai servir avec eux. Je suis convaincu que personne ne mérite plus notre estime et notre considération que ces hommes qui ont quitté leurs familles et leurs foyers pour se vouer à la défense de la patrie. Je demande donc que l'assemblée, secondant leur courage et leur généreuse résolution, décrète qu'ils se rendront sur-le-champ au camp de Soissons.

M. Vergniaud. Le ministre de la guerre s'est rendu, ce matin, à la commission extraordinaire ; il nous a dit qu'il n'était pas encore bien décidé qu'il fût possible de former un camp à Soissons, que l'on serait peut-être obligé de choisir un autre lieu, et qu'en attendant qu'il eût reçu une réponse de la part des commissaires qu'il a envoyés, il lui était impossible d'entasser les fédérés dans des cantonnemens déjà insuffisans.

M. Guadet. Comme les papiers publics se chargeront du récit de cette délibération ; comme la gazette de Leyde a annoncé, le 30 juillet, que quatre cent trente membres de l'assemblée nationale de France voteraient pour M. La Fayette, il est important de fixer les résultats de cette séance, afin de détruire les espérances qu'elle pourrait donner à nos ennemis. Les rois de Prusse et de Hongrie, le duc de Brunswick, répètent tous ensemble que l'assemblée nationale est sous le couteau d'une faction, et comme les ennemis approchent, qu'il est important de leur laisser croire qu'en effet une faction vous domine, deux heures ont été employées à prouver que les représentans du peuple ne délibéraient que sous l'oppression de cette faction. Un camp formé à Soissons pouvait avertir nos ennemis que si, après avoir vaincu nos armées, ils pénétraient dans l'intérieur du royaume, ils y trouveraient de nouveaux défenseurs de la liberté ; on n'ose pas s'opposer ouvertement à la formation de ce camp, mais on veut dégoûter les citoyens qui sont destinés à le composer.

Comme rien n'est disposé pour les recevoir, on leur dit : Partez sur-le-champ pour Soissons. N'est-ce pas leur dire en d'autres termes : Retournez dans vos foyers, nous ne voulons pas de vous. (On applaudit.) Mais je le dis ici au nom de tous ceux de mes collègues qui partagent avec moi l'amour du bien public et de la liberté. Non, il n'est pas vrai qu'une faction domine et gouverne les représentans du peuple souverain. Il y a parmi eux et il y aura toujours des hommes de courage qui, quelles que soient les circonstances, émettront courageusement et librement le vœu que leur conscience leur dictera. (On applaudit.) Non, cette faction n'existe pas ; s'il en existe une, ce n'est pas heureusement une faction dominatrice, et c'est par ménagement que je ne l'indique pas ici. (De nombreux applaudissemens s'élèvent dans l'assemblée et dans les tribunes.)

Plusieurs voix de la partie droite. Indiquez-la, monsieur, cette faction ; indiquez-la.

M. Guadet. On demande que je l'indique, eh bien ! elle existe parmi ces hommes qui, après s'être établis les conseillers secrets de M. La Fayette, qui, après avoir été consultés sur la pétition du général, ont osé venir dans cette tribune faire l'apologie de cette pétition qu'eux-mêmes m'ont dit avoir hautement condamné dans le comité des conseillers secrets ; elle existe parmi ces hommes qui, après avoir calomnié les citoyens-soldats qui sont en ce moment au camp de Soissons, après les avoir traités de brigands et de factieux, se trouvant forcés aujourd'hui, d'après le rapport de vos commissaires, de rendre justice à leur zèle civique, se rejettent sur ceux qui n'ont pu encore, à cause de la négligence et de l'inertie du pouvoir exécutif, aller à Soissons donner les mêmes preuves de civisme ; elle existe parmi les hommes qui, depuis le commencement de votre session, n'ont cessé de souffler dans Paris le feu de la discorde. Mais ce n'est pas de cette faction que les rois qui nous combattent demandent la proscription, et l'on voudrait en dissimuler l'existence en cherchant ailleurs des factions imaginaires.

Au reste, elles se tairont toutes devant la volonté nationale, devant le zèle, le courage des véritables représentans du peuple (La presque unanimité du côté gauche se lève simultanément en criant : *Oui, oui, nous les combattrons toutes.*) ; et c'est nous qui sommes, qui sommes ces représentans. (Les applaudissemens de la grande majorité de l'assemblée et des tribunes recommencent.) Que les armées liguées contre nous pénètrent dans l'intérieur du royaume, nous aurons encore, malgré les factieux, à leur opposer une armée de défenseurs de la liberté qui exterminera les tyrans.

M. Lacroix. Lorsque le ministre Lajard, forcé par vous de rendre compte des mesures prises pour remplacer l'armée de réserve dont vous aviez décrété le rassemblement près de Paris, vous proposa la formation du camp de Soissons, il vous dit que tout était disposé pour l'établissement de ce camp, que des ingénieurs avaient déjà déterminé les emplacemens, et que cette position était la meilleure que l'on pût choisir dans le royaume. Cependant aujourd'hui on vous déclare qu'on ne sait pas même s'il sera possible d'y établir un camp ; que probablement on sera forcé de choisir une autre position ; et c'est ainsi que tantôt par les mensonges les plus audacieux, et toujours par une inaction volontaire, on paralyse toutes les mesures de défense que vous pouvez prendre. Je demande qu'avant d'adopter la poposition de M. Vaublanc, vous chargiez le ministre de la guerre de vous rendre compte si les dispositions sont faites pour recevoir soit à Soissons, soit dans les cantonnemens environnans, les fédérés qui sont actuellement à Paris.

La proposition de M. Lacroix est décrétée.

M. Condorcet fait, au nom de la commission extraordinaire, un court rapport à la suite duquel il propose un projet d'instruction au peuple sur l'exercice de sa souveraineté.

Le maire de Paris est introduit à la barre.

M. Pétion. Depuis huit jours entiers, la municipalité de Paris est continuellement occupée à maintenir le bon ordre et la tranquillité publique. Il n'est point de démarches que les officiers municipaux et le maire n'aient tentées pour calmer les esprits. Vous n'ignorez pas que des bruits alarmans avaient été répandus, que l'on disait que les ennemis de la nation voulaient enlever le roi. La municipalité a reconnu la nécessité de faire concourir les citoyens des différentes parties de la capitale à la garde du roi, et elle a arrêté que cette garde serait composée, chaque jour, de citoyens pris dans chaque bataillon, en sorte que toutes les sections exercent à la fois une surveillance propre à dissiper toutes les inquiétudes.

La municipalité a arrêté en même temps qu'ils serait établi deux gardes de réserve, l'une au Carrousel, l'autre à la place Louis XV, toutes deux composées de la même manière que celle du roi. Quant à la garde de l'assemblée nationale, la municipalité n'en est plus chargée ; elle ne peut qu'inviter l'assemblée à suivre l'usage ancien qui est de doubler les postes en cas de troubles. Depuis que la patrie est en danger, il y a constamment à l'Hôtel-de-Ville un comité composé d'un certain nombre d'officiers et de notables. Nous en envoyons dans les assemblées ; nous ordonnons aux commissaires de police de s'y rendre; nous nous transportons dans tous les lieux où la tranquillité publique paraît être menacée; car la municipalité est persuadée que dans les circonstances critiques on doit toujours employer tous les moyens de la confiance, de la persuasion; car considérez de quelle nature est la force publique que nous avons à notre réquisition. Cette force est composée de tous les citoyens, elle est délibérante depuis la permanence des sections, puisqu'on n'admet dans les sections que les citoyens actifs, et que tous les citoyens actifs sont gardes nationaux, en sorte que la force publique se trouve comme tous les citoyens divisée d'opinion.

La requérir, c'est armer une partie des citoyens contre les autres. Nous avons déjà, dans les momens les plus orageux, employé, avec le plus grand succès, les moyens de la raison et de la confiance; il est aisé au département de nous dire de prendre des mesures quand il est embarrassé lui-même, et il est plus aisé encore, quand les événemens sont passés, de critiquer les mesures prises. C'est surtout sur le maire qu'on rejette ordinairement la responsabilité des événemens; mais je saurai supporter le poids de celle que la loi m'impose, et je puis assurer qu'on n'indiquera pas à la municipalité une bonne mesure qu'elle ne la prenne à l'instant. (Une grande partie de l'assemblée applaudit.)

On annonce quelques lettres particulières relatives aux événemens de la journée d'hier.

L'assemblée les renvoie à la commission extraordinaire.

La séance est levée à sept heures.]

PRÉPARATIFS DU 10 AOUT.

La lecture de la séance qui précède donne une idée de l'état de l'opinion publique à Paris. L'acquittement du général La Fayette fit une sensation qu'il est difficile d'exprimer. D'après la conduite de l'assemblée dans cette question, on ne mit pas en doute qu'elle ne dût rejeter, par un ordre du jour, la proposition de la déchéance. Le vote qu'elle avait prononcé le 9 donnait la mesure de son énergie, ou, selon le langage du temps, de son patriotisme. On ne pouvait plus compter sur elle ; les plus sages, les plus circonspects, tous ceux qui avaient espéré qu'elle mettrait fin à la crise désastreuse qui tourmentait la France, et qu'en arrachant le pouvoir à des mains incapables désormais de s'en servir, elle sauverait le pouvoir, tous ceux-là furent obligés de se jeter du côté de l'insurrection, et d'attendre uniquement du bon sens populaire la conservation de l'unité nationale. Tels furent, sans nul doute, les sentimens du plus grand nombre. Tous les narrateurs du 10 août sont unanimes à cet égard ; tous désignent l'acquittement du général La Fayette comme la cause morale et déterminante de cette journée.

Depuis long-temps, cependant, ainsi que nous l'avons vu, l'insurrection se préparait soit dans des conspirations particulières, soit dans le comité central des fédérés de Paris. Nous allons continuer de suivre la ligne, en quelque sorte officielle, de ces efforts révolutionnaires. Nous serons moins complets que nous n'aurions voulu l'être d'abord ; les journaux font silence ; les écrivains contemporains racontent la bataille qui occupa la journée et ne disent rien de plus. Nous avons recherché les procès-verbaux de la commune dans les premiers jours d'août ; mais ils n'existent pas. Les pages du registre consacré à l'insertion de ces analyses, sont en blanc, et les brouillons, s'ils existent encore, ont été au moins égarés (voir plus bas une lettre de Coulombeau). Nous serons donc obligés, quant à ce qui regarde l'Hôtel-de-Ville, de nous borner à donner les quelques arrêtés que les journaux du temps nous ont conservés. Quant à l'histoire des sections, notre narration sera plus que suffisante pour montrer clairement comment l'insurrection a été préparée et produite.

Le 4 août, le jour même où le corps législatif cassa l'arrêté de la section Mauconseil, le conseil du département, dont M. Rœderer faisait partie, transmit à la municipalité l'ordre de faire afficher et publier à son de trompe l'arrêté de l'assemblée nationale. La commune passa à l'ordre du jour sur cette invitation, bien qu'aux termes de la loi, elle dût obéir; elle motiva son refus par ces seuls mots : *de peur que cette formalité ne donnât lieu à quelques rassemblemens*. Mais son opposition, en réalité, démontrait qu'elle était plus disposée à favoriser les sections qu'à les blâmer, ou au moins qu'elle craignait de les mécontenter. La commune semble balancer entre la population qu'elle représente, et l'administration dont elle doit être l'agent. En même temps qu'elle prend des arrêtés révolutionnaires, elle prononce des paroles de pacification. Cette hésitation se retrouve tout entière dans les trois arrêtés qui suivent.

Avis publié le 6 août dans le Moniteur. — « En exécution de la loi du 28 juillet dernier, consignée le 31 sur les registres du département, et le 3 août, présent mois, sur ceux de la municipalité,

» Les assemblées des quarante-huit sections sont permanentes. Signé PÉTION, maire; ROYER, secrétaire-greffier. »

Arrêté de la municipalité du 6 août 1792, concernant la garde du roi.

« Le corps municipal voulant faire concourir simultanément les citoyens de tous les bataillons à la garde du roi, et prévenir par ce nouvel ordre de service les réclamations qu'ils forment et les inquiétudes qui les agitent ;

» Voulant aussi qu'une force imposante soit rassemblée près des postes que différentes sortes de dangers peuvent particulièrement menacer ;

» Le procureur de la commune entendu, a arrêté ce qui suit :

» 1° La garde du roi sera formée d'un nombre déterminé d'hommes par chaque bataillon de la garde nationale ;

» 2° Il sera établi deux réserves, l'une au Carrousel, l'autre à la place de Louis XV ; elles seront également formées dans la même proportion par tous les bataillons ;

» 3° M. le maire et les administrateurs au département de la police donneront les ordres nécessaires pour la plus prompte exécution des précédentes dispositions.

» Le présent arrêté sera imprimé, affiché, mis à l'ordre, envoyé aux quarante-huit sections et aux soixante bataillons.

» *Signé* PÉTION, *maire;* ROYER, *secrétaire-greffier.* »

Avis de M le maire à ses concitoyens, du 9 août 1792, l'an 4 de la liberté.

« CITOYENS, on a quelquefois voulu vous perdre en cherchant à ralentir votre zèle, on veut aujourd'hui vous perdre en l'égarant.

» L'assemblée s'occupe en ce moment de nos plus grands intérêts; que le calme environne son enceinte; qu'elle discute d'une manière solennelle et imposante, et attendons avec confiance le décret qui émanera de sa sagesse.

S'il était possible que ses murs fussent hérissés de baïonnettes, à l'instant tous les cris de la malveillance s'élèveraient pour dire qu'elle n'est pas libre, et qu'on a arraché à la crainte ce que son civisme seul doit dicter.

» J'ai entendu dire qu'on voulait fixer le jour et l'instant de sa décision. Cette idée est intolérable; jamais on n'a dit à un juge, à telle heure vous aurez jugé mon affaire : à plus forte raison ne peut-on pas tenir ce langage à une assemblée qui prononce sur un grand objet national.

» Je pense que la circonstance est telle que les citoyens doivent se prescrire la loi impérieuse d'observer la tranquillité la plus parfaite. — *Le maire de Paris, signé* PÉTION. »

Voyons, maintenant, ce qui se passait dans les sections. Nous y trouverons la parfaite explication du 10 août. Nous avons choisi parmi les sections, celle qui fut, dans le commencement de ce mois, comme le centre où aboutirent les efforts de toutes les autres; la section des Quinze-Vingts, du faubourg Saint-Antoine, la plus ardente et la plus active de Paris; celle d'où partit le signal de l'insurrection.

Extrait du procès-verbal de la section des Quinze-Vingts, l'an 4 de la liberté, 3 août 1792 (1).

« Une députation de Saint-Marcel est venue demander à marcher avec ses frères du faubourg Saint-Antoine, avec armes, dimanche prochain, 5 de ce mois, à l'assemblée nationale. Sur l'affirmative unanime de tous les citoyens composans l'assemblée de la section, il a été arrêté (2) :

» 1° Que l'on se rassemblerait à 9 heures très-précises du matin, sur la place de la Bastille, avec les citoyens du faubourg Saint-Marcel.

» 2° Que la générale serait battue dès le matin.

» 3° Que les commissaires nommés en instruiront les quarante-sept autres sections, qui seront priés de lui faire passer leur vœux demain soir à l'assemblée générale, en les invitant de se réunir, en armes, et de marcher ensemble, et elle a nommé, à cet effet, les citoyens Desesquelle et Huguenin.

» 4° Elle a député les citoyens Duclos, Carré, Menant et Leduc, pour en instruire ses frères les Marseillais et les inviter à se joindre à eux en armes. »

La section passa ensuite à d'autres objets, entre autres elle décida l'admission, dans son sein, d'un déserteur autrichien; et que tout homme qui serait présenté par les citoyens actifs demeurant depuis un an sur le territoire de la section, serait admis dans les cadres de son bataillon. — *Signé* HUGUENIN, *président;* DESESQUELLE, *secrétaire.*

Extrait du procès-verbal des Quinze-vingts, 4 août 1792.

Adoption du procès-verbal de la veille.

« A l'instant s'est présenté M. Osselin officier municipal accompagné de quatre commissaires députés par la commune, lesquels ont aporté une lettre de M. le maire à laquelle ils se sont joint pour engager les citoiens à ne point faire demain de dé-

(1) Ces séances avaient lieu le soir, à sept heures.
(2) Nous reproduisons exactement les procès-verbaux, avec leurs fautes d'orthographe et de style. (*Note des auteurs.*)

marche inconsidérée, mais d'attendre le prononcé de l'assemblée nationale sur la pétition de la commune de Paris dans ses quarante-huit sections.

» L'assemblée sentant la justice de l'exposé du maire et des officiers par lui envoyés vers l'assemblée, a arrêté qu'elle renonçait à son arrêté pris hier, quant à demain, mais qu'elle attendrait patiemment et en paix et surveillance jusques à jeudy prochain onze heures du soir pour attendre le prononcé de l'assemblée nationale; mais que, si justice et droit n'est pas faite au peuple, par le corps législatif, jeudy onze heures du soir, ce même jour à minuit le tocsin sonnera et la générale battera et tout se lévera à la fois.

» A l'instant et a nommé MM. Caré, Rossignol, Doinet et Balin commissaires à l'effet de porter les vœux ci-dessus à nos frères du faubourg Saint-Marcel, et on a aussi nommé M. Fournereau commissaire à l'effet de porter le même vœu à nos frères les Marseillais sur le champ.

» A cet instant MM. Huguenin président et Desesquelle secrétaire fatigué ont quitté la séance et ont été remplacés de suite par acclamation par M. Lebon pour président et Renet pour secrétaire. Signé Desesquelle, Huguenin. »

La séance continue. On reçoit des députations de la section de Montreuil, des Gobelins, Poissonnière Popincourt, et on leur communique l'arrêté précédent. — On envoie une patrouille de vingt-cinq hommes aux Champs-Élysées pour surveiller le château. Et empêcher la *fuite du pouvoir exécutif* qui, devait, disait-on, avoir lieu cette nuit. — On nomme M. Bauri commissaire pour assister aux séances de l'assemblée nationale, et pour surveiller le Palais-Royal, etc. — Cette fin du procès-verbal est signée Lebon président et Renet secrétaire.

Extrait du procès-verbal des Quinze-Vingts du 6 août 1792.

« L'assemblée ayant nommé par acclamation sécrétaires MM. Desesquelle et Thirion a ouvert sa séance par l'extrait du procès-verbal de la section des Goblins en datte de ce jour six heures du matin portant que les craintes qui n'ont cessé d'agiter la sections depuis hier soir relativement aux Suisses qui sont en grand nombre dans le château de Thuilleries a arrêté que les bataillons de son arrondissement se rendraient sur le champ aux Cordeliers pour y prendre les Marseillais et attenderaient les citoiens des autres sections pour grossir le cortège ; qu'il marcheraient vers le Château et qu'arrivés au Carouzel ils feraient halte, ensuite députeraient quatre commissaires sans armes à l'effet de faire évacuer les Suisses, qui remplissent le Château. Le dit extrait a été annéxé au registre.

» L'assemblée a prévenue M. le maire par une lettre que sur l'extrait de la délibération des Goblins elle va marcher aux Thuilleries pour y camper à l'effet de faire évacuer les Suisses qui sont rassemblés en nombre considérable dans le Château.

» M. Sergent officier municipal est venu dire à l'assemblée que les habitans du foubourg Saint-Marcel étaient rentrés dans leurs foyers.

» L'assemblée a enjoint à M. le commandant en second en l'absence de M. le commandant en chef de faire battre un rapel général à l'effet d'inviter tous les citoiens de la section de se rassembler à la section en armes afin d'être prêts à partir au besoin.

» L'assemblée a arrêté que les barrières seraient gardées afin qu'aucun citoien ne puisse sortir sans un ordre de sa section, de ne laisser passer que les approvisionnemens de la ville et la poste que les voitures suspectes seraient conduites sous bonne et sûre garde à la section sans se permettre aucune dégradation et que cet arrêté sera communiqué aux sectious voisines des barrières afin de les inviter à imiter leur exemple, ainsi qu'au corps municipal.

» Il a été arrêté que M. Santerre voudra bien faire constater légalement sur-le-champ la maladie qui l'empêche de remplir les fonctions de sa place pour le compte en être rendu à l'assemblée elle a nommé à cet effet le citoien Fournerau pour lui porter la lettre.

» Il a été arrêté que la section irait camper aujourd'hui au château des Thuilleries à l'effet de faire évacuer les Suisses qui le remplissent en nombre considérable, mais qu'elle ne partirait qu'après le vœu des commissaires. Elle a envoyé à cet effet des commissaires dans les quarante-sept autres sections pour se joindre à elle et grossir le cortège. L'heure de départ a été fixée à quatre heures de relevé et le point de raliement le Carousel.

» M. le sous-commandant de la section a reçu de M. le commandant-général une lettre dont il a fait part à l'assemblée, et dont suit la teneur :

« *Garde nationale parisienne.* — 6 août, l'an IVe de la liberté. *État-major général.* — Le commandant-général instruit que, sous le prétexte d'un enlèvement du roi, on bat le rappel dans le premier bataillon de la première légion, déclare que cet enlèvement est faux, ainsi qu'il est constaté par le procès-verbal qui en a été dressé cette nuit par un greffier municipal, fait deffence à M. Sansterre, commandant de ce bataillon, de le rassembler, lui déclarant qu'elle le rend responsable de tous les évènemens que pourrait occasionner sa désobéissance. *Signé, le commandant-général,* MENAUT. » Sur la lettre, on a passé à l'ordre du jour. La séance a été suspendue à une heure et demie. DESESQUELLE, *secrétaire*; HUGUÉNIN, *président.*

» La séance a été ouverte à quatre heures ; on a fait le rapport des commissaires envoyés aux différentes sections qui avaient reçu la mission de leur communiquer l'arrêté pris le matin. Ils n'ont point trouvé ces différentes sections en activité. Les différens présidens de ces assemblées ont répondu qu'ils en feraient part à l'ouverture respective de leurs séances, et qu'ils enverraient des commissaires pour manifester leur vœu à l'égard de l'arrêté.

» Différentes motions se succèdent avec rapidité demandant que l'on mette à exécution l'arrêté du matin. On demande que la générale soit battue : elle obtient beaucoup de suffrages. Le président proteste contre, et déclare formellement qu'il quittera plutôt le fauteuil que de mettre aux voix une pareille motion.

Le fauteuil a été remplacé par le citoyen Lebay, et le citoyen Renet, secrétaire-greffier, a pris le registre. A l'instant s'est présenté M. Osselin, conseiller municipal, lequel est venu donner communication du procès-verbal dressé cette nuit au château sur la garde du roi. On a reçu un arrêté du corps municipal contenant une nouvelle manière de former la garde du roi, en prenant chaque jour des soldats de tous les bataillons indistinctement. — Après quoi la séance a été levée.

» Signé, RENET, *secrétaire*; LEBAY, *président*. »

Extrait du procès-verbal des Quinze-Vingts du 9 août 1792.

Lecture du procès-verbal.

» On a reçu les commissaires des sections Poissonnière, Bonne-Nouvelle, Gobelins, de Montreuil, des Gravilliers, de Beaubourg, du Ponceau, de la Croix-Rouge, des Lombards, de Mauconseil, Popincourt, de l'Arsenal, des Thuileries, qui, toutes, ont adhéré aux arrêtés de la section des 15-20, reconnaissant qu'ils ne tendaient qu'à sauver et assurer la chose publique.

» Un fédéré, parlant au nom de ses frères, a invité l'assemblée à persister dans son arrêté du 4.

» On a fait lecture d'une lettre des fédérés des quatre-vingts-deux départemens, demandant à se réunir aux habitans de la section des 15-20, pour, sous les mêmes drapeaux, défendre et sauver la patrie. On a accueilli avec transport la proposition qu'à fait un membre de délivrer aux citoyens de la section vingt-quatre fusils.

» On a décidé que, pour sauver la patrie, et sur la proposition d'un membre d'une section de Paris, que l'on nommerait trois commissaires par section pour se réunir à la commune et aviser aux moyens prompts de sauver la chose publique, et à cet effet on a décidé qu'on ne recevrait d'ordre que de tous les commissaires, de la majorité des sections réunis. On a nommé pour représenter la section des 15-20, MM. Rossignol, Huguenin et Balin.

» Ensuite, on a entendu sonner le tocsin (1), et à ce moment l'assemblée s'est constituée permanente.

(1) Le tocsin sonna d'abord dans l'intérieur de Paris; en entendant ce bruit, on se mit aussi à le sonner dans le faubourg Saint-Antoine, sans attendre l'ordre

» Après la permanence déclarée, un membre a proposé de faire assembler le bataillon en armes, et l'assemblée ordonne par l'organe de son président au commandant en second dudit bataillon de le faire marcher où le danger de la patrie appelle ses défenseurs. Fait et clos, et *signé*, MIETTE, *secrétaire.* »

Cependant les commissaires se rendaient à l'Hôtel-de-Ville. Ils ne formèrent d'abord qu'une assemblée tumultueuse; on se comptait, on attendait que la réunion fût suffisamment nombreuse et représentât réellement la majorité des sections : néanmoins, ce temps d'attente ne fut pas complétement perdu. Les nouveaux-venus se communiquaient rapidement les dispositions prises dans leurs quartiers respectifs; et les impressions qui en résultaient étaient transmises rapidement aux sections avec lesquelles on ne cessa pas un instant d'être en rapport par des émissaires que la curiosité ou le zèle faisaient courir sans cesse d'un point à un autre. Il paraît qu'on craignit un moment que le mouvement n'eût pas lieu avec l'ensemble qu'on désirait lui imprimer : on donna même l'ordre de suspendre le tocsin; mais le peuple était sur pied, les rassemblemens se pressaient; et cette mesure de précaution n'eut aucune suite. Nous avons pu juger que tels avaient été les premiers momens de la commune insurrectionnelle seulement sur ce que nous avons lu dans quelques procès-verbaux des sections; car il n'existe aucune pièce qui se rapporte positivement à cet instant de transition où le pouvoir légal fut remplacé par le pouvoir de fait.

Le moment de la transition dut être très-difficile. En effet, le maire de Paris avait été appelé au château : il avait laissé le conseil général réuni et en délibération. Il n'est pas probable que celui-ci se soit séparé sans l'ordre du maire, et lorsqu'il savait que tout Paris était en mouvement. Une pièce dont il va être question prouve d'ailleurs qu'il fut en séance toute cette nuit. Au reste, la permanence de ce conseil favorisa l'introduction des commis-

de la section. Celle-ci ne voulait donner ce signal que sur l'ordre des commissaires envoyés à l'Hôtel-de-Ville. (*Note des auteurs.*)

saires dans l'Hôtel-de-Ville. Ce fut une circonstance favorable sous ce rapport, car, autrement, on ne comprend point comment ils eussent réussi à se faire ouvrir les portes de la maison commune, gardées qu'elles étaient par un fort piquet de garde nationale. Le chef de ce corps avait même déjà reçu du commandant Mandat des ordres de résistance qui n'étaient rien moins que favorables au mouvement qui se faisait dans Paris. Or, les commissaires se présentèrent sans armes, et ils furent paisiblement introduits. Sans la présence du conseil municipal qui semblait autoriser la leur, et la légalisait en quelque sorte, nul doute qu'ils n'eussent été repoussés.

La preuve que la réunion des commissaires des sections ne fit que prendre la place du conseil municipal et le trouva en pleine activité, c'est la lettre suivante qui se trouve aux archives de la ville.

MUNICIPALITÉ DE PARIS.

24 janvier 1793, l'an 2 de la république.

« Citoyen, j'ai eu l'honneur de vous dire que je ne pouvais mettre en règle les procès-verbaux du mois d'août sans avoir la nuit du neuf au dix. M. Royer, qui était alors secrétaire-greffier, l'a rédigé. Il l'a promis à Tallien. Je lui ait écrit deux fois pour l'avoir; il m'a fait dire qu'il me répondrait, et j'attends toujours sa réponse.

» Si vous preniez le parti de demander vous-même ce procès-verbal, vous seriez peut-être plus écouté. Je vous invite à vous adresser à lui : il ne peut refuser ce qu'on lui demande, puisqu'il était l'homme de la municipalité.

» *Signé*, COULOMBEAU, *secrétaire-greffier*. »

— En marge de cette lettre est écrit : « Demander au secrétariat l'adresse du citoyen Royer, secrétaire-greffier, la nuit du 9 au 10 août. ».

— Cette pièce prouve sans réplique que le conseil municipal tint séance cette nuit. Le procès-verbal qui nous manque, et dont M. Royer-Collard a peut-être encore les minutes, est un monument historique précieux : il nous apprendrait comment la commune légale consentit à céder la place à la commune insurrectionnelle. Cet abandon dut être de sa part une chose volontaire. Cela s'explique, parce qu'il y avait, dans son sein, un grand nombre de partisans du mouvement qui se faisait dans Paris, et un nombre plus grand encore peut-être d'hommes qui ne demandaient pas mieux que de se débarrasser, par ce moyen, de la grave responsabilité à laquelle était condamnée la municipalité quelle qu'elle fût. Ce qui le prouve enfin, c'est que les commissaires des sections n'étaient pas en position de s'emparer du pouvoir.

Quoi qu'il en soit, le premier acte régulier des commissaires dut être de se faire reconnaître en montrant leurs pouvoirs. Nous joignons ici l'écrit qui se rapporte à cette opération. Cette pièce unique est déposée à l'Hôtel-de-Ville. Nous en devons la communication à M. Guillaume, archiviste, dont nous ne saurions trop remercier la complaisance, et louer le zèle pour la conservation des monumens historiques.

COMMUNE DE PARIS.

Tableau général des commissaires des 48 sections qui ont composé le conseil général de la commune du 10 août 1792, l'an I de la république française.

1. QUINZE-VINGTS.

Pouvoirs. — L'assemblée donne pouvoirs illimités de tout faire pour sauver la patrie, et déclare ne plus reconnaître d'autres ordres que ceux des commissaires réunis.

Commissaires. — **Huguenin (1), rue Lenoir, n. 6; Boisseau, Rossignol, nommés dans la nuit du 9 au 10. — *Fontaine, rue

---

(1) Les noms précédés d'une étoile désignent ceux qui, conformément à un arrêté, avaient signé et ont rempli l'engagement d'être journellement à leur poste jusqu'au renouvellement du conseil général : et les deux étoiles désignent ceux qui ont été chargés par le conseil exécutif, le 5 septembre, de faire, auprès des municipalités, districts et départemens, telles réquisitions qu'ils jugeraient nécessaires pour le salut de la patrie.

AOUT (1792).

Lenoir, n. 5; * A. C. Ballin, rue Lenoir, n. 2; Fournereau, nommés le 10. — Fontaine fut remplacé plus tard par * Miet, rue Lenoir, n. 5; et Ballin par * Mareux, rue du Faubourg-Saint-Antoine, n. 263.

2. BON CONSEIL, *ci-devant* MAUCONSEIL.

Pouvoirs. — Pouvoirs les plus étendus de faire tout ce qu'ils aviseront pour le salut de la chose commune, et consentir à tout ce qui sera avisé par les commissaires.

Commissaires. — Lulier, rue de la Grande-Tuanderie; * Gomé, rue Saint-Denis, n 467; ** Bonhommet, rue Saint-Denis; nommés dans la nuit du 9 au 10. — ** Chartrey, rue Saint-Sauveur, n. 35; * Carrette, rue Saint-Sauveur, n. 30; * J. D. David, rue Saint-Denis, n. 443; nommés le 10. — Plus tard Gomé fut remplacé par * Lamotte, rue Saint-Denis, n. 445.

3. ARSENAL.

Pouvoirs. — Pouvoirs illimités pour sauver la patrie.

Commissaires. — * Jolly Berthault, rue Saint-Paul, n. 59; * Coucedieu, rue Saint-Paul, n. 49; * Baracaud, rue Saint-Antoine, n. 249; nommés dans la nuit du 9 au 10. — Lefèvre, rue Saint-Antoine, quincailler; * Vincent, rue Saint-Antoine, n. 227; * Léger, rue Saint-Paul, n. 57; nommés le 10. — Lefèvre fut remplacé par * Boula, rue Saint-Antoine, n. 285.

4. DE MARSEILLE, *ci-devant* THÉATRE-FRANÇAIS.

Pouvoirs.—Pouvoirs illimités pour concourir à prendre toutes les mesures nécessaires exigées par les circonstances.

Commissaires. — Robert, député à la convention; * Simon, rue des Cordeliers, n. 52; Billaud de Varennes, député à la convention; nommés dans la nuit du 9 au 10.— Fabre d'Églantine, député à la convention; **Chaumette, rue des Deux-Portes-Saint-André, n. 15; nommés le 10 août; * Lebois, du Théâtre-Français, nommé le 14. — Robert fut remplacé par * Favanne, rue de la Harpe, n. 109; Billaud de Varennes par * J. E. Brochet, rue Saint-André-des-Arcs, n. 43; Fabre d'Églantine par Vincent, cour du Commerce.

5. BONNE-NOUVELLE.

Pouvoirs. — Pouvoirs illimités de faire tout ce qui sera jugé convenable au danger de la patrie.

Commissaires. — Boulay; ** Hébert, cour des Miracles, nommés dans la nuit du 9 au 10. — Dehay; * Véron, rue Saint-Denis, n. 518; * Belette, rue Saint-Denis, n. 521; Champertois, nommés le 10. — Dehay fut remplacé par Folatre, puis par Moulin-Neuf; Champertois par Bricard, rue Beauregard, n. 56.

6. MONTREUIL.

Pouvoirs. — Après une mûre délibération sur les mesures à prendre pour sauver la patrie, l'assemblée donne pleins pouvoirs de délibérer et d'agir dans tout de qui peut tendre au bonheur public, et sur tout ce que leur sagesse leur suggérera.

Commissaires. — ** Bernard, rue Saint-Bernard, n. 14; ** Chauvin fils, rue de Lape, n. 35; Tourlot; nommés dans la nuit du 9 au 10. — * Boulanger, rue de Charonne, n. 152; Aubert; Damois, nommés le 10.

7. CROIX-ROUGE.

Pouvoirs. — Toute latitude de pouvoirs pour délibérer et consentir à toutes mesures relatives aux dangers de la patrie.

Commissaires. — **Brutus Sigaud, rue de Sèvre, n. 1104; * R. G. de la Barre, rue de Sèvre, n. 1080; **Gobeau, rue de la Planche; Colmar, **Millier, rue du Cherche-Midi, n. 290; Vechinger, rue de Sèvre, n. 1105; nommés dans la nuit du 9 au 10. — Colmar fut suspendu.

8. GRAVILLIERS.

Pouvoirs. — L'assemblée donne les pouvoirs les plus pleins pour sauver la patrie, s'engage à exécuter tous les ordres qui seront envoyés par les commissaires des sections, et à n'en reconnaître point d'autres.

Commissaires. — P. Bourdon, député à la convention; **J. M. Martin, rue Notre-Dame-de-Nazareth, n. 112; *G. Truchon, cour des Fontaines, n. 25; nommés dans la nuit du 9 au 10. — *Duval-Dutain, rue Jean-Robert, n. 6; Colombart, rue Aumaire; Saurin; nommés le 10.

9. RÉUNION, *ci-devant* BEAUBOURG.

Pouvoirs. — Pleins pouvoirs pour sauver la chose publique.

Commissaires. — *P. Simon, rue Saint-Martin, n. 170; *Lemaire, rue Grenier-Saint-Lazarre, n. 35; *Guidamour, caserne Beaubourg; nommés dans la nuit du 9 au 10. — **Michel, rue Michel-le-Comte, n. 3; Dumas, Riquet; nommés le 10.

10. FONTAINE-DE-GRENELLE.

Pouvoirs. — Pleins pouvoirs pour concourir au salut de la patrie.

Commissaires. — **Xav. Audouin, rue Saint-Dominique, aux Jacobins; Rivailler, rue Saint-Dominique, n. 28; *Gaudicheau, rue de Beaune, n. 776; nommés dans la nuit du 9 au 10. — *Rousseau, rue de Grenelle, n. 680; Sabatier, rue de Grenelle, maison Tautin; *Rouval, rue de l'Université, n. 384; nommés le 10. — Audoin fut remplacé par J.-M. Defrasne, rue Saint-Martin, n. 88.

11. PANTHÉON FRANÇAIS, *ci-devant* SAINTE-GENEVIÈVE.

Pouvoirs. — Pouvoirs de délibérer et d'agir pour ce qui importe le plus à la chose publique en danger.

Commissaires. *Bigant, rue Saint-Jean-de-Beauvais, n. 14; *Croutelle, rue des Carmes-Maubué, n. 27; *Gorel, rue de Bièvre, n. 25; nommés dans la nuit du 9 au 10. — *Belliot, rue de Bièvre, n. 18; Fauvel, rue Saint-Jacques, n. 41; Méhé fils, rue Hautefeuille, n. 16; nommés le 10. — Belliot et Fauvel furent remplacés par *Ch. Lhomme et *Marie.

12. FINISTÈRE, *ci-devant* GOBELINS.

Pouvoirs. — Pouvoirs les plus illimités de se concerter sur les mesures à prendre pour sauver la patrie; l'assemblée arrête en outre de ne recevoir d'ordres que des commissaires des sections.

Commissaires. — *Mercier, rue de la Clef, n. 10; Rossignol, Desliens; nommés dans la nuit du 9 au 10. — Maillet, Baron, *Camus, rue de la Clef, n. 5; nommés le 10. — Rossignol, Desliens et Camus furent remplacés par Pelletier, *Gensi et *Beaudoin.

13. DES ARCIS.

Pouvoirs. — L'assemblée adhérant à l'arrêté de la section des Quinze-Vingts, donne pouvoir de se concerter avec les autres commissaires sur tout ce qu'il faut faire pour sauver la patrie.

Commissaires. Jacot, Blerzy, *Nicolas Jérôme, rue Saint-Jacques-la-Boucherie, n. 213; nommés dans la nuit du 9 au 10. — Gallien, Atef, rue Jean-Pain-Mollet, en Grève; Vial; nommés le 10. — Blerzy, N. Jérôme, Alef et Vial furent remplacés par *Chahuet, *Delépine, *Grenier et S.-T. Charbonnier.

14. TUILERIES.

Pouvoirs. — Pouvoirs de prendre de concert, avec les commissaires des autres sections, toutes les mesures qu'exigent le danger de l'empire et le salut public.

Commissaires. — *Kinggen, rue des Quinze-Vingts, n. 48; **Michaut, rue de Chartres, n. 67; Benoît, rue Saint-Nicaise, n. 510; nommés dans la nuit du 9 au 10. — *Paillé, Volant, rue de Rohan, n. 444; Restout, au Garde-Meuble; nommés le 11.

15. OBSERVATOIRE.

Pouvoirs. — Les pouvoirs les plus étendus de se concerter avec les autres commissaires sur les moyens de sauver la patrie des malheurs qui la menacent.

Commissaires. — Paris, *Lefebwre Longarenne, barrière Saint-Jacques; Defraisne; nommés dans la nuit du 9 au 10. — Thomas, *D'Hériquehem, rue Saint-Jacques, n. 283; René; nommés le 11. — Paris fut remplacé par Lenoir.

16. DROITS DE L'HOMME, *ci-devant* ROI DE SICILE.

Pouvoirs. — Pleins pouvoirs pour sauver la chose publique.

Commissaires. — Pollet; *Leclerc, rue des Juifs, n. 4; Mareux; rue Saint-Antoine, n. 46; nommés dans la nuit du 9 au 10. — Lenfant, rue Saint-Antoine, n. 70; *Coulombeau; rue des Francs-Bourgeois, n. 21; Rumel; nommés le 10. — Pollet fut remplacé par Jean Chevalier.

17. BONDI.

Pouvoirs. — Pouvoirs de ce concerter sur tous les moyens à prendre pour sauver la patrie.

Commissaires. — **Daujon, faubourg Saint-Martin, n. 40; *Cally, faubourg Saint-Martin, n. 55; Romet; nommés dans la nuit du 9 au 10. — **Aron Romain, faubourg Saint-Martin, n. 40; Mavier aîné, Bourdon; nommés le 10. — Danjon et Romet furent suppléés par Laurent et *Cervignières; Mavier et Bourdon remplacés par *Traverse et *Thomas.

18. AMIS DE LA PATRIE, *ci-devant* PONCEAU.

Pouvoirs. — Les pouvoirs les plus étendus de prendre toutes les déterminations qu'ils jugeront convenables au salut public.

Commissaires. — Duffort, *Pantaclin, rue Grenéta, n. 419; *Caillieux, rue Saint-Denis, n. 54; nommés dans la nuit du 9 au 10. — *Delvoix, rue Saint-Denis, n. 84; *Bailly, rue Saint-Martin, n. 357; Spol, rue Grenéta, n. 37; nommés le 10. — Duffort fut remplacé par Cardot, puis par Rochefort.

19. LUXEMBOURG.

Pouvoirs. — Pouvoirs de délibérer sur tous les objets d'utilité et de salut public.

Commissaires. — Faucon, Chaudé, Robin, nommés dans la nuit du 9 au 10; L. N. Guérin, **C. L. Grandmaison, rue des Aveugles; Leclerc, rue de Tournon, n. 39; nommés le 10. — Faucon, Chaudé, Robin, Guérin, Leclerc furent remplacés le 12, par Pache, ministre de la guerre; * Godard, ** Dareaudery, Mercenay, * Lasnier.

20. DES FÉDÉRÉS ci-devant PLACE ROYALE.

Pouvoirs. — Pouvoirs de délibérer avec les commissaires des autres sections, sur tout ce qui intéresse la chose publique, et de sauver la patrie.

Commissaires. — Nartez, Pont-au-Choux, n. 20; **Bernard Samson, rue Neuve-Sainte-Catherine, n. 16; Journet, rue des Tournelles, n. 80; *Lainé, rue de l'Égout-Saint-Louis, n. 4; T. Lemeunier, tué en remplissant la mission dont il était chargé dans la nuit des visites domiciliaires (1); *Maneuse, rue Culture Sainte-Catherine, nommés dans la nuit du 9 au 10. — Lemeunier fut remplacé par *Vincent.

21. POISSONNIÈRE.

Pouvoirs. — Pouvoirs, conjointement avec les commissaires des autres sections, de diriger toutes les opérations de la révolution.

Commissaires. — *Faro, faubourg Saint-Denis, n. 45; *Pelletier, faubourg Saint-Denis, n. 75; L'Hermina; nommés dans la nuit du 9 au 10. — *Beaudier, *Marc, *Dupré, nommés le 10.

22. LOUVRE.

Pouvoirs. — Pouvoirs de délibérer avec les commissaires des autres sections sur toutes les affaires de la commune.

Commissaires. — **F. V. Legray, rue des Deux-Boules, n. 10; Ballé, Bellefond, nommés dans la nuit du 9 au 10. — **Crosne, Lavoipierre, Deltrait, nommés le 10. — Rallé, Bellefond et Lavoipierre furent remplacés par Collard, par Neuville et Vivier.

(1) Peltier parle de la mort de ce commissaire; il la raconte ainsi : Il était monté sur un cheval très-fougueux qui prit le mors aux dents et l'emporta. Ainsi entraîné ventre à terre, il passa devant un corps de garde; on le prit pour un aristocrate qui fuyait une visite domiciliaire, et on lui lâcha un coup de fusil qui le jeta mort à terre. (*Note des auteurs.*)

23. DU NORD, *ci-devant* FAUBOURG SAINT-DENIS.

Pouvoirs. — Pouvoirs de délibérer et prendre tous les moyens qui paraîtraient les plus propres pour sauver la patrie.

Commissaires. — Colange, faubourg Saint-Denis, n. 30; *Oger, faubourg Saint-Martin; Landregin le jeune, nommés dans la nuit du 9 au 10. — *F. P. Briac, rue Châteaudon, n. 7; *C. N. Dupont, faubourg Saint-Martin, n. 206; G. Constant, rue Sainte-Croix, nommés le 10. — Oger et Landregin furent remplacés par Desmarets et Desnelles.

24. LA CITÉ, *ci-devant* NOTRE-DAME.

Pouvoirs. — Pouvoirs de délibérer sur tous les moyens de sauver la patrie.

Commissaires. — *Franchet, rue Sainte-Croix; *Laiguillon; **Laborey, cloître Notre-Dame, nommés dans la nuit du 9 au 10. — *Riollot père; *Jacot de Villeneuve des Ursins; Gille, rue d'Enfer en la Cité, nommés le 10. — Laiguillon fut remplacé par Dumouchet, puis par Laiguillon.

25. POPINCOURT.

Pouvoirs. — Pouvoirs de travailler, avec les autres commissaires, aux moyens de sauver la patrie.

Commissaires. — Barry puis Arnaud; Payen puis Ducansel; Tourasse, nommés dans la nuit du 9 au 10. — Suchet; Chaize; *Duchesne; Roquette, nommés le 10. — Arnaud fut remplacé par *Dangé; Payen par *Denelle; Ducansel par *Venimeuse; Suchet par Barry; puis Colange; puis Barry; Chaize par Hutau, puis Cossange.

26. DES HALLES, *ci-devant* DES INNOCENS.

Pouvoirs. — Tous pouvoirs de veiller au salut public et de sauver la patrie.

Commissaires. — Bouin, rue de la Cossonnerie; *Jobert, rue des Prêcheurs, n. 24, *Pécoul, rue des Fourseurs, nommés dans la nuit du 9 au 10. — *Langlois; *Michonis, rue de la Grande-Friperie; Nicout, rue du Chevalier-du-Guet, nommés le 10.

27. INVALIDES.

Pouvoirs. — Adhésion à l'arrêté de la section des Quinze-Vingts, et pleins pouvoirs de sauver la chose publique.

Commissaires. — Leroy; Thévenot; Lepage, nommés dans la nuit du 9 au 10. — Jacob; Guinges; Vaillant, nommés le 11. — Thévenot fut remplacé le 11 par Nouet.

28. CONTRAT-SOCIAL, ci-devant DES POSTES.

Pouvoirs. — Pouvoirs de délibérer et prendre part à toutes délibérations qui auront pour but le salut de la patrie.

Commissaires. — Dervieux, rue Montorgueil; Blondel; Guiraud; nommés dans la nuit du 9 au 10. — Roussel, rue Montmartre; *Jamis (Charles), rue Montmartre; *J. N. David, rue des Prouvaires, n. 42; nommés le 10. — Les quatre premiers furent remplacés par *Cochois; Briquet; **Bodson le jeune, quai de l'Horloge; *Coulon.

29. LOMBARDS.

Pouvoirs. — Pouvoirs de se réunir aux commissaires des autres sections pour aviser aux dangers éminens de la patrie.

Commissaires. — Poullenot; Louvet; Lelièvre, avoué; Gretté; Guillot; ** Jolly; nommés le 10 août et remplacés le 6 septembre par Carré; * Delaunay; * Brenillard; Va; * Agy, et Deschamps.

30. HALLE-AUX-BLÉS.

Pouvoirs. — Pouvoir de concerter avec les commissaires des autres sections les mesures à prendre vu l'urgence des circonstances.

Commissaires. — Chambon; Réal; Mirabal; nommé le 10 au matin — Ganilh; Chevri; *Henissard, rue des Deux-Écus; nommés le 10. — Fut remplacé par Levacher.

31. BUTTE-DES-MOULINS ci-devant PALAIS-ROYAL.

Pouvoirs. — Pouvoirs de se charger conjointement avec les autres commissaires de l'administration générale de la ville de Paris.

Commissaires. — Tainville, rue Mont-des-Moulins; Hyvne; Boissel; nommés le 10 août — Segny; Lebreton; Laclos, nommés le 11. — Segny et Laclos furent remplacés par Marino et Lacoste.

32. FAUBOURG MONTMARTRE.

Pouvoirs. — Pouvoirs de coopérer à toutes les opérations que les dangers de la patrie pourront exiger.

Commissaires. — Pepin, faubourg Montmartre; Gapany Hassenfratz: Gircourt; Rivey; *Ménagé, rue de Buffaut, n. 494, nommés les 10, 11, 12 et 13 août; les cinq premiers remplacés, le 13, par *Cohendet; *Vassaux; *Durour; *Peiron; Landrin.

33. PONT-NEUF, ci-devant HENRI IV.

Pouvoirs. — Pouvoirs de participer à tous les actes relatifs aux grandes mesures qui pourraient être nécessitées dans les circonstances actuelles.

Commissaires. — Reverend; Letellier; Minier; Liardet; *Menil, Cour-Neuve-du-Palais; Fournier; les trois premiers nommés le 10, les autres le 12. Les quatre premiers remplacés le 20 par *Cochois; *Briquet; **Bodson le jeune et *Coulon.

34. SANS-CULOTTES, ci-devant DES PLANTES.

Pouvoirs. — Pouvoirs de former le conseil général et de délibérer sur les mesures propres à sauver la patrie.

Commissaires. — Lucas; Marlin; Jaladier; Champ-Romain; Bachelier; Ménard; nommés le 10, et remplacés successivement par **Felix, professeur Henriot; le jeune; Martin Verdier, adjoint du 4 septembre; Germain (Felix); Jaladier; Durieux le jeune.

35. LE MARAIS, ci-devant LES ENFANS-ROUGES.

Pouvoirs. — Pouvoirs de représenter la section à la commune.

Commissaires.— Bocotte; Henry; Pottin; Cellot; Lefèvre, vétéran; *Gaucher; nommés le 11; les cinq premiers remplacés par *Dufour; *Lejolivet; Gauthier; Jaillant; *Charles.

36. BEAUREPAIRE, *ci-devant* THERMES JULIEN.

Pouvoirs. — Pouvoirs de représenter la section au conseil général de la commune.

Commissaires. — J. B. C. Mathieu; N. J. Jacob; F. E. Joubert; Mathurins; A. L. Ag. Varin; H. Varin, Behourt; nommés le 11. — Les deux derniers remplacés par Cellier et Vachard.

37. QUATRE-NATIONS.

Pouvoirs. — Pouvoirs de représenter la section au conseil de la commune.

Commissaires. — Legangneur; Cheradam; Alexandre Roger; Lecomte, *J. B. Jamson, *V. Oliveau; nommés le 11.

38. CHAMPS-ÉLYSÉES.

Pouvoirs. — Pouvoirs de représenter la section au conseil général de la commune.

Commissaires. — J. G. Delfault; Dubertret, traiteur; M. Boutenot; A. H. Martin, épicier; J. B. Lubin; *J. Jacq. Lubin; nommés le 11.

39. DES PIQUES, *ci-devant* PLACE VENDÔME.

Pouvoirs. — Pouvoirs d'aviser aux moyens de sauver la patrie.

Commissaires. — *Moulins, rue de la Madeleine, n. 3; Duveyrier; Piron; nommés le 10. — Laignelot; Robespierre, député à la convention; Mathieu; nommés le 11. — Duveyrier; Piron; Laignelot et Mathieu, remplacés, le premier par Arthur, Châtelet puis Morel; le second par Frenard, puis Baurillon; les deux autres par Orguelin et Tresfontaine.

40. DE 1792, *ci-devant* BIBLIOTHÈQUE.

Pouvoirs. — Pouvoirs de représenter la section au conseil général.

AOUT (1792).

Commissaires. — Chenier ; *Reboul, rue Chabannais, n. 42;
*Destournelles, rue Chabannais, n. 8 ; *Lefèvre, rue Saint-Marc,
n. 35; *Beaudrais, rue Marivaux, n. 9; Bosque ; nommés le 11
août; ce dernier remplacé par *Caron, rue Richelieu, n. 56.

41. MAIL.

Pouvoirs. — Pouvoirs de représenter la section au conseil général.

Commissaires. — *P. L. Moëssard, rue Montmartre, n. 97 ;
A. Fery; *A. G. Geoffroy, rue Montmartre, n. 73; *P. L. Larcher; Jacquelet; J. Fichu ; Andro. Les trois premiers nommés le
11, les trois autres nommés le 13. — Fichu fut remplacé le 28
par *Camus.

42. MOLIÉRE ET LA FONTAINE, *ci-devant* MONTMORENCY.

Pouvoirs. — Pouvoirs de représenter la section au conseil général.

Commissaires. — *Emi, rue du Gros-Chenet; Boutet; *Mennessier, rue Saint-Joseph, n. 2; *Vallet, rue Cléry; Pinon, rue
Cléry; Ch. Saint-Disier, rue Neuve-Saint-Eustache; nommés,
les trois premiers le 11, les autres le 14.

43. TEMPLE.

Pouvoirs. — Pouvoir de sauver la patrie.

Commissaires. — Goin ; Bottot; Teissier; Prinet; Lefebvre;
Tassin; nommés le 11 ; remplacés le 18, Bottot par Beguin, puis
Naudin; Teissier par *Talbot; Prinet par *Mille; Lefebvre par
Prat.

44. LA RÉPUBLIQUE, *ci-devant* DU ROULE.

Pouvoirs. — Pouvoirs de concourir à sauver la patrie.

Commissaires. — Vaudin, rue Sausayes, n. 14; *Avril, rue
de la Pépinière, n. 281 ;*Devèze, rue de la Pépinière; Chevalier,
rue du faubourg Saint-Honoré; Daunay; *Bigos, rue de la Madeleine-Saint-Honoré; nommés le 12. — Daunay, remplacé par
Butin.

45. GARDES-FRANÇAISES, *ci-devant* ORATOIRE.

Pouvoirs. — Pouvoirs de représenter la section au conseil général.

Commissaires. — *Lavau, rue Bailleul, hôtel d'Aligre; Profinet; Asseinfrats; nommés le 12. — Renaudin; *Codieu, rue Tirechappe; *Laplanche; nommés le 15. — Codieu, remplacé le 13 par Loppé.

46. MAISON COMMUNE.

Pouvoirs. — Pouvoirs de concourir à toutes les délibérations qui seront prises.

Commissaires. — Quenet, rue de la Mortellerie; Leloup père, rue des Vieilles-Garnisons; *Chapelet, rue Geoffroy-Lasnier, n. 31; Bouchefontaine, rue de la Mortellerie; Gersen, rue des Barres; Ducluseau, rue Geoffroy-Lasnier, nommés le 12 août. — Quenet fut remplacé le 4 sepetembre par Toutan; les trois derniers par Richardon, *Trestondam * et Moraud.

47. DE LA FRATERNITÉ, *ci-devant* DE L'ILE.

Pouvoirs — Pouvoirs de prendre part aux délibératious.

Commissaires. — François, rue des Deux-Ponts; Mouchet, quai Bourbon, n. 9; Desgaignès, quai Bourbon, n. 4; Payette, rue Saint-Louis, n. 35; Beaufamé; Escabasse; nommés le 12. — Desgaignès fut remplacé le 15 par Durand, rue Saint-Louis, n. 35.

48. MIRABEAU.

Pouvoirs. — Pouvoirs d'agir comme commissaires au conseil provisoire de la commune.

Commissaires. — A. Maréchal, rue Chantereine; A. L'Huillier, rue Grange-Batelière; C. Pagnier, rue Mirabeau, n. 92; J. Auvray, rue des Martyrs; J. Faure, rue Saint-Georges; H. F. Perrochet, rue Mirabeau, n. 79; nommés le 13 août.

Le conseil-général considérant qu'une des calomnies dirigées contre lui, c'est qu'il s'était emparé des pouvoirs sans en avoir reçu l'autorisation expresse, arrête que la liste de ses membres sera imprimée, affichée, envoyée aux quarante-huit sections et aux quatre-vingt-trois départemens, avec extrait littéral de chaque pouvoir, les dates des nominations, et mention de ceux qui ont journellement rempli leurs fonctions.

Signé Boucher-Réné, président; Coulombeau, secrétaire-greffier.

La liste officielle que nous venons de voir, anticipe un peu sur la journée dont il nous reste à parler; mais elle prouve que les commissaires de vingt-huit sections, représentant légalement la majorité de la population parisienne, se trouvèrent assemblées dans la nuit du 9 au 10.

Nous avons maintenant à exposer les travaux de ce nouveau pouvoir municipal. Pour accomplir cette tâche, nous ne pouvions mieux faire que de donner le procès-verbal de sa première séance, que nous avons extrait à peu près textuellement des registres conservés aux archives de l'Hôtel-de-Ville. Nous donnerons ensuite la relation de ce qui se passa au château; puis nous conduirons nos lecteurs à l'assemblée nationale, et nous terminerons enfin par un court résumé de tous les documens que nous avons eu le bonheur de réunir.

Avant de passer outre, il faut dire un mot de l'authenticité des procès-verbaux. Elle ne résulte pas seulement de leur insertion au registre; car on aurait pu, dans cette rédaction, omettre par oubli, par précipitation, ou à dessein, quelques opérations importantes. Mais la méthode adoptée par l'assemblée ne laissait place à aucune erreur de ce genre. Chaque arrêté, chaque décision étaient rédigés à l'instant même sur une feuille volante, et signés par le président ou l'un des secrétaires. En même temps ils étaient portés sur un cahier-journal, analogue à ceux dont on se sert dans les maisons de banque, puis mis au net, et de là transportés sur le registre. Il n'y avait pas possibilité d'omission; et en effet il n'en existe point d'importante. Ce qui le prouve, ce sont ces minutes d'arrêtés, ces cahiers-journaux. Ils existent encore aux Archives; et nous en avons collationné la plus grande partie avec les mises au net. Ainsi, nos lecteurs peuvent avoir confiance entière dans ces pièces, et être assurés qu'il n'exista dans ces événemens aucun mystère particulier sous-entendu par les historiens officiels..

Le procès-verbal que nous allons lire contient l'histoire des opérations de la commune pendant toute la journée du 10. Nous n'avons pas cru devoir le scinder, bien qu'il traite d'événemens dont nous n'avons pas encore pu nous entretenir. Pour les comprendre parfaitement il suffira de savoir que le roi et sa famille quittèrent le château et se retirèrent à l'assemblée nationale entre huit et neuf heures du matin, que le combat des Tuileries commença vers neuf heures, que le château fut pris peu de temps après, et que toutes les constructions qui tenaient la place qu'occupe aujourd'hui la grille qui est du côté du Carrousel, furent incendiées.

Procès-verbal de la commune de Paris.— *Séance du* 10 *août* 1792. — *Le citoyen Cousin occupe le fauteuil à sept heures du matin.*

L'assemblée des commissaires de la municipalité des sections réunies, avec pleins pouvoirs de sauver la chose publique, considérant que la première mesure que le salut public exigeait était de s'emparer de tous les pouvoirs que la commune avait délégués, et d'ôter à l'état-major l'influence malheureuse qu'il a eue jusqu'ici sur le sort de la liberté,

Arrête : 1° que l'état-major sera suspendu provisoirement de ses fonctions ; 2° que le conseil-général de la commune sera également suspendu provisoirement, et que M. le maire, M. le procureur de la commune et les seize administrateurs continueront leurs fonctions administratives.

Elle arrête pareillement que l'officier de la garde à la Ville se rendra sur-le-champ dans le lieu de la séance pour y recevoir ses ordres.

Le sieur Mandat, commandant-général de la garde nationale,

prévenu du délit contre la sûreté publique d'avoir donné des ordres à la force armée, sans réquisition légale, est mandé à la barre.

Il est bientôt amené dans le sein de l'assemblée, où le président lui fait plusieurs interpellations.

Interrogé en vertu de quel ordre il a doublé la garde au château, et sommé de le représenter, il a répondu : « Si j'en avais » été prévenu, j'aurais apporté l'ordre de M. le maire, que j'ai » laissé dans mes papiers. »

A lui observé que M. le maire n'avait point donné cet ordre.

Réponse. « C'est une réquisition générale que j'ai présentée au » département. Si un commandant-général, a-t-il ajouté, ne » peut pas prendre des précautions subites pour un événement » imprévu, il n'est pas possible de commander. »

Interrogé s'il a eu un ordre formel de faire marcher le canon,

Il dit : « Quand le bataillon marche, les canons marchent » aussi; c'est un usage qui a été observé de tout temps, et même » sous La Fayette. »

L'assemblée, sur l'avis d'une attaque de l'Arsenal, a arrêté que six commissaires y seront envoyés avec pouvoir de requérir la force publique nécessaire.

Interrogé quel jour il a reçu l'ordre de M. le maire,

A répondu : « Il y a trois jours; il est au château, je le rap- » porterai. »

Sur cette réponse l'assemblée a arrêté que l'on enverrait des commissaires à M. le maire.

L'assemblée générale a continué l'interrogatoire de M. Mandat; et sur ce qu'elle lui a demandé quels ordres il a reçus pour le poste de Henri IV, il lui a dit : « Voilà comme se donnent les » ordres; le commandant-général donne au chef de légion l'ordre » que celui-ci envoie à ses bataillons; pour les canons braqués, » je n'ai point donné ni ne donne d'ordre. Les canons vont avec » les bataillons. »

Interrogé s'il n'a pas retenu le matin M. le maire au château,

A répondu : « La garde nationale a eu la plus grande honnê-

» teté avec M. le maire ; il n'a point été retenu, et moi, en mon
» particulier, je l'ai salué et me suis retiré. »

Interrogé quelle personne écrivait hier au château en sa présence,

A répondu que c'était son secrétaire.

Un officier municipal a entendu dire par le même secrétaire que M. le maire était là, et n'en sortirait pas; un des collègues du magistrat a entendu le même propos. Le propos communiqué à des députés de l'assemblée nationale, ils ont provoqué le decret qui le mandait à la barre. M. Mandat ajoutait à des grenadiers des Gravilliers, en parlant de M. Pétion : Vous allez le ramener; sa tête vous répond du moindre mouvement.

D'après ces observations, le conseil a pensé qu'il devait en référer à l'assemblée nationale et à la commune.

Le conseil arrête qu'il sera nommé un commandant-général provisoire; le citoyen Santerre, connu par son patriotisme et les services importans qu'il a rendus à la révolution, est nommé d'une voix unanime.

Sur la proposition d'un de ses membres, l'assemblée confirme les élections des sections Gravilliers et Poissonnière, et autorise toutes les sections à nommer leurs commandans.

M. Mandat, interrogé de nouveau sur le nombre d'hommes qu'il a postés aux Tuileries, a répondu en avoir douze cents; la garde ordinaire est de six cents; M. le maire l'a requis de doubler ses forces.

Sur les différentes questions qui lui ont été faites, M. Mandat dit que le nombre ordinaire des Suisses était de trois cents hommes, mais qu'il l'avait doublé et porté à six cents; qu'il y avait de plus une réserve de cent hommes de gardes nationaux; qu'il avait demandé des munitions, mais qu'on lui en avait refusé; qu'il y avait huit pièces de canon appartenant aux bataillons des Petits-Pères, des Filles-Saint-Thomas, enfin aux différentes légions.

Un membre a fait observer qu'on déposait à l'instant sur le bureau du conseil-général une lettre de M. Mandat; qu'il était important de la connaître ; les commissaires, chargés de l'aller chercher, la rapportent sur-le-champ, et on en donne lecture ; elle est ainsi conçue :

« Le commandant-général ordonne au commandant de bataillon de service à la Ville, de dissiper la colonne d'attroupement » qui marcherait pour se porter au château, tant avec la garde » nationale qu'avec la gendarmerie, soit à pied, soit à cheval, en » l'attaquant par derrière.

» *Signé*, le commandant-général MANDAT.

» Signé, *ne varietur*, au désir du procès-verbal de cejourd'hui, » 10 août 1792, à sept heures du matin.

» *Signé*, COUSIN, président ; LEMOINE,
» secrétaire-greffier-adjoint.

» Pour copie conforme à l'original, LEMOINE,
» secrétaire-greffier. »

La lecture faite de cette lettre, l'assemblée a arrêté que M. Mandat serait envoyé sur-le-champ dans la prison de la maison commune.

Sur la demande de l'un des membres, l'assemblée a arrêté qu'il serait donné une garde de six cents hommes à M. Pétion ; charge le commandant-général de l'exécution du présent arrêté.

L'assemblée arrête qu'il sera envoyé des députés dans toutes les municipalités du département ;

Arrête qu'il sera envoyé des forces dans chaque établissement public.

Trois cents hommes de la section du Temple, et cent cinquante de celle des Gravilliers, se rendront à la maison commune.

L'assemblée nomme des commissaires à l'assemblée nationale pour l'instruire du travail de la commission.

L'assemblée a invité le conseil-général de la commune à se retirer, et à laisser à la disposition de l'assemblée la salle du conseil-général de la commune.

Sur cette invitation, le conseil-général a cédé la salle des séances à MM. les commissaires, et l'appel nominal a été fait.

L'assemblée arrête que M. Mandat sera transféré de la prison de l'Hôtel-de-Ville dans celle de l'Abbaye pour sa plus grande sûreté.

(Ici se trouvent inscrits divers faits et divers arrêtés de circonstances, dont nous mentionnerons quelques-uns. — Autorisation d'enlever les armes chez les fourbisseurs en donnant un reçu, sur la représentation duquel ils seront payés. — Un sieur Bonvoisin apporte 75 louis trouvés sur un abbé. — Nomination de commissaires pour relever le nombre des morts, etc.)

On lit un décret de l'assemblée nationale qui suspend le pouvoir exécutif, convoque les assemblées primaires, ordonne que le roi avec sa famille sera détenu au Luxembourg.

La garde nationale enjoint aux anciens ministres de remettre le portefeuille, et annonce qu'elle va procéder incessamment à la nomination de nouveaux.

Un officier de la gendarmerie annonce que, député à Courbevoye, il n'y a plus trouvé que six Suisses ; que les autres sont à Ruelle.

Sur la proposition d'un membre, l'assemblée a arrêté qu'il serait envoyé à Ruelle un fort détachement pour prendre en otages les officiers suisses, ainsi que les sous-officiers; qu'ils ne seraient point amenés à la commune, mais détenus sous bonne garde et séparément.

On annonce que M. Clermont-Tonnerre vient de périr, malgré les efforts de la section de la Croix-Rouge pour le sauver.

Sur la motion de M. Sergent, il a été arrêté qu'il serait fait une affiche, au nom du peuple, pour déclarer qu'il sait respecter la loi; que Louis XVI, malgré ses perfidies et ses trahisons, n'a point à redouter sa colère, et qu'il restera sain et sauf au milieu de lui.

L'assemblée arrête que les bustes de Louis XVI, Bailly, Necker et La Fayette seront ôtés de la maison commune ; cet arrêt est sur-le-champ mis à exécution. Les bustes descendus sont mutilés au milieu des applaudissemens des spectateurs.

AOUT (1792).

On demande que Pétion soit réintégré à l'instant, et qu'il aille à l'assemblée; cette proposition est ajournée, dans la crainte que dans le tumulte quelqu'un n'attentât à ses jours.

On lit la liste des ministres nommés à haute voix dans l'assemblée nationale : ce sont MM. Danton, ministre de la justice; Roland, ministre de l'intérieur; Servan, ministre de la guerre; Clavières, ministre des contributions publiques; Monge, ministre de la marine; Le Brun, ministre des affaires étrangères.

MM. Chabot, Goupilleau et Duhem demandent la grâce de trois malheureux détenus dans la salle neuve; cette demande est accordée par acclamation.

On demande qu'il soit nommé des commissaires pour visiter un caveau où quelques prisonniers ont été renfermés.

Nomination des commissaires.

(Nomination des commissaires pour informer l'assemblée nationale de ce qui se passe au conseil d'heure en heure. — Arrestation d'un bateau chargé de munitions de guerre, au port Saint-Nicolas. — La section de la Croix-Rouge demande main-forte pour l'Abbaye, où sont détenus trente-quatre gardes du roi. Accordé. — Marque distinctive des commissaires des sections : ruban tricolore en sautoir; cocarde nationale sur la poitrine. — Commission envoyée à la Poste. — Arrestation d'un courrier du général La Fayette. Examen de ses papiers. Ils sont rendus au porteur avec permission de continuer sa route. — trois lettres saisies sont renvoyées au comité des recherches.)

On a demandé que les effets et meubles du château, qui se trouvent sur la place du Carrousel, soient transportés à la maison commune.

Cette demande a été arrêtée, et M. le commandant-général a été autorisé à envoyer une force-armée convenable pour protéger ces transports.

M. le commandant a été également autorisé à faire chercher le ministre de l'intérieur, et, à défaut du ministre, à faire venir son premier commis.

L'assemblée autorise pareillement le commandant-général à composer la garde du roi de cinq hommes par bataillon, et à choisir un commandant de confiance pour ce poste.

M. Devisme, commandant en second des pompiers, est venu rendre compte de l'incendie du château des Tuileries; il a annoncé qu'il n'y avait aucun danger pour le château ; mais que les bâtimens voisins sont presque détruits, parce que des citoyens, ivres ou malintentionnés, ont plusieurs fois empêché les pompiers d'y porter les secours nécessaires.

M. Chaumette occupe le fauteuil.

L'assemblée a autorisé le commandant-général à envoyer de la force-armée pour soutenir les pompiers, et arrête que le conseil-général est satisfait de leur zèle et du patriotisme dont ils ont donné des preuves.

(Adresse de la commune de Lagny-sur-Marne, qui offre de se concerter avec le conseil-général. — L'assemblée, à cette occasion, arrête la rédaction d'une adresse à toutes les communes de France.)

On agite l'article de l'habitation du roi.

Sur la proposition d'un membre, que le roi soit logé à l'Abbaye-Saint-Antoine, attendu que le Luxembourg offre des moyens d'évasion par les souterrains qui s'y trouvent, l'assemblée a arrêté que le corps législatif serait invité à adopter le local de l'abbaye-Saint-Antoine.

D'après une discussion sur la manière de le garder, il a été arrêté que la garde sera formée par section, et que la force en sera déterminée par le commandant-général d'après l'étendue du local.

L'assemblée générale invite, de la manière la plus pressante, l'assemblée nationale à décréter le renouvellement des électeurs des départemens, des juges de paix et des commissaires de police, attendu les preuves de leur incivisme.

(Chaumette et Coulombeau sont nommés secrétaires-adjoints.)

— On arrête un réglement pour l'administration des dons patriotiques. — Ordre donné à la section des Tuileries et celle des

Champs-Élysées, de faire enlever les cadavres qui sont sur leurs territoires. — Ordre d'enlever deux cadavres qui sont dans la cour de l'Hôtel-de-Ville.—Nouvelle que le roi et sa famille couchent aux Feuillans.)

Un membre propose à l'assemblée de voter des remercîmens à la ville de Saint-Germain pour les preuves d'attachement et de dévouement qu'elle vient de donner aux citoyens de Paris, en accourant à leur secours.

Cette proposition a été adoptée ; l'assemblée a de plus arrêté que ses frères de Saint-Germain se retireront par-devers le commandant-général pour être logés convenablement.

La séance a été suspendue à quatre heures et demie du matin.

Signé CHAUMETTE, *président.*

Nous allons maintenant transporter nos lecteurs au château des Tuileries. Mais avant de laisser parler, ainsi que nous l'avons annoncé, les acteurs et les témoins des scènes qui vont s'y passer, nous entrerons dans quelques détails nécessaires à l'intelligence de ces narrations. Nous les avons recueillis dans les histoires contemporaines, et les nombreuses comparaisons que nous avons été à même de faire, nous permettent d'en garantir l'exactitude. Ils prouveront que le combat du 10 août fut une affaire plus grave et plus chanceuse que l'on ne croit généralement ; ils prouveront que, si Louis XVI n'eût point abandonné la partie, la résistance n'eût point été sans espoir, et le succès du peuple eût été fort douteux. Les approches du château des Tuileries n'étaient point cependant alors aussi difficiles qu'elles le sont aujourd'hui. La galerie, située du côté de la rue de Rivoli n'existait pas. Au lieu où se trouve maintenant l'immense place du Carrousel, étaient alors un grand nombre de rues étroites et de maisons particulières, dont on peut aujourd'hui voir encore quelques débris. La place du Carrousel était peu étendue ; elle s'ouvrait en face du château, et son ouverture répondait en étendue à celle occupée par la façade de Philibert Delorme. Sur la ligne où est située la grille construite par Napoléon, il y avait une suite de bâtimens, élevés d'un rez-de-chaussée, sur toute l'étendue qui correspondait à l'ouverture de la place du Carrousel, et, dans les autres parties, composée de constructions variées de hauteur et de formes. Ces constructions, attenantes au château, formaient plusieurs cours. L'une, située au milieu, appelée Cour-Royale, formait un carré égal dans tous ses côtés à la façade du pavillon de Philibert Delorme, qui en était lui-même une des faces. Elle était séparée des autres cours par des constructions régulières peu élevées. A gauche de cette cour centrale, c'est-à-dire du côté de l'eau, était la cour dite des Princes; c'était là qu'étaient placées les écuries; et du côté opposé, du côté du pavillon Marsan, était une cour plus petite, dite cour des Suisses, parce que là était la caserne de ces gardes. La cour des Suisses était séparée des rues adjacentes par divers hôtels, celui du grand écuyer, celui du duc de La Valière, etc. Les deux premières cours avaient une entrée particulière du côté de la ville; la cour des Suisses communiquait en outre par deux passages avec la rue dite du Carrousel et avec la rue de l'Échelle, qui aboutissait à la rue Saint-Honoré. — Voyons maintenant le côté du jardin des Tuileries. La façade du château était séparée du jardin par une terrasse qui n'existe plus. La terrasse de l'eau et celle des Feuillans étaient ce qu'elles sont aujourd'hui. Mais la terrasse des Feuillans n'était point, ainsi que maintenant, séparée de la ville par une grille; la rue de Rivoli n'existait pas; la grille était remplacée par des murs de maisons ou de jardins. Le Manége, où siégeait l'assemblée législative, et dont la situation répondait environ au point central actuel du massif des jardins, lui servait, avec ses dépendances, de clôture dans une partie de son étendue. — Tel était le lieu de la scène que nous allons décrire.

Depuis plusieurs jours la cour était instruite des préparatifs qui se faisaient dans quelques sections de Paris. Cependant on pouvait croire qu'ils avorteraient, et qu'il en serait des menaces de ces sections, ainsi qu'il en avait été de celles de la section Mauconseil; on pouvait croire encore que tout ce bruit ne produirait autre chose qu'une promenade analogue à celle du 20 juin. Il paraît qu'en effet ces deux opinions partageaient les esprits, et que la plupart des royalistes étaient loin de prévoir qu'il s'agît en ce jour pour la monarchie de vaincre ou de périr. Ce ne fut que dans la nuit que l'on commença à apercevoir la gravité du mouvement. Voici quelles étaient les précautions prises par le commandant général Mandat :

Seize détachemens de garde nationale, formant un total de deux mille quatre cents hommes environ, occupaient divers postes, tant au château qu'au pont tournant. — Le régiment des gardes suisses tout entier, dont l'effectif n'était, selon les écrivains royalistes, que de neuf cent cinquante hommes, occupait le château. — La gendarmerie à cheval, composée alors de neuf cent douze hommes, était sur pied en totalité. Ses principaux postes étaient les suivans : cent hommes étaient sur le quai d'Orsay, au bas du pont Royal; une soixantaine au Palais-Royal; cent hommes à la réserve de l'Hôtel-de-Ville, sur la place de Grève; cinq cent quatre-vingts à la colonnade du Louvre, sous les ordres de Rulhière. Le reste du corps était dispersé en divers postes dans le voisinage du Carrousel. La gendarmerie à pied était consignée. — Douze canons étaient en batterie autour du château. — Le poste de la garde nationale, à l'Hôtel-de-Ville, avait été renforcé. Le commandant avait reçu l'ordre de laisser passer la colonne du faubourg Saint-Antoine par l'arcade Saint-Jean, et de la charger en queue. — Le bataillon d'Henri IV, réuni au Pont-Neuf, et composé en partie d'orfèvres, avait celui de défendre le passage du pont. — La gendarmerie du Louvre avait reçu ordre de laisser passer sur le quai la colonne du peuple, et de la couper lorsqu'elle serait suffisamment engagée. Alors, à l'aide d'un à droite et d'un à gauche, elle devait en pousser une partie vers les faubourgs, un autre vers le quai du Louvre, dont elle avait ordre de laisser les guichets ouverts. Ce n'était pas tout : le bataillon de Saint-Roch avait reçu ordre de se réunir dans les cours du Palais-Royal, et de marcher au premier signal, par la rue de Rohan, sur le Carrousel. Les bataillons réunis place Vendôme devaient appuyer ce mouvement en balayant la rue Saint-Honoré. — Enfin, de nombreux volontaires royalistes s'étaient donné rendez-vous au Château et aux Champs-Élysées. Ils se trouvèrent réunis au nombre de quelques cents dans les appartemens des Tuileries.

La plupart de ces dispositions, qui semblaient devoir assurer la victoire aux royalistes constitutionnels et aux royalistes absolus, réunis alors dans le même danger, manquèrent, pour la plupart, par le défaut de volonté de ceux qui étaient chargés de les mettre à exécution. La mort de Mandat fut sans doute la cause principale de cette inaction inconcevable chez des hommes qui la veille paraissaient la plupart très-résolus. Toutes les approches du château furent désertées par leurs défenseurs. Le corps de la place, gardé par les Suisses, par des volontaires et quelques gentilshommes, opposa seul une vive résistance.

En effet, lorsque la colonne du faubourg Saint-Antoine, partie à six heures du matin de l'Arsenal et du Petit-Saint-Antoine, où elle s'était formée, se présenta à l'arcade Saint-Jean, la commune nouvelle prenait séance. Le commandant du poste de la Ville fut dans l'impossibilité d'agir. Lorsque la colonne du faubourg Saint-Marceau, partie également à six heures du lieu de rassemblement, le Marché aux Chevaux, et accrue du rassemblement formé au Théâtre-Français par les Marseillais et les sectionnaires, se présenta au Pont-Neuf, le bataillon de Henri IV se débanda. Quelques relations écrites par les vainqueurs disent cependant qu'il y eut un semblant de résistance. La première de ces deux colonnes a été évaluée à environ quinze mille hommes armés, et la seconde à cinq mille. Mais, à cette heure, les rues, les quais, étaient encombrés d'une foule de curieux qui en accroissaient l'apparence. — La gendarmerie, qui devait se poster devant le Louvre, resta dans les cours, livrée à la plus grande insubordination, et, quelque temps après, conduite au Palais-Royal par ses officiers, qui craignaient qu'elle ne se joignît aux insurgés. Le peuple arriva donc sans obstacle jusqu'à l'enceinte même du château des Tuileries, du côté de la ville. Ainsi la demeure royale se trouva complétement entourée ; car le peuple encombrait déjà tous les alentours de l'assemblée nationale, la cour et la terrasse des Feuillans. Ce fut là même qu'eurent lieu les premières exécutions sanglantes de la journée. Une patrouille royaliste avait été arrêtée la nuit aux Champs-Élysées. Quelques-uns de ceux qui la composaient s'étaient échappés, quelques autres avaient été amenés prisonniers à la section des Feuillans ; il y en eut, dit-on, sept de tués. Cependant on cite seulement les noms de trois personnes, savoir, l'abbé Bougon, l'écrivain Suleau et Vigier, ex-garde-du-corps. Leurs têtes furent élevées et promenées au bout d'une pique. Les royalistes disent que mademoiselle Théroigne fut vue, équipée militairement et armée d'un sabre, à la tête des exécuteurs.

Nous passons ici sur beaucoup de détails que l'on trouvera dans les narrations, en quelque sorte officielles, que nous rapporterons plus bas, tels que la désorganisation des bataillons de la garde nationale, le départ du roi et de sa famille.

La porte royale livra passage au peuple vers neuf heures, soit qu'elle eût été enfoncée, soit qu'elle eût été ouverte par le suisse, ainsi que quelques personnes l'assurèrent, ou par quelques-uns des assaillans qui pénétrèrent par les fenêtres dans la loge des portiers. Les Marseillais pénétrèrent dans la cour, et les canonniers tournèrent leurs canons contre le château. Le feu commença un quart d'heure après. On a discuté beaucoup, selon l'ordinaire, pour établir quel était le parti qui avait commis les premières hostilités. Historiquement c'est une chose assez indifférente. Les actes ici ne sont que la traduction des sentimens. Or, le peuple était venu pour anéantir les forces des royalistes, et ceux-ci étaient là pour se défendre ; pour tous, il s'agissait de la vie. Dans un moment si grave, la moindre parole, le moindre soupçon devait amener la collision, et, sous ce rapport, le récit de Pétion, que l'on trouvera plus bas, nous paraît très-probable.

Le feu des Suisses fit évacuer le Château ; ensuite un détachement conduit par Turter balaya la cour royale ; la place du Carrousel, et s'empara de deux canons. Le peuple perdit, en ce moment, beaucoup des siens, et fut réduit à tirailler. Pendant ce temps, un autre détachement suisse, conduit par M. de Salis, traversa le jardin, et alla s'emparer de trois pièces de canon. Pendant ce trajet, il ne cessa d'échanger des coups de fusil avec des tirailleurs placés sur la terrasse des Feuillans. La perte de part et d'autre fut considérable; les Suisses eurent trente hommes de tués. Ce fut alors que, de la part du roi, ordre fut donné à cette garde de cesser le feu. Cependant le peuple recommençait l'attaque; il mit des pièces en batterie aux angles de la rue de l'Échelle et de la porte des Orties, et tira à boulets; on en voyait encore les marques sous l'empire. Il réussit à incendier les bâtimens qui fermaient les cours; cependant on ne pouvait les franchir à cause du feu parti des croisées. Enfin une colonne pénétra dans le jardin par le Pont-Royal et les portes du Manége. Les Suisses, se voyant menacés sur leurs derrières, se replièrent sur le grand escalier. Là le feu recommença, et dura environ vingt minutes, jusqu'à ce que l'irruption croissante de la foule étouffât toute résistance. Alors chaque peloton suisse chercha à faire retraite par quelqu'une des issues qui restaient libres. Une compagnie se retira par la rue de l'Échelle; elle y périt tout entière. Une autre se jeta dans le jardin, et se retira à l'assemblée nationale en traversant une vive fusillade. Un autre corps d'environ trois cents hommes marcha vers les Champs-Élysées; mais il se rompit bientôt, par la diversité des avis, en plusieurs pelotons, dont quelques-uns se sauvèrent dans des maisons particulières, et d'autres périrent en combattant, rue Royale, à l'hôtel de la Marine, place Louis XV et aux Champs-Élysées. Telle est l'histoire des vaincus au 10 août. Nos lecteurs apprendront le reste dans les pièces que nous allons citer.

Récit du 10 août par Pétion, maire de Paris. (1)

La veille, M. Pétion présidait le conseil. Il reçut, lorsqu'il

(1) Extrait de l'ouvrage intitulé : *Pièces intéressantes pour l'histoire*, etc. Paris, l'an 2 de la république.

était en séance, plusieurs lettres du commandant-général, qui le sollicitait vivement de se rendre au Château, qui lui faisait part de ses craintes et des desseins hostiles du peuple. Sur les dix heures, on affluait de toutes parts à la maison commune, et on prévenait le conseil que les citoyens prenaient les armes dans tous les quartiers, que des groupes se formaient, qu'on parlait de sonner le tocsin et de se porter aux Tuileries. Plusieurs membres du conseil s'écrièrent : *Il faut y aller; allons, monsieur le maire, mettez-vous à notre tête.*

M. Pétion ne put pas se refuser à ce vœu, et il se rendit au Château avec plusieurs de ses collègues. Sa première démarche fut d'aller voir le roi, qui était dans la chambre du conseil.

Les cours, les escaliers, les appartemens étaient déjà remplis de soldats. Les Suisses s'y trouvaient en grand nombre, et avaient tous la baïonnette au bout du fusil. Le roi avait une cour très-nombreuse. La salle du conseil et la pièce qui la précède étaient occupées par des cavaliers habillés en noir, tous l'épée au côté, et par les officiers des états-majors de la garde nationale et des Suisses. La reine, Madame, madame Élisabeth, le dauphin étaient auprès du roi, avec un assez grand nombre de femmes.

Il serait difficile de peindre l'air farouche et de courroux avec lequel cette foule d'hommes envisageait le maire de Paris. Ils semblaient lui dire par leurs regards : Enfin tu vas nous payer aujourd'hui tout ce que tu nous as fait.

M. Pétion s'approcha du roi, qui causait avec le procureur-général-syndic du département (M. Rœderer). Le roi ne paraissait pas moins irrité ; il parla peu à M. Pétion ; il se contenta de lui dire : *Il paraît qu'il y a beaucoup de mouvement?* — *Oui,* répondit le maire, *la fermentation est grande.* Et à l'instant le commandant-général (Mandat) qui était à côté reprit : *C'est égal ; je réponds de tout : mes mesures sont bien prises.*

M. Pétion ne resta qu'un instant dans les appartemens, et descendit dans le jardin, où il ne cessa de se promener jusqu'à quatre heures du matin : plusieurs de ses collègues étaient avec lui.

Successivement des bataillons arrivaient avec des pièces de canon; la réunion de la force armée devenait formidable; la nuit était belle et calme, et on entendait très-distinctement le tocsin sonner dans plusieurs endroits.

Il était à craindre que d'un instant à l'autre des rassemblemens d'hommes isolés ne vinssent se présenter pour enfoncer les portes; ils eussent, à coup sûr, été immolés.

Le commandant-général, à l'insu du maire, avait donné des ordres à des commandans particuliers, pour que, dans tous les environs du Château et dans les passages les plus fréquentés qui y conduisaient, ils se tinssent sur leurs gardes, eussent beaucoup de monde sur pied, et fissent leurs dispositions militaires comme s'il s'agissait d'une bataille réglée; il avait fait réellement un plan de campagne. Le commandant du poste de la maison commune devait tirer sur les habitans du faubourg Saint-Antoine, lorsqu'ils déboucheraient par l'arcade Saint-Jean. Le commandant du poste de Henri IV (Pont-Neuf) devait faire feu sur les Marseillais, lorsque, de la rue Dauphine, ils viendraient pour enfiler le Pont-Neuf.

L'heure de la nuit s'avançait; fréquemment on donnait des alertes dans le Château. Les voilà qui frappent à telle porte, disait-on; vite on y courait. Un instant après, c'était à une autre.

M. Pétion se promenait toujours, ne paraissant nullement ému et causant tranquillement avec ceux qui l'environnaient. Il était au bas de la première terrasse, en face du château.

Quoique la nuit ne fût pas obscure, les bâtimens projetaient leur ombre au-delà de cette terrasse; et dans une partie on avait mis des lampions sur le bord des pierres pour éclairer. Il y eut un instant où M. Pétion s'approchant de cet endroit, des grenadiers des Filles-Saint-Thomas renversèrent et éteignirent les lampions. Plusieurs de ces grenadiers vinrent ensuite l'entourer, et l'un d'eux lui adressa les propos les plus infâmes et les plus menaçans. Il fut promptement écarté par quelques gardes nationales, qui témoignèrent de l'amitié et de l'intérêt au magistrat.

M. Pétion ne continua pas moins à passer et repasser par le même endroit, comme s'il n'eût été question de rien, et il conserva un calme étonnant.

D'autres grenadiers ne se gênaient pas pour dire hautement : *Nous le tenons, et sa tête en répondra.* Les officiers municipaux qui entouraient le maire étaient beaucoup plus effrayés pour lui qu'il ne l'était lui-même.

Cette position fut connue au dehors. Des sections vinrent dire au conseil que le maire allait être assassiné; et successivement plusieurs personnes vinrent pour le solliciter, le presser de se rendre à la maison commune.

Le ministre de la justice de son côté venait de lui faire dire à plusieurs reprises de ne pas sortir sans avoir parlé au roi, que le roi voulait absolument lui parler.

M. Pétion sentit bien quelles seraient les suites de cette démarche; il se contenta de répondre *C'est bon*, mais bien résolu de ne pas s'y rendre. Il est certain que s'il fût monté, il ne serait jamais descendu.

L'embarrassant était de sortir de là; s'il eût voulu le faire de lui-même la garde s'y serait opposée. Cependant, l'heure s'avançait et quelques minutes de plus il pouvait être tué. Un de ses collègues, M. Mouchet, témoin de tout ce qui se passait et vivement alarmé se rendit à l'assemblée nationale qui se réunissait en séance, vu l'importance de la circonstance. Il parla à plusieurs membres et leur dit : *Si vous ne mandez pas sur-le-champ le maire de Paris à votre barre, il va être assassiné.*

On fit donc la motion de l'appeler à la barre pour rendre compte de l'état actuel des choses, ce qui fut ordonné. Deux huissiers, plusieurs gardes avec des flambeaux, vinrent lui notifier le décret en grand appareil; il obéit, se rendit à la barre, de là fut à la maison commune et ne rentra plus dans le Château.

Il est évident qu'il échappa, comme par miracle à la mort; s'il fût monté au Château, ou si le peuple eût fait le plus léger mouvement pendant qu'il était aux Tuileries, il n'existerait plus. C'est avec raison que le drapeau suspendu au dôme du Château, pendant quelque temps portait : *Ici, le maire de Paris a manqué d'être assassiné dans la nuit du 9 au 10.*

La municipalité se montrait pendant ce temps-là avec vigueur; elle mandait le commandant à la maison commune; elle lui fit plusieurs réquisitions. Quelques membres, le procureur de la commune déclarèrent que, s'il refusait de venir, celui qui lui porterait la dernière réquisition, devait lui porter en même temps la mort.

On avait alors entre les mains l'ordre qu'il avait donné au commandant du poste de la commune, de laisser passer le peuple et de le tirer par derrière.

Il vint enfin. Le procureur de la commune, Manuel, s'éleva contre lui avec l'indignation que son crime inspirait; il fut obligé de reconnaître l'ordre. On le consigna. Au bout de quelque temps, il voulut se retirer, sous prétexte que son service l'exigeait; mais il expia son forfait et tomba sous les coups du peuple.

Sur les cinq heures, les différens quartiers se remplirent de monde; le mouvement commença à devenir général. Les citoyens s'ébranlèrent: des bataillons marchèrent; mais il n'y avait point de chef, point de plan. On se rendait tous aux environs du Château; mais chaque rassemblement arrivait séparément et se plaçait dans l'endroit qui lui paraissait le plus convenable. Les Marseillais traversèrent le Pont-Neuf, mirent en fuite une partie de la garde qui devait s'opposer à leur passage.

La cour fut avertie par ses espions que l'on marchait en armes et que le Château allait être investi. On délibéra sur le parti qu'il y avait à prendre. La reine voulut absolument que le roi restât; la plupart de ceux qui l'entouraient étaient également de cet avis. Le roi balançait. On prétend que ce fut dans cet instant que la reine s'emparant d'un pistolet qui était à la ceinture de M. Dafry, le présenta au roi, et lui dit: *Prenez, voilà le moment de vous montrer.*

Le roi passa en revue les troupes qu'on avait fait ranger dans les cours en ordre de bataille; il eut lieu d'être satisfait des dispositions qu'il aperçut; car le général avait choisi le plus qu'il avait pu, les hommes les plus dévoués au parti du roi.

Le moment du danger approchait et le roi ne se trouvait pas suffisamment rassuré; on exagérait le nombre des citoyens qui se portaient au Château. M. Rœderer le pressa vivement de quitter le Château et de se rendre à l'assemblée nationale : il fit des difficultés; néanmoins il céda. La reine, ses enfans et madame Élisabeth l'accompagnèrent.

Ceux qui étaient venus pour lui faire un rempart de leurs corps furent furieux de cette désertion qu'ils regardèrent comme une lâcheté méprisable. Ils étaient convaincus que si le roi restait, se montrait, il rallierait autour de lui beaucoup des citoyens.

Il paraît très-constant qu'avant de quitter il ne donna point d'ordres pour changer les dispositions hostiles qu'on avait prises et qu'il connaissait fort bien. Il livrait, de très-grand sang-froid, à la boucherie, et les satellites qui gardaient le Château, et les citoyens qui voulaient en approcher.

Il fut placé ainsi que sa famille dans la loge qui est à côté du siége du président. Il y mangea, y digéra pendant le temps qu'on s'égorgeait; et on n'apercevait aucune altération sur sa figure apathique.

Il ne faut pas s'y meprendre: la cour était convaincue qu'elle serait victorieuse; elle comptait sur tous les jadis nobles qui s'étaient rendus à Paris de toutes les parties de la France; elle comptait sur ses gardes, dont un grand nombre était resté à Paris depuis la dissolution de la maison du roi et qui touchait toujours sa solde; elle comptait sur ceux mêmes qui s'étaient retirés dans les départemens, et qui avaient reçu, *particularité très-remarquable*, des invitations de se trouver à Paris pour cette époque; elle comptait sur la peur de la multitude lorsqu'on tirerait sérieusement sur elle, et sur le désordre qui se mettrait parmi des hommes ainsi rassemblés; et les espérances de la cour n'étaient pas dénuées de fondement. Car, malgré les chances les plus inopinées qui tournèrent en faveur des patriotes, les hommes qui se sont vraiment trouvés à l'action n'ont pu s'empêcher de répéter souvent : En vérité c'est un miracle que nous ayons réussi.

Enfin l'heure arriva ; les commissaires des sections, réunis à la maison commune s'emparèrent des pouvoirs municipaux, se mirent à la place de l'ancienne municipalité, donnèrent des ordres et se firent autorité révolutionnaire. Il était neuf heures et demie du matin ; le Château était alors entouré par un grand nombre de citoyens armés et non armés ; on arrêta une fausse patrouille composée d'hommes évidemment vendus à la cour. Cet événement fit beaucoup de bruit ; on désarma ces satellites du despotisme, et plusieurs furent mis à mort. Suleau, si connu par ses ouvrages anti-civiques, était du nombre, et il fut tué. Vers dix heures, l'action générale commença.

Les Suisses étaient retranchés dans le Château ; ils parurent aux fenêtres, et donnèrent des signes de fraternité. Pour faire connaître qu'ils n'avaient pas envie de tirer sur les citoyens, ils jetèrent à bas quelques cartouches et les papiers qui les enveloppaient.

Les Marseillais s'avancèrent les premiers ; ils attendaient depuis long-temps le faubourg Saint-Antoine qui n'arrivait point et qui parut enfin ; ils étaient, depuis plus d'une heure, seuls dans les cours. Plusieurs montèrent le grand escalier ; lorsqu'ils furent en haut et prêts à entrer dans les appartemens, ils aperçurent qu'on avait tout disposé pour la plus vigoureuse défense. Des barrières étaient placées, à l'extérieur des portes pour en interdire l'entrée. Des canons étaient pointés de manière à tirer du haut de l'escalier en bas. On ouvrit une des barrières comme pour parlementer. Westerman s'avança, et, adressant la parole aux officiers suisses, il leur dit de livrer le Château aux citoyens ; qu'ils n'avaient personne à y garder puisque le roi et sa famille n'y étaient plus ; qu'ils sortiraient avec tous les honneurs de la guerre et en frères ; que les Suisses et les Français étaient amis. Les officiers suisses furent sourds à ce langage. Westerman s'adressa alors aux soldats, et, leur parlant allemand, il leur observa que leurs officiers voulaient du sang, voulaient les faire battre avec les Français. Les soldats parurent un moment ébranlés ; un jeune officier suisse sortit des rangs et vint se joindre avec les citoyens.

Westerman et tous les braves fédérés qui l'accompagnaient, voyant qu'on ne pouvait rien obtenir, se retirèrent. L'intrépide Granier, commandant en second du bataillon de Marseille, resta un des derniers ; il causait amicalement avec deux Suisses qui le tenaient sous le bras. Il vit clairement qu'il allait être assassiné ; un des deux Suisses voulut tirer son sabre pour le lui plonger dans le cœur ; un officier donna le signal de tirer sur lui, et déjà les soldats, comme on était pressé les uns sur les autres, cherchaient à se reculer pour être à la distance de faire feu. Heureusement, le commandant plein de présence d'esprit et de courage, débarrasse ses bras avec vivacité, se jette par-dessus la rampe de l'escalier, tombe sur ses camarades qui remplissaient le bas et ne se fait aucun mal. A l'instant, la première décharge partit ; ils tirèrent ainsi à bout portant sur les Marseillais. Les braves Marseillais furent obligés de se replier et de sortir précipitamment de l'escalier et du vestibule qui le précède, dans les cours. Il s'engagea alors une fusillade assez vive ; mais les Suisses avaient l'avantage ; ils se trouvaient à couvert.

Une partie de ces Suisses, qui était réellement au désespoir de tirer sur le peuple, et qui se trouvait forcée de rester, malgré elle dans le château, monta sur la galerie du côté du jardin, jeta à bas fusils, gibernes, sabres, habits et chapeaux, et criait au peuple : *Mes amis, nous sommes à vous! nous sommes Français! nous sommes à la nation!* Les pauvres malheureux ! au milieu de la mêlée, n'en furent pas moins égorgés.

Il y avait aussi enfermés avec les Suisses, dans le château, des gardes nationales qui tirèrent ; d'autres s'échappèrent aussitôt qu'ils virent qu'on tirait sur les citoyens, et vinrent se réunir à leurs frères ; plusieurs ne purent pas s'évader, et furent retenus par force.

Les Suisses, dans une sortie, firent un feu de ligne très-vif, et qui incommoda beaucoup les citoyens : il y eut un moment où ils paraissaient maîtres du champ de bataille; et, pour dire la vérité, un grand nombre de citoyens se mit à fuir.

Mais nos canonniers firent des merveilles; eux et les Marseillais donnèrent aux uns, le temps de revenir de leur premier mouvement de frayeur et de se rallier; aux autres, le temps d'arriver, et à tous celui de se reconnaître et de s'entendre.

Le château était une forteresse d'où on tirait de toutes parts. Le long du Louvre, des coups de fusil partaient par des trous pratiqués dans les murailles, de sorte que les citoyens étaient harcelés de tous côtés.

Des lâches en assez grand nombre fuyaient et répandaient l'alarme; la nouvelle courut que le château était le maître. Les citoyens, au contraire, s'échauffaient, s'animaient : l'indignation et le courage leur firent affronter le danger. Des hommes avec de simples bâtons pointus s'avançaient avec intrépidité sur des Suisses qui faisaient un feu d'enfer : ils voyaient tomber leurs camarades à leurs côtés et ne sourcillaient pas.

On remarqua la contenance ferme et courageuse du bataillon de Brest; les quatre cavaliers qui accompagnaient ce bataillon étaient vêtus de rouge; un de ces malheureux jeunes gens fut victime de la couleur de son habit : il fut pris pour un Suisse et tué par ses amis.

Les autres fédérés ne se conduisirent pas avec moins de bravoure; mais comme ils n'étaient pas de chaque département en assez grande masse pour former des bataillons séparés, ils étaient confondus dans la foule. La gendarmerie à cheval qu'on croyait dévouée à la cour, parce que certains officiers l'étaient, chargea avec valeur les satellites du despotisme. Les canons firent un prodigieux effet. Les Suisses furent pris de toutes parts; on en tua un grand nombre sur le champ de bataille. Il fut aisé de s'apercevoir que beaucoup de jeunes gens de la cour avaient pris cet habit sans être Suisses. Sous leur première veste, on trouvait des gilets en soie élégamment brodés; on trouvait de riches montres et des bijoux sur eux.

Les citoyens s'emparèrent du château, poursuivirent de chambre en chambre ceux qui s'y étaient réfugiés; on épargna plusieurs femmes qui s'y étaient cachées. On fit quelques Suisses prisonniers, ils furent conduits à la maison commune; mais le peuple, dans le premier moment de sa juste vengeance, ne leur fit aucune grace.

On oublia de s'emparer du défilé le plus important, de l'escalier qui est à l'extrémité de la galerie du Louvre. Tous les chevaliers du poignard qui se trouvaient dans le château se sauvèrent par là.

Il sera difficile de savoir avec exactitude tous les détails de ce combat mémorable; ils sont présentés d'une manière diverse, et cela ne peut pas être autrement. Chaque bataillon prétend être arrivé le premier; chaque individu prétend avoir rendu tel service; mais ce qu'il y a de constant, c'est que jamais journée n'a offert tant de traits d'héroïsme : l'amour seul de la liberté peut porter à ces élans sublimes de dévouement et de courage.

Un canonnier reste seul à sa pièce de canon; tous ses camarades sont tués, il est lui-même blessé à mort, il ne lui reste assez de vie que pour chager sa pièce, il la charge; en y mettant le feu, il tombe, mais le coup part et balaie une ligne de Suisses.

Un Marseillais reçoit un coup mortel; en expirant, il prend la main d'un patriote qui était à ses côtés et sans armes : embrasse-moi, mon ami, je te lègue mon fusil; fouille dans mes poches, tu y trouveras des cartouches; venge-moi! venge ton pays!

Et combien en rendant le dernier soupir ont crié vive la nation! combien, en faisant panser leurs blessures, chantaient des hymnes à la liberté!

Le nombre des morts n'a pas été bien connu; mais on l'a certainement exagéré, lorsqu'on l'a porté à quatre ou cinq mille. Il est probable qu'il n'a pas été au-delà de quinze cents.

Aucune boutique ne fut pillée; tous ceux qui furent trouvés munis de quelques effets volés dans le château furent pendus.

Des hommes sans vêtement rapportaient avec fidélité les effets les plus précieux. Plusieurs citoyens, connus par leur civisme, furent à la vérité immolés, mais ce fut dans le premier mouvement de l'indignation.

Il régnait alors une probité publique admirable, et il était beau de voir que l'on n'avait pris les armes que pour la conquête de la liberté.

Ce qu'on aura de la peine à croire, c'est que hors le théâtre du combat, tout était tranquille dans Paris. On s'y promenait, on causait dans les rues comme à l'ordinaire.

L'assemblée nationale, au milieu de ce grand orage, prit une attitude très-noble et très-imposante. Quelques boulets passèrent au-dessus de la salle, et elle délibérait tranquillement. Au premier coup de canon, elle eut un mouvement sublime : elle rendit en présence du roi, les décrets qui abattaient la royauté et conduisaient nécessairement à la république. On a voulu dégrader les sentimens qui l'animaient. Il est possible sans doute que la crainte fût dans quelques cœurs. Mais le propre des grandes circonstances est d'élever les ames, l'homme revêtu d'une auguste mission sent alors vivement toute sa dignité; il est pénétré de la sainteté des devoirs qu'il a à remplir. Jamais l'assemblée constituante n'a été si belle que dans les momens de danger : elle était alors supérieure à elle-même. Chacun alors semble se dire, la nation entière me regarde; elle observe si je suis digne des grands intérêts dont elle m'a chargé; et l'assemblée se considère comme la nation même.

Récit de Rœderer, procureur-général, syndic du département (1).

La réponse du maire à ma lettre du 8 (2), où je lui recommandais les mesures à prendre pour prévenir de nouveaux désordres semblables à ceux de cette même journée, cette réponse non-seulement était d'un sang-froid presque moqueur, mais de plus elle contenait une assurance fausse; il disait avoir autorisé le commandant à faire battre des rappels. Cela n'était pas vrai;

(1) Extrait de la *Chronique de cinquante jours*.
(2) Voyez le discours de Rœderer, séance du 8.

le commandant venait d'entrer dans la salle des séances du département quand je lisais la lettre de Pétion ; il fut fort surpris d'entendre que le maire dit qu'il avait autorisé le commandant-général à faire battre des rappels. « Je n'ai point reçu, dit-il, d'autorisation semblable. » Sur cette observation, je fis arrêter par le conseil que copie certifiée de la lettre de M. le maire, serait remise au commandant-général pour lui servir d'autorisation, et nous lui ordonnâmes d'ailleurs en notre nom de faire battre des rappels.

Le même jour, 8, le commandant-général avait déclaré au département que le maire et son conseil municipal, de leur seule autorité, avaient fait transférer, la nuit, sans le prévenir, les Marseillais, de leur caserne de la rue Blanche, aux Cordeliers, où ils étaient sous le maire du club de ce nom, avec leurs armes, leurs canons et leur drapeau.

Enfin le samedi, 9 août, un membre du conseil général nous apprend en séance que les administrateurs de police ont fait distribuer aux Marseillais, par un ordre daté du 4 août, cinq mille cartouches à balle, nonobstant un arrêté du directoire qui avait défendu toute délivrance de poudre sans sa participation. Cette circonstance ne laissait plus de doute sur le complot qui allait éclater. Le mouvement des sections, les délibérations du club des Jacobins et de celui des Cordeliers, la multitude des groupes répandus dans les carrefours et dans les lieux publics, les clameurs des rues, les Gazettes, les affiches, une foule non interrompue de récits qui arrivaient à chaque instant des faubourgs, principalement, tout confirmait ce que j'avais rapporté à l'assemblée (dont une partie était beaucoup mieux instruite que moi), du projet de sonner le tocsin vers onze heures du soir, pour rassembler tout ce qui aurait l'intention de se porter sur le château, où sans doute on se promettait d'être mieux avisé que le 20 juin. Vers onze heures commencèrent les événemens compris dans la terrible journée du 10 août. Je vais transcrire ce que j'en ai écrit le lendemain dans la journée, sans y rien ajouter, sans en rien retrancher, sans affaiblir, sans fortifier l'expression.

— Le 9, à dix heures et un quart du soir, le ministre de la justice vient au département; me prévient que le roi me fera appeler, s'il est nécessaire.

A dix heures trois quarts, lettre du ministre de la part du roi ; il en est fait registre au conseil du département. Elle m'ordonne d'aller au château. J'y vais. J'arrive à onze heures. Les rappels battaient dans tous les quartiers adjacens. Je traverse les salles ; il y avait du monde, mais pas extraordinairement. Je vais à la chambre du conseil ou cabinet du roi. Il y était ainsi que la reine, madame Élisabeth et les ministres. Je rends compte au roi des derniers avis arrivés au département. Rien de remarquable alors, que l'extrême agitation. Je demande à un ministre si M. le maire est venu? — Non. Je prends sur le bureau du conseil du papier, et j'écris au maire de venir.

Comme je cachetais ma lettre, le maire entre. Il rend compte au roi de l'état de Paris ; il vient ensuite près de moi. Nous nous entretenions ensemble de chose indifférente, lorsque arrivent Mandat, commandant-général, et Boubé, secrétaire-général de l'état-major, qui se groupent avec nous. Le commandant-général se plaint à M. le maire de ce que *les administrateurs de police de la municipalité lui ont refusé de la poudre.* Le maire répond : « Vous n'étiez pas en règle pour en avoir. » Débat à ce sujet. Le maire demande à Mandat s'il n'était pas pourvu de la poudre réservée des précédentes fournitures. M. Mandat répond : « Je n'ai que trois coups à tirer, et encore un grand nombre de mes hommes n'en ont pas un seul, et ils murmurent. » Ce colloque finit là. M. le maire me dit : « Il fait étouffant ici, je vais descendre pour prendre l'air. » Moi j'attendais des nouvelles du département, qui m'avait promis de me faire passer d'heure en heure les notions qui lui parviendraient ; je restai et m'assis dans un coin.

Arriva une lettre du département vers onze heures et demie ; elle ne disait rien de positif : l'heure du tocsin n'était pas encore venue. Alors je descendis seul pour prendre l'air aussi. J'allai dans la cour ; j'y fus arrêté par quelques grenadiers de la garde nationale, qui, à mon collier tricolore, me prirent pour un député, et me parlèrent de différens décrets rendus ou à rendre. Un autre me parla des Marseillais, et me dit qu'ils l'avaient terrassé, sur la place Louis XV, quelques jours auparavant, et qu'il avait dû la vie à M. Santerre. Je n'ai rien répondu, sinon que je n'étais pas député, et quelques paroles de paix; je m'écartai des gardes pour me promener seul, mais étant arrêté à chaque pas par d'autres qui survenaient, je pris le parti d'aller au jardin. Je parcourus d'abord la terrasse, le long du château, je ne voulais pas m'éloigner. J'avançai jusque vers la porte qui donne sur le Pont-Royal. Là, des sentinelles m'empêchèrent d'aller plus loin, et me dirent qu'il était défendu de se promener de ce côté; je retournai aussitôt.

Revenu au milieu de la terrasse, je me dirigeai vers la grande allée, dans l'intention d'aller jusqu'au Pont-Tournant; alors un groupe venait du côté de l'assemblée nationale; je m'arrêtai. C'était Pétion avec des officiers municipaux et des membres de la commune, accompagnés de jeunes gardes nationaux sans armes, qui chantaient et folâtraient autour des magistrats et du maire. Ils s'arrêtent devant moi. Pétion me propose de faire un tour ensemble. — Volontiers.

Nous prenons la terrasse le long du quai, toujours suivis des quinze ou vingt jeunes gens de la garde nationale qui se tenaient par les bras, et causaient gaiement entre eux. M. Viguier, administrateur de la police, était avec M. le maire; M. Brûlé et M. Dufourni, membres de la commune, aussi. Je ne sais s'il y avait d'autres magistrats, du moins je ne les ai pas reconnus. Nous allâmes jusqu'à l'extrémité de la terrasse. Là, nous entendîmes un bruit de rappel du côté du château; cela nous y fit retourner.

Durant notre promenade, tant en allant qu'en revenant, je m'affligeais, avec M. le maire, de l'agitation générale et des suites que j'en appréhendais.

M. le maire me parut plus tranquille; il me dit : *J'espère qu'il n'y aura rien, des commissaires sont allés au lieu des rassemble-*

mens. Thomas m'a dit qu'il n'y aurait rien; Thomas doit savoir l'état des choses. J'ignore qui est Thomas.

Je causai aussi avec M. Viguier de choses indifférentes, je ne connaissais ces messieurs que de vue. Je parlai un moment à M. Brûlé, qui m'apprit qu'il n'était pas officier municipal; mais seulement membre de la commune; et enfin avec M. Dufourni, qui à son tour m'entretint du *club des électeurs*, et me demanda quand je lui rendrais la salle électorale. Je lui dis qu'il ne m'appartenait pas d'en disposer; que j'avais été dénoncé au département pour l'avoir, non pas donnée, mais laissé prendre; qu'au reste, il n'y avait qu'à présenter une pétition au département pour obtenir cette salle provisoirement, et jusqu'à ce que la société eût pu se pourvoir d'une autre, et que je l'appuierais. M. Dufourni me remercia, et me dit qu'il était bien aise d'apprendre de moi-même que j'étais en de bonnes dispositions, et qu'il lui avait été pénible de les ignorer.

Nous remontions au château, nous étions au bas du grand escalier, lorsqu'on vint dire à Pétion que l'assemblée le mandait. Il y alla. Moi, je remontai dans les appartemens.

Je traversai les salles sans m'y arrêter, et me rendis au cabinet du roi, ma place ne pouvant être ni dans les antichambres ni dans l'œil-de-bœuf.

Il était alors environ minuit et demi. Je reçus peu après une lettre du département, qui me faisait part de l'état des choses : grand mouvement au faubourg Saint-Antoine, mais pas encore de rassemblement.

Je rendis compte aux ministres; le roi, la reine, madame Élisabeth vinrent successivement me demander lecture de ma lettre.

Peu de temps après, il fut fait directement au roi un rapport verbal qui était d'accord avec la lettre du département. Je ne sais qui a fait ce rapport, parce que dès qu'il arrivait quelque nouvelle, ou que le roi faisait un mouvement, vingt ou trente personnes, qui étaient là, se pressaient autour de lui; et moi, je restais toujours où je me trouvais.

Vers minuit trois quarts on entendit le tocsin de plusieurs cotés. Les fenêtres du château étaient ouvertes : chacun s'y porta pour écouter ; chacun nommait l'église dont il croyait reconnaître la cloche.

Nouvelle lettre du département qui m'apprend que le faubourg Saint-Antoine est en mouvement ; que cependant il n'y a qu'environ mille cinq cents hommes ou deux mille de rassemblés ; mais que les canonniers sont tout prêts avec leurs canons, et que les citoyens sont tous devant leurs maisons, armés et prêts à marcher. Lecture de cette missive aux ministres, et, je crois, au roi et à la reine qui la demanda.

Un ministre, je ne me rappelle plus lequel, vint me demander s'il n'y avait pas lieu de proclamer *la loi martiale*. Je répondis que depuis la loi du 3 août 1791, la loi martiale pouvait être proclamée *quand la tranquillité publique était habituellement troublée* (dernier article de la loi du 3 août) ; mais ici, ajoutai-je, il y a toute autre chose qu'un simple trouble de la tranquillité publique ; il y a révolte plus forte que l'autorité de la loi martiale et que ceux qui pourraient la proclamer ; il est absolument inutile d'y songer pour la circonstance présente ; au reste, ce n'est point au département, mais à la seule municipalité à juger quand il y a lieu à proclamer la loi martiale.) Le ministre me répond qu'il croit que le département a le pouvoir d'ordonner à la municipalité la proclamation. J'insiste sur la négative, et je vais à la lumière, placée près de la pendule du cabinet, pour examiner la loi du 3 août. Pendant que je la lisais, madame Élisabeth vint à moi : Notez que cette loi du 3 août, que je tenais à la main, était sous une couverture aux trois couleurs nationales : c'était cette couverture qui excitait la curiosité de madame Élisabeth. *Qu'est-ce que vous tenez là?* me dit-elle. — *Madame, c'est la loi de la force publique.* — *Et qu'y cherchez-vous ?* — Je cherchais s'il était vrai que le département eût le pouvoir de faire proclamer la loi martiale. — *Eh bien ! l'a-t-il ?* — Madame, je ne le crois pas. J'allai m'asseoir sur un tabouret près de la porte de la chambre du lit ; l'étiquette était levée. Un moment après, la reine, madame Élisabeth et une ou deux autres femmes dont une, grande, mince, vinrent s'asseoir sur les autres tabourets placés sur la même ligne. Alors je me levai. La reine me demanda *quand donc les Marseillais comptaient partir?* Je lui répondis que le matin, M. le maire avait proposé au conseil du département d'autoriser la municipalité à leur donner 20,000 liv., dont ils avaient besoin pour s'en retourner; et que leur département avait approuvé cette proposition, néanmoins sans arrêté par écrit, parce qu'il n'aurait pu le motiver que sur l'intention de hâter leur départ; mais que M. le ministre de l'intérieur et celui de la justice avaient entendu le matin la conférence qui avait eu lieu à ce sujet au département. M. le maire nous avait dit que les Marseillais, impatiens de partir, mécontens même des Parisiens, n'attendaient que de l'argent pour s'en aller, et que même c'était à titre d'emprunt qu'ils demandaient 20,000 liv. M. le maire était accompagné de M. Osselin.

Vers deux heures et demie je reçus des nouvelles assez tranquillisantes. On me mandait que les rassemblemens avaient peine à se former; que les citoyens du faubourg se lassaient; qu'il paraissait qu'on ne marcherait pas. Un rapport verbal, fait au roi, par un grand homme en habit gris, confirma ce récit; on répandit d'après lui, dans le cabinet du roi, ce mot qui paraissait faire plaisir, *le tocsin ne rend pas.*

Le département me demandait par sa dépêche un renfort pour le garder. Je descendis près du commandant-général qui donna les ordres nécessaires.

Peu de temps après (de trois à quatre heures) on rapporta aux ministres que M. Manuel, procureur de la commune, venait de faire donner des ordres pour retirer les canons qui étaient sur le Pont-Neuf, par ordre du commandant-général, à l'effet d'empêcher la jonction des faubourgs Saint-Antoine et Saint-Marceau. On ajouta que M. Manuel avait dit à la commune : *Ces canons gênent la communication des citoyens; ceux des faubourgs ont aujourd'hui une grande affaire à finir ensemble.* Les ministres délibérèrent pour savoir si, malgré l'ordre de M. Manuel, on ferait rétablir les canons.

On rapporta en même temps qu'une députation de la commune venait de dire à l'assemblée nationale que M. le maire était prisonnier au château, qu'elle demandait qu'il revînt à la commune ; que M. le maire (qui sans doute était resté à la portée de l'assemblée nationale dans le jardin) s'était rendu à l'assemblée, et y avait dit qu'aucune violence n'avait été exercée sur lui au château pour l'y retenir ; que cependant il allait se rendre à la commune, et qu'en effet il y était allé à pied avec la députation ; ce qui fut confirmé vers quatre heures du matin, lorsque la voiture du maire, qui l'attendait dans la cour royale, s'en alla vide.

Dans ces circonstances j'écrivis au conseil du département que je l'engageais à venir au château ; que M. le maire était retourné à la municipalité ; qu'il s'agissait de savoir si l'on contrarierait les ordres donnés par le procureur de la commune ; qu'on ignorait s'il les avait donnés de son chef, d'accord avec la municipalité ou le conseil général ; que prendre des mesures contre la municipalité ou la commune, n'était pas une affaire de simple police ; que je ne pouvais pas prendre sur moi de régler la conduite à tenir dans cette circonstance. Le département, au lieu de venir, envoya deux commissaires, M. Levieillard et M. de Faucompret. Nous passâmes ensemble avec les six ministres dans une petite salle à côté de la chambre à coucher du roi, et donnant comme celle-ci sur le jardin. Je ne me rappelle plus en ce moment l'objet de la délibération ; M. Levieillard et M. de Faucompret pourront me remettre au fait. Je me rappelle seulement que je ne cessai d'insister pour que le conseil entier du département se rendît au château ; et sur une observation qui fut faite que le conseil croyait avoir besoin d'un ordre du roi pour se déplacer, j'allai le demander au roi, qui dit : « Le ministre n'est pas là, je le donnerai quand il sera revenu. » Il ne faisait pas encore jour alors dans les appartemens.

Au moment qu'on entendit la voiture de M. le maire sortir de la cour, on ouvrit un contrevent du cabinet du roi pour voir ce que c'était que ce bruit de voiture. Le jour commençait à luire.

Madame Élisabeth alla à la croisée; elle regarda le ciel qui était fort rouge, et elle dit à la reine qui était restée au fond du cabinet: *Ma sœur, venez donc voir le lever de l'aurore*; et la reine y alla. Ce jour elle vit le soleil pour la dernière fois.

Vers la même heure, le roi, qui s'était retiré dans sa chambre à coucher, reparut dans son cabinet. Il s'était probablement couché, car en rentrant, il était tout dépoudré et avait sa frisure aplatie d'un côté, ce qui contrastait étrangement avec la poudre et les cheveux bouclés de l'autre.

Dans le même temps encore, les contrevens étant ouverts dans l'appartement, M. Mandat vint dire que la commune le faisait appeler pour la seconde fois. Il n'était pas d'avis d'y aller; M. Dejoly le croyait nécessaire au Château. Je pensai que le commandant-général était essentiellement aux ordres du maire; qu'il était possible que M. le maire voulût aller au devant des rassemblemens, et crût avoir besoin pour cela du commandant de la force publique. Sur mon avis, Mandat partit quoique avec peine. Je me fondai encore sur la nécessité d'éclaircir le prétendu contre-ordre donné par Manuel relativement aux canons du Pont-Neuf, et de représenter à la commune ce qui lui paraîtrait nécessaire pour assurer la tranquillité. Mandat s'était rendu odieux à une grande partie de la garde par un dévouement fanatique à la cour. *Il garantissait toujours sur sa tête* les bonnes intentions du roi; il était toujours *sûr* qu'il n'y avait à la cour aucun mauvais dessein. J'ignorais la prévention établie contre lui; il aurait dû prendre des précautions pour se rendre à la commune : il paraît qu'il n'en prit aucune; j'eus le chagrin d'apprendre qu'il avait été tué en chemin. Je ne sais plus par qui ni comment, je fus appelé vers quatre heures dans une chambre où la reine était assise auprès de la cheminée, le dos tourné à la croisée. Je crois que c'était la chambre de Thierry, valet de chambre du roi. Le roi n'y était point. Il me semble que j'entrai dans cette chambre par la porte de la petite salle où nous avions tenu notre conférence, les ministres, les commissaires du département et moi; et je présume que ce fut d'après la communication du résultat de cette conférence, donnée à la reine par quelque ministre, que je fus appelé près d'elle. Le moment précis et quelques localités purent m'échapper, mais le fond de choses que je rapporte est exact. La reine me demanda ce qui était à faire dans les circonstances; je lui répondis qu'il me paraissait nécessaire que le roi et la famille royale se rendissent à l'assemblée nationale. M. Dubouchage me dit : « Vous proposez de mener le roi à son ennemi. — Point tant ennemi, répondis-je, puisqu'ils ont été quatre cents contre deux cents en faveur de M. La Fayette ; au reste, je propose cela comme le moindre danger. » La reine me dit alors d'un ton fort positif : « *Monsieur, il y a ici des forces, il est temps enfin de savoir qui l'emportera du roi et de la Constitution, ou de la faction.* — Madame, en ce cas, voyons quelles sont les dispositions faites pour la résistance. » Je proposai d'entendre l'officier qui commandait en l'absence de Mandat : c'était M. Lachesnaye. On le fit appeler : il vint. Je lui demandai quelques détails sur des dispositions extérieures, et s'il avait pris des mesures pour empêcher le rassemblement d'arriver sans obstacle sur le Château. Il dit que oui ; que le Carrousel était gardé, etc. ; mais alors, adressant la parole avec beaucoup d'humeur à la reine, il lui dit : « Madame, je ne dois pas vous laisser ignorer que les appartemens sont pleins de gens de toute espèce qui gênent beaucoup le service, qui empêchent d'arriver librement près du roi, ce qui rebute beaucoup la garde nationale. — C'est mal à propos, répondit la reine, *je vous réponds de tous les hommes qui sont ici. Ils marcheront devant, derrière, dans les rangs, comme vous voudrez. Ils sont prêts à tout ce qui pourra être nécessaire ; ce sont des hommes sûrs.* Les discours de la reine, dans cette circonstance, me firent penser qu'il y avait au Château une forte résolution de combattre et des gens qui promettaient à la reine une victoire ; j'entrevis qu'on voulait cette victoire au moins pour imposer à l'assemblée nationale. Ces circonstances faisaient naître en moi des craintes confuses d'une résistance tout à la fois inutile et sanglante, et d'une entreprise sur le corps législatif après la retraite ou la défaite de l'attroupement ; et ces appréhensions ajoutaient un poids insupportable à ma responsabilité. J'insistai pour que le roi écrivît au moins à l'assemblée nationale et lui demandât assistance. M. Dubouchage fit quelques objections. — « Si cette idée ne vaut rien, dis-je, qu'au moins deux ministres aillent à l'assemblée lui faire connaître l'état des choses et lui demander des commissaires. » Ce dernier parti fut adopté. Il fut résolu que MM. Dejoly et Champion iraient à l'assemblée. Ils partirent pour s'y rendre.

Nous raisonnions encore en présence de la reine sur l'état des choses, lorsqu'on entendit des cris et des huées dans le jardin. Les ministres mirent la tête à la fenêtre : M. Dubouchage très-ému s'écria : « Grand Dieu ! c'est le roi qu'on hue ; que diable va-t-il faire là-bas? allons bien vite le chercher. Aussitôt, lui et M. de Sainte-Croix descendirent au jardin. La reine alors versa des larmes sans dire un seul mot ; elle s'essuya les yeux à plusieurs reprises (1) ; elle passa dans la chambre à coucher du roi, pour attendre son retour ; je l'y suivis ; elle avait les yeux rouges jusqu'au milieu des joues. Peu de temps après, les deux ministres ramenèrent le roi. Le roi entra tout essoufflé et fort échauffé du mouvement qu'il s'était donné. Il s'assit aussitôt. Il paraissait peu troublé de ce qui venait de se passer.

(1) Je ne sais sur quel témoignage presque tous les historiens ont prêté à la reine, dans la nuit du 10 août, des paroles et des résolutions d'une exaltation plus qu'héroïque, comme d'avoir dit qu'on la clouerait plutôt aux murs du Château que de l'en faire sortir ; et d'avoir présenté au roi des pistolets, en l'invitant à se donner la mort. Je ne sais dans quel moment, à qui, devant qui, elle pourrait avoir dit et fait ces choses-là. Pour moi, je n'ai rien vu de semblable ; ce que j'ai vu et entendu est même inconciliable avec ces étranges narrations. La reine, dans cette nuit fatale, n'eut rien de viril, rien d'héroïque, rien d'affecté ni de romanesque ; je ne lui ai vu ni emportement, ni désespoir, ni esprit de vengeance ; elle fut femme, mère, épouse en péril ; elle craignit, elle espéra, s'affligea et se rassura. Elle fut aussi reine, et fille de Marie-Thérèse ; elle pleura, sans gémir, sans soupirer, sans parler. Son inquiétude, sa douleur, furent contenues ou dissimulées par son respect pour son rang, pour sa dignité, pour son nom. Quand elle reparut au milieu des courtisans dans la salle du conseil, après avoir fondu en larmes dans la chambre de Thierry, la rougeur de ses yeux et de ses joues était dissipée, elle avait l'air sérieux, mais tranquille et même dégagé. Les courtisans disaient entre eux : Quelle sérénité, quel courage ! Elle marqua en effet du courage par sa contenance, mais, je le répète, elle ne donna ni marques de bravoure, comme on l'a supposé, ni d'exaltation, ni de colère, ni de désespoir. (*Note de M. Rœderer.*)

Les ministres et moi nous nous retirâmes dans la petite salle où j'avais eu précédemment une conférence avec eux. Les membres du conseil général des départemens y arrivèrent enfin, je crois, au nombre de neuf. Ils me confirmèrent, d'après des documens très-positifs, que la municipalité avait fait délivrer cinq mille cartouches à balle aux Marseillais. Alors il pouvait être six heures.

Ce fut un moment après qu'un citoyen, c'était, je crois, un officier de paix, avec les deux officiers municipaux qui étaient demeurés au Château, MM. Borie et Leroux, entrèrent dans la pièce où étaient les ministres et le département; ils nous dirent que la commune était désorganisée, que les sections avaient envoyé de nouveaux *représentans* à la commune, que M. le maire était consigné chez lui, que Mandat était arrêté ou tué, que tout Paris était sur pied et en armes, que les faubourgs étaient rassemblés, prêts à marcher avec les canons; que leur bataillon des Cordeliers et des Marseillais était certainement en marche. Je pressai de nouveau les ministres de conduire le roi et la famille à l'assemblée nationale. M. Dubouchage, fortement agité du péril où il avait vu ou cru voir le roi dans le jardin, me dit : « Non, » il ne faut pas qu'il aille à l'assemblée, il n'y a pas de sûreté » pour lui à y aller; il faut qu'il reste ici . . . .
» . . . . »

Dans cette position, et voyant que le parti paraissait pris et concerté d'attendre au Château même les événemens, je proposai au conseil du département d'aller, nous, à l'assemblée nationale, lui faire connaître les derniers avis que nous recevions, et remettre l'affaire à sa sagesse. L'on goûta cette proposition et nous nous mîmes en marche pour nous rendre à l'assemblée. Comme nous étions parvenus vis-à-vis le café de la terrasse des Feuillans, nous rencontrâmes les deux ministres qui revenaient. « *Messieurs*, nous disent-ils, *où allez-vous ?* — A l'assemblée. — *Et quoi faire ?* — *Lui demander son assistance, une députation, ou d'appeler le roi et sa famille dans son enceinte.* — *Eh ! nous venons de faire la même demande très-inutilement. L'assemblée nous a à peine écoutés; elle n'est pas en nombre suffisant pour rendre un décret;*

Il y a tout au plus soixante ou quatre-vingts membres. » Ces réflexions suspendirent notre marche. Nous vîmes d'ailleurs une foule de personnes non armées courir le long de la terrasse pour arriver en même temps que nous à la porte des Feuillans, et plusieurs membres craignirent que notre passage ne se trouvât coupé pour le retour; en conséquence, nous revînmes sur nos pas et nous retournâmes vers le Château. Les ministres remontèrent aux appartemens. Mes collègues et moi nous fûmes arrêtés à l'entrée du château par des canonniers qui se trouvaient postés avec leurs canons à la porte qui descend du vestibule dans le jardin. Un canonnier me demanda d'un ton douloureux : « *Messieurs, est-ce que nous serons obligés de tirer sur nos frères?* » Je répondis : « Vous n'êtes là que pour garder les portes, empêcher qu'on n'y entre ; vous ne tirerez qu'autant qu'on tirerait sur vous ; » *Si l'on tirait sur vous*, *alors ce ne seraient pas vos frères.* » Je le tranquillisai, mais mes collègues me dirent : « Il faudrait aller dans la cour dire la même chose aux gardes nationaux qui y sont ; ils croient tous qu'on veut les obliger à attaquer, et cette idée les tourmente. » Comme elle me tourmentait aussi d'après tout ce j'avais vu, je fis très-volontiers ce qui m'était proposé. Nous traversâmes le vestibule et parvînmes à la cour. Il y avait immédiatement devant la porte du château quatre ou cinq pièces de canon, comme du côté du jardin. A droite était un bataillon de gardes nationaux qui s'étendait depuis le château jusqu'au mur qui fermait la cour du côté du Carrousel, grenadiers si je ne me trompe; à gauche et parallèlement, un bataillon de gardes suisses; et dans le milieu, entre les deux colonnes et à distance égale du château et de la porte royale, cinq ou six pièces de canon tournées contre le Carrousel.

La porte royale était fermée. Nous allâmes, le conseil de département et moi, à la colonne des gardes nationaux ; je leur tins le discours que j'ai rapporté à l'assemblée nationale, et qui se trouve à quelques mots près assez exactement rapporté dans le *Journal des Débats* du 10. Comme la colonne était forte, on me pria de répéter, à l'extrémité du côté du Carrousel, ce que j'avais dit à peu près au tiers de la colonne. Cela fait, j'allai aux canonniers du milieu de la cour ; je leur répétai à peu près dans les mêmes mots les mêmes choses : *Point d'attaque, bonne contenance, forte défensive.* Un canonnier, de belle et haute taille, me dit : *Et s'ils tirent sur nous, serez-vous là ?* — Oui, répondis-je, *et non derrière vos canons*, mais devant, afin de périr des premiers si quelqu'un doit périr dans cette journée. Nous y serons tous, ajoutèrent mes collègues. » A ces mots, le canonnier, sans répliquer, retira la charge de son canon, en jeta le chargement par terre, et mit le pied sur la mèche qui était allumée. J'avais remarqué qu'au moment où nous nous étions approché de la batterie, la plupart des canonniers s'étaient éloignés comme pour éviter de m'entendre, de sorte qu'il n'y avait près des canons que cinq ou six personnes.

En ce moment les bataillons des Cordeliers et des Marseillais arrivaient sur la place du Carrousel. Un député parlait de leur part aux Suisses pour les engager, m'a-t-on dit, à ne faire aucune résistance aux patriotes ; les officiers municipaux étaient aussi près des Suisses : ils doivent avoir entendu ce que disait le député. J'ai vu l'un d'eux, M. Borie, tenir à la main deux papiers ; il en donna un aux Suisses, l'autre aux canonniers : il me dit ensuite que c'étaient ces réquisitions.

On frappait à la porte royale. Nous y allâmes, le département et moi ; les deux officiers municipaux y arrivèrent en même temps. Alors, un citoyen en capote grise, armé d'un fusil, me dit : « *Mais, messieurs, nous ne pouvons pas tirer sur nos frères.* — Aussi, répondis-je, *on ne vous demande pas de les attaquer ; on demande qu'on ne tire pas sur vous... Il faudrait*, répliqua-t-il, *aller dire cela au dehors sur le Carrousel. — Aussi irai-je.* » Telle fut ma réponse, et c'était en effet mon projet. Mais, arrivé à la porte, on introduit un jeune homme, mince, pâle, officier de canonniers. Il dit que le rassemblement veut aller à l'assemblée, et y rester jusqu'à ce que l'assemblée ait prononcé la déchéance du roi. Il ajoute qu'il y a au Carrousel douze pièces de canon. M. Borie, officier municipal, le somme au nom de la loi de se retirer, et d'engager ses camarades à faire de même. Je lui fais observer que, pour aller à l'assemblée, le chemin n'est pas de passer par le château, qu'il est illégal d'aller à l'assemblée en force et en armes. — « Nous ne voulons pas lui faire de mal, répond ce jeune homme; nous voulons seulement la garder. — Mais, c'est attenter à sa liberté. — Ce n'est pas ce que nous voulons; nous entendons qu'elle soit au contraire libre, et que la crainte des conspirations du château ne l'arrête plus. — Mais, lui dis-je, nous, magistrats, nous ne connaissons et ne pouvons connaître que la loi. Elle défend les rassemblemens armés. Voulez-vous entrer vingt sans armes au château? vous en. êtes les maîtres; nous ne le sommes pas de vous accorder autre chose. »

Il répondit avec effusion à mon discours. — « Sûrement, dit-il, nous ne voulons pas vous faire de mal; nous sommes tous des citoyens; et vous, me dit-il, monsieur Rœderer, nous vous connaissons pour tel. — Eh bien! au nom de Dieu, soyez sages et paisibles, et retirez-vous. » Il semblait être d'accord avec moi; je le pressai d'exhorter ses camarades à la retraite. — « Je ne puis rien résoudre à moi tout seul, répondit-il. Venez, parlez au dehors. » Pendant toute la conférence, on frappait toujours plus violemment à la porte, et si nous étions sortis, il ne nous aurait plus été possible de rentrer. M. Borie reprit la parole : « Eh bien! dit-il, amenez ici quelques personnes. — Je vais amener mes chefs; ils sont six. Vous verrez entre vous. » Il sort; mais aussitôt des coups redoublés ébranlent la porte, une vingtaine de personnes étaient à cheval sur le mur de clôture; plusieurs autres s'entretenaient du dedans au dehors sur un ton d'étroite intelligence, et paraissaient fort disposées à ouvrir les portes qui n'étaient gardées que par trois ou quatre factionnaires.

Il n'y a pas à hésiter, dis-je alors à mes collègues, pendant que vous entendrez ici les négociateurs annoncés, supposé qu'ils viennent, je vais, si vous l'approuvez, monter chez le roi, et lui faire connaître la nécessité de se rendre avec sa famille à l'assemblée nationale. Ils me répondent : « Nous irons tous. Je cours au château, ils me suivent; nous montons le grand escalier, nous traversons les salles qui me paraissent plus remplies que la nuit; parvenus à la porte de la chambre du roi, il y avait foule. Je dis très-haut : « Messieurs, je demande place pour le département qui va parler au roi. » On s'écarte, j'entre avec mes collègues. Le roi était assis près d'une table placée à l'entrée de son cabinet; il avait les mains appuyées sur ses genoux. La reine, madame Élisabeth et les ministres étaient entre la croisée et le roi; vraisemblablement aussi madame de Lamballe et madame de Touzel, puisqu'elles se trouvèrent dans le cortége. « Sire, dis-je, le département désire parler à votre majesté sans autres témoins que sa famille. » Le roi fit signe de se retirer, on se retira. M. Dejoly dit : « Les ministres du roi doivent rester près de sa majesté. — Si le roi le veut, je ne vois pas de raison qui s'y oppose. — Sire, dis-je d'un ton pressant, Votre Majesté n'a pas cinq minutes à perdre; il n'y a de sûreté pour elle que dans l'assemblée nationale. L'opinion du département est qu'il faut s'y rendre sans délai. Vous n'avez pas dans les cours un nombre d'hommes suffisant pour la défense du château; leur volonté n'est pas non plus bien disposée. — Les canonniers, à la seule recommandation de la défensive, ont déchargé leurs canons. » — Mais, dit le roi, je n'ai pas vu beaucoup de monde au Carrousel. — Sire, il y a douze pièces de canon, et il arrive un monde immense des faubourgs. »

M. Gerdret, administrateur du département, zélé patriote, qui s'intéressait à la conservation du roi (il était marchand de dentelles de la reine), prit la parole pour m'appuyer. « Taisez-vous, monsieur Gerdret, dit la reine, il ne vous appartient pas d'élever ici la voix; taisez-vous, monsieur..... laissez parler M. le procureur-général-syndic. *Mais, monsieur*, dit-elle en m'adressant la parole, *nous avons des forces. — Madame, tout Paris marche...»* Et aussitôt reprenant très-vivement ce que je disais au roi : « *Sire, le temps presse, ce n'est plus une prière que nous venons vous faire, ce n'est plus un conseil que nous prenons la liberté de vous donner, nous n'avons qu'un parti à prendre en ce moment, nous vous dé-*

mandons la permission de vous entraîner. » Le roi releva la tête, me regarda fixement quelques secondes, puis se retournant vers la reine, il dit : *Marchons*, et se leva. Madame Élisabeth, passant derrière le roi, et s'avançant la tête par-dessus la console, me dit : « *Monsieur Rœderer, vous répondez de la vie du roi. — Oui, madame, sur la mienne.* » Je marchai immédiatement devant lui ; le roi me jeta un regard de confiance. « Sire, je demande à votre majesté de ne se faire accompagner de personne de sa cour, de n'avoir d'autre cortège que le département, qui environnera la famille royale, et des gardes nationaux pour marcher en haie à côté d'elle jusqu'à l'assemblée nationale. — *Oui*, dit le roi, *il n'y a qu'à le dire.* »

M. Dejoly s'écria : « *Monsieur Rœderer, les ministres suivront.* — *Oui, monsieur, ils ont leur place à l'assemblée nationale.* » La reine : « *Et madame de Tourel, monsieur Rœderer, la gouvernante de mon fils ! — Oui, madame.* » Je sors de la chambre du roi, et, du seuil de sa porte, tout ouvert, je dis à très-haute voix aux personnes pressées dans le cabinet : « *Le roi et sa famille vont à l'assemblée, seuls, sans autre cortège que le département et les ministres, et une garde. Veuillez ouvrir le passage.* » Je fis alors cette question : « *L'officier qui commande la garde est-il ici ?* » Un officier se présente ; je lui dis : « *Il faut faire avancer les gardes nationaux qui marcheront sur deux files avec le roi. Le roi le veut ainsi.* » L'officier répondit : « *Cela va être exécuté.* » Le roi sortit de sa chambre avec sa famille et le département. Il attendit quelques minutes dans son cabinet que la garde fût arrivée. Il parcourut le cercle que formaient les personnes de la cour, au nombre de quarante ou cinquante. Il ne m'a pas paru qu'il eût parlé à personne en particulier ; j'ai entendu seulement qu'il disait : « *Je vais à l'assemblée nationale.* » Deux rangs de gardes arrivèrent ; nous nous mîmes en marche dans l'ordre par moi proposé, et arrêté par le roi. Nous traversâmes tous les appartemens. Le roi, quand nous passâmes dans l'œil-de-bœuf, prit le chapeau du garde national qui marchait à sa droite, et lui mit sur la tête le sien, qui était garni d'un plumet blanc. Le garde surpris, ôta le chapeau du roi de dessus sa tête, et le mit sous le bras qui portait son fusil.

Lorsque nous fûmes sous le péristyle, au bas du grand escalier, le roi, que je précédais immédiatement, me dit : « Que vont devenir toutes les personnes qui sont restées là-haut ? — Sire, elles sont en habits de couleur, à ce qu'il m'a paru. Celles qui ont des épées n'auront qu'à les quitter, vous suivre, et sortir par le jardin. — C'est vrai, dit le roi. »

Un peu plus loin, dans le vestibule, il me dit de nouveau : « *Mais il n'y a pourtant pas grand monde au Carrousel. — Sire, mais les faubourgs sont près d'arriver, toutes les sections sont armées, elles ont été réunies à la municipalité; et puis, il n'y a ici ni un nombre d'hommes suffisant, ni une volonté assez forte pour résister même au rassemblement actuel du Carrousel. Il y a là douze pièces de canon.* »

Arrivés sous les arbres des Tuileries, vis-à-vis le café de la terrasse des Feuillans, nous marchions sur des feuilles qui étaient tombées dans la nuit, et que les jardiniers venaient de rassembler en différens tas, sur lesquels la marche du cortége faisait passer le roi; on y enfonçait jusqu'aux jambes. « *Voilà bien des feuilles*, dit le roi, *elles tombent de bonne heure cette année.* »

Quelques jours avant, Manuel avait écrit dans un journal que le roi n'irait que jusqu'à la chute des feuilles. Un de mes collègues m'a dit que le prince royal, en cet endroit, s'amusait à pousser avec ses pieds les feuilles dans les jambes des personnes qui marchaient devant lui.

Je fis observer au roi que la reine et la famille royale, n'ayant pas de place marquée à l'assemblée nationale, il était nécessaire de la faire prévenir des circonstances qui leur rendaient cet asile nécessaire, et je proposai que le président du département prît les devans et allât remplir cette mission à la barre.

Je remarquai ensuite que la garde du roi ne pouvait monter sur la terrasse, parce que là commençait le territoire de l'assemblée nationale, et je fis aller en avant quelqu'un qui ordonna à la tête de la colonne de s'arrêter au bas de l'escalier qui conduit au passage des Feuillans.

Comme la marche était fort lente, une députation de l'assemblée nationale arriva vers le roi, dans le jardin, à environ vingt-cinq pas de la terrasse. « *Sire*, dit à peu près le président, *l'assemblée, empressée de concourir à votre sûreté, vous offre, et à votre famille, un asile dans son sein.* »

Alors je cessai de précéder le roi. Les députés l'environnèrent, et je passai derrière le groupe que formaient la famille royale et les ministres, et je fis quelques pas avec le département.

Parvenu à quelques toises de l'escalier de la terrasse, je vis le perron couvert d'hommes et de femmes fort animés. Un de ces hommes portait une perche de huit à dix pieds environ de longueur. Il était fort emporté contre le roi. Il avait à côté de lui un citoyen encore plus échauffé. « Non, criaient-ils, ils n'entreront pas à l'assemblée nationale, *Ils sont la cause de tous nos malheurs; il faut que cela finisse! A bas! à bas!* » Les gestes les plus menaçans accompagnaient ses paroles. Je m'avançai, et montant sur la quatrième marche de l'escalier, je dis : « Citoyens, je vous demande du silence au nom de la loi. » J'obtins du silence. « Citoyens, vous paraissez disposés à empêcher l'entrée du roi et de sa famille à l'assemblée nationale ; vous n'êtes pas fondés à y mettre obstacle. Le roi y a sa place en vertu de la Constitution ; et sa famille qui n'en a point par la loi, vient d'être autorisée par un décret à s'y rendre. Voilà les députés de l'assemblée envoyés au devant du roi ; ils vous attestent que le décret existe. » — « Nous attestons que le décret existe, dit un député. » L'opposition générale parut céder. Mais l'homme à la grande perche la brandissait en criant toujours : *A bas! à bas!* Je montai sur la terrasse, la lui arrachai des mains et la jetai dans le jardin. L'étonnement l'empêcha de crier davantage. Il se jeta dans la foule. Cependant comme il fallait traverser la terrasse, et la foule qui la couvrait, et que la garde de l'assemblée ne commençait qu'à la porte du passage, je demandai à MM. les députés la permission de faire monter, jusqu'à ce passage, la garde nationale qui escortait le roi.

Les députés le permirent, et l'on forma deux haies jusqu'à la porte du passage. Le roi et sa famille y arrivèrent sans obstacle. Arrivés à la porte du passage, il s'y trouva quelques hommes de la garde de l'assemblée, entre autres un garde national provençal, lequel dit au roi, avec l'accent de son pays, en marchant à sa gauche : *Sire, n'ayez pas peur, nous sommes de bonnes gens; mais nous ne voulons pas qu'on nous trahisse davantage. Soyez un bon citoyen, sire... et n'oubliez pas de chasser vos calotins du Château.* » N'oubliez pas ! Il était bien temps d'en prendre note ! Le roi répondit quelques mots sans humeur. Il entra le premier dans l'assemblée : Je le suivais. Il y eut de l'engorgement dans le couloir, qui empêcha la reine et son fils qu'elle ne voulait pas quitter, d'avancer et de suivre le roi. J'entrai dans la salle. Je demandai à l'assemblée la permission d'y faire monter un moment les gardes nationaux qui bouchaient l'entrée; la foule empêchant de les faire rétrograder. Ils étaient presque tous de la garde de l'assemblée elle-même. Alors s'éleva un vif mouvement de mécontentement dans la partie qu'on appelle la Montagne.

J'entendis qu'on supposait une conspiration contre l'assemblée, et que c'était pour l'exécution de quelque dessein funeste que je voulais y introduire des hommes de la garde du roi. Je remarquai M. Thuriot parmi les plus échauffés et M. Cambon.

On parla de me mettre en état d'accusation. M. Cambon me cria « *Qu'il me rendrait responsable de tout attentat qui se pourrait commettre sur l'assemblée nationale.* » Au lieu de répondre, je fis au plus vite rentrer cinq ou six gardes nationaux sans armes, qui étaient montés dans la salle, pour déboucher le passage.

Au même instant un grenadier ayant pris le prince royal dans ses bras, entra et alla poser cet enfant sur le bureau des secrétaires, ce qui excita des applaudissemens. La reine suivit avec le reste de la famille royale et s'avança devant le bureau. Le roi, la famille royale et les ministres se placèrent sur les siéges destinés aux ministres.

Le roi dit à l'assemblée : *Je suis venu ici pour éviter un grand crime; et je pense que je ne saurais être plus en sûreté qu'au milieu de vous, messieurs.*

Le président répondit au roi : *Vous pouvez, Sire, compter sur la fermeté de l'assemblée nationale; ses membres ont juré de mourir en soutenant les droits du peuple et les autorités constituées.*

Le roi s'assit alors à côté du président. Un membre observe que la Constitution défend de délibérer en présence du roi.

La loge du logographe est désignée pour le recevoir avec sa famille; il s'y place.

Je me présentai alors... (Ici, Rœderer transcrit le discours qu'il prononça, et que nous avons laissé à sa place dans la séance permanente du 10 août. Cette séance commencera le volume suivant.)

FIN DU SEIZIÈME VOLUME.

TABLE DES MATIÈRES

DU SEIZIÈME VOLUME.

PRÉFACE. — La morale est le critérium suprême; invariable quant à ses bases fondamentales, elle a été seulement rendue applicable par des révélations successives, à de plus grandes masses d'individus; formule chrétienne de la morale; histoire de ses tendances dans l'ordre social et dans les sciences naturelles; conclusion. — Quel pouvoir nouveau a été fondé par Jésus-Christ.

JUILLET. (Suite.) ASSEMBLÉE LÉGISLATIVE. — Fauchet propose de faire sortir les troupes de ligne de Paris, p. 2. — Discussion. — La proposition, rédigée par Choudieu, est décrétée, p. 5. — Guérin propose d'ouvrir la discussion sur le général La Fayette; ajournement, p. 7, 8. — Rapport diplomatique de Charles-André Pozzo-di-Borgo, p. 9, 13. — Discours, à la barre, par une députation de fédérés; ils appellent un éclatant châtiment sur la tête de La Fayette, et demandent que le pouvoir exécutif soit suspendu (Robespierre en est le rédacteur), p. 14, 18. — Lettre et note de Luckner à l'assemblée; polémique des journaux à ce sujet, p. 19, 23. — Projet du général La Fayette, p. 24. — Lettre de Dumourier à l'assemblée, p. 25. — Rapport et conclusion de la commission des douze, sur l'affaire de La Fayette, p. 28. — Une députation d'Orléans se plaint à la barre des débauches permises aux prisonniers politiques traduits devant la haute cour nationale, p. 29. — La section des Lombards appelle toute la sévérité de l'assemblée sur La Fayette, sur le directoire de Paris; elle demande la permanence des assemblées primaires, p. 30. — AFFAIRE LA FAYETTE, p. 32. — Introduction, *ib.* — Article de Robespierre *sur la tactique du général La Fayette*, p. 32, 41. — Extrait du *Journal général de l'Europe* (Apparences contre La Fayette), p. 42. Discussion de l'assemblée sur le général ; opinion de Lacuée, p. 43 ; de François de Neufchâteau, de Fauchet, de Delaunay (d'Angers), p. 44 ; de Limousin, p. 51 ; de Lasource, p. 52 ; de Dumoslard, p. 65 ; de Torné, p. 74 ; incidens sur la dénonciation par Guadet d'une proposition faite à Luckner par Bureau-Puzy au nom de La Fayette (Marcher sur Paris), p. 78. Émeute aux environs de la salle ; le maire de Paris à la barre, p. 79. — Article des *Révolutions de Paris* sur cet événement, p. 80. — Effet de l'ajournement de l'affaire La Fayette, p. 83. — Article de Robespierre à ce sujet, p. 83, 88. — Bureau-Puzy à la barre de l'assemblée ; il donne des explications sur la mission dont il était chargé, par La Fayette, auprès de Luckner, p. 88, 99. — Lasource et Guadet lui répondent, p. 99, 101. — Réplique de Vaublanc, p. 101. Suite de l'instruction sur cette affaire, p. 103, 107. — Proclamation du danger de la patrie, p. 107. — Enrôlement civique et sa forme, p. 109. — Article des *Révolutions de Paris* sur l'effet moral de cette cérémonie, p. 111, 113. — Extrait du journal de Brissot, sur le même sujet, p. 113, 115. — CLUB DES JACOBINS, du 12 au 22 juillet, p. 115. — Formation d'un comité central de fédérés, p. 117. — Proposition, par Robert, de remplacer le titre de *fédérés*, par celui d'*insurgés*, p. 117. — Rapport et discussion sur les propositions faites par les fédérés, p. 118. — Discours de Billaud-Varennes, p. 124. — Manuel propose de convoquer au Champ-de-Mars une grande assemblée nationale « pour que le peuple délibère une fois sur ses vrais intérêts, » p. 125. — Adresse des fédérés, aux Français des quatre-vingt-trois départemens, p. 128, 130. — Détail sur les désordres des prisons d'Orléans, par un député de cette ville, p. 130. — ASSEMBLÉE LÉGISLATIVE ; séance du 23 juillet ; discours des fédérés à la barre (Ils demandent la suspension du roi), p. 132, 134. — Vive discussion à ce sujet, p. 134. — Discours de Guiton-Morveau, et décret à la suite sur la responsabilité ministérielle, p. 135, 141. — Adresse énergique pour la réintégration de Manuel, p. 141. — Choudieu communique une adresse de la ville d'Angers qui demande la déchéance de Louis XVI, p. 142. — Mouvement ministériel ; démission d'un grand nombre de membres du directoire de Paris, *ib.* — Discours à la barre de Montesquiou, général de l'armée du midi ; p. 144, 148. — Rapport de Vergniaud sur les dangers de la patrie et sur les moyens de l'en garantir, p. 148, 150. — La modération de ce discours fait soupçonner les Girondins de négocier la rentrée de Roland au ministère, p. 152, 153. — Polémique à ce sujet, p. 154, 158. — Motion de Crestin pour l'examen de la question de déchéance, p. 158. — Chabot est rappelé à l'ordre, p. 161. — Choudieu demande que le président (Lafond-Ladébat) soit lui-même rappelé à l'ordre. — Discussion. — Cette proposition est décrétée, p. 161, 164. — Discours de Brissot sur un projet de Gensonné ayant pour but d'attribuer aux municipalités d'arrêter et d'interroger les citoyens prévenus de conspiration, p. 165, 173. — Lettre de la municipalité d'Avesnes sur l'armée, p. 174, 176. — Extrait du *Patriote français* sur la séance du 25, p. 177. — Projet d'acte d'union des citoyens français, rédigé par Chabroud ; le procureur de la commune dénonce cet ouvrage à l'accusateur public, p. 178. — Séance du 25 juillet au soir ; pétition du Puy-de Dôme, demandant la permanence des sections, p. 179. — 26 juillet. Guadet, au nom des douze, présente un projet d'adresse au roi, p. 180, 183. — Narration de la séance par Brissot, p. 183, 185. — Banquet sur les ruines de la Bastille, p. 187. — JOURNÉE DU 26 JUILLET, 187, 196. — Arrivée des Marseillais à Paris, p. 196. — JOURNÉE DU 30 JUILLET, p. 197, 201. — Séances du 30 et du 31 juillet. (Les gardes nationaux, qui avaient dîné la veille aux Champs-Élysées, viennent, à plusieurs reprises, dénoncer les mauvais traitemens qu'ils ont subis de la part des Marseillais, 201, 209. — Adresse de l'assemblée à la garde nationale, 210. — CLUB DES JACOBINS, du 23 au 31 juillet, p. 211, 239. — HISTOIRE DES SECTIONS, p. 239, 257. — PROVINCES, p. 258, 267.

AOUT 1792. — Introduction, p. 208. — Preuves de deux conspirations, l'une royaliste, l'autre insurrectionnelle, p. 269, 276. — Manifeste du duc de Brunswick, p. 276, 281. — Déclaration additionnelle du même p. 281, 282. — Manifeste du roi de Prusse, p. 282, 287. — Contre-déclaration de la cour de Vienne, p. 287, 292. — ASSEMBLÉE LÉGISLATIVE. Marseille et Aix communiquent divers arrêtés révolutionnaires, p. 293. — Décret relatif aux lois de la guerre, p. 296. — CLUB DES JACOBINS. Defieux dénonce Brissot et Isnard, comme ayant proposé, dans le club de la Réunion, de faire mettre en état d'accusation Robespierre et Antoine, p. 298. — Merlin et un anonyme garantissent le fait, p. 299. — Discours d'Antoine, p. 300. — ASSEMBLÉE NATIONALE. — Discours d'une députation des volontaires de Marseille, p. 303, 305. Discussion à ce sujet, p. 305, 307. — Tumulte ; les citoyens des deux sexes entrent en foule dans la salle, criant : *Vengeance! Vengeance!* on empoisonne nos frères, p. 307. Ils se plaignent qu'on mêle du verre pilé au pain préparé pour le camp de Soissons, p. 308. — L'assemblée nomme des commissaires pour vérifier ce fait ; leur rapport, p. 309. — Message du roi ; nouvelle protestation de sa fidélité à la Constitution, à l'occasion du manifeste de Brunswick, p. 311, 313. — Discussion à ce sujet, p. 313, 315. — Pétition de la commune de Paris, lue par Pétion, p. 315, 319. — CLUB DE JACOBINS. — Thuriot donne des explications sur la manière dont a été reçue, par la législative, la députation de la commune de Paris, p. 320, 321. — ASSEMBLÉE LÉGISLATIVE. — Vergniaud propose d'annuler, comme inconstitutionnel, l'acte de la section Mauconseil, rapporté dans le mois précédent (Histoire des sections) ; réflexions de Condorcet sur ce même acte, p. 323. — La section des Gravilliers demande la déchéance du roi ; Girardin est hué par les tribunes, p. 324. — Adresses d'Alençon, de Briançon pour la déchéance, p. 325. — Le rapporteur du comité des pétitions analyse une foule d'adresses conçues dans le même esprit (*ibid.*). Tumulte dans l'assemblée, occasioné par des députés de la section de la Bibliothèque, p. 325, 328. — Collot-d'Herbois à la barre, p. 328. — La section de l'Arsenal se prononce contre la déchéance, p. 329, 332. — CLUB DES JACOBINS. N. annonce que les fédérés ont résolu de cerner les Tuileries, jusqu'à ce que la question de la déchéance soit résolue, p. 332. — Discours de Robespierre, p. 334. — Diverses propositions par Baumier, p. 335. Discours de Chabot; Merlin s'écrie : « Plus de pétitions ! Il faut que les Français s'appuient sur leurs armes, sur leurs canons, etc. » p. 337. — *Aspect de Paris, dimanche 5 août*, p. 337, 339. — Lettre du ministre de l'intérieur à Rœderer, p. 339. — ASSEMBLÉE LÉGISLATIVE. — Pétition de Varlet, p. 340. — Une députation de Toulon fait part des événemens désastreux survenus dans cette ville, p. 341. — CLUB DES JACOBINS. — Discours de Réal, p. 342, 344. — ASSEMBLÉE NATIONALE. — Affaire de la section Mauconseil, p. 344. — Rapport de Jean Debry sur l'affaire La Fayette, et principalement sur l'incident soulevé par Guadet (La mission de Bureau-Puzy, auprès de Luckner), p. 345, 348. Opinions de Pastoret, p. 348 ; de Vaublanc, p. 349, 360. Opinion de Brissot; il conclut au décret d'accusation ; p. 360, 368. — Le décret d'accusation est rejeté, p. 368. — CLUB DES JACOBINS : effets de l'acquittement de La Fayette, p. 368, 373. — ASSEMBLÉE NATIONALE. — La section des Thermes de Julien proteste contre la pétition de la commune, p. 374. — Bazire parle de nombreuses adresses pour la déchéance. (*ibid.*) — Motion de Lamarque, p. 375. — Lettre de plusieurs députés qui se plaignent des mauvais traitemens qu'ils ont reçus à cause de leur vote dans l'affaire La Fayette ; discussion ; p. 377, 393. Rœderer à la barre, p. 393. Suite de la discussion (Deux propositions, celle de quitter Paris, et celle d'en renvoyer les fédérés, la rendent très-orageuse), p. 395, 398. — Pétion à la barre, p. 398. — PRÉPARATIFS DU 10 AOUT, p. 399. — Histoire de la section des Quinze-Vingts. (*Pièces manuscrites*), p. 402, 410. — COMMUNE DE PARIS. *Tableau général des commissaires des quarante-huit sections qui ont composé le conseil-général de la commune du 10 août 1792, l'an Ier de la république française*, p. 410, 423. — Réflexions sur cette liste, p. 423. — Procès verbal de la commune de Paris, séance du 10 août, p. 424, 431. — Récits de l'insurrection, plan des Tuileries ; esquisse des opérations militaires, p. 431, 436. — Récit du 10 août, par Pétion, p. 436, 446. — Récit de Rœderer, p. 416.

www.ingramcontent.com/pod-product-compliance
Lightning Source LLC
Chambersburg PA
CBHW050242230426
43664CB00012B/1799